2009年度国家哲学社会科学基金重大招标项目"中国特色社会主义司法制度研究"（项目批准号：09&ZD062）最终成果
国家"2011计划"司法文明协同创新中心标志性成果

中国特色社会主义司法制度研究
理论篇

江国华／著

科学出版社
北京

内 容 简 介

本部分以中国特色社会主义司法制度的基础理论为主题，分别阐述了司法制度何以产生、何以必然，中国特色体现在何处等重大理论问题。具体而言，本部分详细梳理了中国特色社会主义司法制度建立与发展的历史，深入分析了中国特色社会主义司法制度的基本内容与理论基础，系统总结了我国司法制度价值嬗变的过程，提出了"人民司法"这一中国司法之特有属性，最后，提出了中国社会主义司法制度是历史之必然以及中国司法必然要进行现代化改革的议题。

本书对从事司法理论研究与司法实务工作的法律工作者具有较高的参考价值。

图书在版编目（CIP）数据

中国特色社会主义司法制度研究·理论篇 / 江国华著. —北京：科学出版社，2019.11

ISBN 978-7-03-062948-7

Ⅰ. ①中… Ⅱ. ①江… Ⅲ. ①司法制度—研究—中国 Ⅳ. ①D926

中国版本图书馆CIP数据核字（2019）第241005号

责任编辑：刘英红 / 责任校对：郑金红
责任印制：张 伟 / 封面设计：黄华斌

科学出版社 出版
北京东黄城根北街16号
邮政编码：100717
http://www.sciencep.com

北京虎彩文化传播有限公司 印刷
科学出版社发行 各地新华书店经销

*

2019年11月第 一 版　开本：720×1000 B5
2020年 1 月第三次印刷　印张：18 3/4
字数：336 000
定价：148.00元
（如有印装质量问题，我社负责调换）

总　　序

走向实践主义的中国司法

从清末修律引入西方司法制度至今，中国司法已经走过了百年。对于建设什么样的司法制度、怎样建设与发展中国的司法制度等问题，不同的时代给出了不同的答案。在中国特色社会主义发展的新时代，为了解决人民日益增长的美好生活需要和不平衡不充分的发展之间的矛盾，司法制度的发展也应作出相应调整，而立足当下、着眼实效的实践主义应当成为未来中国司法发展的方向。

一、原则与方法：司法实践主义的基本定位

实践主义的司法，或言"司法实践主义"，它是一种"正在行动中"的司法哲学，也是以"实践"为全部基础的司法哲学，它既是一种原则，也是一种方法。[1]

其一，作为原则的实践主义，以唯物实践主义为理论指导，要求充分重视司法实践在所有司法活动中的中心地位。社会生活在本质上是实践的，实践是观察、思索一切自然现象、社会现象和思维现象的基础和出发点。[2]

---

[1] 江国华：《常识与理性：走向实践主义的司法哲学》，生活·读书·新知三联书店2017年版，第1页。
[2] 俞吾金：《论实践维度的优先性——马克思实践哲学新探》，《现代哲学》2011年第6期，第3页。

①一切从实践出发。反对从纯粹的理论出发,透过西方理论的针孔来观察中国的实际问题。正如习近平同志所指出的:"不能把西方的理论、观点生搬硬套在自己身上。要从我国国情出发、从经济社会发展实际出发,有领导有步骤推进改革,不求轰动效应,不做表面文章,始终坚持改革开放正确方向。"①②实践是检验真理的唯一标准。实践作为检验真理的标准,本质上并不是一个认识论命题,而是存在论命题,其意义在于打破教条主义的思维方式,使理论研究回归常识与理性、回归事实与现实。具体而言,实践的需要决定了理论研究需要的产生和方向,实践的现状划定了理论研究的基本范围,实践的发展为理论研究的深入提供了条件,最终,理论研究的成果要在实践中接受检验,其合理性要靠实践中的实效来验证。

其二,作为方法的实践主义,在贯彻实践主义哲学的基础上,要求司法权力的配置和制度设计能够切实提高司法实效②,其核心要义如下。①司法必须讲求效率:在司法审判工作中——法官必须在有限的时间内解决问题,"正义的第二种意义,简单地说来,就是效益"③,时间也是正义的一部分,延迟诉讼与积案实际上等于拒绝审判④;在司法管理工作中——司法管理活动作为司法活动的辅助,必须以最便捷的方式、最大限度地保障司法审判的进行,减少一线办案人员的工作负担和管理压力。②司法必须讲求效果:但法律源于社会,一切形式的法律效果都是以社会为其基本场域的,社会对审判结果的认同程度,在相当程度上决定了审判结果与法律所预设的目标之间的缝隙宽度。因此,审判者在作出任何判决或者裁决之前,亦当理性面对其结果所可能产生的社会效应,并在法律框架内力求达成最优社会效果。⑤简而言之,法官必须要充分考虑其判决所可能带来的系统性后果,必须有效杜绝对法律的机械适用,司法的使命不在于"走程序",而在于以最优方式追求"实质正义"。

---

① 习近平:《习近平关于全面深化改革论述摘编》,中央文献出版社 2014 年版,第 20 页。
② 江国华:《常识与理性:走向实践主义的司法哲学》,生活·读书·新知三联书店 2017 年版,第 1 页。
③ [美] 理查德·A. 波斯纳:《法律的经济分析》,蒋兆康译,中国大百科全书出版社 1997 年版,第 16 页。
④ [日] 谷口安平:《程序的正义与诉讼》,王亚新、刘荣军译,中国政法大学出版社 2002 年版,第 52 页。
⑤ 江国华:《审判的社会效果寓于其法律效果之中》,《湖南社会科学》2011 年第 4 期,第 56 页。

二、国情与民意：司法实践主义的逻辑元点

法律是对社会现实的一种回应，是社会既定规则的总结和提炼，其"以整个社会的福利为其真正的目标"①。作为法律实施的重要手段，司法工作也不能脱离社会之需求，必须从实际出发，综合考虑国情、社情与民意，此即为司法实践主义的逻辑起点。

其一，正确认识当前的司法国情。对于我国的现实国情，习近平同志在中共中央政治局第二十次集体学习时就指出，"当代中国最大的客观实际，就是我国仍处于并将长期处于社会主义初级阶段，这是我们认识当下、规划未来、制定政策、推进事业的客观基点，不能脱离这个基点"②。法治建设和法治发展也必须从我国仍处于并将长期处于社会主义初级阶段的基本国情出发。在此前提之下，习近平同志进一步指出，我们应当以发展的眼光去认识当前的中国法治建设实际，虽然社会主义初级阶段基本国情没有变，但新时代社会的主要矛盾已经发生变化，针对"人民日益增长的美好生活需要和不平衡不充分的发展之间的矛盾"③，司法机关也要重新认识并审视我国司法国情的基本面貌和基本矛盾，各级司法机关就应当以满足群众的司法需求为根本出发点，解决人民日益增长的多元司法需求与司法能力不足的矛盾，努力破解当前司法体制中存在制约司法能力和影响司法权威的重大问题。④

其二，积极回应人民群众对司法工作的需要。公平正义是司法工作永恒的追求，只有"让人民群众在每一个司法案件中都能感受到公平正义"⑤，人民的权利诉求和对司法工作的要求才能实现。个案正义的承诺，既是新时代司法工作的鲜明特征和具体目标，也是人民群众评价司法效能、司法改革成效的重要尺度。事实上，只有在每一个案件都能够实现公平正义，

---

① [意]阿奎那：《阿奎那政治著作选》，马清槐译，商务印书馆1997年版，第161页。
② 习近平：《坚持运用辩证唯物主义世界观方法论 提高解决我国改革发展基本问题本领》，《人民日报》2015年1月25日，第1版。
③ 习近平：《决胜全面建成小康社会 夺取新时代中国特色社会主义伟大胜利》，2017年11月3日，http://news.xinhuanet.com/politics/19cpcnc/2017-10/18/c_1121822489.htm。
④ 佚名：《以习近平总书记系列重要讲话指导司法改革司法实践》，《法制日报》2015年7月3日，第1版。
⑤ 习近平：《〈关于中共中央关于全面推进依法治国若干重大问题的决定〉的说明》，《〈中共中央关于全面深化改革若干重大问题的决定〉辅导读本》，人民出版社2013年版，第57页。

司法实践的整体公正和司法机关的公信力才能得以实现。正如习近平同志指出的,"要懂得'100-1=0'的道理。一个错案的负面影响足以摧毁九十九个公平裁判积累起来的良好形象。执法司法中万分之一的失误,对当事人就是百分之百的伤害"①。正是有了这样的改革勇气和决心,党的十八大以来,包括张氏叔侄案、呼格吉勒图案、聂树斌案等在内的一系列具有重大社会影响的错案最终得以昭雪。从实效上来看,司法改革之后我国各级法院的服判息诉率逐年提高,2016 年全国法院服判息诉率更是创纪录地达到了 89.2%,在绝大多数案件能够"案结事了"的背后,正是个案正义理念的落实和彰显,通过对个案的公正裁判,整个社会的公平正义才能得以实现。

其三,解决影响司法公正和制约司法能力的深层次问题。全面梳理、准确分析和客观评价司法领域中存在的客观问题,是司法制度发展与完善的必要前提。②当前司法运行过程中所遇到的问题纷繁复杂,有的是机制问题,有的是体制问题,还有的是社会问题在司法场域中的投射。所以,我们必须"紧紧抓住影响司法公正、制约司法能力的重大问题和关键问题"③,才能避免改革的盲目性。具体而言,这些问题包括以下几个方面。①司法不公的问题。作为社会公平正义的最后一道防线,司法公正是司法工作的基本价值追求。近年来,群众对司法不公的意见比较集中④,权利保障不足、裁判标准不统一及频发的冤假错案等问题都成为影响司法权威和司法公信力的核心问题。②司法权的独立行使问题。在我国当前司法实践中,司法机关在办案过程中还无法实现完全的独立,"以言代法""以权压法"的现象时有发生,地方政府和党委及司法机关内部的干涉与制约,既破坏了司法机关独立性,也是对司法公正的极大损害。③司法腐败的问题。针对"人情案、金钱案、关系案"等司法机关内部的顽疾,习近平同志明确指出,"对司法腐败要零容忍,坚决清除害群之马"⑤,解决司法队伍中存在的作

---

① 习近平:《习近平关于全面依法治国论述摘编》,中央文献出版社 2015 年版,第 96 页。
② 江国华:《司法立宪主义与中国司法改革》,《法制与社会发展》2016 年第 1 期,第 58 页。
③ 习近平:《以提高司法公信力为根本尺度 坚定不移深化司法体制改革》,《人民日报》2015 年 3 月 26 日,第 1 版。
④ 习近平:《〈中共中央关于全面深化改革若干重大问题的决定〉辅导读本》,人民出版社 2013 年版,第 79 页。
⑤ 本书编写组:《将改革进行到底》,人民出版社 2017 年版,第 85 页。

风不正、职业道德水平低下的问题，保证在任的法官和检察官符合"政治过硬、业务过硬、责任过硬、纪律过硬、作风过硬"的基本素质。①④司法公信力不足的问题。近年来，受"执行难"和"涉诉信访"等问题的影响，司法裁判的权威性和终局性在社会中始终得不到充分承认，严重影响了司法机关职能的有效发挥。针对以上问题，中央在十八大以来分别提出了200多项司法改革举措，这些措施直击当前司法体制中存在的重大体制问题，在中央的改革决心之下，各级司法机关在司法改革敢于"啃硬骨头""涉险滩"，这些都推动了司法改革取得实质性突破。②

三、民本与民心：司法实践主义的价值取向

实践主义和人民主体是一个问题的两个方面，司法为民已经成为中国现代司法理念的重要内容，其要求始终把保障人民群众的根本利益作为司法工作的出发点和落脚点，将解决好人民群众最关心、最直接、最现实的诉讼利益和权益保障问题作为司法工作的宗旨与根本任务，做到司法工作"为了人民、依靠人民、造福人民"③。

其一，司法要为人民服务。司法机关的根本任务就是解决群众的司法需求，所以各项司法活动的开展都必须以便利群众进行诉讼为中心，简单而言，人民群众的司法需求发展到哪里，司法机关的司法服务就要跟进到哪里。④长期以来，我国司法实践中出现了不少"有案难立"、"有诉难理"、诉讼拖延、司法裁决执行难等现实问题，司法活动中各项程序的设置充分考虑其所可能带来的系统性后果，司法程序的设置是为了方便群众而不是难为群众的，正义的第二种意义是效益⑤，让群众"等到黄花菜都凉了"的司法绝对不是良好的司法。所以，在本轮司法改革中，司法机关对于这些群众反映强烈的

---

① 习近平：《习近平关于全面依法治国论述摘编》，中央文献出版社2015年版，第78页。
② 习近平：《敢于啃硬骨头、涉险滩、闯难关——学习贯彻习近平总书记重要指示精神坚定不移推进司法体制改革系列评论之一》，《人民法院报》2017年7月12日，第1版。
③ 习近平：《以提高司法公信力为根本尺度 坚定不移深化司法体制改革》，《人民日报》2015年3月26日，第1版。
④ 佚名：《司法便民：人民需求到哪里 法院服务就到哪里》，2017年7月30日，http://www.chinacourt.org/article/detail/2016/03/id/1820559.shtml。
⑤ [美]理查德·A.波斯纳：《法律的经济分析》，蒋兆康译，中国大百科全书出版社1997年版，第16页。

问题,下了大功夫进行解决,如针对"立案难"的问题,大力推动了立案登记制改革、异地立案、网上立案等立案服务。针对"执行难"的问题,通过建立执行查控机制和信用惩戒机制,承诺在"用两到三年时间基本解决执行难"的问题。此外,各级司法机关还充分利用现代信息技术对传统的诉讼服务进行了优化升级,努力为人民群众提供更多优质的司法服务。

其二,司法要有人民的参与。司法工作要坚持"从群众中来到群众中去"的群众路线,积极发挥人民群众的独特作用,尊重人民群众的首创精神,充分保障人民群众对司法工作的知情权、参与权、表达权和监督权。在当前司法实践中,为了让更多群众参与到司法工作中来,本轮司法改革对人民陪审员制度和人民监督员制度等司法民主的重要形式予以了全面的更新和优化。2015 年 4 月 1 日,中共中央全面深化改革领导小组第十一次会议审议通过了专门的《人民陪审员制度改革试点方案》,对提升人民陪审员代表性、扩大陪审案件范围、明确人民陪审员职能等方面做了重要改进。截止到 2016 年底,全国 22 万名人民陪审员共参审案件 306.3 万件,占一审普通程序案件的 77.2%。[①]通过人民陪审员的助力和监督,我国司法审判的公信力有望得到提升。另外,从人民监督员制度来看,2015 年 2 月 27 日召开的中共中央全面深化改革领导小组第十次会议审议通过了专门的《深化人民监督员制度改革方案》,在人民监督员的选任管理、监督范围、监督程序等方面进行了完善,从制度上解决了"检察机关自己选人监督自己"的问题,提高了人民监督员的代表性和权威性,加强了人民群众对司法工作的监督。

其三,司法公信要由人民来评判。我国的司法制度从建立之始就把满足人民群众司法的需求放在了中心位置[②],以人民是否满意作为审判、检察工作的出发点和落脚点,每年全国人民代表大会对法院、检察院工作报告的审查和表决被视为人民满意度的年度检验标准之一。在司法改革之中,人民是否满意也同样是检验司法改革成效如何的核心尺度,正如习近平同志所提出的,"司法体制改革成效如何,说一千道一万,要由人民来评判,归根到底要看司法公信力是否提高了"[③]。而司法改革三年以来,最高人民法院和最

---

① 周强:《最高人民法院工作报告(摘要)》,《人民日报》2017 年 3 月 13 日,第 1 版。
② 参见公丕祥:《董必武司法思想述要》,《法制与社会发展》2006 年第 1 期,第 12 页。
③ 习近平:《以提高司法公信力为根本尺度 坚定不移深化司法体制改革》,《人民日报》2015 年 3 月 26 日,第 1 版。

高人民检察院（简称"两高"）的工作报告在人大会议上的赞成率不断攀升，2017年"两高"的工作报告更是同时达到了91.83%的赞成率，双双创下了历史新高，而这一成绩反映的正是人民对司法改革的满意程度。

四、规范与规律：司法实践主义的内在要求

规律就是事物本身所固有的本质的、必然的、稳定的联系，是"事物运动变化发展中确定不移的秩序"[①]。司法规律生成并作用于司法实践之中，只有在司法实践的目标指引下，司法规律才能发挥出积极的正面效用，而宪法和法律规范则构成了司法实践必须要遵循的基本依据，因此司法实践主义既要求司法应当回缚于宪法和法律规范，又要求司法应当遵循司法规律。

其一，遵守宪法和法律规范。从规范意义上而言，司法之本源在于宪法。在我国宪法不仅规定了司法权与司法机关之性质和地位，而且规定了司法权独立行使之原则、司法机关与人民代表大会之间、公检监法诸机关之间的关系。故而，司法权的运行在遵循自身规律之外，还须恪守宪法之规定，符合宪法对人民法院和人民检察院之角色定位，履行好审判职责和法律监督职责，维护好人民法院、人民检察院与公安机关、监察机关和人民代表大会之间的关系。同时，作为"法"表现于外的一种方式，司法是正义的守护者和提供者，司法机关应当充当守法的模范和表率。因此，司法权的任何作用方式都应当严格依法进行，司法制度的运行、发展与变革均须于法有据，涉及司法组织、司法程序及司法人员管理等方面的事项和改革，应当全部、全面、全程纳入宪法和法律之轨道[②]，接受宪法和法律的拘束。如若不然，即对宪法和法治精神之悖反，是对业已形成的司法制度和司法实践模式之违背，长此以往，将会带来司法权威不彰、公信不存的严重问题。

其二，坚持庭审的中心地位。庭审程序是整个诉讼制度的中心，庭审中心主义要求诉讼证据质证在法庭、案件事实查明在法庭、诉辩意见发表在法庭、裁判理由形成在法庭[③]，以避免和防止司法机关在庭前的"暗箱操作"，造成庭审活动的虚置。循此逻辑，本轮司法改革通过以审判为中心的

---

① 杨俊一：《马克思主义哲学原理》，上海大学出版社2003年版，第73页。
② 江国华：《司法立宪主义与中国司法改革》，《法制与社会发展》2016年第1期，第62页。
③ 《最高人民法院关于全面深化人民法院改革的意见》，法发〔2015〕3号。

诉讼制度改革，积极推进庭审实质化。各级法院完善侦查人员、鉴定人、证人出庭作证机制，强化控辩平等对抗，保障被告人和律师诉讼权利，发挥庭审在查明事实、认定证据、保护诉权、公正裁判中的决定性作用。以借此来扭转在刑事司法活动中司法权力的逆向运转，改变当前以侦查为中心的权力配置的错乱，以及在公检法三机关中形成的"流水作业式"的权力运行模式。其通过调转诉讼制度的实际重心的方式，健全了司法权力分工负责互相配合、互相制约的制度安排，也由此彻底改变了坊间对刑事司法活动中所"公安做饭、检察院端饭、法院吃饭"的诟病。

其三，坚持法官的主体地位。司法改革的核心问题仍然是"人"的问题，司法权的本质是判断权，法官作为审判活动的主体，只有通过法官的意识结构和认识活动，才能实现对案件事实"有与无"和法律适用"应与不应"的判断，审判程序和整个司法程序都只有在法官成为主体的前提下才能发挥作用。[①]在此逻辑之下，本轮司法改革以司法责任制为重点，通过以下改革措施，着力凸显法官的主体地位：①推行司法人员分类管理改革，以员额制改革为中心，将当前混同管理的司法人员分为了法官和检察官、司法辅助人员、司法行政人员三类，通过赋予法官、检察官的专门的职业身份，实现了对法官和检察官的单独管理，进一步划清了法官范围，明确了法官的主体地位；②推行主审法官、合议庭办案责任制，遵循司法的亲历性原则，解决了司法实践中出现的"审者不判、判者不审"的实际问题，实现了"让审理者裁判、由裁判者负责"这一司法权运行的基本要求；③以办案质量终身负责制为中心，建立起了新的法官、检察官惩戒和职业保障制度，并推行了新的绩效考核方式，作为司法改革的配套措施，2015年中央政法委正式取消批捕率、起诉率、有罪判决率、结案率等不合理的考核项目，进一步排除了干扰司法活动的非理性因素；④对饱受社会诟病的审判委员会制度进行了大刀阔斧的改革，并推动了司法机关内设机构的改革，以进一步实现司法机关管理体制的优化。通过以上改革措施，基本上形成了以司法责任制为中心，司法人员分类管理制度、司法人员职业保障、省以下地方法院检察院人财物统一管理等为内容的，保障司法权独立公正行使，防止违法干预司法活动的体制和机制。

---

① 孙万胜：《司法权的法理之维》，法律出版社2002年版，第48—49页。

五、本书的体例与说明

党的十八大以来，中国司法体制的改革进入了全面改革的时期，在变革的时代，司法制度的研究再难固守以往的理论，而必须着眼实践，不断地吸收改革之后的新经验与新理念。依托笔者承担的 2009 年度国家哲学社会科学基金重大招标项目"中国特色社会主义司法制度研究"的相关成果，本书以"中国特色社会主义司法制度研究"为题，以司法实践主义为原则和方法，分别对中国司法制度的理论内核、现实图景及未来的改革方向等内容进行了深入的研究。

本丛书由理论篇、规范篇、实证篇和对策篇等四部分组成。其中，理论篇重点阐述了司法制度何以产生、何以必然，中国特色体现在何处等重大理论问题；规范篇对司法组织、司法官、司法程序、司法解释、司法伦理、司法责任等重要的司法制度和司法规范问题进行了研究；实证篇以实证调研的方式对当前司法制度之运行状况进行了观察研究；最后，对策篇系统地提出了为司法正本、为司法定位、为司法立据、改旧法促改革、立新法促改革等囊括了宪法、基本法、部门法和具体机制层面的改革建议。

需要说明的是，由于在本书写作过程中司法改革正在进行，笔者虽一直跟进改革进程进行补充更新，甚至是推倒重来，但改革毕竟是无限向前的，出版时间却难以继续拖延下去。所以，2017 年底，在改革进入实施阶段之后，本书即交付了初稿，对于未能及时纳入书中的改革内容，虽然不影响本书主体内容的展开，但毕竟也是有所缺憾，只能留待日后予以完善。对于在此之后部分法律进行修改或修订的情况，也通过注释的形式对书中各处所引用的法律条文进行了具体说明，便于读者查阅。剖析理论，发掘制度内核，记录改革，推动改革深入，希望我们这份努力能够对司法制度的研究与发展尽到一份绵薄之力，这既是我们研究中国特色社会主义司法制度的初心，也是我们这一代学者难以推却的历史使命。

江国华

2018.5.20

目 录

总序

第一章　中国特色社会主义司法制度的探索与创新 …………… 1
　　第一节　工农民主政权的司法制度（1927—1937）………… 2
　　第二节　抗日民主政权的司法制度（1937—1945）………… 18
　　第三节　解放区人民民主政权的司法制度（1945—1949 年）… 29

第二章　中国特色社会主义司法制度的建立与发展 …………… 37
　　第一节　初步建立阶段（1949—1957）…………………… 38
　　第二节　曲折发展阶段（1957—1978）…………………… 45
　　第三节　恢复重建阶段（1978—1997）…………………… 49
　　第四节　改革发展阶段（1997—2012）…………………… 52

第三章　中国特色社会主义司法制度的基本内涵 …………… 72
　　第一节　中国特色社会主义司法制度的本质……………… 72
　　第二节　中国特色社会主义司法制度的特色……………… 85
　　第三节　中国特色社会主义司法制度的地位……………… 90

第四章　中国特色社会主义司法制度的理论基础·············94
第一节　中国特色社会主义司法制度的理论渊源·············94
第二节　当代中国特色社会主义司法制度的指导思想·········105
第三节　中国特色社会主义司法制度的基本理念············115

第五章　中国特色社会主义司法制度的人民司法属性·········119
第一节　人民司法的价值意涵···························119
第二节　人民司法的哲学基础···························124
第三节　人民司法的制度保障···························131

第六章　中国特色社会主义司法制度的价值嬗变·············139
第一节　政治司法价值观·······························141
第二节　经济司法价值观·······························145
第三节　社会司法价值观·······························151
第四节　走向衡平司法价值观···························156

第七章　中国特色社会主义司法制度的历史必然性···········162
第一节　历史选择理论与司法制度的本质特征·············162
第二节　国情塑造理论与司法制度的功能定位·············175
第三节　社会发展理论与司法制度的价值取向·············184

第八章　中国特色社会主义司法制度的现代化改革···········193
第一节　改革之必要···································194
第二节　改革之措施···································210
第三节　改革之目标···································251
第四节　改革之效果···································265

参考文献···269

后记···282

第一章
中国特色社会主义司法制度的探索与创新

中国特色社会主义司法制度发轫于新民主主义革命时期，中国共产党领导的新民主主义革命十分重视运用法律手段来建设政权、巩固联盟、打击敌人、保卫普通老百姓的生命财产安全。在新民主主义革命的各个阶段，社会主义司法制度既是民主政权建设的重要组成内容，同时，卓有成效的司法工作又成为推动民主政权建设、保障新民主主义革命胜利成果的重要力量。从历史角度考察新民主主义政权的司法制度及其经验与教训，理清并把握其在中国特色社会主义司法制度发展历程中的本源性地位，揭其典义，露其精华，不仅是研究中国特色社会主义司法制度的逻辑起点，而且也是发展中国特色社会主义司法制度的价值原点。鉴于新民主主义革命不同历史阶段的目标和任务有较大差异，革命特征有所不同，不同历史阶段民主政权之司法制度也呈现出不同的状态和发育程度。本章以新民主主义革命的历史脉络为逻辑主线，分别对工农民主政权（第二次国内革命战争时期）之司法制度、抗日民主政权（抗日战争时期）和解放区人民民主政权（第三次国内革命战争时期）之司法制度作扼要阐述。[①]

[①] 有关历史时期分期，参考张晋藩：《中国司法制度史》，人民法院出版社2004年版，第564页。

第一节　工农民主政权的司法制度（1927—1937）

1921年中国共产党成立之后，积极领导中国人民争取民族独立和人民解放，开展了轰轰烈烈的工农运动。在第一次国内革命战争期间（1924—1927），中国共产党领导了诸如省港大罢工（1925）、上海第三次工人武装起义（1927）、农民运动等一系列工农运动，并建立了省港罢工委员会、上海市临时市政府、农民协会、乡村自治委员会等工农民主政权。在这些工农政权中设置了工人纠察队军法处、会审处、特别法庭、审判土豪劣绅委员会[①]等机构，他们是人民司法机关的雏形，产生了审判合议制、陪审员制度、公开审判、复核、上诉、废止肉刑、严禁逼供信等诉讼制度[②]，出现了人民调解制度的萌芽[③]。这都是中国共产党在早期工农运动中对司法制度的有益探索，为后来的革命根据地的司法制度建设进行了有益的尝试。但由于这些工农民主政权存在的时间都很短暂，中国共产党也未完全掌握革命政权的领导权，因而这些司法制度发挥的作用有限，不具有典型意义。

第二次国内革命战争时期（1927—1937），中国共产党领导人民创建了革命根据地，并于1931年在江西瑞金建立了中国历史上第一个全国性的红色政权——中华苏维埃共和国临时中央政府。随着农村革命根据地的开辟和工农民主政权的建立，中国共产党和中华苏维埃共和国临时中央政府在进行艰苦卓绝的革命战争的同时，学习和借鉴苏联的做法和经验，在彻底摧毁国民党旧法体系的基础上，广泛开展了苏区法制建设：颁布了宪法大纲，确立了与政权组织、行政机关、选举、经济、土地、劳动、婚姻、刑事等有关的一系列法律、法令、条例和训令；创立和完善了最高法院和各级裁判机构、军事裁判所、检察院、国家政治保卫局、司法人民委员部、肃反委员会等人民司法机关；制订和规范了司法机关依法行使职权、公开审判制度、审判合议制度、人民陪审员制度、巡回法庭制度、新型监所制

[①] 1927年3月《湖北省审判土豪劣绅委员会暂行条例》规定了审判委员会以农民为主体，详见《中国国民党第二届中央执行委员会第三次全体会议宣言训令及决议案》（附件），1927年5月版，第41-42页。

[②] 张晋藩：《中国法制通史》第十卷，法律出版社1999年版，第94-96页。

[③] 毛泽东在《湖南农民运动考察报告》一文中提到在农民运动高涨地区，"一切权力归农会""连两公婆吵架的小事，也要到农会去解决"。在浙江萧山衙前镇1921年9月制定的《衙前农民协会章程》明确规定"凡本会会员具有私人是非的争执，双方得报告议事委员，由议事委员调处和解"。《衙前农民运动》，中共党史资料出版社1987年版，第24页。

度等一整套诉讼制度。由此可见，中国特色社会主义司法制度在中华苏维埃共和国时期初具雏形。

一、司法机关

中华苏维埃共和国的司法机关是在1927年井冈山革命根据地工农民主政权建立之后，彻底摧毁国民党反动政府旧司法机关以及借鉴苏联建立司法机关的经验基础上，逐步建立和发展起来的。就其性质而言，中华苏维埃共和国的司法机关是在中国共产党的领导下，掌握在广大工农手中的，保卫工农民主政权，维护工农权益，镇压帝国主义、封建主义和国民党反动派的国家机器的重要组成部分。[1]

在第二次国内革命战争时期，中华苏维埃政权十分重视司法方面的立法工作。就其形式而言，大致可以划分为两大类：一是在各级苏维埃组织法中，设有专门的审判组织、检察组织条款，比如，《中华苏维埃共和国中央苏维埃组织法》（1934）第37～40条关于最高法院的规定[2]，《中华苏维埃共和国地方苏维埃暂行组织法（草案）》（1933）的第94条、148～185条[3]，《鄂豫皖区苏维埃政府临时组织大纲》（1931）以及《修正闽西苏维埃政权组织法》（1930）等，都有专门的审判组织规定；二是制定专门的裁判条例、监所暂行章程等单行法规，如《中华苏维埃共和国军事裁判所暂行组织条例》（1932年2月）、《中华苏维埃共和国裁判部暂行组织及裁判条例》（1932年6月）、《中华苏维埃共和国劳动感化院暂行章程》（1932年8月）、《中华苏维埃共和国司法程序》（1934年4月）、《闽西苏维埃政府裁判条例》（1930）、《鄂豫皖区苏维埃政府革命军事法庭暂行条例》（1931）、《对于军事裁判所组织条例的解释和运用》（1932）等。

此外，苏维埃临时中央政府颁布的有关司法程序的法规和中央司法人民委员部发布的命令也是当时司法工作的重要依据：①1933年中央司法人民委员部颁布的《为组织劳动法庭问题》规定在城市裁判科之下，由专人组成劳动法庭，专门解决关于劳动争议案件；②1933年颁布的《中华苏维埃共和国中央执行委员会关于肃反委员会决议》规定：凡属新发展的苏区与当地的临时政权，在县区执委会之下组织肃反委员会，有直接逮捕、审讯、

---

[1] 张友南、罗志坚：《独具特色的中华苏维埃共和国司法机关》，《党史文苑》2010年第18期，第8页。
[2] 韩延龙、常兆儒：《中国新民主主义革命时期根据地法制文献选编》（第二卷），中国社会科学出版社1981年版，第92-93页。
[3] 韩延龙、常兆儒：《中国新民主主义革命时期根据地法制文献选编》（第二卷），中国社会科学出版社1981年版，第64-72页。

判决反革命及一般罪犯,并执行其判决(从处决到释放)之权力;③1934年颁布的《中华苏维埃共和国中央执行委员会第五号命令》规定:为了迅速镇压反革命活动,人民委员会特授予国家政治保卫局及其分局有直接拘捕处决反革命之特权,而不必经过裁判部——据此,国家政治保卫局由国家保安机关遂转变为特殊时期的特许审判机关。①

根据上述立法或命令,中华苏维埃政权初步建立了颇具特色的司法审判体制:①从中央到地方设置四级审判机关,中央设临时最高法庭,地方设省、县、区三级裁判部;②在红军中设军事裁判所;③在中央设司法人民委员部,管理司法行政工作,在地方设各级裁判所兼管司法行政;④当时中央尚未设立专门的检察机关,而是在最高法院内设检察长一人,副检察长一人,检察员若干人②,地方省、县、市、乡则设与裁判部平行的工农检察委员会③,在军事裁判所所在地设有军事检察所。具体分述如下:

(一)临时最高法庭

中华苏维埃共和国成立后,临时最高法庭是中华苏维埃共和国的最高审判机关。虽然中华苏维埃中央执行委员会在1934年决定设置最高法院,但是,最高法院一直没有成立,所以,临时最高法庭一直代行最高法院职权,是事实上的最高法院。

根据1934年2月颁布的《中华苏维埃共和国中央苏维埃组织法》第七章之规定,最高法院设院长一人,副院长二人,由中央执行委员会主席团委任。下设刑事法庭、民事法庭和军事法庭,各设庭长一人。最高法院的职权如下所述:①对于一般法律作法定的解释;②审查各省裁判部和高级军事裁判所的判决书及决议;③审查中央执行委员会以外的高级机关职员在执行职务期间的犯法案件(中央执行委员犯法案件由中央执行委员会或主席团另行处理);④审查不服省裁判部或高级军事裁判所的判决而提起上诉的案件,或检察员不同意省裁判或高级军事裁判所的判决而提起抗诉的案件④。在最高法院内组织委员会,其人数由中央执行委员会主席按需要规定,以院长为主席,讨论并决定关于最高法院职权内各项重要的问题及

---

① 《中华苏维埃共和国司法程序》第4条,韩延龙、常兆儒:《中国新民主主义革命时期根据地法制文献选编》(第三卷),中国社会科学出版社1981年版,第321页。
② 《中华苏维埃共和国中央苏维埃组织法》第39条,韩延龙、常兆儒:《中国新民主主义革命时期根据地法制文献选编》(第二卷),中国社会科学出版社1981年版,第93页。
③ 《中华苏维埃共和国地方苏维埃暂行组织法(草案)》第94条,韩延龙、常兆儒:《中国新民主主义革命时期根据地法制文献选编》(第二卷),中国社会科学出版社1981年版,第50页。
④ 韩延龙、常兆儒:《中国新民主主义革命时期根据地法制文献选编》(第二卷),中国社会科学出版社1981年版,第93页。

案件。

　　临时最高法庭事实上执行最高法院职权，成为中华苏维埃共和国最高审判机构，指导、节制各地各级苏维埃审判机关的工作，在开创新民主主义审判工作新纪元的过程中发挥了重要作用，表现出了同历代剥削阶级的审判根本不同的鲜明特征，为以后最高法院司法审判工作奠定了基础，积累了实践经验。

（二）省、县、区裁判部

　　在地方法院创设之前，地方苏维埃政权设立了裁判部作为临时司法机关，暂时执行司法机关的一切职权。根据当时法律，除现役军人及军事机关的工作人员外，一切刑事、民事诉讼的事宜，都归裁判部审理[①]。根据 1933 年 12 月公布的《中华苏维埃共和国地方苏维埃暂行组织法（草案）》的规定，中华苏维埃共和国地方各级裁判部是同级政府的组成部分，并实行双重领导制，即除上级司法机关领导外，同时受同级政府主席团的领导。

　　各级裁判部内皆设裁判委员会，主要负责讨论和建议有关司法行政、检察和审判等工作。各级裁判委员会由部长、副部长、裁判员、检察员、民警负责人、工农检察委员会的代表组成，部长为裁判委员会主任。在司法范围内，各级裁判部有随时调用赤卫队、民警、政治保卫队的权力。

　　基于级别差异，地方各级裁判部组成略有不同：①省裁判部设部长一人，副部长一至二人，裁判员一至三人，巡视员二至五人，检察员一至五人，秘书一人，文书一至三人；②县裁判部设部长、副部长各一人，裁判员一至二人，巡视员二至三人，检察员二至三人，秘书一人，文书一至二人；③区裁判部设部长、副部长各一人，文书一人。

　　各级裁判部之下设立刑事法庭、民事法庭，有必要时可组织巡回法庭、劳动法庭。其中，刑事法庭审判刑事案件；民事法庭审判民事案件；巡回法庭则到出事地点去审判比较严重的刑事与民事案件，以便吸收广大群众来观审；劳动法庭审判违反劳动法令的案件，[②]专门解决资本家、工头、老板破坏劳动法及集体合同和劳动合同等案件。

[①] 韩延龙、常兆儒：《中国新民主主义革命时期根据地法制文献选编》（第三卷），中国社会科学出版社 1981 年版，第 306 页。

[②] 《中华苏维埃共和国地方苏维埃暂行组织法（草案）》第 148~155 条，韩延龙、常兆儒：《中国新民主主义革命时期根据地法制文献选编》（第二卷），中国社会科学出版社 1981 年版，第 65-66 页。

（三）军事裁判所

根据1932年2月颁布的《中华苏维埃共和国军事裁判所暂行组织条例》和1933年12月公布的《中华苏维埃共和国地方苏维埃暂行组织法（草案）》之规定，在红军中设立军事裁判所，军事裁判所分为初级军事裁判所、阵地初级军事裁判所、高级军事裁判所、最高军事裁判会议四种[1]。

初级军事裁判所设在红军军部、师部及军区指挥部和独立师师部内，隶属于高级军事裁判所。其权限在于"审理军长以下的犯罪的指挥员、战斗员及在军队里服务的一切工作人员的案件"，但属初审机关。

阵地初级军事裁判所设在作战阵地的最高指挥部内，隶属于高级军事裁判所。其权限在于"审理在作战地带的一切案件"，但仍为初审机关。阵地初级军事裁判所的人员编制及其产生与初级军事裁判所大致相同。

高级军事裁判所设在中央革命军事委员会内及未与中央苏区连成一片的苏区最高军事委员会内，司法行政隶属于中央司法人民委员部，检察与审判事宜则受临时最高法庭节制。高级军事裁判所"是审判经过初级军事裁判所判决而上诉的案件之终审机关，同时是审理军长以上的指挥员、革命军事委员会的直属部队及其他工作人员的案件之初审机关"。

各级军事裁判所之下，均设裁判委员会，其中，初级裁判所五至七人，高级裁判所七至九人。初级军事裁判所设正、副所长各一人，裁判员一至二人，检察员一至二人，文书一至二人，法警若干。高级军事裁判所设所长各一人、副所长一至二人，裁判员一到三人，检察员一至二人，巡视员二到五人，文书一至三人。所长管理全所事务[2]。

最高军事裁判会议设在最高法院内。最高军事裁判会议由最高法院指定若干人及中央革命军事委员会的代表组成。"最高军事裁判会议是审理经过高级军事裁判所判决而上诉的案件之终审机关，同时是审判军团指挥员以上的重要军事工作人员的审判机关。"[3]最高法院未成立前，属于最高军事裁判会议管辖的案件，由临时最高法庭审理。

（四）检察机构

---

[1] 《中华苏维埃共和国军事裁判所暂行组织条例》第4条，韩延龙、常兆儒：《中国新民主主义革命时期根据地法制文献选编》（第三卷），中国社会科学出版社1981年版，第294页。

[2] 《中华苏维埃共和国地方苏维埃暂行组织法（草案）》第161条，韩延龙、常兆儒：《中国新民主主义革命时期根据地法制文献选编》（第二卷），中国社会科学出版社1981年版，第67页。

[3] 《中华苏维埃共和国军事裁判所暂行组织条例》第19条，韩延龙、常兆儒：《中国新民主主义革命时期根据地法制文献选编》（第三卷），中国社会科学出版社1981年版，第297页。

在中华苏维埃共和国时期，尽管未能建立独立的统一行使检察权的检察机关，但却初步形成了以工农检察人民委员部为主体、以审检合一为特色的苏维埃检察制度。其组织结构主要由工农检察部（工农检察人民委员会）[①]、法院（裁判部）检察长与检察员、军事检察所以及国家政治保卫局检察科四个部分组成。

工农检察部。苏维埃各级工农检察部（工农检察委员会）是兼具行政监察和职务犯罪检察等多种职能的机关，根据《工农检察部组织条例》（1932）等法律法规的规定，其职能包括监督苏维埃机关、企业及其工作人员正确执行苏维埃的政纲及各项法律、法令，保护工农群众利益，若发现苏维埃工作人员有行贿、浪费公款、贪污等犯罪行为，有权报告法院，提起公诉等。

法院（裁判部）内设检察长与检察员。为适应战争环境，中华苏维埃共和国采取审检一体制，在法院内附设检察长、检察员。根据《裁判部暂行组织及裁判条例》（1932）和《中华苏维埃共和国军事裁判所暂行组织条例》（1932）的规定，最高法院设检察长一人，副检察长一人，检察员若干人，其中检察长、副检察长由中央执行委员会主席团委任，其职能主要是开展预审和刑事公诉工作。临时最高法庭、最高法院检察长、副检察长、检察员管理案件的预审事宜，凡送到临时最高法庭和最高法院的案件，一律要经过检察员的检查，方能开庭审判。开庭审判时，检察长或检察员是代表国家的原告人，代表国家出庭告发。在地方除区裁判部不设检察员外，县裁判部设检察员一人；省裁判部设正副检察员各一人——根据1932年《裁判部暂行组织及裁判条例》规定，凡送到裁判部的案件，除简单明了、无须预审的案件外，一切案件必须经过检察员预审，并且对一切犯罪行为，检察员有调查案件、助理法庭调查之权[②]。有的犯罪人如必须预先逮捕，然后才能进行检察的案件，检察员具有预先逮捕犯罪人之权。凡与检察案件有关系的人，检察员有随时传来审问之权。认为有犯罪事实和证据的，再转交法庭审判。开庭审判时，并以国家公诉人的资格，代表国家出庭告发；而检察员如对裁判部判决不同意时，可以向上级裁判部提起上诉，要求再审。但关于反革命案件，则可以由国家政治保卫局派代表代表国家为原告人。

---

① 中央工农检察部于1931年11月成立，与政府各部局一同在叶坪谢氏宗祠内办公。1933年4月，迁到沙洲坝，驻老茶亭杨氏宗厅。1934年2月1日，中华苏维埃第二次全国代表大会选举产生中央工农检察委员会，自此，中央工农检察人民委员部更名为中央工农检察委员会。省、县、区苏维埃工农检察部、城市苏维埃检察科，也一并更名为工农检察委员会。

② 《中华苏维埃共和国地方苏维埃暂行组织法（草案）》第153条，韩延龙、常兆儒：《中国新民主主义革命时期根据地法制文献选编》（第二卷），中国社会科学出版社1981年版，第66页。

军事检察所，又称"军事检查所"，是根据1932年2月中央执行委员会颁布的《军事裁判所组织条例》组建起来的、与军事裁判所并立的军事检察机关，分初、高两级。高级军事检察所设在中央革命军事委员会内及未与中央苏区连成一片的苏区最高军事委员会内，设所长一人、副所长二人、检察（查）员若干人。初级军事检察所设所长一人、副所长一人、检察员若干人。

另外，为了使民众有效地行使民主监督权利，中央苏区建立了由工农检察部（委员会）管辖和指导下的群众组织，包括突击队、轻骑队、工农通讯员等。①

（五）国家政治保卫局

这是专门镇压反革命的机关，对一切反革命案件均有侦查、逮捕和预审之权②，不具有裁判和执行权。当时国家政治保卫局的组织系统如下所示：在中央设国家政治保卫局；在省、县设国家政治保卫分局，如在各军团和军区设立分局，师、团及独立营则设特派员及干事。必要时可以在某些机关中直接设特派员。各分局设执行部、侦察部、总务处。其中，执行部之下又设执行科、预审科；侦察部之下又设侦察科、检察科。国家政治保卫局各级机关，完全为集权组织，下级服从上级，采取委任制。各级政治保卫局之下设有委员会组织，负责审查和讨论保卫局所得材料。各局局长是该委员会主席，委员应有同级共产党代表和检察员。最高国家政治保卫局委员会委员由中央人民委员会批准委任，下设的各分局委员则由国家政治保卫局委任。

国家政治保卫局及分局是中华苏维埃政府专门针对政治上和经济上的反革命活动的司法机关，有组织为自己使用的武装队伍之权③。在反"围剿"的后方，它为稳定革命秩序，保障苏维埃国家的政权和经济文化建设，发挥了重要的作用。但国家政治保卫局在各苏区的肃反工作中，也造成了肃

---

① 为了使民众有效地行使民主监督权，中央苏区建立了突击队、轻骑队、工农通讯员等在工农检察部（工农检察委员会）的管辖和指导下的群众组织。这些群众组织与工农检察部密切配合，形成了检察工作的组织和信息网络系统。①突击队是人民群众在工农检察部指导下监督苏维埃工作的一种组织。每一支突击队只隶属于一个工农检察部，突击队之间没有上下级关系。②轻骑队是受团组织的直接领导、业务上受工农检察部指导的青年群众组织。其任务是揭露、检举和控告苏维埃机关、企业及合作社组织内的官僚主义、贪污浪费、消极怠工、行贿受贿等腐败现象。但它的职权范围只限于揭露、检举和控告，最后的处理仍归检察机关和审判机关。③工农通讯员是工农检察在各级政府机关、企事业单位、群众团体、街道、村落中委任的不脱产人员。如发现苏维埃工作人员违法失职、侵害群众利益行为，以通讯方式向工农检察部报告。
② 《中华苏维埃共和国地方苏维埃暂行组织法（草案）》第181条，韩延龙、常兆儒：《中国新民主主义革命时期根据地法制文献选编》（第二卷），中国社会科学出版社1981年版，第71页。
③ 《中华苏维埃共和国地方苏维埃暂行组织法（草案）》第184条，韩延龙、常兆儒：《中国新民主主义革命时期根据地法制文献选编》（第二卷），中国社会科学出版社1981年版，第72页。

反扩大化的严重后果。

(六) 司法人民委员部

早期工农民主政权不设立单独的司法行政管理机关,司法行政事宜由各级工农民主政府及其审判机关自行处理。中华苏维埃临时中央政府成立后,在中华苏维埃共和国人民委员会下设立了司法人民委员部,负责中华苏维埃共和国领域内的司法行政管理。第一任司法人民委员为张国焘,但由于张国焘远在鄂豫皖苏区工作,一直未能履职,因此,有关具体事务由梁柏台主持。1934年2月中央执行委员会任命梁柏台为中央司法人民委员。司法人民委员部设立后,在中央,司法行政机关和审判机关实行分立制;在地方,司法行政机关和审判机关实行合一制,不专设地方各级司法行政机关,由地方各级裁判部兼理当地的司法行政工作。它领导全苏区的司法行政工作,包括干部的任免、奖惩、教育、培训等。司法人民委员部具有以下职能:一是统一裁判部的审判方针,为各级裁判部制定规范;二是对审判人员实行教育;三是建立巡回检查制度和下级工作报告制度。[①]

(七) 肃反委员会

肃反委员会是第二次国内革命战争时期人民司法机关的过渡形式。依照1933年制定的《中华苏维埃共和国地方苏维埃暂行组织法(草案)》,凡在暴动时期的地方和红军新占领的地方要建立临时革命政权——革命委员会,革命委员会下设肃反委员会。根据1936年制定的《肃反委员会暂行组织条例》,肃反委员会的任务是,团结与领导新区(新开辟的红色区域)和边区(同白色区域接壤的地区)的工农群众,消灭当地一切反革命武装力量,镇压被推翻的剥削阶级的反抗,打击各种形式的犯罪活动,以确保临时革命政权的巩固和发展。

肃反委员会一般分为三级结构,分别隶属于省、县、区(市)革命委员会,接受同级革命委员会的领导和节制,同时绝对服从上级肃反委员会的命令。各级肃反委员会一般由本地区的党委书记、革命委员会主席和各群众团体(工会、贫农会等)选派的代表组成。上述人员均需报请上级肃反委员会或国家政治保卫局批准。

各级肃反委员会均设侦查、执行两组,侦查组负责反革命破坏活动的

[①] 李宜霞、杨昂:《梁柏台与中华苏维埃共和国司法制度之建设》,《中共中央党校学报》2004年第3期,第73页。

侦查检察事宜。执行组负责预审和执行处理反革命案犯事宜。肃反委员会有权组织一个中队至一个区队的武装政治保卫队，如果执行职务确有必要，也可请求当地的游击队或赤卫队予以协助。①

二、基本制度

中华苏维埃共和国虽然存在时间不长，却在政权建设方面作了许多有益尝试，为保障工农民主权利和巩固新生政权，摸索出了一整套颇具特色的诉讼制度，比如以四级两审终审为主的审判制度、巡回法庭制度、审判合议制度、人民陪审员制度、人民调解制度等，这些制度为中华人民共和国社会主义诉讼制度的形成和发展积累了宝贵的经验。②

（一）"四级两审终审制"

苏维埃法律规定，审判权由裁判部统一行使。中华苏维埃共和国审判组织分为区、县、省、中央最高法庭四级，实行"两审终审制"，即县裁判部是区裁判部所判决的案件的终审机关，省裁判部是县裁判部所判决的案件的终审机关，最高法庭是省裁判部所判决的案件的终审机关。军事裁判所分初级（或阵地）、高级和最高军事法庭会三级，也实行"两审终审制"。根据1934年颁布的《中华苏维埃共和国司法程序》第六项之规定："苏维埃法庭为两级审判制，即限于初审终审两级。如区为初审机关，则县为终审机关。县为初审机关，则省为终审机关。省为初审机关，则最高法院为终审机关。初级军事裁判所为初审机关，则高级军事裁判所为终审机关。高级军事裁判所为初审机关，则最高法院的军事法庭为终审机关。最高法院在审判程序上为最后的审判机关。任何案件，经过两级审判之后，不能再上诉。但是检察员认为该案件经过两审后，尚有不同意见时，还可以向司法机关抗议，再行审判一次。"

（二）公开审判制度

公开审判，即规定裁判部审理案件必须公开，倘有秘密关系时，可用秘密审判的方式，但宣布判决之时，仍须公开。军事裁判所审判案件也须用公开的形式，准许士兵及军队的工作人员旁听。如是军事秘密的案件，

---

① 张希坡：《中国法制通史（第十卷 新民主主义政权）》，法律出版社1999年版，第239-240页。
② 魏春明、柯华：《中华苏维埃共和国的诉讼制度及其评析》，《中国井冈山干部学院学报》2010年第6期，第27页。

可采用秘密审判的形式,但在宣布判决时仍须公开。

根据1933年司法人民委员部颁布的《对裁判机关工作的指示》之规定:"在审判案件之先,必须广泛地贴出审判日程,使群众知道某日审判某某案件,吸引广大群众来参加旁听审判。既审之后,应多贴布告,多印判决书,以宣布案件的经过,使群众明了该案件的内容。除有秘密性的某种案件之外,坚决地不许再有在房间秘密审判,或随便写一个判决书送上级去批准的不规则情形。"

根据1933年颁布的《革命法庭的工作大纲》之规定:法庭开庭公审前三日,必须将公审案件挂牌通告。公审时容许一切苏维埃公民旁听(一切剥削分子没有旁听权)。并且在原被告发表供词后,主审首先征求陪审意见,旁听群众在此时间也可以发表对该案的意见,然后主审、陪审讨论判决。在《鄂豫皖区苏维埃政府革命法庭的组织与政治保卫局的关系及其区别》(1931)中也有关于征求群众意见的规定。比如,"法庭审判案子要通知当地各团体和群众参观。""判决案子时,可征求群众意见,若判决办法与群众意见不同,可交上级处理。"对反革命及其他重要罪犯,必要时得召集群众大会审判。①

（三）审判合议制

审判合议制,即每次开庭,除简单而不重要的案件,可由裁判部长或裁判员一人审理外,一般须组织合议庭,以裁判部长或裁判员为主审,并有陪审员二人。法庭审理完结,退庭三分钟或五分钟,由主审、陪审讨论判决。主审与陪审员在决定判决书时,以多数意见为标准,倘若争执不决时,应当以主审的意见来决定判决书的内容。如陪审员之某一人有特别意见,而坚决保留自己的意见时,可以用信封封起,报到上级裁判部去,作为上级裁判部对于该案件的参考。初级军事裁判所和高级军事裁判所审理初审案件,也由主审一人,陪审员二人共三人组成合议庭。

（四）裁判委员会制度

在苏维埃共和国各级裁判部内皆设有裁判委员会,由部长、副部长、裁判员、国家政治保卫分局局长或特派员、民警分局局长或民警厅长或所长、工农检察委员会和劳动部及职工会的代表、所在地下级裁判部的负责

---

① 杨木生:《论苏区的司法制度》,《求实》2001年第1期,第52页。

人及其他工作人员中能任其职者组成,部长为委员会主任。①其职责主要是讨论和建议有关司法行政、检察和审判等问题。根据1933年司法人民委员部颁布的《对裁判机关工作的指示》之规定:"每个案件先经过裁判委员会的讨论,讨论一个判决的原则,给审判该案件的负责人以判决该案件的标准,使判决上不致发生错误。"即对每个案件的处理必须先经过委员会的讨论,然后开庭审判。

(五)人民陪审员制度

1933年颁布的《革命法庭的工作大纲》规定:"公审时采取由群众团体代表陪审制度,陪审员最低限度五人,必要时可以尽量扩大其人数。"人民陪审员,是由职工会、雇农工会、贫农团及其他群众团体选举出来的,每审判一次得调换二人。陪审员在陪审期间,需暂时摆脱他的本身工作,保留他原有的中等工资,陪审完了之后,仍回去做原有工作。无选举权者(包括未满十六岁的人)不得当选为陪审员。军事裁判所陪审员,是由士兵选举出来的,每星期改换一次,陪审员在陪审期间可摆脱士兵的职务,陪审期间终了,仍归原队工作。②

(六)巡回法庭制度

根据《裁判部的暂行组织及裁判条例》(1932)之规定:"各级裁判部可以组织巡回法庭,到出事地点去审判比较有重要意义的案件以吸收广大的群众来参加旁听。"根据《中华苏维埃共和国军事裁判所暂行组织条例》(1932)之规定:"审判的时候,不一定在军事裁判所的所在地审判,可到军队所在地及犯法者的工作地点去审判。"可见,巡回法庭虽然也是审判机构,但与前述审判机构相比,最大的一个特点是它不是一级专门的常设审判机构,而是地方各级裁判部和各级军事裁判所为了方便诉讼或增强诉讼效果,组成流动法庭到出事地点去审判案件,以吸收广大群众来参加旁听,从而教育群众的一种特殊做法。

(七)死刑判决审批制度

考虑到死刑判决的特殊性(人死不能复生,死刑错判无法弥补),中华苏维埃共和国对死刑判决专门设立了案件审批的制度(与现在的死刑复核

---

① 《中华苏维埃共和国地方苏维埃暂行组织法(草案)》第148-149条,韩延龙、常兆儒:《中国新民主主义革命时期根据地法制文献选编》(第二卷),中国社会科学出版社1981年版,第65页。
② 杨木生:《论苏区的司法制度》,《求实》2001年第1期,第52页。

程序相似），以体现"慎杀"的刑事政策。根据《裁判部的暂行组织及裁判条例》（1932）第26条、27条、31条以及32条之规定：①"凡判决死刑的案件，虽被告人不提起上诉，审理该案件的裁判部，也应把判决书及该案件的全部案卷送给上级裁判部去批准"（第26条）；②"在判决书上所规定的上诉期已满或上级裁判部已经批准，该案件的判决书才能执行"（第27条）；③"县裁判部是区裁判部所判决的案件的终审机关，同时又是审判有全县意义的案件之初审机关，有判决死刑之权，但没有执行死刑之权，县裁判部判决死刑的判决书，得省裁判部的批准之后，才能执行"（第31条）；④"省裁判部为县裁判部所判决的案件之终审机关，同时又是审判有全省意义的案件之初审机关，有判决死刑之权，但须送临时最高法庭去批准而后执行。未与中央苏区打成一片的省，省裁判部有最后处决案件之权"（第32条）。①

（八）回避制度

根据《中华苏维埃共和国裁判部暂行组织及裁判条例》（1932）第19条之规定，凡与被告人有家属和亲戚关系或私人关系的人，不管是主审、陪审还是书记，都要回避，不得参加案件审判。在检察制度没有建立的地方，由裁判员代行检察员职务担任预审员的，该裁判员也不得充任该案的主审或陪审，用以防止先入之见。回避制度对保障审判的公正性至关重要。

（九）辩护制度

根据《中华苏维埃共和国裁判部暂行组织及裁判条例》（1932）之规定：司法机关在开庭审理时，除检察员出庭做原告外，凡与群众团体有关的案件，该群众团体可派代表出庭做原告。被告人为自身利益经法庭许可，可派代表出庭代为辩护②。根据《川陕省革命法庭条例草案》（1933）之规定：凡有公民权的人皆有做辩护的资格，工农群众可以委托一个或几个辩护人为自己辩护③。辩护制度对于维护和保障被告人的合法权利具有重要意义。

---

① 魏春明、柯华：《中华苏维埃共和国的诉讼制度及其评析》，《中国井冈山干部学院学报》2010年第6期，第29页。
② 韩延龙、常兆儒：《中国新民主主义革命时期根据地法制文献选编》（第三卷），中国社会科学出版社1981年版，第309页。
③ 韩延龙、常兆儒：《中国新民主主义革命时期根据地法制文献选编》（第三卷），中国社会科学出版社1981年版，第352页。

（十）人民调解制度

1931年11月，中华苏维埃共和国中央执行委员会第一次全体会议通过的《苏维埃地方政府暂行组织条例》第17条规定："乡苏维埃有权解决未涉犯罪行为的各种争执问题。"根据《川陕省苏维埃组织法》（1933）之规定：在乡和区两级苏维埃政府各设负责解决"群众纠纷问题"的裁判委员一人。除政府调解外，群众团体（如农会等）也负有调解民间纠纷的职责。[①] 其调解特点如下："调解的内容以不涉及犯罪的民间纠纷为限；政府调解是调解的主要形式，由基层苏维埃政府或其专设人员负责；实行逐级调解制度；在调解中遇到重大问题，基层苏维埃有权向司法机关提出控告。"[②] 这一时期的调解工作，虽有一定开展，但因战争环境，还没有形成一套工作原则和制度，这只是人民调解工作的创立时期。[③] 人民调解制度，能够将纠纷及时化解于基层，有利于维护社会的稳定，有利于群众间形成融洽、和谐的关系，这一时期的人民调解制度为后来制度的发展提供了有利的实践基础和条件。[④]

（十一）监所制度

在土地革命前期，革命根据地各级肃反机关的看守所、拘留所是监所的基本形式，后来发展成四类看守所：裁判部看守所、肃反委员会看守所、国家政治保卫局看守所、待审处（室）。1932年中华苏维埃中央司法人民委员部颁发了《中华苏维埃共和国劳动感化院暂行章程》，是整个土地革命战争时期最基本的监狱立法。劳动感化院是在县省两级裁判部的看守所之外另行设立的"以备禁闭判决长期监禁的犯人"的监所。是裁判部下的一个附属机关，其目的是看守、教育及感化违反苏维埃法令的一切犯人。劳动感化院设院长、副院长各一人，科长若干人，其主要任务是关押、教育和劳动改造被判处长期监禁的罪犯，使之成为守法公民，因此，劳动感化院是工农民主政权为监禁及教育犯人的徒刑执行机关。苦工队是土地革命时期监所的第三种形式。1932年9月，工农民主政权发布命令，决定对判处短期监禁的犯人组成苦工队，在革命干部组织和监视下，到战争前线担负运输等战争勤务，苦工队最长不超过1年，这是特殊时期的临时性徒刑方式。

---

① 熊先觉：《中国司法制度简史》，山西人民出版社1986年版，第100页。
② 张希坡、韩延龙：《中国革命法制史》，中国社会科学出版社2007年版，第442页。
③ 熊先觉：《中国司法制度简史》，山西人民出版社1986年版，第100页。
④ 沈德咏：《中国特色社会主义司法制度论纲》，人民法院出版社2009年版，第60-61页。

土地革命时期监所制度的基本方针，是除对死刑外的罪犯"采取感化主义，即是用共产主义的精神与劳动纪律去教育犯人，改造犯人犯罪的本质"①。也就是感化教育与劳动改造相结合的狱政方针，是区别于传统监狱完全不同的狱政制度。其基本管理制度包括收押、开释制度；看守制度；犯人财物保管制度；教育与生活管理制度；生产劳动制度②。这种制度最大的不同点是在强调严厉镇压反革命外，对犯人实行革命人道主义，如要注意犯人的卫生，按时给犯人洗澡、放空气，不许挪用犯人伙食费，要妥善安排犯人劳动、学习、休息、娱乐等，一系列感化措施，维护犯人合法权益，促进犯人改造，其本质就是把犯人当人看，这为后来的抗日民主政权狱政监所制度所继承和发展，体现了人民民主政权监所与反动统治政权监所的本质不同。

三、主要特征

在中华苏维埃共和国期间创设的苏区司法制度，对于广大工农民众实行十分宽泛的民主主义，彻底摒弃了一切野蛮的封建遗迹，具有广泛的民主性、彻底的革命性和鲜明的阶级性，并由此奠定了人民民主司法制度的基础。

（一）广泛的民主性

广泛的民主性是中华苏维埃共和国司法制度与以往一切剥削阶级司法制度区别开来的根本属性。剥削阶级司法制度背离多数人的意志，漠视工农群众的利益，排除工农群众的参与。而苏维埃的司法活动紧紧依靠最广大的工农群众，充分反映他们的意志，吸收他们的参与，维护他们的利益。③苏维埃共和国司法制度广泛的民主性，在其所创设的公开审判和巡回法庭、审判合议制和人民陪审员制、审判人员回避制以及辩护制度等诉讼原则与审判制度中得到充分展现，④并在司法实践中得以贯彻——为贯彻民主性原则，各级裁判要求在审判活动中必须重视证据，重视程序，反对逼供信，不轻信口供，审判要坚持公开、公正原则，对在裁判中陪审

---

① 《苏维埃中国》第 226 页，现代史资料编辑委员会 1957 年翻印。
② 有关这几种制度的具体内容参见张晋藩：《中国司法制度史》，人民法院出版社 2004 年版，第 577-578 页。
③ 魏春明、柯华：《中华苏维埃共和国的诉讼制度及其评析》，《中国井冈山干部学院学报》2010 年第 6 期，第 30 页。
④ 曾祥全、严帆：《试论中华苏维埃共和国审判机关的司法为民思想》，《党史文苑》2004 年第 4 期，第 17 页。

员持有保留意见的,要将其意见报送上级裁判部决定。

在广大苏区创设的人民调解原则和制度框架,构成了苏维埃司法制度的有机组成部分。人民调解制度,是一项具有中国特色的法律制度,在人类民主与法制的历史舞台上首领风骚,并至今还保持在我国社会主义的司法制度中。人民调解制度是人民司法工作的必要补充、得力助手,在维护社会稳定、实现群众自治、加强社会主义民主法制建设中作出了突出的贡献。研究、巩固和完善人民调解制度,对于新形势下及时妥善处理人民内部矛盾具有重要的现实意义。

(二)彻底的革命性与革命人道主义

苏维埃共和国司法制度彻底的革命性表现在两个方面:一是摒弃司法范围内的一切野蛮封建的遗迹;二是摧毁国民党半殖民地半封建的司法机关、诉讼原则和程序,着手司法制度的彻底改革。其革命人道主义,首先是苏维埃法律明令宣布废止肉刑,规定"在审讯方法上,为彻底肃清反革命组织及正确判决反革命案件,必须坚决废止肉刑,而采取收集证据及各种有效方法"[①]。其次是制定《劳动感化院暂行章程》(1932),实行对犯人教育、劳动改造。毛泽东说:"苏维埃法庭一方面严厉镇压反革命分子的活动,苏维埃对于这样的分子绝不应该有丝毫的姑息。但是另一方面,对于已经就逮的犯人,都是禁止一切不人道的待遇。苏维埃中央政府已经明令宣布废止肉刑,这亦是历史上的绝大的改革,而国民党法庭则至今充满着中世纪惨无人道的酷刑。""苏维埃的监狱对于死刑以外的罪犯是采取感化主义,即是用共产主义的精神与劳动纪律去教育犯人,改变犯人犯罪的本质。而国民党监狱则是纯粹的封建野蛮的虐杀,法西斯的酷刑,劳苦群众与革命者的人间地狱。""消灭敌对阶级反革命阴谋,建立苏维埃内的革命秩序,而废弃司法范围内一切野蛮封建的遗迹,这是苏维埃法庭的目的。苏维埃在这一方面的所有的改革,同样是有他的历史意义的。"[②]

(三)鲜明的阶级性

中华苏维埃共和国的司法制度一方面旗帜鲜明地保障工农群众的权利

---

① 《中华苏维埃共和国中央执行委员会训令第六号》,1931年2月13日。
② 《中华苏维埃中央执行委员会和人民委员会工作报告》,1934年1月。

和利益，另一方面则对剥削阶级和敌对分子予以坚决打击和镇压。①鲜明的阶级性，表现于苏维埃法庭的目的和作用。毛泽东说："苏维埃法庭以镇压地主资产阶级为目的，对于工农分子的犯罪则一般处置从轻，国民党法庭以镇压工农阶级为目的，对于地主资产阶级的犯罪则一般从轻，法庭的作用完全给政府的阶级性决定了。"②苏维埃法庭，是工农民主专政的重要武器，在镇压地主资产阶级和一切反革命活动及巩固苏维埃政权中起了重大作用。如司法人民委员部报告，在1932年7、8、9三个月全苏区所判决的犯人中，政治犯（反革命犯）约占70%，在肃反工作上收到良好的效果。③

四、主要缺陷

由于当时特殊的政治环境，司法组织在体系与制度上都存在明显的缺陷，具体体现为以下几点：一是司法组织的多元性与临时性。实际行使裁判职能的组织除了普通的裁判部、革命法庭、临时最高法庭外，还有负责军事审判的军事裁判所，负责镇压、肃反的国家政治保卫局和肃反委员会，而苏维埃最高法院始终没有正式组建成立。二是司法与行政二合一。各级各类司法机关都不是独立的，都是各级政府的组成部门。三是司法权力高度集中，缺乏自主性。人员上，司法人员由同级政府选任；裁判上，下级裁判部直接隶属于上级裁判部，是直接的垂直管理关系。四是检察机关职权太弱。审检合一体制下，检察机关附属于审判机关，上下级不发生关系，不构成独立的组织系统。五是司法人员的非职业化与非专门化。司法人员绝大多数来自基层的工农群众，是临时工作，案件审理完毕后要回到各自工作岗位，这虽然体现了司法的人民性，但是，这种非职业化与非专业化问题也是十分突出的，冤假错案在所难免。六是肃反机构的极端集权化。在战争年代，肃反是苏维埃政权得以存在的重要措施，但是肃反机关所拥有的一系列特权事实上成为凌驾于党政军之上的"太上皇"，在后来党的极左路线泛滥时，肃反扩大化，误杀误伤了很多革命干部，其教训极为深刻。

---

① 魏春明、柯华：《中华苏维埃共和国的诉讼制度及其评析》，《中国井冈山干部学院学报》2010年第6期，第30页。
② 《中华苏维埃中央执行委员会和人民委员会工作报告》，1934年1月。
③ 杨木生：《论苏区的司法制度》，《求实》2001年第1期，第54页。

第二节　抗日民主政权的司法制度（1937—1945）

抗日战争时期（1937—1945），中国共产党领导的抗日根据地进行了卓有成效的政权建设。其中陕甘宁边区是最具典型意义的抗日根据地，它是第二次国内革命战争时期所创建的唯一保存下来的革命根据地。根据1936年9月17日《中共中央关于抗日救亡运动的新形势与民主共和国的决议》，陕甘宁边区将工农民主政权自我转变为抗日民主政权。其他敌后抗日根据地借鉴陕甘宁边区的做法和经验，也创建了各自的抗日民主政权。以陕甘宁边区为典型代表的各抗日民主政权的法制建设在抗日战争时期有了很大的发展，司法的制度性建构以及积累的经验都十分令人瞩目，"不仅为巩固和促进抗日民族统一战线从而最终夺取抗战胜利起到积极作用，也为中华人民共和国的法制和司法建设奠定了坚实的基础"。[1]

这一时期的抗日民主政权机关，在宪法性文件《陕甘宁边区纲领》（1941）的第七条提出改进司法制度[2]。陕甘宁边区拟定了陕甘宁边区《刑事诉讼条例草案》（1942）、《民事诉讼条例草案》（1942）在内部试行，颁布了许多司法方面的法规，如《陕甘宁边区高等法院组织条例》（1939）、《陕甘宁边区保障人权财权条例》（1941）、《陕甘宁边区政府审判委员会组织条例》（1942）、《陕甘宁边区军民诉讼暂行条例》（1943）、《陕甘宁边区司法处组织条例草案》（1943）、《陕甘宁边区民刑事调解条例》（1943）等等。其他敌后抗日根据地也颁布了如《晋察冀边区陪审制暂行办法》（1940）、《晋察冀边区法院组织条例》（1943）、《关于边区司法机关改制之决定》（1943）、《冀鲁豫边区保障人民权利暂行条例》（1941）、《晋冀鲁豫边区高等法院组织条例》（1941）、《晋冀鲁豫边区太岳区暂行司法制度》（1944）、《晋西北巡回审判办法》（1942）等大量司法诉讼法律文件。司法机关和各项诉讼制度较前一时期有较大的发展和完善。

一、司法机关

陕甘宁边区的司法体制和制度是在继承中华苏维埃共和国时期的司法

---

[1] 张晋藩：《中国司法制度史》，人民法院出版社2004年版，第579页。
[2] 《陕甘宁边区施政纲领》，韩延龙、常兆儒：《中国新民主主义革命时期根据地法制文献选编》（第一卷），中国社会科学出版社1981年版，第35页。

体制的基础上，结合各地抗日根据地的实际情况逐步建立起来的。1937年9月6日，中央工农民主政府西北办事处及其司法部撤销后，各省、县、区的裁判部也随之撤销，取而代之的是陕甘宁边区高等法院、延安市地方法院和各县裁判处。根据当时的具体情况，为了更好地发挥司法工作为政治服务的效能，关于司法机关与同级政府的关系，明确规定如下：各级司法机关是同级政府的组成部分，并实行司法行政与审判"合一制""审检合署制"。[①]边区司法机关与政府的关系，则按照1943年起草的《陕甘宁边区政纪总则草案》中的规定："司法机关为政权工作的一部分，应受政府的统一领导，边区审判委员会及高等法院受边区政府的领导，各下级司法机关应受各该级政府的领导。"在这种体制下，司法机关无异于隶属于各级政府的职能部门，各级政府对司法机关的管理不仅包括日常的行政、财政、人事等，还包括具体的审判事务。[②]这一时期司法机关与政府的关系、审判机关与检察机关的关系、审判机关与司法行政机关的关系继承了中央苏区时期的传统，并无实质性区别。[③]

（一）高等法院

陕甘宁边区各级审判机关是由中华苏维埃共和国西北办事处下属的各省、县、区裁判部改组而来。由于当时国共合作的历史背景，边区的最高司法机关名义上也是南京国民政府中央最高法院下辖的省级司法机关，因此名称上也像其他省份一样，称为"高等法院"。

陕甘宁边区高等法院成立于1937年7月，其管辖范围包括重要的刑事第一审诉讼案件；不服地方法院、县司法处第一审判决而上诉的案件；不服地方法院、县司法处之裁定而抗告的案件；非诉事件。高等法院设院长一人，由边区参议会选举产生，"由边区政府呈请国民政府加委"（1939年《陕甘宁边区高等法院组织条例》第4条之规定）——由于国民政府不承认边区政府，故院长选出后，实际上由边区政府委任。院长的主要职权是管理边区司法行政；监督及指挥本院一切诉讼案件的进行；审核地方法院案件的处理；没收及稽核赃物罚金；对司法人员违法的惩戒；司法教育事项；犯人处理事项；管理其他司法事宜。

高等法院内设刑事法庭和民事法庭，分别负责具体案件的审理，两庭

---

① 熊先觉：《中国司法制度简史》，陕西人民出版社1986年版，第101页。
② 侯欣一：《陕甘宁边区司法制度、理念及技术的形成与确立》，《法学家》2005年第4期，第40页。
③ 沈德咏：《中国特色社会主义司法制度论纲》，人民法院出版社2009年版，第63页。

各设庭长一人，推事（审判员）若干人。庭长的职权主要是执行审判事务；指挥和监督本庭推事的工作；分配和督促审判案件之进行；决定公审案件和强制执行；审判的撤销和判决。审判员的职权则是案件的调查和审判；传讯证人和检查物证；批答案件；案件的判决及撰拟判决书。

除负责审判的机构外，高等法院的内设机构还包括检察处、书记室、总务科、看守所、劳动感化院[①]等。不过，这些机构的设置、职能和人员编制常做较大调整，以适应战时形势下司法工作的特殊需要。

（二）高等法院分庭

陕甘宁边区自1943年4月起先后在各专区（延安除外）设立高等法院分庭，根据《陕甘宁边区高等法院分庭组织条例（草案）》(1943)，分庭是高等法院在各专区的代表，其管辖与各该专员公署所辖之行政区域相同。主要受理不服所辖地方法院或县司法处第一审判决上诉之民刑案件，但分庭本身不是独立的审级法院，它仅代表高等法院受理上诉案件，目的也是为了方便当事人的上诉。当事人不服分庭的判决，尽管可以上告到高等法院，但后者对分庭的判决只是复核。所做决定或指示属第二审内部的程序，是"第二审判决"[②]，而不是第三审。分庭审理刑事案件时，有权自行决定判处三年以下的徒刑。拟徒三年以上的案件，应将所拟词连同原卷呈送高等法院复核，由高等法院就案件事实和法律问题做出"如拟宣判"，或"更行调查"，或"纠正"之指示。高等法院发现分庭判决之民刑案件有重大错误时，可指示其纠正或令其复审。分庭关于诉讼程序、法律适用、司法行政等问题有质疑者，呈送高等法院复核。分庭还要逐月向高等法院核报案件受理和处理情况。

高等法院分庭设庭长一人、推事（审判员）一人、书记员一至二人，庭长和推事（审判员）由高等法院呈请边区政府任命。由于庭长一般由专员兼任，他的领导注重于政策上，只是对于重大疑难案件，才召集会议讨论研究，对案件审理负全部责任的实际是审判员。分庭对外一切行文，由庭长名义行之。裁判书由推事（审判员）副署[③]。

[①] 相关机构职责《陕甘宁边区高等法院组织条例》第7-28条，韩延龙、常兆儒：《中国新民主主义革命时期根据地法制文献选编》（第三卷），中国社会科学出版社1981年版，第354-358页。
[②] 《陕甘宁边区高等法院分庭组织条例草案》第1条，韩延龙、常兆儒：《中国新民主主义革命时期根据地法制文献选编》（第三卷），中国社会科学出版社1981年版，第367页。
[③] 《陕甘宁边区高等法院分庭组织条例草案》第11条，韩延龙、常兆儒：《中国新民主主义革命时期根据地法制文献选编》（第三卷），中国社会科学出版社1981年版，第368页。

（三）地方司法机关设置

陕甘宁边区基层司法机关是县、市的司法处，负责审理本行政区域内的第一审民刑案件。根据《陕甘宁边区司法处组织条例草案》（1943）之规定，县司法处处长由县长兼任，审判员协助处长处理审判事务，如诉讼简单之县份，得有处长兼任审判员。审判员在处长监督下进行审判事宜，司法文件由处长行之，但裁判书须由审判员副署，盖用县印。在中国司法制度历史上，这是第一次将审理案件的推事改称审判员。

陕甘宁边区还曾于1941年至1942年间在一些中心县市（一般为专区所在地），如绥德、延安、新正、庆阳等地设地方法院，以推动司法组织的正规化。尽管地方法院的设置有助于提高办案质量和正确执法，但由于增加了人民的讼累，不久即被撤销。

为加强对审判权的控制和监督，根据《陕甘宁边区司法处组织条例草案》（1943）第八条之规定，县司法处须将重要案件的案情提交县政府委员会或县政务会议讨论再行判决。这种体制缘于1937年至1942年存在的县裁判委员会制度，该委员会由裁判员、县长、县委书记、保安科长、保安大队长组成，其职权是讨论和决定重大的民刑案件，后为贯彻"三三制"原则而将其撤销。实际上，早在苏维埃时代就有裁判委员会决定审判机关判决的做法，目的就是为了使党能够牢牢地掌握司法权。陕甘宁边区还在乡政府设置过人民仲裁委员会，受县级司法机关业务指导，是群众性自我解决纠纷的组织，后为人民调解组织取代。[①]

（四）边区政府审判委员会

南京国民政府最高法院在根据地一直没有实际行使司法管辖权，不服边区高等法院判决之案件，可以继续上告至边区政府，由边区政府委员会审查并可发回高等法院再审，但边区政府并不是法律上的第三审级。为建立事实上的"三级三审制"，以进一步推进司法的民主化，并同国民政府和西方国家的司法体制接轨，陕甘宁边区政府于1942年8月22日颁布《陕甘宁边区政府审判委员会组织条例》，规定设立边区政府审判委员会作为第三审机关。该委员会由五人组成，边区政府正副主席分别担任正、副委员长，其余三人由政务会议在政府委员中聘任，任期三年。委员会的职权包括受

[①] 张晋藩：《中国司法制度史》，人民法院出版社2004年版，第580页。

理不服高等法院第一审及第二审判决之刑事上诉案件及不服高等法院第一审之民事上诉案件；受理行政诉讼案件、婚姻案件、死刑复核、法令解释[①]。边区政府审判委员会实行集体讨论制，但对较为轻微的案件，可由正副委员长负责处理，而后再向全体委员报告。审判委员会下设秘书长、秘书各一人，书记官一至二人。委员会每月开会一次，必要时得临时召集之。

边区政府审判委员会纠正了一些一、二审中的错误或不恰当判决，但是它的存在也增加了诉讼的不便，终又于1944年2月16日被撤销，恢复了以高等法院为终审机关的体制。[②]

（五）检察机关

由于实行审检合一制，检察机关内设于审判机关之中。根据《陕甘宁边区高等法院组织条例》（1939），高等法院设检察处，检察长和检察员独立行使检察权。检察官的主要职权是负责案件的侦查、提起公诉、协助担当自诉、代表当事人或公益以及监督判决的执行等。检察工作直接对边区参议会负责，并受边区政府领导，其行政事务由高等法院管理。但1942年1月实行简政后，检察处及各检察员便被撤销，由公安、保安及其他司法机关代行其职权。实际上，在此之前检察机关就一直时存时废，多数时间是没有检察机关的。即便在其存续期间，检察职权也是保持着苏维埃时代的弱化趋势。这一方面反映出当时对于检察机关的性质及其职权重要性的认识十分有限，另一方面也是特殊的战争条件要求简化司法程序使然。[③]

二、诉讼原则与制度

抗日民主政权主要的诉讼原则与制度包括司法机关依法统一行使司法权原则、保障人权原则和公开审判、上诉制度、人民陪审制度、巡回审判制度以及人民调解制度。其中，司法机关依法统一行使司法权原则为我国后来的司法机关与政府分开单列奠定了实践基础；保障人权原则则为我国

[①] 《陕甘宁边区政府审判委员会组织条例》第5条，韩延龙、常兆儒：《中国新民主主义革命时期根据地法制文献选编》（第三卷），中国社会科学出版社1981年版，第363页。
[②] 张晋藩：《中国司法制度史》，人民法院出版社2004年版，第581页。
[③] 张晋藩：《中国司法制度史》，人民法院出版社2004年版，第582页。

后来的人权入宪提供了很好的理论源头与实践范例；而巡回审判制度和人民调解制度因马锡五审判方式的突出贡献在实践中取得了极大的成绩，成为抗日民主政权中最具特色的司法制度和审判方法，是我们今天在进行司法制度改革上仍然需要认真参考和借鉴的良好素材。

（一）诉讼原则继承与发展

1. 司法机关统一行使司法权原则

早在土地革命时期，司法机关虽然附属于同级政府，但是，中华苏维埃共和国司法人民委员部1933年5月30日在对裁判机关工作的指示中就明确规定："裁判部有独立解决案件之权，不是每个案件都要经过政府主席团，只有特别重要的案件，可以经过主席团来讨论"[①]。这里的可以不是必须，可见，中国共产党很早就注意到让司法机关独立行使司法权的重要性。

到了延安抗日民主政权时期，司法机关统一行使司法权原则有了新的发展，规定更加明确。1941年《陕甘宁边区施政纲领》第6条规定："除司法系统及公安机关依法执行其职务外，任何机关、部队、团体不得对任何人加以逮捕审问或处罚，而人民则有用无论何种方式，控告任何公务人员非法行为之权利。"[②]1941年5月10日，陕甘宁边区高等法院对各县司法工作的指示中，关于各县司法组织强调了裁判员的审判是独立的，侦查案件由检察员负责，审讯案件由裁判员负责，案件裁判由裁委会讨论决定，犯人的看守由看守所或监狱执行。1942年《陕甘宁边区保障人权财权条例》第7条规定："除司法机关及公安机关依法执行其职务外，任何机关、部队、团体不得对任何人加以逮捕、审问、处罚，但现行犯不在此例。"第8条规定："司法机关或公安机关逮捕人犯应有充分证据，依法定手续执行。"这些条文规定不仅规定了司法机关独有依法逮捕、审问、处罚之职权，其他任何部门不得享有，而且对现行犯作了例外规定，第9条规定："非司法或公安职权之机关、军队、团体或个人，拘获现行犯时，须于24小时内连同证据送交检察机关或公安机关依法办理，接受犯人机关应在24小时内侦讯。"[③]这些规定都体现了司法机关依法独立行使司法权不受其他组织干扰。

2. 保障人权原则

保障人权原则始于土地革命时期，具体体现在两个方面，一是当时明

[①] 韩延龙、常兆儒：《中国新民主主义革命时期根据地法制文献选编》（第三卷），中国社会科学出版社1981年版，第303页。
[②] 陕西省档案局：《陕甘宁边区法律法规汇编》，三秦出版社2010年版，第5页。
[③] 陕西省档案局：《陕甘宁边区法律法规汇编》，三秦出版社2010年版，第7页。

令禁止肉刑,中华苏维埃共和国司法人民委员部对裁判机关工作的指示明确要求:"绝对的废止肉刑,区一级裁判部不经上一级裁判部的特许,绝对不许随便杀人。"①二是对已决犯实行教育感化,进行人道主义管理,出台了专门的《中华苏维埃共和国劳动感化院暂行章程》。所以,这一时期的人权保障主要是局限在对犯人如何处理上要尊重人权,将犯人当人看。

抗日民主政权时期,一个是出于对共产党前期极左路线的反思,错杀误杀一批革命同志,二是出于建立抗日民族统一战线,团结一切可以团结的力量需要,所以,各个抗日根据地都特别重视保障人权问题,先后制定出台了人权保障条例,防止司法中的乱抓乱捕乱杀行为。著名的有《陕甘宁边区保障人权财权条例》(1942)、《山东省人权保障条例》(1940)、《冀鲁豫边区保障人民权利暂行条例》(1941)、《晋西北保障人权条例》(1942)、《渤海区人权保障条例执行细则》(1943)等,其内容主要是保护人民的人身权利、财产权利、保障人民的诉讼权利以及对于侵犯人权人员的制裁等。

《陕甘宁边区保障人权财权条例》(1942)第1条开宗明义"本条例以保障边区人民之人权财权不受非法之侵害为目的",第6至10条则规定了边区人民财产不受非法征收、查封,人身不受司法机关外的任何组织、个人逮捕、审问和处罚,除非是现行犯。逮捕人犯不准侮辱、殴打及刑讯逼供②。1943年的《陕甘宁边区调整军政民关系维护革命秩序暂行办法》第3条规定:"尊重人民权利,绝对禁止非法捕人、罚款、打人、骂人行为。"③《冀鲁豫边区保障人民权利暂行条例》(1941)保障抗日人民居住行动自由、生命财产安全及财产买卖自由和抗日言论、出版、集会、结社、信仰自由。④《渤海区人权保障条例执行细则》(1943)规定,人民之身体、财产及其他一切之合法自由权利,非有法令的根据,任何部队、机关、团体及群众武装不得任意侵犯。尤其严禁以任何名义、借口,乱行捕杀、吊打、掳架等行为,违者依其所犯法条加重一半处理。⑤

这些立法以尊重人的生命价值与人格尊严为出发点和核心内容,为我国司法为民作了很好的制度保障。当然,因为当时处于特殊的战争时期,这些制度原则从实际看,并没有得到很好的落实。但是,这些规定的出台

---

① 韩延龙、常兆儒:《中国新民主主义革命时期根据地法制文献选编》(第三卷),中国社会科学出版社1981年版,第302页。
② 陕西省档案局:《陕甘宁边区法律法规汇编》,三秦出版社2010年版,第5页。
③ 韩延龙、常兆儒:《中国新民主主义革命时期根据地法制文献选编》(第三卷),中国社会科学出版社1981年版,第364页。
④ 韩延龙、常兆儒:《中国新民主主义革命时期根据地法制文献选编》(第一卷),中国社会科学出版社1981年版,第95-97页。
⑤ 韩延龙、常兆儒:《中国新民主主义革命时期根据地法制文献选编》(第一卷),中国社会科学出版社1981年版,第100-101页。

争取了社会各界力量参与抗日民族统一战线，其作用不容低估。这也为今天我国司法建设如何保障人权，团结社会绝大多数，提供了一个很好的借鉴。

（二）巡回审判制度与马锡五审判方式

为适应战争环境，方便群众诉讼，各抗日边区司法机关都建立了巡回审判制度。巡回审判的组织形式有二：一是由各级司法机关指派审判人员，定期深入基层，巡回审判各自辖区内的刑事案件，无固定的巡回法庭组织；二是由政府或法院设立专门巡回法庭或流动法庭，代替该级政府或法院外出巡回审判。

巡回审判制度是抗日边区司法工作民主化与群众化的重要表现，马锡五审判方式就是在这一制度的实践中创造出来的。时任陕甘宁边区陇东专区专员兼高等法院陇东分庭庭长的马锡五法官，根据当地的实际情况，在边区法律范围内以其巡回审判实践开创了一种灵活实用的审判方法，这种审判方法被陕甘宁边区政府主席林伯渠总结称为"马锡五审判方式"[1]，并将其推广于各抗日边区。

马锡五审判方式的基本特点是以解决问题为导向，深入群众，调查研究，方便群众，就地审判。具体包括下列内容：①实事求是，深入农村，实地调查案情。马锡五作为边区高级干部，为了准确裁判，以人民勤务员的身份深入基层、农村，亲自巡回审案。按照以事实为依据的原则，实地调查，尽可能全面地收集证据，认真核实，掌握案件的真实情况，避免主观主义。②密切联系群众，依靠群众，依法合理处理案件。马锡五的审判方式充分体现了党的群众路线，除处处依靠群众调查案件事实外，还吸收群众中有威望和有能力的人直接参与案件的审理。审理时召集群众，向他们通报调查结果，广泛听取意见。当群众舆论与边区政府的政策法令一致时，即时依法判决；意见不统一则按政策和法律向群众进行宣传解释，消除对立情绪，再行宣判，以求判决的政治效果与社会效果的统一。③方便群众诉讼，巡回审理，采用审判和调解相结合的方法结案。马锡五一切从方便群众出发，灵活地运用巡回审判的特点，携卷下乡，定期巡视所属各县。无论田头、地脚就地设庭审判，即时判决，以方便群众参加诉讼。并且在法律许可的范围内，简化诉讼程序，审判案件不拘泥于形式，照顾民

---

[1] 1944年1月，林伯渠在边区政府委员会第四次会议所作的《陕甘宁边区政府一年工作总结》的工作报告中郑重提出："提倡马锡五同志的审判方式，以便教育群众。"1944年6月，"马锡五审判方式"通过《陕甘宁边区建设简述》介绍给了中外记者。

间的风俗习惯,是真正的为人民服务。在涉及民事案件审理上注重调解,聘请有威望的民间人士参与调解,使群众意见与法律规定融为一体,彻底解决问题,以利人民团结。

马锡五审判方式的开创和推广,使边区司法更加适应抗战的需要和农村的实际,进一步推动了边区司法工作的民主化,丰富和发展了巡回审判制度。[①]它提供给我们的最为重要的历史经验是中国司法一定要与中国国情相结合,与老百姓的司法需求相结合,走中国特色的司法之路。

(三)狱政制度

抗日民主政权时期的狱政制度成绩显著,堪称全国法院模范。最主要的是承接了土地革命时期的惩罚与教育感化原则,强调监狱既是对汉奸反动派实行专政的工具,也是改造犯人成为新人的教育机关。因此,这一时期的监所指导方针是尊重犯人人格,树立犯人也是人的观点,对犯人实行革命人道主义,教育感化罪犯,贯彻劳教结合,以教育为主原则。其中,教育内容包括政治教育、文化教育和劳动教育三结合。在对犯人关押改造上,还创造性的执行了监外改造,对案情较轻、刑期较短或刑期较长但是表现较好的允许回村执行。

这一时期的狱政制度对后来的解放战争时期的狱政制度有深远影响,其惩罚与教育相结合的原则为后来者继承,所不同的有四点:一是制度上解放战争时期更加规范;二是在狱政场所上由农村转为城市;三是减刑假释制度确立;四是劳动改造这一改造罪犯方式得到普遍运用。

(四)人民调解制度

注重调解是革命根据地处理一般纠纷的重要特点。人民调解制度在第一次和第二次国内革命战争时期就已萌芽,在抗日战争时期进入了一个新的发展阶段,即调解工作的制度化与法律化。为了规范人民调解工作,各个抗日民主政府公布了一系列相关法律文件,如《陕甘宁边区民刑事案件调解条例》(1943)、《山东省调解委员会暂行组织条例》(1941)、《晋西北村调解暂行办法》(1942)、《晋察冀边区行政村调解工作条例》(1942)等。其主要内容包括下列几项:

其一,主要的调解形式。依据主持调解的个人或单位不同,可以分为以下四种:①民间自行调解,即人民群众自己解决自己的纠纷,不必经过

---

① 王申:《中国法制史》,浙江大学出版社2007年版,第414页。

专门的调解机构。在完全自愿的基础上，双方推举自己信赖的、在群众中享有威望的人物参加，进行调解。这样的调解成功率高。当时根据地政府号召"百分之九十以上，甚至百分之百的争执，最好都能在乡村中由人民自己调解解决。"②群众团体的调解。所谓群众团体调解就是依靠群众组织（主要是工青妇女群众组织）解决群众之间的纠纷。群众团体是与群众关系最密切的单位，由他们来组织调解，易于平息纷争。③政府调解，即在基层人民政权主持下调解民间纠纷。政府调解在各根据地的实际运用，基本采取两种不同形式：一是设立专门的调解机构，由政府直接调解，即由当事人双方或一方申请乡（镇）政府、区分署、县（市）政府依法调解；二是基层人民政府内设置负责调解工作的专门机构——调解委员会，它接受来自群众的调解申请，并直接进行纠纷的调解工作。④司法调解，即司法机构在处理纠纷案件过程中，最终以调解的方式达成协议。这种调解具有法律效力，双方当事人必须无条件地履行调解协议的内容。

其二，调解范围。在第二次国内革命战争时期，民间调解仅限于一般民事纠纷。抗日战争时期，除一般民事纠纷外，轻微刑事案件也可以通过调解处理，但重大刑事案件只能通过审判程序。1943年《陕甘宁边区民刑事件调解条例》第2条规定："凡民事一切纠纷均应厉行调解，凡刑事除下列各罪不许调解外，其他各罪均得调解。"除外罪主要是内乱罪、外患罪、汉奸罪、故意杀人罪、盗匪罪、掳人勒索罪等23种罪①。

其三，调解原则。包括自愿原则、遵守法律并兼顾良俗原则、保护当事人诉权原则。

革命根据地建立起来的人民调解制度，使得大量民事纠纷和轻微刑事案件通过调解得到了妥当处理，避免了矛盾激化，促进了人民群众的团结和社会秩序的稳定。通过人民调解，加强了法治教育，提高了基层干部和人民群众的法治观念。人民调解工作的开展，减少了诉讼，有利于司法机关集中精力处理重大疑难案件。这一切对于抗日战争的胜利和人民解放事业的发展发挥了积极的作用。抗日根据地时期的人民调解制度，积累了丰富的经验，具有深远的影响，它为中华人民共和国成立后制定《人民调解委员会暂行组织通则》（1954），在全国范围内建立和完善人民调解制度奠定了良好的基础。②

---

① 韩延龙、常兆儒：《中国新民主主义革命时期根据地法制文献选编》（第三卷），中国社会科学出版社1981年版，第630-631页。
② 王申：《中国法制史》，浙江大学出版社2007年版，第416页。

三、司法改革

1943年前后，在中国共产党领导下的陕甘宁边区曾经进行过一次以强调司法审判的规范化和人员的专业化为主要内容的司法改革。由于种种原因，有关这次改革的情况在中国共产党的正式文件和党史著作中极少被人提及，了解的人极为有限。认真总结这次改革失败的经验和教训，对于我们今天正在进行中的司法改革不无益处。①

（一）改革的精神和内容

1942年5月原陕甘宁边区高等法院院长雷经天被派到中央党校学习，李木庵被任命为陕甘宁边区高等法院代理院长，从而使改革有了明确和具体领导者。1943年12月李木庵以因病为由辞去高等法院代院长的职务，雷经天复职，改革到此终止。②

关于这次改革的指导精神，李木庵一上任就在一份写给边区政府的报告中做了非常清楚的说明：一是提高边区的法治精神；二是切实执行边区的法令；三是使边区人民获得法律的保障；四是建立适合边区的司法制度。③改革涉及的内容大致可以概括为以下几个方面：①改变过分强调法律阶级属性的做法，强调审判独立。强调司法人员审理案件时须严格依法办事，尽量不受或少受其他各种因素、诸如当事人的身份、领导人的意见，甚至政策的干扰。②完善诉讼审判程序，加强规范化管理。比如着手制定法规，健全各种规章制度，规范审判活动的各个环节。③建议设立检察机关，希望实现审检分立。④规范审判方式和程序。强调审判方式的规范，以坐堂办案的庭审为主以及加强证据建设等。⑤司法工作和司法人员专业化。包括淡化法院的行政化色彩，不得随意借调审判人员从事其他工作和强调司法人员专业化。④

（二）改革的结果

尽管李木庵等人做了种种努力，但改革仍然以失败而告终。1943年12月李木庵被迫辞职。1944年初，陕甘宁边区政府委员会第四次会议上以政府工作总结的方式正式对这次改革从政治上做了定性：这次司法改革是一

---

① 侯欣一：《陕甘宁边区高等法院司法制度改革研究》，《法学研究》2004年第5期，第129页。
② 侯欣一：《陕甘宁边区高等法院司法制度改革研究》，《法学研究》2004年第5期，第133页。
③ 侯欣一：《陕甘宁边区高等法院司法制度改革研究》，《法学研究》2004年第5期，第130页。
④ 沈德咏：《中国特色社会主义司法制度论纲》，人民法院出版社2009年版，第80页。

些旧的法律工作者,"脱离边区实际和边区人民的需要""照搬旧型司法制度和旧型法律"的结果,其核心是要"司法独立",改革导致"人民的正当权益或有遭到损害,而破坏分子的不法行为或且反获宽容",并给边区司法工作带来了"坏作风"。①

改革的失败是由诸多因素所致,从表象上看是反对者大过了支持者,其中很重要的原因就是失去民心。当时民众对改革普遍不满:"一是嫌程序繁琐,效率太低。二是偏向地主富农。三是对于程序问题不理解。"②谢觉哉称:"要在人民对司法的赞否中,证明司法工作的对与否。"③显然当时的领导人将人民对司法的赞否,也就是是否满意作为判定司法工作对错的重要标准。既然人民对这次的司法改革措施强烈不满,那么,此次司法改革难以推行下去。④

(三)改革的经验和教训

客观而言,此次司法改革所体现的精神和采取的许多措施是有价值的,许多内容体现了法治精神和司法规律的要求。但改革最终失败,则不能不引起我们深刻的思考。在我们进行司法改革的过程中,好的制度、好的举措一定要结合国情才能往前推进,一切要以国情为基础,故步自封不对,过激冒进也是行不通的。司法改革必须既立足于本国司法传统、本国司法发展状况和社会的整个环境,又要符合司法的专业性要求;要相信群众,但是也绝不能作群众的尾巴;既不能单纯注重实体也不能单纯关注程序;司法改革过缓、过急、过偏,都不可能取得很好的社会效果。在中国的土地上,推进改革必须要考虑实际,中国的法治进程应该是一个渐进的过程,是一个实体和程序二者价值兼顾的过程,是群众性与专业性有机结合的过程。

第三节　解放区人民民主政权的司法制度(1945—1949年)

第三次国内革命战争时期即解放战争时期(1945—1949年),基本沿用抗战时期的司法制度,但随着解放战争的胜利进程和解放区的扩大,这一

---

① 侯欣一:《陕甘宁边区高等法院司法制度改革研究》,《法学研究》2004年第5期,第133页。
② 侯欣一:《从司法为民到人民司法——陕甘宁边区大众化司法制度研究》,中国政法大学出版社2007年版,第164页。
③ 转引自侯欣一:《从司法为民到人民司法——陕甘宁边区大众化司法制度研究》,中国政法大学出版社2007年版,第164页。
④ 沈德咏:《中国特色社会主义司法制度论纲》,人民法院出版社2009年版,第80页。

时期的司法制度也显现出一些新的发展和特色。

一、司法机关

（一）统一改称人民法院

随着解放战争的节节胜利和解放区的不断扩大，为了与人民民主政权建设相适应，原各边区沿袭抗战时期体制的司法审判组织，开始统一改称人民法院，推事改称审判员，这一称谓的改变在我国司法发展历史上有划时代意义。各行政大区一般都建立了大区、省（行署）、县三级审判体制。各级法院一般设有院长及审判委员会。许多解放区都制定单行法规，对人民法院的职责范围加以规定。各级人民法院虽然隶属于同级政府，但它们是专门的司法机关，独立行使审判职能。

在华北人民政府成立后，组建了大区、行署、县三级人民法院体制。东北区也在1948年9月以后建立起由东北高级人民法院、各省人民法院和各县人民法院组成的三级体制。在一些新解放的大中城市，也成立了市人民政府领导下的市人民法院。各级人民法院的建立，为中华人民共和国成立后在全国范围内建立人民司法机关奠定了坚实的基础。[①]

解放区的人民法院，继承了抗日战争时期人民司法工作的优良传统，坚持奉行镇压敌人、保护人民的基本原则，同时将严明革命队伍法纪作为自己的神圣职责，以它的严格依法办事，坚持实事求是和密切联系群众的革命作风，赢得了广大人民的尊敬和信赖。[②]

（二）土改中的人民法庭

抗战胜利后党的土地政策由"减租减息"向"耕者有其田"转变，土地改革运动蓬勃发展。为保障土地改革运动的开展，根据《中国土地法大纲》（1947）和其他有关法律之规定，各解放区政府成立了人民法庭，作为专门审理土地改革中发生案件的临时司法机关，为土地革命的顺利开展和巩固革命成果起到了重要作用。

各解放区的人民法庭一般设置于基层农村。比如，东北解放区一般有村、区两级，审判委员由村民组织选举及区、县政府委派产生[③]。人民法庭

[①] 张晋藩：《中国司法制度史》，人民法院出版社2004年版，第604页。
[②] 张希坡：《中国法制通史（第十卷 新民主主义政权）》，法律出版社1999年版，第643页。
[③] 《东北解放区人民法庭条例》第3条，韩延龙、常兆儒：《中国新民主主义革命时期根据地法制文献选编》（第三卷），中国社会科学出版社1981年版，第607页。

审理土地改革中一切违抗或破坏土改法令、破坏或妨碍土改秩序以及浪费、侵吞、贪污、偷盗、强占、私自赠送、贩卖土改成果的犯罪案件，有权判处赔偿、罚款、劳役、褫夺公权、监禁和死刑等刑罚或宣告无罪。对其判决不服者可以上诉至县政府，如果是土改案件，则县政府的裁决为终审裁决。如果是政治案件，可最终上诉至省政府。可见，人民法庭虽然是最基层的临时性司法机构，却因党的中心政策的需要而被赋予特殊权力，司法作为工具的实用功能的发挥，由此可见一斑。①

（三）城市军管期的军事法庭

解放战争时期，一些大中城市在实行军事管制时期，设立军事法庭。其职权范围和审判程序，在各个不同的历史阶段，由各解放区人民政府颁布的法律文件具体规定。作为行使特殊审判职能的非常设机构，军事法庭的诉讼程序不同于一般的司法机关，其主要任务是审判重大的反革命案件，目的在于迅速果断地镇压反革命破坏活动，以维护革命秩序，巩固革命成果。

在名称上，有的解放区称之为军事法庭，有的称之为特别法庭或专门委员会。比如，抗日战争胜利后，山东解放区即同时设有军事法庭和特别法庭，负责审理日伪军战犯；在华中解放区成立了审判战争罪犯和汉奸的专门委员会。在解放战争后期，由于对大批新解放城市实行军事管制，而在军事管制委员会之下，设立特别法庭。这时特别法庭的使命不同于抗战胜利后设立的特别法庭，它的任务是维护革命秩序，保障人民权利，镇压重大反革命罪犯。特别法庭的组织与活动，由各军事管制委员会颁布的法令规定。②

（四）检察机关

这一时期，虽然没有独立的检察机关系统，检察机关仍设于各级人民法院内，但检察机关独立行使检察权，不受法院和其他机关的干涉，只服从上级检察机关首长的命令。比如，在东北解放区，1947年6月草拟的《关东各级司法机关暂行组织条例（草案）》，第23条规定各级司法机关要分别配置检察官，"高等法院设首席检察官及检察官若干人，地方法院或司法处（科）设检察官"。第29条规定："各级检察机关不受其他机关及审判机关之干扰，独立行使其职权，只服从上级检察机关首长之命令。"第30条规

---

① 张晋藩：《中国司法制度史》，人民法院出版社2004年版，第603页。
② 张希坡：《中国法制通史（第十卷 新民主主义政权）》，法律出版社1999年版，第642页。

定"各级公安机关首长对解送法院之案件为当然检察官,并协助法院检察官执行其职务,已置检察官之法院,公安机关移送案件时须由检察官交付审判,各级检察官的调度法警。"①1948年11月,华北人民政府颁布的《关于各县公安机关与司法机关处理刑事案件权责的规定》中,对公安机关和检察机关的职权做了比较明确的分工,"检察机关拥有追诉犯罪的侦查、起诉等职权,但因检察员一般由公安机关负责人兼任,检察职权实际上往往由公安机关代为行使。所以,检察机关常常徒有虚名,甚至被根本废除"②。这些规定表明当时公安机关的权力很大,公安机关首长即为当然的检察官,因此,虽然当时的检察机关依法独立行使检察权,但检察机关的设置既没有独立于法院,在职能上也往往难以独立于公安机关。③

（五）司法行政机关

解放战争初期,各解放区基本沿用抗日根据地实行的审判与司法行政合一的管理体制。随着革命胜利形势的发展,人民司法制度也有了很大发展,具体体现为两个方面:

一是司法行政机关和审判机关开始分家。在华北,1949年3月中原临时人民政府成立后,实行了司法行政和审判平行的"分立制"部、院,设司法部,专掌司法行政事宜;设中原人民法院,掌管审判工作。④根据1949年6月《河南人民政府暂行组织规程》,河南省人民政府设立了与法院公安平行的司法厅,主管全省司法行政工作。

二是司法工作较抗战时期更加系统化、规范化。根据当时有关法规,司法行政工作主要包括以下内容:关于民事、刑事的行政事项;关于人民法院判决重大案件的复核事项;关于司法法规的编拟;关于人民法庭的组织领导;关于监所犯人的教育管理;关于各级司法人员的培训教育;关于法院监所之设置与变更;关于司法经费的预算、审核、开支、报销事项及其他有关司法行政事项⑤。其司法工作已经比较接近今天的司法行政了。

各大区司法部成立后,采取了一系列有效措施,如规定各级司法机关的报告制度,大力推广各级法院的司法工作经验,及时发现和指出司法机

---

① 韩延龙、常兆儒:《中国新民主主义革命时期根据地法制文献选编》（第三卷）,中国社会科学出版社1981年版,第604-605页。
② 张晋藩:《中国司法制度史》,人民法院出版社2004年版,第604页。
③ 沈德咏:《中国特色社会主义司法制度论纲》,人民法院出版社2009年版,第84页。
④ 中原临时人民政府1949年3月6日成立,1950年2月奉命撤销。在《中原临时人民政府组织大纲》中共设了民政、公安、教育、司法等7部和中原人民法院作为中原司法终审机关。
⑤ 1949年6月1日发布的《河南人民政府暂行组织规程》第13条,韩延龙、常兆儒:《中国新民主主义革命时期根据地法制文献选编》（第二卷）,中国社会科学出版社1981年版,第483页。

关应予注意的问题等。通过这些措施，有力地推进了解放区的法制建设。司法行政的分立，是司法行政工作的重大发展，它为建立中华人民共和国成立后统一的司法行政体制和开展司法行政工作积累了经验。①

二、诉讼制度

解放区的各项诉讼原则和制度基本沿用抗日民主政权时期的做法，只是根据新形势的要求而有一些新的发展和完善。

（一）公开审判和辩护制度

由于解放战争以彻底推翻旧政权为目的，因此，各级法院在审判行为上要贯彻人民的革命司法理念，在公开审判与辩护制度上与旧传统进行切割。早在1946年，《东北行政委员会关于司法行政及组织问题指示》强调：要废止敌伪法律，一概取消伪满时期律师的出庭资格。因此，1948年10月《哈尔滨特别市民事刑事诉讼暂行条例（草案）》第16条规定："审判庭实行公开，诉讼有关关系人及一般群众均可到庭旁听，但有关国家秘密或有害风化案件，不在此限。"将审判公开扩大以体现人民司法。第7条规定："为防止滋长讼争及徒增群众负担，宣布废除旧的律师和旧司法代书参与诉讼活动。"②为了便利当事人诉讼，法院设立缮状处，免费为人缮写诉状，准许人民以言词控诉，保障民刑当事人在审判活动中有充分的辩护或主张。

（二）审级与上诉制度

审判合议制、回避制度基本沿用旧制，审级与上诉制度有小的变化。在审级制度上，解放战争初期，各解放区曾经普遍推行三级三审制。如，晋冀鲁豫边区于1946年2月，太行行署、冀南行署于同年8月实行三级三审制，东北各级司法机关自1946年10月开始实行三级三审制，一审终了例外。即地方法院与县司法科为一审，高级法院为二审，最高法院东北分院（1948年9月改为东北高级人民法院，笔者注）管辖第三审。但是，科处三年以下有期徒刑的刑事案件和诉讼标的在5万以下的民事案件为一审终

---

① 张希坡：《中国法制通史（第十卷 新民主主义政权）》，法律出版社1999年版，第644页。
② 韩延龙、常兆儒：《中国新民主主义革命时期根据地法制文献选编》（第三卷），中国社会科学出版社1981年版，第622-624页。

了。①也有的地区实行两审终审,如1947年山东胶东区就明确规定"民刑诉讼审级,原则上一级二审制,县为第一审,行署为第二审。当事人不服县判,得上诉行署,行署判决即为终判"②。关于上诉期间,各解放区一般定为刑事五至十天,民事二十天。华北人民政府为防止拖延缠讼,将民事上诉时间改为五至七天,有审判人员根据具体情节酌情决定。公审、陪审、巡回审判、就地审判等贯彻群众路线的审判方式,无论在城市或农村,还是在老区或新区,都得到普遍推行。有的地方还把巡回审判向前发展一步,建立了特派驻区审判员制。

(三)刑事复核制度

1946年2月12日晋冀鲁豫边区开始施行的《关于审级及死刑核定的暂时规定》第4条规定,"县市政府或专署所判决之死刑案件,非经行署核定后不得执行"。1948年《哈尔滨特别市民事刑事诉讼暂行条例》规定,"死刑案件,须经市政府审核,呈请东北行政委员会批准后执行"③。根据华北人民政府《关于确定刑事复核制度的通令》(1949)之规定,凡判处有期徒刑或拘役、罚金的案件,原被告声明不上诉或已过上诉期时,须将已确定之判决书,每月汇订成册,按刑期长短以及原审级别,分别报请省(行署)或华北人民政府复核。上级人民法院认为必要时,得行改判或发还更审。判处死刑除呈华北人民法院复核外,还须"送经华北人民政府主席批准,始为确定之判决"④。这种复核制度在当时的历史条件下,对于保证办案质量具有重要意义。特别是关于死刑执行案件都要求经过当时解放区最高行政机关批准,体现了当时各解放区司法权对人的生命权的高度重视;另一方面,复核制度也是为了集中控制司法权,使得上级法院可以自由地越过上诉审级而对下级法院的审判进行监督和干预。

(四)错案的平反改判问题

华北人民政府在1949年1月13日发布的《为清理已决及未决案犯的训令》中明确规定:"有确实反证证明原判根本错误者,应予平反,宣布无罪

---

① 《东北各级司法机关暂行组织条例》(1946年10月19日)第7条,韩延龙、常兆儒:《中国新民主主义革命时期根据地法制文献选编》(第三卷),中国社会科学出版社1981年版,第596页。
② 韩延龙、常兆儒:《中国新民主主义革命时期根据地法制文献选编》(第三卷),中国社会科学出版社1981年版,第572页。
③ 韩延龙、常兆儒:《中国新民主主义革命时期根据地法制文献选编》(第三卷),中国社会科学出版社1981年版,第625页。
④ 韩延龙、常兆儒:《中国新民主主义革命时期根据地法制文献选编》(第三卷),中国社会科学出版社1981年版,第531页。

开释。""但如发现新罪行或因原判确系失误很大者，可撤销原判，另行适当判刑。"所辖各地根据这一精神，结合清理积案进行了案件复查工作。对于错案或失误过大的畸轻畸重案件，及时加以纠正。

（五）人民调解制度

在解放战争时期，人民调解制度有很大的发展，并向城市推进。1949年2月25日，华北人民政府发布了《关于调解民间纠纷的决定》，这是新民主主义时期人民调解制度日趋统一和完善的重要标志。该决定针对当时各地在推行调解工作过程中存在的主要问题，强调了调解的重要作用，具体规定了调解的组织、调解的范围以及调解工作中必须遵守的原则。在当时为发展各地的调解工作起到了积极的推动作用，也为中华人民共和国成立后政务院制定《人民调解委员会暂行组织通则》（1954）提供了重要的历史经验。该决定明确其所确定的原则同样适用于城市。①

三、司法原则

在解放战争即将取得全国胜利的情况下，为了建设解放区的司法制度，并为中华人民共和国成立后的司法改革确立原则和方向，中共中央于1949年2月发布了《中共中央关于废除国民党六法全书与确立解放区的司法原则的指示》。这一重要指示指出："在无产阶级领导的工农联盟为根本的人民民主专政的政权下，国民党的六法全书应当废除，人民的司法工作不能再以国民党的六法全书为依据，而应该以人民的新的法律为依据。在人民新的法律还没有系统地发布以前，应该以共产党的政策以及人民政府与解放军所发布的各种纲领、法律、条例、决议做依据。""目前在新民主主义法律不完备的条件下，司法机关的办事原则是：有纲领、法律、命令、条例、决议者，从纲领、法律、命令、条例、决议之规定，无纲领、法律、命令、条例、决议者，从新民主主义政策。""司法机关应该经常以蔑视和批判六法全书及国民党其他一切反动的法律、法令的精神，以蔑视和批判资本主义国家一切反动法律、法令的精神，以学习和掌握马克思主义、毛泽东思想的国家观、法律观及新民主主义政策、纲领、法律、命令、条例、决议的办法来教育和改造司法干部。"②华北人民政府在1949年4月1日发

---

① 张晋藩：《中国法制史》，中国政法大学出版社2014年版，第338-339页。
② 韩延龙、常兆儒：《中国新民主主义革命时期根据地法制文献选编》（第一卷），中国社会科学出版社1981年版，第85-87页。

布了《华北人民政府为废除国民党六法全书及一切反动法律的训令》,"兹决定废除国民党的六法全书及其一切反动法律,各级人民政府的司法审判,不得再援引其条文"①。

中共中央的这个指示,是对新民主主义革命时期人民司法建设经验的总结和概括,为中华人民共和国成立后的人民司法建设指明了方向,具有十分重要的意义和深远的影响。②这一指示为解放区确立了司法的基本原则,司法机关适用法律以及司法人员的自身教育和改造都有了新的明确路线和规范。这个重要指示体现了即将取得全国胜利的共产党政权与旧政权在意识形态等本质问题上的彻底决裂,显然具有历史的必然性和合理性。但是,对于这一指示的理解和贯彻无论是在理论上还是在实践中都存在很大的偏差,造成中华人民共和国成立初期的司法改革、法律教育乃至其后较长时期的法制建设均不同程度地偏离了民主的轨道——具体而言,一方面,这一指示被有意无意地误解为对于一切法律遗产的全盘否定和抛弃的态度,以至于一切过去的和西方的法律文化遗产都被视为历史的垃圾,一些体现人类公理与文明进步的法治精神、原则和制度,也被当作旧法观点而批判和唾弃。旧制度下的法律专业人才,无论是服务于司法机关的,还是从事于法学教育的,都一律被弃用甚至加以迫害。另一方面,旧法的完全被废除,而新法的长期不能颁行,新的法律体系无从产生,于是便造成了法律适用上的真空,即无法可依,只能依靠政策。不仅法律的权威性无法建立,而且轻视法律、漠视法律的风气盛行一时,最终导致法律虚无主义泛滥成灾,以致从中华人民共和国成立前夕到20世纪70年代"文化大革命"结束以前的几十年里,法律虚无主义的影响一直在干扰着社会主义中国的法制建设和司法制度建设。这方面的历史教训可谓是十分深刻而惨痛的。③

---

① 韩延龙、常兆儒:《中国新民主主义革命时期根据地法制文献选编》(第一卷),中国社会科学出版社1981年版,第88页。
② 熊先觉:《中国司法制度简史》,山西人民出版社1986年版,第121页。
③ 有关废除六法全书的负面问题,详细论述可参见张晋藩:《中国司法制度史》,人民法院出版社2004年版,第607页。林乾、赵晓华:《百年法律省思》,中国经济出版社2001年,第217页。

第二章
中国特色社会主义司法制度的建立与发展

中华人民共和国成立以后，中国坚持从国情出发，在承继中国传统法律文化优秀成果，特别是新民主主义革命时期人民司法的实践经验，借鉴人类法治文明的基础上，探索建立并不断完善中国特色社会主义司法制度。半个多世纪的实践证明，中国司法制度总体上与社会主义初级阶段的基本国情相适应，符合人民民主专政的国体和人民代表大会制度的政体。但是，随着改革开放的不断深入，特别是社会主义市场经济的发展、依法治国基本方略的全面推进，司法体制僵化和司法能力不足与人民群众日益增长的司法需求之间的基本矛盾逐渐显现，中国司法制度迫切需要改革、完善和发展。所以，党的十五大正式提出推进司法改革，十六大提出司法体制改革，十七大提出深化司法体制改革，十八大提出进一步深化司法体制改革[①]，十九大提出深化司法体制综合配套改革。

就其演变脉络而言，中国特色社会主义司法制度的建立和发展，经历了一个曲折迂回的历史过程，大致可以划分为四个阶段：1949年至1957年为初步建立阶段；1957年至1978年为曲折发展阶段；1978年至1997年为恢复重建阶段；1997年至今为改革发展阶段。

---

① 张文显：《全面深化司法体制改革》，《法制日报》2015年6月24日第11版。

第一节　初步建立阶段（1949—1957）

一、司法机构的建立

1949年9月29日，中国人民政治协商会议第一届全体会议通过的《中国人民政治协商会议共同纲领》，在中华人民共和国成立之初起到了临时宪法的作用，其中第17条接受中国共产党1949年2月关于废除国民党六法全书与确定解放区的司法原则的指示精神，明确规定要废除国民党反动政府一切压迫人民的法律、法令，建立人民司法制度。10月1日，新成立的中华人民共和国中央人民政府委员会第一次会议在北京召开，会议一致决议：接受《共同纲领》为中央人民政府的施政纲领，同时任命沈钧儒为最高人民法院院长，罗荣桓为最高人民检察署检察长。10月19日中央人民政府举行第三次会议，任命董必武为政务院政治法律委员会主任，谭平山为政务院人民监察委员会主任，谢觉哉为内务部长，罗瑞卿为公安部长，史良为司法部长，陈绍禹为法制委员会主任委员。22日，最高人民法院、最高人民检察署和中央人民政府法制委员会举行成立大会。至此，中华人民共和国成立后的司法机关基本建立起来。[①]司法机关的办事原则，在当时新的法律不完善的状况下，遵循有纲领、法律、命令、条例、决议规定者，从纲领、法律、命令、条例、决议之规定；无纲领、法律、命令、条例、决议规定者，从新民主主义的政策。

（一）人民法院的建立

1949年12月中央人民政府委员会批准了《最高人民法院试行组织条例》。该条例规定了最高人民法院的组织机构设置。1951年9月中央人民政府委员会第十二次会议通过了《人民法院暂行组织条例》。该条例规定，人民法院分为三级，即最高人民法院及其分院、省级人民法院及其分院、县级人民法院，实行三级两审终审制。各级人民法院设立审判委员会决定重大疑难案件和指导审判工作。该条例还规定了公开审理、人民陪审、使用本民族语言等原则和上诉、再审程序以及人民检察院的抗诉程序。

1954年9月第一届全国人民代表大会通过了《中华人民共和国人民法

[①] 张晋藩：《中国司法制度史》，人民法院出版社2004年版，第614页。

院组织法》。根据该法的规定，人民法院的组织体系由三级改为四级，即基层人民法院、中级人民法院、高级人民法院和最高人民法院，基层人民法院还设立若干人民法庭作为派出机构，同时，设立军事法院、铁路运输法院和水上运输法院等专门人民法院。最高人民法院是国家最高审判机关，监督地方各级人民法院和专门人民法院的审判工作。最高人民法院院长由全国人大选举，副院长、审判员、审判委员会委员由全国人大常委会任免。最高人民法院向全国人大及其常委会负责并报告工作。地方各级人民法院分别由本级人大及其常委会产生，并向本级人大及其常委会负责和报告工作。

（二）人民检察院的建立

1949年12月中央人民政府委员会批准了《最高人民检察署试行组织条例》，根据该条例，国家设立国家法律监督机关即检察署，负责检察全国各级政府机关及公务人员和全国国民是否严格遵守人民政协共同纲领及人民政府的政策方针与法律、法令，对各级司法机关之违法判决提起抗议等六项职权；检察机关实行垂直领导——最高人民检察署是国家的最高检察机关，受中央人民政府直接管辖，并领导下级人民检察署。在全国检察系统的组织体系上，与法院对应设置。

1951年中央人民政府委员会颁布了《最高人民检察署暂行组织条例》和《地方各级人民检察署组织通则》，将检察机关"垂直领导"改为"双重领导"——既受上级检察署的领导，同时受同级政府的领导；将"对各级司法机关之违法判决提起抗议"，改为"对各级审判机关之违法或不当裁判，提起抗诉"；明确了检察机关的首要任务是镇压一切反革命，肃清反革命残余势力。

1954年9月第一届全国人民代表大会通过了《中华人民共和国人民检察院组织法》。该法规定，国家设立最高人民检察院、省级人民检察院及其分院、县级人民检察院，同时设立专门人民检察院。检察长领导本院的工作，检察委员会在检察长领导下，处理有关检察工作的重大问题。人民检察院行使一般监督权、公诉权、侦查监督权、审判监督权、刑罚执行监督权以及提起或者参与民事诉讼的权力。在领导体制上，地方各级人民检察院和专门检察院在上级人民检察院的领导下，并一律在最高人民检察院的统一领导下进行工作。最高人民检察院检察长由全国人大选举产生，副检察长、检察员、检察委员会委员由全国人大常委会任免；最高人民检察院对全国人大及其常委会负责并报告工作；省级人民检察院检察长、副检察长、检察员和检察委员会委员由最高人民检察院提请全国人大常委会批准任免；省级人民检察院分院和县级人民检察院的检察长、副检察长、检察员和检察委员会委员由省级人民检察院提请最高人民检察院批准任免。

（三）司法行政机关的建立

根据《中华人民共和国中央人民政府组织法》（1949）之规定，政务院下设司法部，主管全国的司法行政工作。地方各级司法行政工作，除在大行政区设立司法部专门从事司法行政工作之外，各个省、县（市）的司法行政工作则由各地的人民法院司法行政处管理。此时，尚未建立起全国系统的司法行政部门，在中央设有司法部，地方的司法行政部门并没有独立设立起来。1949年12月中央人民政府委员会批准了《中央人民政府司法部试行组织条例》，根据该条例第2条之规定："中央人民政府司法部受政务院之领导，政治法律委员会之领导，主持全国司法行政事宜。" 1954年宪法颁布后，中央人民政府司法部改称为中华人民共和国司法部。各大行政区的司法部随着大行政区的撤销而撤销。在各个省、自治区、直辖市设立司法厅、局，专署设立司法处、司法科，基层人民法院设有专人来管理司法行政工作。司法行政管理日益专门化，有力地推动了司法行政机构的建立与健全、司法行政队伍的培养与训练以及对其他有关司法行政事项的管理和督导等。[①]

（四）人民公安的建立

中华人民共和国成立后，根据《中华人民共和国中央人民政府组织法》（1949）的规定，政务院下设公安部，主管刑事案件的侦查工作。1949年12月，中央人民政府制定并公布了《中央人民政府公安部试行组织条例》。根据该条例之规定，公安部主管全国公安事宜，其中，关于办理刑事案件的职权，主要是"关于国内与国际特务、间谍、盗匪以及一切危害人民共和国的反革命分子的侦缉、讯问、检举等工作之组织与领导事项"。公安机关按照行政区划来进行设置，基本上划分为中央、省、县（市）。在职责上，各地公安机关主管本辖区内的社会治安管理和刑事案件的侦查工作，1951年以后还负责全国的监所管理。在没有设置人民检察署的地方，由公安机关代行检察职权。1954年9月，第一届全国人民代表大会第一次全体会议

[①] 沈德咏：《中国特色社会主义司法制度论纲》，人民法院出版社2009年版，第101页。

通过了《中华人民共和国逮捕拘留条例》，这是中华人民共和国成立后第一部以国家法律的形式而正式颁布的有关公安工作的法律，为规范公安工作起到了十分重要的作用。①

二、诉讼与审判制度

（一）依法独立的审判程序

根据1954年9月颁布的《人民法院组织法》之规定：国家的审判权由人民法院统一行使；人民法院独立进行审判，只服从法律；一切公民，不分民族、种族、性别、职业、出身、宗教信仰、教育程度、财产状况、居住年限，在适用法律上一律平等。当时虽然尚未制定程序法，但是关于审判工作制度，如公开审判制度、辩护制度、人民陪审员制度、回避制度、合议制度、审判委员会制度和审判监督制度等诉讼制度，已通过《人民法院组织法》确定下来。1956年，全国人大常委会成立了《中华人民共和国刑事诉讼法》起草工作小组，1957年6月，形成了《刑事诉讼法》草案初稿。但由于当时国内形势的骤然变化，该立法工作被迫中断。1954年12月中央人民政府公布的《逮捕拘留条例》中，再次确立了人民法院、人民检察院和公安机关的任务及其诉讼活动的基本原则和制度。

根据《人民法院组织法》（1954）之规定，中华人民共和国成立后的诉讼基本制度包括下列内容：①审级制度。人民法院审理案件实行两审终审制，亦称四级二审制。②公开审判制度。人民法院审理案件，除法律有特别规定外，宣告判决一律公开进行。③合议制度。人民法院审理案件，实行合议制。合议庭有审判员一人和人民陪审员二人组成，但是简单的民事案件、轻微的刑事案件和法律另有规定的案件除外。审理上诉和抗诉案件，由审判员组成合议庭进行。④人民陪审员制度。人民法院审理第一审案件，依法实行人民陪审员制度，但是简单的民事案件、轻微的刑事案件和法律另有规定的案件除外。⑤辩护制度。被告人有权获得辩护。被告人除自己行使辩护权外，可以委托律师为其辩护，可以由人民团体介绍的或经人民法院许可的公民为他辩护，也可以由其近亲属、监护人为他辩护。⑥回避制度。当事人如果认为审判人员对本案有利害关系或者其他关系不能公平审判，有权请求审判人员回避。审判人员是否回避，由本院院长决定。⑦死刑复核制度。中级人民法院和高级人民法院对于死刑案件的终审判决和裁

---

① 张晋藩：《中国司法制度史》，人民法院出版社2004年版，第617页。

定，如果当事人不服，可以申请上一级人民法院复核。基层人民法院对于死刑案件的判决和中级人民法院对于死刑案件的判决和裁定，如果当事人不上诉、不申请复核，应当报请高级人民法院核准后执行。⑧审判委员会制度。它是人民法院内部对审判工作实行集体领导的组织，它不直接审判案件，只讨论重大的或疑难的案件和其他有关审判工作的重大问题。⑨审判监督制度，又称再审制度。各级人民法院院长对本院已经发生法律效力的判决和裁定，最高人民法院对各级人民法院已经发生效力的判决和裁定，上级人民法院对下级人民法院已经发生效力的判决和裁定，如果发现在认定事实或者适用法律上确有错误，有权提起再审程序。最高人民检察院对各级人民法院已经发生效力的判决和裁定，上级人民检察院对下级人民法院已经发生法律效力的判决和裁定，如果发现确有错误，有权按照审判监督程序提起抗诉。①

（二）公证制度和律师制度的建立

1951年通过的《人民法院组织条例》规定，公证及其他非讼事件，由各级人民法院办理。1956年司法部颁布了《关于公证业务范围问题的通知》，同年7月《国务院批复司法部关于开展公证工作的请示报告》，决定在全国30万以上人口的城市设立公证处，在人口不足30万的，侨眷较多的县级市的人民法院内部设立公证室。同年9月，财政部、司法部联合发布了《关于制定公证收费管理办法和公证机关开支补助办法的规定的通知》，公证机关在全国迅速建立起来，公证工作步入法制化轨道。

1954年司法部发布了《关于试验法院组织制度中几个问题的通知》指定北京、上海、天津、重庆、武汉、沈阳等大城市率先试办律师顾问处。以此为起点，中国律师制度逐步建立起来。1954年宪法规定："被告人有权获得辩护。"1956年国务院批准了司法部《关于建立律师工作的请示报告》。该请示报告明确规定了中国律师制度的性质、任务等问题。随后，律师组织在全国陆续建立起来。

（三）人民调解制度和仲裁制度的建立

民间调解制度是我国的优良传统，人民调解制度在第一次和第二次国内革命战争时期就已萌芽，在抗日战争时期进入了一个新的发展阶段，即调解工作的制度化与法律化，解放战争时期调解制度进一步发展。中华人

---

① 张晋藩：《中华法制文明史》（近、当代卷），法律出版社2012年版，第484页。

民共和国成立后结合后期的新形势和新要求，人民调解制度得到新的快速发展。1953年第二届全国司法工作会议提出，要在全国范围内有计划地建立和健全人民调解组织，并认为，这是人民司法工作主要的内容，也是基层党组织在发动和吸收人民群众参加国家政权建设的一个重要方面。1954年2月政务院颁布了《人民调解委员会组织通则》。该通则规定了人民调解工作的性质、任务、组织以及工作原则、组织纪律、工作方法等。人民调解组织不是审判机关或者行政机关，没有审判权和行政权，不能采用强制手段，只是人民群众自我教育、自我管理的一种方法。1955年，70%的乡镇都建立了人民调解组织。[①]

1950年，政务院批准了劳动部《关于劳动争议解决程序的规定》，劳动争议先由双方协商解决，协商不成的，由争议双方的上级工会组织与上级企业主管机关协商解决，协商不成的，申请当地的劳动行政机关调解；调解不成的，由劳动争议仲裁委员会进行仲裁，不服仲裁裁决的，可以向人民法院起诉。1954年5月，在中国国际贸易促进会内设立对外贸易仲裁委员会，在1956年3月国务院发文予以确认以后，中国国际贸易促进会制定了《中国国际贸易委员会对外贸易仲裁委员会仲裁程序暂行规则》，建立了我国涉外经济仲裁制度。

三、中华人民共和国成立后的首次司法改革

中华人民共和国成立后，国民政府时期的法律被废除，旧中国的司法机关被推翻。但是，对于旧的司法人员，除证据确凿的反革命分子和劣迹昭著的坏分子外，基本上保留了下来，有些人虽然改变了原来的职务，但仍在司法机关中工作。这些旧司法人员，占中华人民共和国整个司法队伍人数的1/3以上。其中大部分人在思想上、政治上或作风上存在严重或比较严重的问题，基本上不能适应当时中国司法工作的需要。随着镇压反革命运动、土地改革运动和"三反""五反"运动的开展，司法队伍中的问题进一步暴露。相当多的旧人员保守或散布反动的旧法观点，不按照或不完全按照人民政府的法律和司法制度办事，甚至包庇与帮助反革命分子和其他犯罪分子，残害人民。在司法队伍的新人员中，上述情况也不同程度地存在。

中华人民共和国成立后，由于各级各类司法机关的普遍建立，党和政府又没有大批的、现成的司法干部，因此许多原来不懂司法的干部进入了

---

① 吴磊：《中国司法制度》，中国人民大学出版社1988年版，第305页。

司法机关。再加上党和政府对镇压反革命、土地改革、惩治贪污等问题缺少具体的法律法规，因此相当一部分新的司法干部缺乏正确的法律观念，思想比较混乱。如有人认为国民党的《六法全书》旧中国可以用，成立后的中华人民共和国也可以用；有人以"司法独立"为借口，不愿接受党和人民政府的领导；有人以"法律不溯既往"为理由，为反革命分子开脱罪责，等等。在实际工作中，"逼、供、信"、感情用事、"坐堂问案"，不按法律程序办事的情况大量出现，甚至草菅人命的事情也时有发生。1950年11月3日，政务院《关于加强人民司法工作的指示》发布后，这些现象有所减少，但并未从根本上得到改变。这种情况，严重地影响着人民民主法制的贯彻实施，影响着国家各项改革和建设事业的顺利进行。因此，从1952年6月开始，党和人民政府领导进行了一场司法改革运动。

在司法改革运动中，首先组织各级司法机关人员学习《共同纲领》和人民政府的有关法律、法令，学习党和国家的方针政策，对旧的法律观点进行了深入系统的批判，否认了对旧法的继承性。与此同时，也批判了"三权分立""司法独立"的资产阶级法律思想，批判了"法律不溯既往"等错误观点。通过学习和批判，提高了广大司法人员的人民民主法制观念和政策观念，端正了他们对人民司法工作的认识。在进行学习和批判的同时，党和政府整顿、改造了原有的司法队伍。把坚持反动立场和旧法观点或堕落蜕化、作风恶劣的人员清除出司法队伍，有违法犯罪行为的追究其刑事责任；对思想和工作表现尚可的旧人员，经训练后改做审判以外的一般性工作；对思想和工作表现较好的旧人员继续留用，但原则上调离原工作地点；对不适应司法工作的新人员，调离司法工作岗位，改做其他工作；对尚可从事司法工作但水平不高的新人员，给以必要的培训，培训合格后继续从事司法工作。

在进行组织整顿后，为了补充旧司法人员和不合格人员留下的大量岗位空缺，党和政府采取措施及时补充了司法队伍。新补充的司法人员主要来自以下几个方面：党的领导机关和政府其他部门中较有经验的干部，青年知识分子，"五反"运动中的工人、店员、积极分子，土改工作队和农民中的积极分子，转业的革命军人，各人民团体中适合司法工作的干部等。

这场司法改革运动1953年2月结束，历时9个月。通过司法改革，"严格地批判了旧法观点和旧司法作风，划清了新旧法制的界限"[①]。从思想上、政治上、组织上和作风上提高和纯洁了成立后的中华人民共和国的司法队伍，为当时中国的法制建设和司法队伍建设奠定了重要的基础。司法改革

---

① 《董必武选集》，人民出版社1985年版，第410页。

运动的胜利，表明中国共产党和人民政府已经彻底地打碎了旧的司法机关，建立了新的司法机关，当时中国的法制建设和司法队伍建设开始走上健康发展的道路。当然，这场司法改革运动也存在着不足之处，主要是"调进司法队伍的许多人是从运动中的积极分子中提上来的勇敢青年，文化程度差，办案不熟练"[①]。因此，后来在一定程度上造成了错捕、错押、错判、案件大量积压的现象。这些现象在当时严重缺乏合格司法干部的条件下，也是难以完全避免的。

在这一时期，人民司法工作在当时特定历史环境下采用了一些尝试性或过渡性的做法，如批判和否定司法独立原则；政治机关（政法委员会、法制委员会、人民法院和人民检察署）合署办公；人民法院审判案件在无法律时依据政策、党委审批案件制度等。它们都不同程度地影响着中华人民共和国法制的道路，有些临时的制度甚至一直沿用几十年而不变。[②]

第二节　曲折发展阶段（1957—1978）

在1957—1966年期间经历了"反右倾"斗争和"大跃进"运动，中华人民共和国刚刚建立和初步发展的司法制度由此遭到了破坏，中国特色的司法制度发展陷于停滞。继之而来的"文化大革命"，更使中国特色社会主义的司法制度遭遇了十年浩劫，遭受严重破坏。[③]

一、"反右倾"斗争对司法的破坏

"反右倾"斗争是指1957年6月到1958年间进行的一场以反击右派分子向中国共产党进攻为内容的政治运动。这场运动由于被严重地扩大化，从而给国家尤其是中华人民共和国的司法制度建设造成深重灾难。

（一）司法原则遭到批判

1957年4月，中国政治法律学会组织了关于"法律和法律科学的阶级性与继承性"问题的学术讨论会，就法律的阶级性和继承性问题展开讨论，

[①] 董必武：《董必武政治法律文集》，法律出版社1986年版，第302页。
[②] 迟日大：《新中国司法制度的历史演变与司法改革》，博士学位论文，东北师范大学，2003年，第8-10页。
[③] 沈德咏：《中国特色社会主义司法制度论纲》，人民法院出版社2009年版，第110页。

由此引发了法学界的"反右倾"斗争。从5月27日到12月10日,中国政治法律学会响应中共中央关于开展整风运动的号召,召集首都政法学界先后举行了47次座谈会,在会议的后期则转入反右,对法学界一些所谓的右派言论进行批判,并把一批知名的法学家打成"右派",使得当时中国的法制建设步入扭曲的轨道。在此期间,《人民日报》于10月9日发表社论,题为《在政法战线还有严重的斗争》,更进一步把政法界的"反右倾"斗争扩大化。①

"反右倾"斗争扩大化对司法制度最严重的影响是公开地、错误地批判了1954年《宪法》和《人民法院组织法》《人民检察院组织法》所确立的司法基本原则。在"左倾"错误思想看来,一些法学家所提倡的司法原则是资产阶级法权思想的具体体现,必须加以彻底的批判。"法律面前人人平等"的平等原则被说成是"敌我不分";"人民法院独立审判,只服从法律"和"人民检察院履行法定的监督权"的司法独立原则被说成是以宪法规定为借口,"不服从党的领导,要求改变重大案件必须请示党委的制度"。②人民调解工作被说成是"搞阶级调和的工具",是"阶级斗争熄灭论的产物",坚持司法公正、无罪推定与罪刑法定原则被说成是食古不化等。

(二)司法制度遭到破坏

随着对右倾思想的进一步批判,"左"倾思想开始占据主导地位,并且开始批判、反对一切法律制度,笼统地认为一切法律思想都是资产阶级法权思想的产物。从1954年《宪法》这样的根本大法,到《人民法院组织法》(1954)、《人民检察院组织法》(1954)这类基本法律,再到律师制度、辩护制度、公证制度、人民调解制度等基本司法制度,都遭到了破坏,废弃了一些必要的司法制度。其中律师制度首当其冲,律师出庭为刑事被告辩护被视为丧失阶级立场,为坏人说话,许多律师被打成右派。法律顾问处名存实亡,律师制度化为乌有,刑事辩护制度名存实亡。党委审批案件制度作为在司法审判中绝对服从党的领导的具体化,通过反右运动被推广运用,在实际审判工作中起着十分重要的作用。③法院依法审判只服从法律变成党的专政工具。

(三)司法机关遭到冲击

1957年底到1958年初,"反右倾"斗争的扩大化和法律虚无主义思想

---

① 张晋藩:《中国司法制度史》,人民法院出版社2004年版,第622页。
② 张培田、张华:《近现代中国审判检察制度的演变》,中国政法大学出版社2004年版,第97页。
③ 沈德咏:《中国特色社会主义司法制度论纲》,人民法院出版社2009年版,第111页。

的抬头对司法制度的影响，开始从思想领域向实际行动方向转化。在这种形势下，从1958年起，由县市级开始，许多地方的公、检、法机关实行联合办案，或者合并为"政法公安部"，实行"一长代三长""一员代三员"。有些地方错误地认为检察院是"可有可无"，把检察机关合并为公安机关的"法制室"或"检察科"，这实际上是撤销了检察机关。甚至在1960年发展为正式取消检察院，这种情况直到1962年才有所恢复。在中央，政法机关也实行合署办公。1960年10月21日，中央政法小组向中央写了将中央"公、检、法"三机关合署办公的报告，中共中央于同年11月11日批复同意公安部、最高人民检察院、最高人民法院合署办公。这是在社会主义司法制度建设方面发生的一次重大失误。[1] 1957年，国家撤销了运输检察院以及铁路和水上运输法院。1959年，国家撤销了司法部、监察部和国务院法制局。司法机关在原有人员严重不足[2]的情况下，由于反右的冲击，使司法的组织架构也变得萎缩了。

二、"文化大革命"对司法的破坏

在十年"文化大革命"中，林彪、江青反革命集团为了达到篡党夺权的目的，直接把反革命的矛头指向政法机关。林江反革命集团提出了要"彻底砸烂公、检、法"的反动口号。这一反动口号全盘否定了中华人民共和国成立以来司法制度建设的成就，严重破坏了刚刚建立起来的人民政法工作制度，给中华人民共和国司法制度建设带来致命的创伤。[3]

（一）砸烂公、检、法与国家司法体制的瘫痪

在"文化大革命"期间，我国的司法机关遭到了全面的严重破坏。由于行政系统的司法机关监察部、司法部早已被取消，所以"文化大革命"开始时，我国的司法机关只有公安、检察、法院三家。在此之前，公、检、法已在党委领导下合署办公，检察权和审判权已不能独立行使。"文化大革命"开始后，公、检、法机关也被"砸烂"。在"文化大革命"之初，林彪就说毛主席的思想在公安政法系统没有占统治地位，要从政治上、理论上、

---

[1] 张晋藩：《中国司法制度史》，人民法院出版社2004年版，第622页。
[2] 1954年董必武在《关于党在政治法律方面的思想工作》中说，法律工作者严重不足，法院正常要6万，现实只有3万，差3万人，检察院要4万，现实只有5600人，差3万多，律师以及公证人、法医等也需要大量人才，而事实上5年内高等政法学院能训练的人只有1万。《董必武选集》，人民出版社1985年版，第357-359页。
[3] 张晋藩：《中国司法制度史》，人民法院出版社2004年版，第627页。

组织上彻底砸烂政法机关。[①]1966年12月，江青在接见红卫兵时说：公安部、检察院、最高人民法院都是从资本主义国家搬来的，建立在党政之上，这几年一直跟毛主席对抗。在林彪、江青等人的鼓动下，"砸烂公、检、法，彻底闹革命""杀、杀、杀，杀出一个红彤彤的新世界"的大字报、大标语贴的满街都是。各级检察机关和法院已无法工作，公安机关也无法正常进行工作。司法部门的许多领导干部，都被打成叛徒、特务或反革命修正主义分子。最高人民法院院长杨秀峰、最高人民检察院检察长张鼎丞遭到诬陷、迫害，公安部除部长谢富治一人外，所有副部长被逮捕关押。1969年，检察机关被正式撤销。人民法院和公安机关虽未被撤销，但都实行了军事管制，实际上是"军代表"说了算。1967年以后，各市、县、公社、大队都设立了违反宪法的"群众专政指挥部"，成为"革委会"领导下的实际上的司法机关。

在"文化大革命"期间，我国的司法制度也遭到了全面的严重破坏。司法机关被"砸烂"，司法制度也就荡然无存，公民的权利遭到了严重的侵害，非法司法状况严重泛滥。造反派组织、"革命委员会"、"群众专政指挥部"可以任意捕人，私设公堂，刑讯逼供，长期关押，任意宣判，任意残害，不讲任何司法程序和量刑标准。上至党和国家领导人，下至普通公民，相当多的人被批斗、被抄家、被游街示众，甚至被毒打致死。据有关方面估计，"文化大革命"期间全国被迫害、受牵连的共约有1亿人，占全国人口的1/9。[②]

（二）1975年宪法中的司法制度

1975年1月13日，第四届全国人民代表大会第一次会议在北京召开，任命江华为最高人民法院院长，华国锋为公安部部长。1月17日，大会通过了《中华人民共和国宪法》，该宪法以"在无产阶级专政下继续革命和阶级斗争"为纲，把"文化大革命"以来推行的"以阶级斗争为纲"的"左"倾错误思想，用国家根本大法的形式确定下来。

在司法制度方面，"七五宪法"否定了1954年宪法确立的"人民法院独立行使国家审判权，只服从于法律"的原则和"人民检察院独立行使职权，不受地方国家机关的干涉"的原则。关于人民法院的产生和职权，"七五宪法"规定："最高人民法院、地方各级人民法院和专门人民法院行使审

---

① 江华：《江华司法文集》，人民法院出版社1989年版，第11页。
② 迟日大：《新中国司法制度的历史演变与司法改革》，博士学位论文，东北师范大学，2003年，第23页。

判权。各级人民法院对本级人民代表大会和它的常设机关负责并报告工作。各级人民法院院长由本级人民代表大会的常设机关任免。"关于检察机关的职权,"七五宪法"规定:"检察机关的职权由各级公安机关行使。""检察和审理案件,都必须实行群众路线。对于重大的反革命刑事案件,要发动群众讨论和批判。"

这些规定取消了一切审判独立的民主法治基本原则,并且规定各级人民法院院长由本级人大常委会任免,表明了人民法院地位的下降。同时,也说明各个地方"革命委员会"的集权。取消了检察机关,改由国家行政体系中的公安机关行使检察权,其结果是取消了法律的监督和批捕权,混淆了司法机关和行政机关的界限,同时也使得"文革"中非法司法状况更加严重。可以说,1975年宪法以及关于人民法院和人民检察院的规定,是我国社会主义司法制度史上的一个历史性的大倒退。①

第三节 恢复重建阶段(1978—1997)

一、历史和政治背景

1976年,党和国家果断粉碎了"四人帮"反革命集团,结束了"文化大革命"。十年浩劫使得国家的各项事业百废待兴,中国的司法制度进入了恢复重建阶段。

1978年12月,中国共产党召开第十一届三中全会。这次会议做出了下列决定:①重新确立了党的马克思主义的思想路线。全会坚决批判了"两个凡是"的错误方针,高度评价了关于真理标准问题的讨论,确定了解放思想、开动脑筋、实事求是、团结一致向前看的指导方针。②重新确立了马克思主义的政治路线。全会果断地停止使用"以阶级斗争为纲"和"无产阶级专政下继续革命"的口号,作出把工作重点转移到社会主义现代化建设上来的战略决策,并富有远见地提出了对党和国家各个方面的工作进行改革的任务。③重新确立了党的正确的组织路线。提出要健全社会主义民主和加强社会主义法制的任务,审查和解决了党的历史上一批重大冤假错案和一些重要领导人的功过是非问题。

十一届三中全会是中华人民共和国成立以来党的历史上具有深远意义的重要会议,它从根本上冲破了长期"左"倾错误的严重束缚,端正了党

---

① 张晋藩:《中国司法制度史》,人民法院出版社2004年版,第630页。

的指导思想,重新确立了党的马克思主义的正确路线。它在拨乱反正,提出改革任务,推动农村改革方面起了伟大的历史作用。

在法制建设方面,十一届三中全会的公报认为:"为了保障人民民主,必须加强社会主义法制,使民主制度化、法律化,使这种制度和法律具有稳定性、连续性和极大的权威,做到有法可依,有法必依,执法必严,违法必究。从现在起,应当把立法工作摆到全国人民代表大会及其常务委员会的重要议程上来。检察机关和司法机关要保持应有的独立性;要忠实于法律和制度,忠实于人民利益,忠实于事实真相;要保证人民在自己的法律面前人人平等,不允许任何人有超于法律之上的特权。"从此,党和国家在各个领域上进行了拨乱反正,我国社会主义民主和法制建设走上了健康、快速的发展轨道,具有中国特色的社会主义司法制度在中国共产党的坚强领导下开始恢复和重建。①

司法制度从1978年开始恢复重建,经过19年的努力,到1997年我国司法组织制度和司法程序基本建立起来。总体上,司法制度恢复了中华人民共和国成立初期的基本框架。同时,在机构和程序的设置及其健全程度、法律体系、法治观念(譬如,党必须在宪法和法律范围内活动)等方面超越了中华人民共和国初创时期的水平,反映了党和国家深刻反思和总结"文化大革命"教训的成果,在恢复重建中获得了进步和发展。

二、司法规范的制定

中国司法制度的恢复,首先从立法活动开始。有法可依,是社会主义法制的前提。十一届三中全会以后,除通过了1978年《中华人民共和国宪法》、1982年《中华人民共和国宪法》和随后1988年、1993年两次修改宪法的立法活动外,还颁布了各个领域的法律和法规等,包括《中华人民共和国刑事诉讼法》(1979)、《中华人民共和国民事诉讼法(试行)》(1982)、《中华人民共和国人民法院组织法》(1979)、《中华人民共和国人民检察院组织法》(1979)、《中华人民共和国律师暂行条例》(1980)、《中华人民共和国公证暂行条例》(1982)、《中华人民共和国人民调解委员会组织条例》(1989)等。

1979年7月,中华人民共和国的第一部刑法典和刑事诉讼法诞生,刑事实体法和程序法都获得了全新的发展。1996年刑事诉讼法进行了一次较大修改,推进了我国刑事制度的发展和改革。在民事领域,1986年通过了

---

① 沈德咏:《中国特色社会主义司法制度论纲》,人民法院出版社2009年版,第118页。

《中华人民共和国民法通则》、1991年通过了《中华人民共和国民事诉讼法》，民事实体法和程序法也受到了高度重视。在行政领域，1989年第一部《中华人民共和国行政诉讼法》颁布，1994年《中华人民共和国国家赔偿法》颁布，使我国的行政诉讼与国家赔偿制度得以建立，至此，我国三大司法诉讼制度得以最终确立。

1994年《中华人民共和国监狱法》的颁布，意味着我国狱政制度正式确立。1995年通过了《中华人民共和国法官法》《中华人民共和国检察官法》，对法官、检察官的任免条件、任免程序都作了具体的规定，之后在2001年又作了进一步修改。1996年通过了《中华人民共和国律师法》，对律师的定义、执业条件、业务范围、权利义务都做了明确的规定。这些法律的先后出台，使我国司法制度在组织体现与人员要求上得到规范化。

这些法律的制定，为我国司法制度的重建和司法工作的开展奠定了法律基础。随着各项有关司法的法律规范的制定，审判制度、检察制度、诉讼制度、律师制度、公证制度、人民调解制度等司法制度在我国得以恢复重建和规范化。

三、司法组织与制度的恢复

十一届三中全会后，各级人民法院进行了恢复整顿，1979年五届全国人大第二次会议通过了《人民法院组织法》。到1980年8月，全国各级人民法院有3100多个，人民法庭18 000多个，法院系统基本恢复建立起来。1984年11月六届全国人大八次会议作出了《关于在沿海港口城市设立海事法院的决定》。1995年制定的《法官法》对法官的任职条件和程序等都作出了具体规定。

1978年宪法规定恢复设立人民检察院，第五届全国人大一次会议决定重建检察机关。1978年6月1日最高人民检察院正式恢复办公，全国各级检察机关也逐步恢复重建起来。1979年第五届全国人大二次会议通过的《人民检察院组织法》，经1983年第六届全国人大二次会议修订后，确立了现行检察制度的基本内容。1995年制定的《检察官法》对检察官的选任、权利义务、等级、考核、奖惩等进行了明确规定，形成了中国特色的检察官制度。

1979年9月13日第五届全国人大十一次会议根据国务院的提议决定设立司法部。司法部的职责主要是统一掌管法院的机构设置，司法干部的管理、培训和高等政法院校的设置和管理，公证、律师制度的建设，法制宣传、法律编纂、对外联络等司法行政工作。同年10月，中共中央、国务院发布《关于迅速建立省属市（地区）、县司法行政机构的请示报告》。到1980年底，全国大部分县以上行政单位建立了司法行政机构。1983年4月，中共中央和国务院决定把公安部管理的监狱、劳改、劳教工作划归司法部管理。1983年6月，第六届全国人大一次会议决定国务院设立国家安全部，公安机关主管的某些案件的侦查工作划归国家安全部管理。1995年八届全国人大常委会第十二次会议通过的《警察法》，对公安机关和人民警察履行职责时的各项权力进行了具体规定。

1979年底开始恢复律师制度，先是在全国大中城市和部分交通沿线县城建立法律顾问处200多个，律师2000多名；1980年8月全国人大常委会制定了《律师暂行条例》，规定了律师的性质、地位和职能。到1981年底，全国法律顾问处发展到1400多个，有专职、兼职律师6800多名，有11个省成立了律师协会。

1980年2月，司法部发布《关于逐步恢复国内公证业务的通知》，3月又发布了《关于公证处的设置和管理体制问题的通知》，公证机构在全国迅速恢复重建起来。到1980年底，全国建立公证处253所。1982年国务院发布《公证暂行条例》，对公证处的业务、组织、领导、管辖、办理公证程序作了规定。同时，人民调解制度也得到了恢复，到1980年底，全国建立人民调解委员会680 000多个，有兼职调解员460多万，并召开了第一次全国人民调解工作会议。

1989年《中华人民共和国行政诉讼法》颁布，规定公民、法人和其他组织对行政机关和工作人员的具体行政行为不服，认为侵犯其合法人身权利与财产权利，可以依法向人民法院提起行政诉讼，由人民法院依法进行司法审查，作出判决，对不合法行为，法院可以判决撤销。这在中华人民共和国司法历史上第一次实现了国家行政机关与普通老百姓的"官民平等"。而1994年《中华人民共和国国家赔偿法》的出台，则使我国国家与社会公民实现了事实上的法律平等，人民法院对行政赔偿、刑事赔偿和司法赔偿掌有裁判权。一种全新的司法制度真正确立了人民主权原则。

第四节 改革发展阶段（1997—2012）

当代中国司法改革，是伴随改革开放和社会主义现代化建设的历史进程不断向前推进的。从20世纪80年代初至90年代中期，伴随着经济的改革与开放,伴随着社会主义市场经济体制的逐步建立以及法制的完善,人民司法制度获得恢复与发展,人民法院、人民检察院的审判、检察体制及相关制度也在恢复和重建基础上获得进步。从20世纪90年代末开始直到现在,随着党的十五大、十六大、十七大、十八大持续推进司法体制改革,标志着我国司法制度进入了新一轮的司法改革阶段。[①]在这一节中,我们仅梳理十五大、十六大、十七大期间的司法改革,十八大期间的司法改革放在本书最后一章予以重点介绍。

一、十五大的司法改革

(一)十五大报告

1997年,中国共产党召开十五大,首次将"依法治国"写入报告,并认为:"依法治国,是党领导人民治理国家的基本方略,是发展社会主义市场经济的客观需要,是社会文明进步的重要标志,是国家长治久安的重要保障。"司法制度是国家政治制度的重要组成部分,是建设法治国家的重要环节,对其进行改革是实现依法治国的需要。为此,十五大提出:"推进司法改革,从制度上保证司法机关依法独立公正地行使审判权和检察权,建立冤案、错案责任追究制度。加强执法和司法队伍建设。"

(二)人民法院的改革

中国共产党第十五次全国代表大会确定了依法治国的基本方略,明确提出了推进司法改革的任务。第九届全国人民代表大会第二次会议又将依法治国的基本方略载入宪法。人民法院的改革是我国司法改革的重要组成部分,必须积极、稳妥推进,使人民法院在依法治国、建设社会主义法治国家的历史进程中发挥应有重要作用。为此,最高人民法院于1999年10月发布了《人民法院五年改革纲要》(1999—2003)(以下简称"一五纲要")。"一五纲要"共计50条,包括39项改革措施,试图通过改革当时的审判、执行工作机制,逐步建立依法独立公正审判的机制,解决司法活动中的地方保护主义、审判工作中的行政管理模式等一系列亟待解决的问题。

"一五纲要"将人民法院改革的总体目标设定为:①紧密围绕社会主义市场经济的发展和建立社会主义法治国家的需要,依据宪法和法律规定的基本原则,健全人民法院的组织体系;②进一步完善独立、公正、公开、

---

① 沈德咏:《中国特色社会主义司法制度论纲》,人民法院出版社2009年版,第135页。

高效、廉洁，运行良好的审判工作机制；③在科学的法官管理制度下，造就一支高素质的法官队伍；建立保障人民法院充分履行审判职能的经费管理体制；④真正建立起具有中国特色的社会主义司法制度。为实现人民法院改革的总体目标，从1999年至2003年，人民法院改革的基本任务和必须实现的具体目标如下：①以落实公开审判原则为主要内容，进一步深化审判方式改革；②以强化合议庭和法官职责为重点，建立符合审判工作特点和规律的审判管理机制；③以加强审判工作为中心，改革法院内设机构，使审判人员和司法行政人员的力量得到合理配备；④坚持党管干部的原则，进一步深化法院人事管理制度的改革，建立一支政治强、业务精、作风好的法官队伍；⑤加强法院办公现代化建设，提高审判工作效率和管理水平；⑥健全各项监督机制，保障司法人员的公正、廉洁；⑦对法院的组织体系、法院干部管理体制、法院经费管理体制等改革进行积极探索，为实现人民法院改革总体目标奠定基础。

人民法院"一五纲要"的基本内容如下所示：

1）进一步深化审判方式改革。具体措施如下：①全面实行立审分立、审执分立、审监分立；②建立科学的案件审理流程管理制度；③最高人民法院制定有关再审案件的立案标准；④进一步完善质证和认证制度；⑤采取有效措施，解决好证人尤其是关键证人出庭的问题；⑥全面落实公开审判制度；⑦加快裁判文书的改革步伐，提高裁判文书的质量；⑧经最高人民法院审判委员会讨论、决定有适用法律问题的典型案件予以公布，供下级法院审判类似案件时参考；⑨严格执行刑事诉讼法有关裁判程序的规定，继续深化刑事审判方式改革；⑩民事、经济审判方式改革要进一步完善举证制度；⑪完善行政审判方式。

2）建立符合审判工作规律的审判组织形式。具体措施如下：①强化合议庭和法官职责，推行审判长和独任审判员选任制度，充分发挥审判长和独任审判员在庭审过程中的指挥、协调作用；②在法律规定范围内，多适用简易程序审理案件；③在审判长选任制度全面推行的基础上，做到除合议庭依法提请院长提交审判委员会讨论决定的重大、疑难案件外，其他案件一律由合议庭审理并作出裁判，院、庭长不得个人改变合议庭的决定；④推行院长、副院长和庭长、副庭长参加合议庭担任审判长审理案件的做法；⑤规范审判委员会的工作职责；⑥完善人民陪审员制度。

3）科学设置法院内设机构。具体措施如下：①进一步明确审判部门的职责范围和分工，改变目前职能交叉、分工不明的状况。②充实审判部门，精减、合并、统一设立各级人民法院的司法行政管理部门；对各级人民法院审判部门与司法管理部门的人员比例作出规定；对司法行政管理部门的富余人员做好分流工作。③改革人民法院的执行机构和执行工作体制。④根据便于当事人进行诉讼，便于人民法院审判案件的原则，按照规范化、规模化的要求合理设置人民法庭。⑤规范司法警察统一领导的管理体制。⑥改革、理顺人民法院司法鉴定、信息工作体制。

4）深化法院人事管理制度改革。司法职业化、专业化是"一五纲要"的方向和目标所在，为了实现这一方向和目标，提出了如下改革措施：①严格执行中共中央《关于进一步加强政法干部队伍建设的决定》，上级人民法院党组要积极、主动与地方党委配合，加大对下级法院领导班子成员的协管力度，充分发挥各级人民法院党组管理干部的职能。②对1988年以来在一些地区试行的地方法院领导班子成员以上级人民法院党组为主管理，地方党委协助管理的做法进行总结，肯定试点取得的成果，认真研究试点中存在的问题，提出解决的办法。③改革法官来源渠道。逐步建立上级人民法院的法官从下级人民法院的优秀法官中选任以及从律师和高层次的法律人才中选任法官的制度。对经公开招考合格的法律院校的毕业生和其他人员，应首先充实到中级人民法院和基层人民法院。高级人民法院和最高人民法院的审判庭五年之后从下级人民法院和社会的高层次法律人才中选任法官。使法官来源和选任真正形成良性循环，保证实现法院队伍高素质的要求。④随着审判长选任工作的开展，结合人民法院组织法的修改，高级人民法院或以对法官配备法官助理和取消助理审判员工作进行试点，摸索经验。⑤对各级人民法院法官的定编工作进行研究，在保证审判质量和效率的前提下，有计划有步骤地确定法官编制。选择不同地域、不同级别的部分法院进行法官定编工作的试点。最高人民法院在总结试点法院经验、进行深入调查研究的基础上，2001年与中央组织、人事部门提出法官编制的具体方案。⑥进一步加强和完善法官交流和轮岗制度。法官交流原则上在法院系统内异地进行或者在上下级法院之间进行。轮换岗位要以不影响法官专业化为前提，以不影响审判工作为原则。对法院领导干部实行任职回避、交流制度。各地法院院长实行与长期生活的地区异地任职的办法；副院长实行分管工作轮换制；相近审判庭庭长岗位实行定期轮换。通过实行法官交流、轮岗制度，形成法官的良性互动和人员的合理配置。⑦加强对法官的培训工作。最高人民法院、各高级人民法院在2001年前，分别对中级以上人民法院正副院长、正副庭长和基层人民法院的正副院长、正副庭长轮训一遍。两年之内各高级人民法院应对法律业大分校进行职能转变，并在其基础上设立法官学院或者其他法官培训机构。2001年后，法官每3年必须在国家法官学院或者其他法官培训机构集中时间脱产培训；新任命的法官，必须脱产培训，学习专门法律知识、审判业务技能。⑧建立书记员单独职务序列。在总结试点经验的基础上，最高人民法院会同有关部门在2000年制定人民法院书记员管理办法，在2001年后全面建立这项制度。

5）加强法院办公现代化建设，进一步提高司法效率和法院管理水平。具体措施如下：①各级人民法院要把加强办公现代化和其他物质装备建设，提高法院管理水平，作为改善执法条件、提高审判质量和效率、实现司法公正的重要方面，认真抓紧抓好；②2000年年底前，最高人民法院完成对各类案件的司法统计指标体系的改革工作。进一步探索建立符合人民法院审判工作管理需要的，具有快速反应和宏观分析能力的现代司法统计工作和管理体系。

6）加强制度建设，健全监督机制，保障司法公正廉洁。具体措施如下：①建立有效的内部制约机制；②1999年年底前，制定有关人民法院审判人员在诉讼过程中与当事人、辩护人、律师的关系的规定；③制定人民法院接受社会监督的规范性意见，使人民法院接受监督制度化、程序化、法律化。

7）积极探索人民法院深层次的改革。具体措施如下：①从维护国家法制统一，实现司法公正的要求出发，积极探索人民法院组织体系改革。2001年向全国人大常委会提出修改人民法院组织法的提案，逐步建立起符合我国政体，确保法院依法独立公正地行使审判权的人民法院组织体系；②根据维护法律权威和司法统一的要求，积极探索人民法院干部管理体制改革，更好地实现党的领导和人大的监督；③在全面落实"收支两条线"规定的基础上，探索建立法院经费保障体系，保证履行审判职能所必需的经费。

"一五纲要"在人民法院的司法改革取得了显著成效，改革达到了预期目的。其主要成就如下：①进行了以权力制约为核心的法院内部机构改革，实现了立审分立、审执分立、审监分立，一般称为"三个分立"的工作机制；②进行了以强化合议庭审判职能为核心的审判组织改革，努力实现审判与判决的有机统一；③进行了以公开审判为核心的审判方式改革，强化了庭审功能，使法庭真正成为审判的中心；④进行了以增强裁判文书说理性为主要内容的裁判文书改革，增强了公众对司法的信任度；⑤进行了以繁简分流为主要内容的诉讼程序改革，提高了审判效率；⑥进行了以法官职业化建设为内容的法官制度改革，进一步提高了法官的职业素质；⑦进行了以人民法庭跨行政区设置为主要内容的人民法庭改革，实现人民法庭的规模化、规范化和现代化等。①其改革成就中最为引人注目的是为了适应

---

① 沈德咏：《中国特色社会主义司法制度论纲》，人民法院出版社2009年版，第138页。

中国加入世贸组织后中国改革开放的新形势,由最高法院率先完成、各地法院跟进的法院审判机构设置与职能调整,撤销了原来设立的经济庭、知识产权庭和交通庭,统一纳入大民事审判范畴,使法院的审判组织更加规范。

(三)人民检察院的改革

1999年,为贯彻落实党的十五大精神,适应依法治国、建设社会主义法治国家的需要,开创检察工作新局面,根据检察机关面临的形势和任务,最高人民检察院制定了《检察工作五年发展规划》(1999—2003)。这五年检察机关的总体奋斗目标是健全和完善社会主义市场经济体制和与依法治国要求相适应的、有中国特色的社会主义检察制度,造就一支高素质的专业化检察队伍,有效防止和纠正司法不公现象,维护国家法律的统一正确实施,保障社会政治稳定和国家经济安全。这五年检察改革的任务是,从体制、机制、制度等方面,完善有中国特色的社会主义检察制度,逐步建立适应依法治国要求、符合检察工作规律的管理体制和工作运行机制,为检察事业发展注入新的活力。

具体改革措施如下:①健全上级检察院对下级检察院的领导体制,加大领导力度,形成上下一体、政令畅行、指挥有力的领导体制,确保依法独立高效行使检察权;②科学设置机构,统一业务机构名称,合理配备力量。按照精简、统一、效能的原则,根据中央部署,搞好机构改革。总的原则是精减非业务机构,合并职能重叠的部门,充实业务部门和基层的力量;③推行主诉检察官制度,改进检察委员会工作,探索建立符合检察工作特点的业务管理机制;④全面推行以竞争上岗、双向选择为主要内容的干部管理使用制度,形成优胜劣汰、能上能下、能进能出,有利于优秀人才脱颖而出的竞争激励机制;⑤完善内部制约和外部监督机制,自觉接受各方面的监督和法律程序上的制约,广泛听取意见,促进检察权的行使符合法律规定,符合党和人民的意志。

为贯彻落实党的十五大提出的推进司法改革的任务,根据《检察工作五年发展规划》确定的检察改革的原则和重点,2000年2月最高人民检察院制定《检察改革三年实施意见》,作为2000年至2002年检察改革的指导性文件,以通过大力推进检察改革,加强检察工作,繁荣检察事业,强化监督职能,完善检察体制,在建设有中国特色的社会主义检察制度方面迈出重要步伐。具体而言是这三年要完成六项改革目标:

1）改革检察业务工作机制，强化法律监督的职能和作用。具体措施如下：①逐步建立全国各级检察机关互相支持、互相配合、互相协助的侦查协作机制；②改革和加强刑事立案监督工作，最高人民检察院有关部门制定加强和完善人民检察院立案监督的具体规定，使立案监督工作规范化，强化立案监督的效果；③加强检察业务工作的规范化管理，完善各项检察业务工作的办案规范和工作流程，形成确保司法公正的检察业务运行机制；④2000年起，研究制定刑事案件抗诉标准，增强抗诉工作的准确性和权威性；⑤积极研究拓宽人民检察院在民事、行政诉讼中维护国家、社会公共利益的职能和方式，研究制定民事、行政案件抗诉标准和具体工作程序，支持民、行案件当事人委托律师代理申诉，保证民、行检察工作在新形势下取得重大发展；⑥改革检察机关法律文书，简化检察法律文书的种类和内容，对起诉书等法律文书的格式、要素进行改革，强化对证据、案件事实的分析论证，提高检察法律文书制作的质量。

2）改革检察机关的机构等组织体系，加强上级检察机关对下级检察机关的领导。具体措施如下：①健全检察机关领导干部管理机制。加大上级检察院对下级检察院领导班子成员的管理力度，规范管理程序。②科学调整检察机关内设机构，充实加强业务部门，精简、调整非业务机构，根据业务归口的原则，进一步调整检察机关业务部门的职责范围。精简基层检察院的内设机构。③加强和改进检察委员会工作。④为确保检察机关依法独立公正地行使职权，继续完善上下一体、政令畅通、指挥有力的检察机关领导体制。⑤进一步规范地方各级人民检察院请示报告的程序。⑥规范下级检察院向上级检察院报告工作制度。⑦全面总结我国检察工作的经验，完善人民检察院组织体系和检察职能，研究符合检察机关法律监督职责特点的检察管理体制。适时提出修改人民检察院组织法的提案，为进行深层次检察改革提供依据。

3）改革检察官办案机制，全面建立主诉、主办检察官办案责任制。具体措施如下：①建立、健全检察官办案责任制。②推行和坚持检察长、副检察长、各业务部门负责人亲自办案制度。

4）改革检察机关干部人事制度，调整人员结构，提高人员素质，实行检察官、书记员、司法警察、司法行政人员的分类管理，建立充满生机与活力的用人机制。具体措施如下：①实行检察官、书记员、司法警察、司法行政人员的分类管理，改善干部队伍的专业知识和年龄结构，加强业务部门，精简行政管理人员，分离技术性、服务性人员，按《检察官法》的规定严格规范检察官管理工作。②对各级人民检察院检察官定编工作进行研究，合理精简、确定检察机关编制。③改革检察官选任制度。④规范检察人员录用制度，重点抓好"入口关"和"出口关"。⑤逐步实行最高人民检察院、省级人民检察院业务部门的检察官从下级检察院优秀、资深检察官中选任的制度，同时有计划地选调高层次法律人才到检察机关担任领导职务和检察官，形成检察官来源和选任的良性循环。⑥加大检察机关领导干部的交流力度，保持检察机关的活力。⑦进一步规范检察机关司法警察管理体制。

5）改革检察机关内、外部监督制约机制，保证公正、廉洁和高效。具体措施如下：①进一步深化"检务公开"，不断拓宽"检务公开"的范围、方式和途径；②强化和完善内部监督制约机制；③严格依法接受人民代表大会及其常委会的监督；④严格贯彻公、检、法三机关在刑事诉讼中分工负责、互相配合、互相制约的原则；⑤依法保障律师在侦查、审查起诉阶段的各项权利；⑥加强与律师在刑事诉讼中的配合和协作，与有关部门协商，进一步规范在审查起诉阶段听取辩护律师意见和辩护律师查阅、摘抄、复制有关法律文书的具体程序，抓好公诉人、辩护人审前证据材料交换的试点工作。

6）改革检察机关经费管理机制，实行科技强检，为检察机关依法履行检察职能提供物质保障。具体措施如下：①按照"先进、适用、配套、普及"的原则，加强物质装备建设，不断提高检察业务建设的科技含量。加快国家检察信息系统建设。②加强各级人民检察院办公自动化和交通、通信等其他物质装备建设工作，提高管理水平，改善执法条件，提高工作效率。③研究对各类案件司法指标体系的改革工作，建立现代化的司法统计和管理体系，增强宏观分析能力和快捷灵敏的信息处理能力，保证宏观指导的正确、科学和高效。④分离检察机关的服务性、辅助性职能，逐步探索、实行检察机关后勤服务的社会化。从2000年开始，探索实行检察辅助人员、后勤服务人员聘任制。⑤积极探索多层次的经费物质保障体系，到2002年年底前初步建立新的检察业务经费保障制度。⑥努力落实从优待检政策，改善检察官的工作和生活条件。积极与有关部门沟通协商，逐步提高检察干警工资待遇和抚恤标准，建立检察干警保险制度，研究落实检察津贴标准。

二、十六大的司法改革

随着司法改革的深入，一些全局性、体制性的问题也开始出现，整体、协调、系统地推进改革，成为司法改革工作的必然要求。2002年11月，党的十六大作出了"推进司法体制改革"的战略决策，将司法体制改革作为贯彻落实依法治国基本方略的重大举措和政治体制改革的重要组成部分，并作出了相应部署。

（一）十六大报告

2002年11月中国共产党召开十六大，十六大报告提出推进司法体制改革。社会主义司法制度必须保障在全社会实现公平和正义。按照公正司法和严格执法的要求，完善司法机关的机构设置、职权划分和管理制度，进一步健全权责明确、相互配合、相互制约、高效运行的司法体制。从制度上保证审判机关和检察机关依法独立公正地行使审判权和检察权。完善诉讼程序，保障公民和法人的合法权益。切实解决执行难问题。改革司法机关的工作机制和人财物管理体制，逐步实现司法审判和检察同司法行政事务相分离。加强对司法工作的监督，惩治司法领域中的腐败。建设一支政治坚定、业务精通、作风优良、执法公正的司法队伍。

（二）中央21号文件

2003年4月，中央政法委员会向中央提出了《关于进一步推进司法体制改革的建议的请示》。同年5月，中央对司法体制改革作了指示，决定在中央直接领导下，成立由中央政法委员会、全国人大内务司法委员会、政法各部门、国务院法制办及中央编制办的负责人组成的中央司法体制改革领导小组，全面领导司法体制改革工作。中央司法体制改革领导小组于2004年底形成了《中央司法体制改革领导小组关于司法体制和工作机制改革的初步意见》（中央21号文件），提出以下改革措施：①改革和完善诉讼制度；②改革和完善诉讼收费制度；③改革和完善检察监督体制；④改革劳动教养制度；⑤改革和完善监狱和刑罚执行体制；⑥改革司法鉴定体制；⑦改革和完善律师制度；⑧改革和完善司法干部管理体制；⑨改革和完善司法机关经费保障机制；⑩改革有关部门、企业管理"公检法"体制。改革涉及10个方面35项改革任务，成为中华人民共和国成立以来集中进行的一次重要司法改革。

（三）人民法院的改革

2002年，党的十六大提出了积极、稳妥地推进司法体制改革的要求，特别是2004年年底党中央下发了中央21号文件，对今后一段时期的司法体制和工作机制改革作了全面部署。为了贯彻落实党中央部署的司法体制和工作机制改革任务，最高人民法院根据中央文件精神制定了《人民法院第二个五年改革纲要（2004—2008）》（以下简称"二五纲要"）。2004年至2008年人民法院司法改革的基本任务和目标如下：①改革和完善诉讼程序制度，实现司法公正，提高司法效率，维护司法权威；②改革和完善执行体制和工作机制，健全执行机构，完善执行程序，优化执行环境，进一步解决"执行难"；③改革和完善审判组织和审判机构，实现审与判的有机统一；④改革和完善司法审判管理和司法政务管理制度，为人民法院履行审判职责提供充分支持和服务；⑤改革和完善司法人事管理制度，加强法官职业保障，推进法官职业化建设进程；⑥改革和加强人民法院内部监督和接受外部监督的各项制度，完善对审判权、执行权、管理权运行的监督机制，保持司法廉洁；⑦不断推进人民法院体制和工作机制改革，建立符合社会主义法治国家要求的现代司法制度。

2004年至2008年，人民法院司法改革涉及8个方面50项改革措施：

其一，改革和完善诉讼程序制度。具体措施如下：①改革和完善死刑案件的审判程序；②改革和完善死刑复核程序，由最高人民法院统一行使死刑核准权，并制定死刑复核程序的司法解释；③改革刑事证据制度，制定刑事证据规则，依法排除用刑讯逼供等非法方法获得的言辞证据，强化证人、鉴定人出庭，进一步落实保障人权和无罪推定原则，并适时提出刑事证据方面的立法建议；④改革民事案件管辖制度；⑤改革和完善行政案件管辖制度，改革和完善行政诉讼程序；⑥继续探索民事诉讼程序的简化形式，在民事简易程序的基础上建立速裁程序制度，规范审理小额债务案件的组织机构、运行程序、审判方式、裁判文书样式等；⑦加强和完善诉讼调解制度；⑧改革和完善庭前程序；⑨改革民事、行政案件审判监督制度，保护当事人合法权利，维护司法既判力；⑩进一步落实依法公开审判原则，采取司法公开的新措施，确定案件运转过程中相关环节的公开范围和方式。

其二，改革和完善审判指导制度与法律统一适用机制。具体措施如下：①贯彻罪刑相适应原则，制定故意杀人、抢劫、故意伤害、毒品等犯罪适用死刑的指导意见，确保死刑正确适用。研究制定关于其他犯罪的量刑指导意见，并健全和完善相对独立的量刑程序；②改革下级人民法院就法律适用疑难问题向上级人民法院请示的做法；③建立和完善案例指导制度；④改革和完善最高人民法院制定司法解释的程序；⑤建立法院之间、法院内部审判机构之间和审判组织之间法律观点和认识的协调机制，统一司法尺度。

其三，改革和完善执行体制与工作机制。具体措施如下：①进一步改革和完善人民法院执行体制。②深化执行权运行机制改革。③改革和完善执行程序，加强执行司法解释工作，积极推进强制执行立法进程，规范各类执行主体的行为。④建立全国法院执行案件信息管理系统，参与社会信用体系建设，建立执行督促机制，促使被执行人自动履行义务。通过公开执行信息，加强对执行工作的管理与监督，确保执行公正。⑤改革和完善执行管辖制度，以提高执行效率，节约执行成本，排除各种干扰，确保胜诉的当事人的合法权益及时得以实现。⑥探索执行工作新方法。与有关部门配合，对不履行执行依据所确定的义务的被执行人实行财产申报、强制审计、限制出境、公布被执行人名单等措施。⑦改革和完善审理拒不执行人民法院判决、裁定刑事案件的程序制度，并加大对不履行生效裁判、妨碍执行行为的司法制裁力度。

其四，改革和完善审判组织与审判机构。具体措施如下：①改革人民法院审判委员会制度。②审判委员会委员可以自行组成或者与其他法官组成合议庭，审理重大、疑难、复杂或者具有普遍法律适用意义的案件。③进一步强化院长、副院长、庭长、副庭长的审判职责，明确其审判管理职责和政务管理职责，探索建立新型管理模式，实现司法政务管理的集中化和专门化。④建立法官依法独立判案责任制，强化合议庭和独任法官的审判职责。院长、副院长、庭长、副庭长应当参加合议庭审理案件。逐步实现合议庭、独任法官负责制。⑤全面贯彻全国人民代表大会常务委员会《关于完善人民陪审员制度的决定》，健全人民陪审员管理制度，制定关于保障人民陪审员公正行使审判权的司法解释，充分发挥人民陪审员制度的功能。⑥改革和完善人民法庭工作机制，落实人民法庭直接受理案件、进行诉讼调解、适用简易程序、执行简单案件等方面的制度，密切人民法庭与社会的联系，加强人民法庭的管理和物质保障，提高人民法庭的司法水平。

其五，改革和完善司法审判管理与司法政务管理制度。具体措施如下：①建立健全审判管理组织制度，明确审判管理职责，建立并细化与案件审理、审判权行使直接相关事项的管理办法，改善管理方式，建立案件审判、审判管理、司法政务管理、司法人事管理之间的协调机制，提高审判工作的质量与效率。②健全和完善科学的审判流程管理制度，逐步做到同一级别的法院实行统一的审判流程管理模式。在考虑案件类型、难易程度等因素的前提下建立和完善随机分案制度。③贯彻落实全国人民代表大会常务委员会《关于司法鉴定管理问题的决定》，改革和完善人民法院的司法技术管理工作。最高人民法院、高级人民法院和中级人民法院可以根据法律规定和实际需要配备法医等司法技术人员，发挥其司法辅助功能。④改革司法统计制度，建立能够客观、真实反映各级人民法院审判工作情况并适应司法管理需要的司法统计指标体系。扩大公开数据的范围，加强统计信息的分析和利用。⑤改革庭审活动记录方式，加强信息技术在法庭记录中的应用，充分发挥庭审记录在诉讼活动和管理工作过程中的作用。有条件的法院可以使用录音、录像或者其他技术手段记录法庭活动。

其六，改革和完善司法人事管理制度。"二五纲要"在"一五纲要"的基础上，继续朝着司法职业化、司法专业化的方向改革，并提出了如下改革措施：①推进人民法院工作人员的分类管理，制定法官、法官助理、书记员、执行员、司法警察、司法行政人员、司法技术人员等分类管理办法，加强法官队伍职业化建设和其他各类人员的专业化建设。建立符合审判工作规律和法官职业特点的法官职务序列。在总结试点经验的基础上，逐步建立法官助理制度。②落实法官法的规定，与有关部门协商，推动建立适合法官职业特点的任职制度。在保证法官素质的前提下，适当延长专业水平较高的资深法官的退休年龄。③根据人民法院的管辖级别、管辖地域、案件数量、保障条件等因素，研究制定各级人民法院的法官员额比例方案，并逐步落实。④改革法官遴选程序，建立符合法官职业特点的选任机制。探索在一定地域范围内实行法官统一招录并统一分配到基层人民法院任职的制度。逐步推行上级人民法院法官主要从下级人民法院优秀法官中选任以及从其他优秀法律人才中选任的制度。⑤加强不同地区法院之间和上下级法院法官的交流任职工作，推进人民法院内部各相近业务部门之间的法官交流和轮岗制度。⑥建立法官任职前的培训制度，改革在职法官培训制度。初任法官任职前须参加国家法官学院或者其委托的培训机构组织的职业培训。改革法官培训的内容、方式和管理制度，研究开发适合法官职业特点的培训课程和培训教材，改革法官培训机构的师资选配方式。⑦落实法官法的规定，推动适合法官职业特点的任用、晋升、奖励、抚恤、医疗保障和工资、福利、津贴制度的建立和完善。在确定法官员额的基础上，逐步提高法官待遇。

其七，改革和完善人民法院内部监督与接受外部监督的制度。具体措施如下：①建立科学、统一的审判质量和效率评估体系。在确保法官依法独立判案的前提下，确立科学的评估标准，完善评估机制。②改革法官考评制度和人民法院其他工作人员考核制度，发挥法官考评委员会的作用。③建立健全符合法官职业特点的法官惩戒制度，制定法官惩戒程序规则，规范法官惩戒的条件、案件审理程序以及救济途径等，保障受到投诉或查处法官的正当权利。④完善人民法院自觉接受权力机关监督的方式、程序，健全接受人大代表、政协委员的批评、建议的制度，完善人大代表、政协委员旁听法院审判以及人民法院与人大代表、政协委员联络等制度。⑤落实人民检察院检察长或者检察长委托的副检察长列席同级人民法院审判委员会的制度。⑥规范人民法院与新闻媒体的关系，建立既能让社会全面了解法院工作，又能有效维护人民法院依法独立审判的新机制。人民法院建立和完善新闻发言人制度，及时向社会和媒体通报人民法院审判工作和其他各项工作情况，自觉接受人民群众监督。

其八，继续探索人民法院体制改革。具体措施如下：①继续探索人民法院的设置、人财物管理体制改革，为人民法院依法公正、独立行使审判权提供组织保障和物质保障。②改革和完善人民法院经费保障体制，探索建立人民法院的业务经费由国家财政统一保障、分别列入中央财政和省级财政的体制。研究制定基层人民法院的经费基本保障标准。③配合有关部门改革现行铁路、林业、石油、农垦、矿山等部门、企业管理法院人财物的体制。④完善审理未成年人刑事案件和涉及未成年人权益保护的民事、行政案件的组织机构，在具备条件的大城市开展设立少年法院的试点工作，以适应未成年人司法工作的特殊需要，推动建立和完善中国特色少年司法制度。

截至目前，"二五纲要"确定的主要改革任务已经完成，并取得了明显成效：①各级人民法院全面推进审判程序、审判机制、执行机制以及司法审判管理、司法政务管理、司法人事管理、内外部监督制约机制等各项改革，特别是死刑复核权 2007 年 1 月 1 日正式收归最高人民法院统一行使，规范了死刑案件裁判标准，保证了死刑案件的审判质量，体现了国家对人权尤其是生命权的尊重和保障[①]。②通过完善公开审判制度，实行立案、庭审、证据采信、事实认定、判决理由、裁判文书、执行过程等全方位公开，

---

① 沈德咏：《中国特色社会主义司法制度论纲》，人民法院出版社 2009 年版，第 140 页。

有力地促进了司法公正，一些影响司法公正的突出问题得到解决。③通过改革和完善审判委员会制度，逐步实现审判委员会委员的专业化和工作的规范化。④通过完善案件管理和行政管理相分离机制，初步建立了以审判为中心、其他工作为审判服务的运行模式。⑤通过完善审判流程管理、案件质量监督评查、法官审判业绩考评和岗位目标管理等制度，逐步形成结构合理、配置科学、程序严密、制约有效的审判权和执行权运行机制，提高了司法效率，法院适用简易程序审理刑事案件已达38.87%，适用简易程序审理民商事案件达到71.26%。全国绝大多数人民法庭实现了直接立案，设置了11 220个固定巡回审判点，方便了当事人尤其是偏远地区当事人的诉讼①。⑥通过改革和完善陪审员制度，充分发挥了人民陪审员制度维护司法公正、促进司法公开、推进司法民主等重要作用。②⑦通过司法救助与法律援助，有效缓解了打官司难、执行难问题。法院按照国务院2006年颁布的《诉讼费用交纳办法》，每年减收诉讼费80亿元。仅从2005年5月至2006年9月，就为经济确有困难的当事人提供司法救助393 271人（次），减免缓诉讼费22.6亿元。③

（四）人民检察院的改革

党的十六大和十六届三中、四中全会对推进司法体制改革提出了明确要求，为认真贯彻中央关于司法体制和工作机制改革的初步意见，适应形势发展的客观需要，进一步强化法律监督、维护公平正义，最高人民检察院于2005年8月下发了《关于进一步深化检察改革的三年实施意见》，对于落实中央司法改革任务的具体措施和步骤作出安排部署。2005—2008年这三年检察改革的总体目标是通过不断深化改革，重点解决当前制约检察工作发展的体制性、机制性问题，努力做到检察体制更加合理，检察工作机制更加完善，检察工作保障更加有力，检察人员素质进一步提高，全面增强检察机关法律监督能力，发展完善中国特色社会主义检察制度。

这三年实施意见包含以下6个方面36项改革措施：

其一，改革和完善对诉讼活动的法律监督制度，切实维护司法公正，

---

① 中央司法体制改革领导小组办公室：《坚持和完善中国特色社会主义司法制度的成功实践——党的十六大以来司法体制机制改革取得明显成效》，《人民日报》2007年9月23日，第1版。
② 沈德咏：《中国特色社会主义司法制度论纲》，人民法院出版社2009年版，第139页。
③ 中央司法体制改革领导小组办公室：《坚持和完善中国特色社会主义司法制度的成功实践——党的十六大以来司法体制机制改革取得明显成效》，《人民日报》2007年9月23日，第1版。

保障人权。具体措施如下：①探索完善刑事立案监督机制；②健全对侦查活动中刑讯逼供等违法行为的监督查处机制；③健全刑事审判监督机制，完善刑事抗诉制度；④完善对刑罚执行活动的监督制度，进一步加强对减刑、假释、暂予监外执行的监督，建立健全监外执行罪犯脱管、漏管的监督机制；⑤建立健全预防和纠正超期羁押的长效工作机制；⑥探索建立检察机关发现司法工作人员在立案、侦查、起诉、审判和执行中有渎职行为或其他影响公正办案情形的可以建议有关部门更换办案人员的制度，明确检察机关发现办案人员渎职的途径、建议更换办案人员的具体情形以及提出建议更换办案人员的程序；⑦健全司法工作人员渎职案件的查办和移送机制；⑧完善人民检察院对民事审判、行政诉讼活动实行法律监督的范围、措施和程序，探索人民检察院对民事执行活动进行监督的方式；⑨根据劳动教养制度的改革，最高人民检察院配合有关部门研究检察机关在违法行为教育矫治活动中的监督职责、措施和工作程序，建立检察机关对违法行为教育矫治工作的监督制约制度；⑩最高人民检察院与最高人民法院制定相关规定，完善检察长列席人民法院审判委员会会议的制度，规范检察长、受检察长委托的副检察长列席审判委员会会议的具体程序。

其二，完善检察机关接受监督和内部制约的制度，保障检察权的正确行使。具体措施如下：①进一步完善人民监督员制度；②建立省级以下人民检察院直接受理立案侦查案件的备案、批准制度；③建立以纠正违法办案、保证案件质量为中心的检务督察制度；④健全和规范执法责任制与责任追究制度，重点明确执法领导责任制和执法人员责任制，明确岗位职责，合理确认执法责任；⑤全面实行当事人权利义务告知制度，进一步完善律师会见犯罪嫌疑人以及在侦查、审查逮捕、审查起诉过程中听取当事人及其委托的人意见的程序，实行犯罪嫌疑人约见检察官控告违法行为的制度；⑥进一步深化检务公开。

其三，创新检察工作机制，规范执法行为。具体措施如下：①进一步规范检察机关侦查工作，健全职务犯罪侦查一体化工作机制；②继续深化审查逮捕方式的改革；③进一步深化公诉方式改革；④在检察机关实行未成年人犯罪案件专人负责制，有条件的地方逐步设立办理未成年人犯罪案件工作机构；⑤在检察工作中进一步完善贯彻"宽严相济"刑事政策的工作机制和工作制度；⑥进一步深化检察委员会制度和工作机制的改革，规范议事程序，加大决策事项的督办力度，适时修改检察委员会组织条例，提高检察委员会议事质量和效率；⑦严格依法规范执法行为和办案程序；

⑧推行检察业务、队伍和信息化建设"三位一体"的工作机制;⑨进一步完善司法解释工作机制,最高人民检察院修改完善司法解释工作程序的规定,实行司法解释报送全国人大常委会备案的制度;⑩改进检察工作宏观指导机制;⑪建立和健全对外交流机制,完善检察机关国际和区际司法协助与合作制度,规范检察机关内部个案协查和司法协助工作机制。

其四,完善检察机关组织体系,改革有关部门、企业管理检察院的体制。具体措施如下:①逐步改革铁路、林业等部门、企业管理检察院的体制,将部门、企业管理的检察院纳入国家司法管理体系,明确有关检察院的经费来源、人员编制、选拔任用以及案件管辖权等;②规范人民检察院派出机构的设置;③改革检察机关司法鉴定机构。

其五,改革和完善检察干部管理体制,建设高素质、专业化检察队伍。具体措施如下:①落实宪法和法律规定的上下级人民检察院的领导体制,采取措施加大上级人民检察院对下级人民检察院领导班子的协管力度,探索实行上级人民检察院对下级人民检察院检察长人选的提名制度。②落实地方各级人民检察院通过考试录用工作人员的制度,实行面向社会,从通过国家统一司法考试取得任职资格的人员中公开选拔初任检察官的制度。逐步建立上级人民检察院检察官从下级人民检察院检察官中择优选拔的工作机制。省级人民检察院每年要有计划地从高等院校法律专业应届毕业生中选调优秀学生充实基层人民检察院。完善检察官教育培训制度,建立与国家司法考试、检察官遴选制度相配套的任职培训制度。③推行检察人员分类改革,对检察人员实行分类管理。④完善检察官晋升、奖惩、工资、福利、退休、抚恤、医疗等保障制度,协调落实检察津贴。⑤研究制定贫困地区检察官选任录用的特殊政策,采取措施吸引人才到贫困地区、少数民族地区检察机关工作。通过实行干部交流、挂职、特殊津贴等措施,保障贫困地区检察机关的队伍稳定和检察工作的协调发展。

其六,改革和完善检察机关经费保障体制,切实解决基层人民检察院经费困难问题。具体措施如下:①探索建立人民检察院的业务经费由国家财政统一保障、分别列入中央和省级财政预算的制度,在有条件的地方探索实行省级以下人民检察院的业务经费由省级财政统筹保障、省级人民检察院统一管理的试点工作;②落实"分级管理、分级负担"的检察经费保障制度,根据地区经济发展水平和检察工作需要,由最高人民检察院和省级人民检察院与有关部门研究制定县级人民检察院经费基本保障标准;③完善中央财政对贫困地区检察机关专项转移支付的管理方式。

三、十七大的司法改革

(一)十七大报告

2007年,十七大报告提出:"深化司法体制改革,优化司法职权配置,规范司法行为,建设公正高效权威的社会主义司法制度,保证审判机关、检察机关依法独立公正地行使审判权、检察权。加强政法队伍建设,做到严格、公正、文明执法。"

(二)中央19号文件

2008年11月28日,中共中央政治局通过了《关于深化司法体制和工作机制改革若干问题的意见》(中央19号文件,以下简称"司改意见"),从发展社会主义民主政治、加快建设法治国家的战略高度,对司法体制改革作出了战略部署。中央推出的司法体制改革方案的指导思想是在继续抓好2004年中央确定的司法体制和工作机制改革事项的基础上,从人民群众的司法需求出发,以维护人民利益为根本,以促进社会和谐为主线,以加强权力监督制约为重点,紧紧抓住影响司法公正、制约司法能力的关键环节,进一步解决体制性、机制性、保障性障碍,优化司法职权配置,规范司法行为,建设公正高效权威的社会主义司法制度,为保障社会主义市场经济体制顺利运行,为中国特色社会主义事业提供坚强可靠的司法保障和和谐稳定的社会环境。核心是调整司法职权配置,加强权力监督制约,促进司法独立。主要改革内容包括政法经费保障、司法职权重新配置、规范司法行为、落实宽严相济政策、加强政法队伍建设等方面。改革举措如下:①建立政法系统财政保障机制,政法经费由中央财政统一保障;②检察院刑侦职能划归公安局管辖,检察院专司法律监督;③法院执行职能划归司法局管辖,法院其他有关行政职能划归司法行政机关管辖,法院专司审判;④看守所划归司法局管辖;⑤决定劳教权力由法院行使;⑥落实宽严相济刑事政策;⑦加强政法队伍建设。

这份"司法意见"提出加强诉讼监督、改革执行体制、防止司法行政化等60项改革任务,最高人民法院、最高人民检察院、公安部、司法部分别根据司改意见做具体部署。本阶段的一些制度改革成果相继入法。2012年刑事诉讼法修改增加的刑事和解、社区矫正、量刑规范化等制度即是体现。

（三）人民法院的改革

为贯彻党的十七大精神，落实中央关于深化司法体制和工作机制改革的总体要求，维护社会公平正义，满足人民群众对司法工作的新要求、新期待，实现人民法院科学发展，2009年最高人民法院制定了《人民法院第三个五年改革纲要（2009—2013）》。深化人民法院司法体制和工作机制改革的目标是进一步优化人民法院职权配置，落实宽严相济刑事政策，加强队伍建设，改革经费保障体制，健全司法为民工作机制，着力解决人民群众日益增长的司法需求与人民法院司法能力相对不足的矛盾，推进中国特色社会主义审判制度的自我完善和发展，建设公正高效权威的社会主义司法制度。

2009—2013年人民法院司法改革的主要任务包括以下5个方面30项：

其一，优化人民法院职权配置。具体措施如下：①改革和完善人民法院司法职权运行机制；②改革和完善刑事审判制度；③改革和完善民事、行政审判制度；④改革和完善再审制度；⑤改革和完善审判组织；⑥改革和完善民事、行政案件的执行体制；⑦改革和完善上下级人民法院之间的关系；⑧改革和完善审判管理制度；⑨改革和完善人民法院接受外部制约与监督机制；⑩加强司法职业保障制度建设。

其二，落实宽严相济刑事政策。具体措施如下：①建立和完善依法从严惩处的审判制度与工作机制；②建立和完善依法从宽处理的审判制度与工作机制；③建立健全贯彻宽严相济刑事政策的司法协调制度与保障制度。

其三，加强人民法院队伍建设。具体措施如下：①完善法官招录培养体制；②完善法官培训机制；③完善法官行为规范；④完善人民法院反腐倡廉长效工作机制；⑤完善人民法院人事管理制度和机构设置；⑥完善人民法院编制与职务序列制度；⑦改革和完善法官工资福利和任职保障制度；⑧改革和完善人民法院队伍管理制度。

其四，加强人民法院经费保障。具体措施如下：①改革和完善人民法院经费保障体制；②建立人民法院公用经费正常增长机制；③加强人民法院信息化建设。

其五，健全司法为民工作机制。具体措施如下：①加强和完善审判与执行公开制度；②建立健全多元纠纷解决机制；③建立健全民意沟通表达机制；④完善涉诉信访工作机制；⑤建立健全司法为民长效机制；⑥改革和完善司法救助制度。

截至2012年9月，132项具体任务中，108项已经完成，24项已经取得实质性进展。实践显示，目前人民法院的司法行为更加规范，职权配置更加优化，监督制约机制更加健全，司法为民机制更加完善，人民群众日益增长的司法需求与人民法院司法能力相对不足之间的矛盾得到了有效改善。

（四）人民检察机关的改革

2009年，最高人民检察院印发《关于贯彻落实〈中央政法委员会关于深化司法体制和工作机制改革若干问题的意见〉的实施意见——关于深化检察改革2009—2012年工作规划》（以下简称《改革规划》）。《改革规划》提出，今后一段时期深化检察改革的重点是，强化人民检察院的法律监督职能和加强对人民检察院自身执法活动的监督制约。《改革规划》提出，深化检察改革的总体目标是落实中央关于深化司法体制和工作机制改革的部署，优化检察职权配置，完善法律监督的范围、程序和措施，健全对检察权行使的监督制约，加强检察队伍建设，规范检察执法行为，提高检务保障水平，增强依法独立公正行使检察权的能力，建设公正高效权威的社会主义司法制度。

《改革规划》提出了在五个方面深化检察改革的措施：①优化检察职权配置，改革和完善法律监督的范围、程序和措施，加强对诉讼活动的法律监督，切实维护司法公正；②改革和完善人民检察院接受监督制约制度，规范执法行为，保障检察权依法、公正行使；③完善检察工作中贯彻落实宽严相济刑事政策的制度和措施，创新检察工作机制，增强惩治犯罪、保障人权、维护社会和谐稳定的能力；④改革和完善人民检察院组织体系和检察干部管理制度，进一步提高工作效能，加强检察队伍建设；⑤认真落实中央关于改革和完善政法经费保障体制的总体部署，为检察事业发展提供更加坚实有力的经费和物质保障。

截至2012年9月，中央19号文件确定的，高检院牵头的7项改革任务和《检察改革规划》确定的各项改革任务也已基本完成。一批改革文件相继出台，一些改革措施已初显成效，长期制约检察工作科学发展的一些体制性、机制性、保障性障碍得到不同程度的缓解，不断深化的检察改革为中国特色社会主义检察事业注入了强大动力。

2012年3月，第十一届全国人大第五次会议审议通过了《全国人民代表大会关于修改〈中华人民共和国刑事诉讼法〉的决定》，这是我国刑事诉讼法继1996年之后的又一次重大修订。这次修订根据经济社会和民主法治建设的新形势,以国家立法的形式体现了近十几年来司法改革的成果,对于完善刑事诉讼制度、推进国家的法治建设、建设中国特色社会主义司法制度具有重要意义,也必将有力地推动当前和今后一个时期的司法体制改革和检察改革。

第三章 中国特色社会主义司法制度的基本内涵

一个国家的司法制度和它的语言文字一样，深深地根植于其民族文化和社会实践之中。中国特色社会主义司法制度既是中华民族文化发展和中国司法实践的产物，也是中国特色社会主义国家制度的有机组成部分。阐释或剖析中国特色社会主义司法制度的基本内涵，有助于增强对中国特色社会主义司法制度的历史认同、理论认同和实践认同。

第一节 中国特色社会主义司法制度的本质

中国特色社会主义司法制度是中国特色社会主义制度的有机组成部分，具有不同于资本主义司法制度的特殊本质和鲜明特点。

马克思主义认为，司法制度是由政治制度决定的，又对政治制度具有确认、保障、促进作用。我国是中国共产党领导的人民民主专政的社会主义国家，是人民代表大会制度下的"一府一委两院"，这种政治制度的本质决定了在司法领域必须坚持党的领导，不能搞"三权分立"，必须坚持人民法院、人民检察院依法独立公正行使职权，反对片面强调所谓的"司法独立"。

马克思主义认为，经济基础决定上层建筑，中国特色社会主义经济制度决定了我们必须实行中国特色社会主义司法制度。社会主义经济关系决定了我们的司法制度建设必须立足国情，在制度设计上必须坚持把党的领导、人民当家做主和依法治国有机统一起来，在司法实践中必须切实维护党的执政地位，维护国家安全，维护人民权益，确保社会大局稳定。

我国的司法体制具有鲜明的中国特色，同样决定了司法制度必须是中国特色社会主义的。在制度的本质上，坚持党的领导、人民当家做主、依法治国有机统一；在司法权的来源上，司法权来自人民、属于人民；在司法权的配置上，侦查权、检察权、审判权、执行权既相互制约，又相互配合；在司法权的行使上，审判机关、检察机关既依法独立行使职权，又自觉接受党的监督、人大监督、政协监督、群众监督；在司法形式上，坚持专门机关工作与群众路线相结合等。中华人民共和国成立以来特别是改革开放以来的实践证明，我国的司法体制符合国情，保障、促进了中国特色社会主义事业的发展进步。①

一、政治本质

历史发展实践可以证明，司法从来都不是价值中立的，也绝不会超然于政治独立存在，而是反映特定阶级和社会集团的政治需要，具有鲜明的政治倾向或政治品格。强调司法政治中立性，否认司法政治特性的观点，只看到了司法的表象，未看到司法的本质，只看到司法的应有价值层面，未看到司法的实际运作层面，是经不起推敲的形而上的观点。其实，宣称司法政治中立，宣称司法超脱于政治，本身就在某种层面强调了司法的政治性。正如一段格言所描述的那样："政治和每个人，都有千丝万缕的联系。尽管有人一听到政治二字，便怒发冲冠。尽管有人庄严的宣布，'远远的避开政治！'可笑的是，当他慷慨陈词的时候，他已经沦为某种政治的奴婢。"②

强调司法的政治性，是中国特色社会主义司法制度的一个重要本质。③

---

① 李江：《坚持和完善中国特色社会主义司法制度》，《新湘评论》2008 年第 11 期，第 8 页。
② 郭东斌：《格言大辞典》，辽宁人民出版社 2000 年版，第 617 页。
③ 强调司法的政治性并不等同于强调司法的政治化。所谓司法政治化，是指司法机关无论在组织上，还是具体案件的处理上都为政治力量所控制，司法成为政治的工具和手段，司法活动直接受制于政治意志。司法政治化的极端表现，就是司法完全被政治架空，司法虚无化。在处理司法与政治的关系上，我国在"文化大革命"前后曾经走入了这样一个极端，政治基本取代了司法，司法完全政治化，造成了非常恶劣的影响。"文化大革命"期间，公、检、法被砸烂，到了 1969 年，检察机关被撤销，人民法院虽没有被撤销，但也被实行了军事管制，司法权由造反派组织、革委会或者群众专政指挥部行使。可以这么说，这一非正常时期的司法与政治的非正常关系，对有中国特色的司法事业造成了很大伤害，教训非常惨痛，经验非常深刻。

早在中华人民共和国成立初期社会主义司法制度初创时期,党和国家主要司法工作者就特别强调司法的政治性。在1951年10月28日召开的政协全国委员会第一届第三次会议上,时任最高人民法院院长的沈钧儒,就明确提出了最高人民法院以及其所属的各级法院系统的政治性。他说,"人民司法机关的基本任务是巩固人民民主专政",因此,不能把它当作"一种单纯技术性的工作",而应当把它"当作一个保护民主,实行专政的武器来运用"。在这样的认识前提下,他认为,在司法和政治的关系安排上,"我们人民司法工作必须积极地为政治服务,必须与当前的政治中心任务、与群众运动相结合……司法机关尤其应当积极主动地配合中心任务与运动,充分发挥人民司法的作用"[①]。人民司法工作的重要奠基人董必武同志,在中华人民共和国成立初期的几次重要讲话中也对司法的政治性进行了着重强调。他在1950年7月26日第一届全国司法工作会议上就说到:"一切为人民服务,这是一个真理,我们应该坚持,司法工作也是为人民服务。刚才总司令讲过了,现在人民最迫切的需要就是恢复和发展生产。这个真理我们也应该坚持,我们司法工作要对人民恢复和发展生产给予适当的配合。"[②]在1953年4月11日召开的第二届全国司法工作会议中他又强调:"确认人民司法是巩固人民民主专政的一种武器;人民司法工作者必须站在人民的立场,全心全意运用人民司法这个武器,尽可能采取最便利于人民的方法解决人民所要求我们解决的问题。"[③]应当说,董必武同志关于司法的政治性的论述,至今依然具有非常重要的意义。具体而言,中国特色社会主义司法制度的政治性本质反映在以下三个方面:

(一)党的领导

中华人民共和国是工人阶级领导的、以工农联盟为基础的人民民主专政的社会主义国家。社会主义制度是中华人民共和国的根本制度。中国共产党领导是中国特色社会主义最本质的特征。禁止任何组织或者个人破坏社会主义制度。与这种国体相适应的政权组织形式是人民代表大会制度,与这种国体相适应的政党制度是中国共产党领导的多党合作与政治协商制度。人民民主专政、人民代表大会制度、中国共产党领导的多党合作与政治协商制度,是中国政治制度的核心内容。中国特色的社会主义司法制度,作为我国政治制度的有机组成部分,必然会对我国的几大政治制度有所反

[①] 何勤华:《法治建设与法学》,上海人民出版社2009年版,第182页。
[②] 董必武:《要重视司法工作》,载《董必武法学文集》,法律出版社2001年版,第43页。
[③] 董必武:《论加强人民司法工作》,载《董必武法学文集》,法律出版社2001年版,第154-155页。

映。人民民主专政、人民代表大会制度和中国共产党领导的多党合作与政治协商制度反映在司法制度中,形成了我国司法制度的政治性的主要内容:坚持党对司法工作的绝对领导。这也是中国特色社会主义司法制度最大的政治性本质。

坚持党对司法工作的领导。我国的司法事业必须直接接受党的领导,是由我国政治发展的历史所决定的。在中国,民族危机所决定的先政治整合后市民社会的非自主发展逻辑,使中国共产党不仅承担着应对社会政治危机的重任,而且还扮演着国家现代化的领导者和推动者的角色。[1]中国政治发展的一大特色,就是政党在发展进程中起着极其重要的作用。这使得中国共产党确立了它对国家事务的全面领导地位,司法作为国家事务的有机组成部分,自然也应该接受党的领导。正如有的学者总结说:"中国近代革命是一场囊括民族独立、国家统一、经济发展、文化革新、政制转型等多种目的的革命,这就注定了司法集权的必要性和党对司法领导的重要性。"[2]

政党政治是现代民主政治的重要组成部分。一个国家实行什么样的政党制度,由该国国情、国家性质和社会发展状况所决定,中国实行的政党制度,是中国共产党领导的多党合作与政治协商制度,它既不同于西方国家的两党或多党竞争制,也有别于其他国家实行的一党制。在我国的政党制度中,中国共产党是社会主义事业的领导核心。中国共产党的坚强领导是中国实现社会主义现代化的根本保证,是维护中国国家统一、社会和谐稳定的根本保证,是把亿万人民团结起来、共同建设美好未来的根本保证。这是中国各族人民在长期革命、建设、改革实践中形成的政治共识。坚持党的领导,是由中国共产党的先进性和党的执政地位决定的,是历史和人民的选择,是我国宪法确定的基本原则。司法事业是社会主义事业的有机组成部分。坚持党的领导,体现在司法领域,就是党对司法工作的领导,始终坚持党的领导是司法工作沿着正确方向前进的政治保证。党对司法的绝对领导是我国司法在政治上的最大特色,也是我国司法始终不可动摇、始终不可放弃的特色。毫不动摇地坚持中国共产党的领导,是中国社会主义司法制度的本质特征所在。对于这一点,我们绝不能有任何的含糊。党与国家、人民利益休戚与共,坚持党对司法工作的领导,无疑是我们为之认同的司法本色。

党对司法工作进行领导的方式主要有三个方面:①政治领导,即要求司法机关坚定不移地贯彻党的方针政策,要求司法工作紧紧围绕党和国家

---

[1] 王邦佐:《中国政党制度的社会生态分析》,上海人民出版社 2000 年版,第 182-183 页。
[2] 徐显明:《司法改革二十题》,《法学》1999 年第 9 期,第 5 页。

的中心工作，服从于、服务于国家经济和政治的大局。司法机关在执行党的方针政策过程中，要经常地和定期地向党委汇报工作情况，接受党的检查、监督，对于重大或疑难的问题要请示报告；②思想领导，党必须加强对司法人员进行马克思主义教育，用党的路线和政策统一司法人员的思想，保证司法人员公正廉洁地执行法律，加强司法机关的思想政治工作；③组织领导，党应当根据法定标准为司法机关配备合格干部包括领导干部，同时还要加强司法机关党的组织建设和领导班子建设，坚持党管干部的原则，做好司法干部的培养、提拔、考核和奖惩工作，充分发挥司法机关党组织的战斗堡垒作用和党员的先锋模范作用。

（二）政法体制

政法体制是党领导依法治国的制度和工作机制的重要组成部分，也是建设中国特色社会主义法治国家，实现国家治理体系和治理能力现代化的重要基石。当代中国的政法体制是在历史的演进中逐渐形成的，它主要包括两个方面：在条块关系中，以块块管理为主的同级党委领导体制；在央地关系中，党内分级归口管理和中央集中统一领导体制。①

条块关系下的同级党委领导制。在中国的政治语境下，"条条"是指业务的上下级关系，如最高人民法院与地方各级人民法院之间的管理关系，而"块块"是指同级各个机关之间的关系。这样，地方是"块块"，中央也是"块块"。块块管理的根本，就是同级各个机关接受同级党委的领导。例如，省级人民法院党组、省级人大常委会党组、省委政法委员会，都要接受省委的领导。接受同级党委领导的具体组织形式，首先是在同级国家各政法机关中设立党组。例如在最高人民法院、最高人民检察院、国务院分别设立党组；地方各级政法机关也相应设立党组。从在各国家政法机关中设立党组，到最终确立以块块管理为主的同级党委领导体制，经历了较长的磨合过程。②

央地关系下党内分级归口管理和中央集中统一领导体制。在央地关系中，特别是在党内的央地关系中，通过分级归口管理的办法，最终实现的是中共中央集中统一领导的政法体制。"分级"，就是从地方到中央分成多个级别；"归口"，是指将国家各机关进行分类，归入党的相应职能部门进行管理，从而形成党的职能部门与国家各机关相应的对口关系。例如，公安机关、检察院、法院这些国家政权机关，可以称为"政法口"，主要由党

---

① 侯猛：《当代中国政法体制的形成及意义》，《法学研究》2016 年第 6 期，第 3 页。
② 侯猛：《当代中国政法体制的形成及意义》，《法学研究》2016 年第 6 期，第 6 页。

委政法委员会进行管理。实际上，政法工作的归口管理主要涉及两方面：一是政法干部的管理，主要归由党委组织部牵头负责，而政法委员会协助管理干部。二是政法业务的管理，包括对各政法机关进行政治指导，主要归由党委政法委员会负责。不过，党内这种由政法委员会和组织部共同管理的体制，也经过了反复变动的过程。[①]

（三）人大监督

人民代表大会制度是我国的根本政治制度。司法制度作为中国特色社会主义政治制度的有机组成，也反映了人民代表大会制度的底色。根据宪法和其他法律的相关规定，司法制度与人民代表大会制度的关系表现在以下两个方面：

一方面，司法机关由人大产生，对人大负责，受人大监督。根据宪法的规定，最高人民法院、最高人民检察院由全国人民代表大会产生，对全国人民代表大会负责，受全国人民代表大会监督。这种监督和负责的方式是每年在全国人民代表大会召开期间，最高人民法院和最高人民检察院向全国人民代表大会作年度工作报告。此外根据监督法的相关规定，全国人民代表大会常务委员会可以通过专项工作报告、询问、质询、特定问题调查、执法检查、工作视察等方式监督两高的司法工作。地方各级人民法院和检察院也同样由同级人大产生，向其负责，受其监督。

另一方面，司法官由人大任免。根据宪法的规定，全国人民代表大会有权选举最高人民法院院长和最高人民检察院检察长；根据地方组织法的规定，县级以上的地方各级人民代表大会有权选举本级人民法院院长和人民检察院检察长。此外根据法官法、检察官法等法律的相关规定，人民法院的副院长、审判委员会委员、庭长、副庭长、审判员，以及人民检察院的副检察长、检察委员会委员、检察员，在任职时都需经过县级以上人民代表大会常务委员会的任命，在免职时也需经过人大常委会的免职。

二、法律本质

中国特色社会主义司法制度突出表现为政治性与法律性的有机统一，其法律性主要表现在运行方式、运行程序等方面遵循司法的一般原则和基本规律，具有法律上的独特品性和意涵。

[①] 侯猛：《当代中国政法体制的形成及意义》，《法学研究》2016 年第 6 期，第 8 页。

司法规律作为一种特殊的社会规律，是司法现象和司法活动过程中内在的本质联系，是普遍性与特殊性相结合的司法运行法则，体现着司法活动总体上的一般必然趋势。因此，我们既要重视研究一般的司法规律，更要注重结合中国的国情，归纳和总结中国特色司法规律，在深入推进司法改革中遵循司法规律，建设公正高效权威的中国特色社会主义司法制度。习近平总书记在主持中共中央政治局就深化司法体制改革、保证司法公正进行的第二十一次集体学习时强调，要坚持符合国情和遵循司法规律相结合，坚定不移地深化司法体制改革，不断促进社会公平正义。[①]中国特色社会主义司法制度内在地遵循独立性、公正性、公开性、效率性和终局性五个规律，这也是其法律本质的体现。

（一）司法独立性

司法是维护社会公平正义的最后一道防线，是维护人民权利的最终保障，司法过程也是人民追求"公平""正义的'一个理性'过程"。十八届四中全会指出，公正是法治的生命线；司法公正对社会公正具有重要引领作用，司法不公对社会公正具有致命破坏作用。司法的独立性是其公正性的必要条件，离开了独立性，公正性就失去了保障，就无从谈起。[②]司法的独立性是司法的本质要求，是维护司法权威和实现司法公正的前提，也是法治的重要内容和应然要求。

探讨司法的独立性，我们必须清楚地认识到，党的十八大和十八届四中全会提出的司法改革的重点之一是人民法院和人民检察院"依法独立公正行使审判权和检察权"，这同西方国家司法制度核心的"司法独立"[③]具有完全不同的性质和内容。[④]2017年1月15日，最高法官方微博曾发表《"依法独立行使审判权"不等于西方的"司法独立"》一文，文章从我国现有的国情政体、法律体系、司法制度及审判模式等方面分析了我国司法的独立性应当体现在人民代表大会的监督下，依法独立行使审判权，而不是照抄

---

① 本报评论员：《坚持符合国情和遵循司法规律相结合——学习贯彻习近平总书记关于司法改革重要讲话系列评论之三》，载《人民法院报》2015年4月3日，第1版。
② 谭世贵：《论司法独立与媒体监督》，《中国法学》1999年第4期，第13页。
③ 西方"司法独立"是西方资本主义国家三权分立基本政治制度下的产物，它意味着司法权与立法权、行政权相互独立、互相制衡。西方法学界关于"司法独立"的特定含义是，独立行使司法权，只受宪法和法律的约束，不受立法权、行政权的任何干预和束缚，司法不受其他国家机关（包括总统）和任何政党的监督和管理，不受其他任何事物和形势的牵制和影响，不受任何人指挥和命令的约束；保障法官独立性，"所有的法官依据良心办案"，为维护司法权的独立，承认对法官特别的地位保障和身份保障。（《新法律学词典》1983年版）
④ 刘瑞复：《我国独立公正司法与西方国家"司法独立"的根本区别》，《红旗文稿》2014年第24期，第8页。

西方模式。①值得注意的是，我国宪法对司法制度的最大贡献之一，就是自始至终坚持了依法独立审判的法治原则。②

（二）司法公正性

历史发展到今天，可以肯定地说，一个社会无论多么"公正"，如果不考虑司法公正，最终必将导致社会集体的贫瘠，那也就谈不上真正的公正。一个旨在实现司法公正的司法制度，会谋略在自由、平等、安全等方面创设一种切实可行的综合体和和谐体。中国特色社会主义司法制度以司法公正为建设目标，中共中央政治局2015年3月24日下午就深化司法体制改革、保证司法公正进行第二十一次集体学习。中共中央总书记习近平在主持学习时强调，深化司法体制改革，建设公正高效权威的社会主义司法制度，是推进国家治理体系和治理能力现代化的重要举措。公正司法事关人民切身利益，事关社会公平正义，事关全面推进依法治国。要坚持司法体制改革的正确政治方向，坚持以提高司法公信力为根本尺度，坚持符合国情和遵循司法规律相结合，坚持问题导向、勇于攻坚克难，坚定信心，凝聚共识，锐意进取，破解难题，坚定不移深化司法体制改革，不断促进社会公平正义。

司法作为国家司法机关根据法定职权和程序要求来认定事实和适用法律，最终得出裁判结果以处理具体案件的专门活动，其传统功能就是解决纠纷，在现代法治理念下，其功能还延伸到法律解释和司法审查领域。而司法的首要价值在于实现和维护社会公平正义。司法公正这一概念可以从以下几个要素进行解析："司法制度合理、司法程序正当、裁判结论确定、法官形象端正、司法环境良好"。其中司法制度合理是司法公正在形式上的要求，主要表现为司法体系完整、司法体制独立、司法权监督制约机制完善等；司法程序正当是司法公正在过程上的体现，主要表现为程序公开、法官中立、程序参与、程序及时等；裁判结论确定是司法公正在结果上的追求，表现为裁判认定事实清楚、法律适用正确、裁判结果得到及时执行等；法官形象端正是司法公正在主体上的要求，主要通过法官的法律专业水平、职业道德水平进行考察；司法环境良好是司法公正实现的外部因素，主要通过公众的法律意识、信访制度等进行评价。公正是司法的灵魂，是

---

① 《最高法微博连发5文：亮剑西方"司法独立"有法可依》，载新浪司法网，http://news.sina.com.cn/sf/news/2017-01-16/doc-ifxzqnip1303739.shtml，2017年7月1日。
② 本报特约评论员 法言平：《旗帜鲜明地维护和落实依法独立审判的宪法原则——二论深入学习贯彻习近平总书记重要指示精神做好法院工作》，载《人民法院报》2017年1月16日，第001版。

司法永恒的价值追求。司法公正是评判现行法律秩序是否正当合理的主要标准。[①]十八大以来我国所进行的新一轮司法改革是法治现代化的必由之路，必须将司法公正的实现程度作为衡量其成败与否的重要指标。

（三）司法公开性

司法的公开性，是指司法的过程和结果向当事人和社会公开，保障当事人和公众对司法活动的知情权，接受当事人、公众和舆论对司法活动的监督，实现司法程序的公开透明，从制度上促进司法公正的实现。司法务必公开，司法公开是司法公正的前提和保障，是司法民主和司法现代化的重要标志。

党的十八大报告明确提出，全面推进依法治国，进一步推进司法体制改革，坚持和完善中国特色社会主义司法制度，进一步"推进权力运行的公开化、规范化，完善……司法公开……，让人民监督权力，让权力在阳光下运行"。党中央全面推进法治建设的新要求给司法公开提出了新的任务和更高的要求，由此可见，司法公开意义重大。司法公开是适应司法国际发展趋势的必由之路，是现代法治社会普遍遵循的一项重要司法原则，是现代社会司法文明状况的重要判断标准。司法公开的基本法理在于司法权是一种直接关涉社会正义和公民权益的公共权力。在现代社会，司法公开以公正和效率为价值取向，并有其积极的社会功能。司法是保障人民自由权利、实现社会正义的最后一道屏障，司法功能的实现建立在司法公正基础上，而司法公开是促进司法公正的保障，由此才能提高司法的公信力。司法公开的根本意义就在于，从国家角度审视，表明司法权运行是透明和民主的；从公众角度审视，意味着对人民知情权的尊重和满足。当前，在建设社会主义法治国家的过程中，司法公开的程序和效果事关整个法治中国的进程。[②]

（四）司法效率性

司法效率，是指司法资源的投入与办结案件及质量之间的比例关系。司法效率追求的是以尽可能合理、节约的司法资源，谋取最大限度地对社会公平和正义的保障和对社会成员合法权益的保护。提高司法效率作为建设中国特色社会主义司法制度的重要组成部分，在我国系统开展司法改革

[①] 王晨：《司法公正的内涵及其实现》，知识产权出版社 2013 年版，第 2 页。
[②] 孙午生：《当代中国司法公开研究》，南开大学出版社 2013 年版，第 1 页。

伊始便得到合理阐释。2001年1月1日,时任最高人民法院院长肖扬提出"公正与效率是人民法院的世纪工作主题"。关于为什么要提出这个工作主题,他在"公正与效率世纪主题论坛"上指出:"现代社会的飞速发展,社会纠纷的日益增多,使得司法这一古老的国家权力在今天已经不可能悠闲地运行,司法的现代化已经提上了我们的议事日程。讲究效率是现代司法的另一个重要特征。当代社会一日千里的发展进程,容不得诉讼活动旷日持久;案件数量大幅上升的严峻形势,不允许司法机关安之若素;人民群众维护自身利益的强烈渴望,要求司法活动决不能效率低下。"①2007年党的十七大正式提出"建设公正高效权威的社会主义司法制度",这表明司法效率已经成为我国司法制度的价值追求和建设目标。

司法效率是现代司法公正的基本构成要素,司法资源的稀缺使得司法必须追求效率,否则不足以完成其实现法律公正之价值使命。②波斯纳认为"正义的第二种含义——也许是最普通的含义——是效率"③。事实上,在某些情况下,没有效率的司法,其本身也具有不公性,具体表现形式有两种:一是司法期间的拖延;二是司法资源的浪费。所谓"迟到的正义是否符合正义"正是司法效率与司法公正之间所涉的经典法律命题。

(五)司法终局性

司法的终局性是指法院对认为应由其管辖的所有司法性质的争议享有最终裁判权。主要有两层含义,一是指司法机关和法官作出的判决,除了由上诉法院经过二审程序或再审人民法院经过再审程序依法撤销的以外,具有终极效力,其他任何机关和个人都不得非法撤销该裁判,终止其效力,即司法裁判的既判力,禁止人们随意宣告终局裁判无效和擅自加以改动,只能按照法定的程序撤销该判决,再以新判决加以取代。二是指在解决争议的诸多方式中,只有司法裁判是终局性的,司法是正义的最后一道防线,任何纠纷的解决,只要走完了司法程序,就再也没有别的途径可走了,即解决纠纷的其他裁判形式都不具有司法的这种终局性。这意味着将纠纷转化为诉讼,建构为受司法规制的法律辩论对象之法律问题后,当事人就要接受司法判决的终局性权威。

司法终局性具有以下四个方面的效力:其一,公定力。即终局性的司法裁判被推定为公正的,不容置疑的。美国联邦大法官杰克逊有句名言:"我们

---

① 黄斌:《司法效率改革的有效途径探索》,中国政法大学出版社2015年版,第18页。
② 刘练军:《司法效率的性质》,《浙江社会科学》2011年第11期,第67页。
③ [美]波斯纳:《法律的经济分析》,蒋兆康译、林毅夫校,中国大百科全书出版社1997年版,第31页。

终审并非因为我们不犯错误,我们不犯错误仅仅是因为我们是终审。"①其二,确定力。这是基于司法裁判的公定力而产生的司法裁判的实体内容的确定效力,理论上一般称为实质上的确定力,而将公定力称为形式上的确定力。②"经过司法裁判所认定的事实关系和法律关系,都一一贴上封条,成为无可动摇的真正的过去。"③其三,拘束力。终局性司法裁判作出后,当事人、法院和其他国家机关都得受其拘束。具体而言即为"一事不再理"。其四,执行力。终局性的司法裁判还具有执行力,这是拘束力的延伸。同时,这种执行力还具有国家强制力。司法的终局性是司法的基本职能性要求之一,是树立司法权威的必要条件。④

三、民主本质

中国司法制度的民主本质集中体现在司法的人民性。司法的人民性从根本上说,体现的是一种价值理念,表现为一种司法以人民的根本利益为归依的价值基础和价值取向。我国司法的人民性主要包括"权力属于人民"和"权力服务于人民"两个方面。所谓权力属于人民,是指司法机关是人民适用法律管理社会的权力机关,司法权是掌握在人民手中的权力,司法活动本质上是人民在行使自己的司法权。所谓权力服务于人民,是指司法机关的根本宗旨、司法职权配置和运行的目的是为保障公民的合法权益,实现和维护最广大人民群众的根本利益。

其一,我国的根本政治制度决定了司法制度的人民性。依据我国宪法和有关法律的规定,司法机关必须向人民代表大会报告工作,对人民代表大会负责,一切司法活动都必须置于人民代表大会的监督之下。正如邓小平同志指出:我们并不反对西方国家搞三权分立,多党竞选和西方的民主那一套,但是中国大陆不搞三权分立、不搞多党竞选、(议会)两院制。我们实行的就是全国人民代表大会一院制,这最符合中国实际。⑤

其二,权力来源表明了司法制度的人民性。我国人民代表大会制度的政体和人民民主专政的国体是人民掌握国家权力和当家做主的可靠保障,是人民根本利益的集中体现。"一切权力属于人民",是我国宪法的基本原则之一。因而,一切国家权力包括审判权和检察权都属于人民,一切权力

---

① 苏力:《送法下乡》,中国政法大学出版社 2001 年版,第 161 页。
② 刘兆兴:《德国联邦法院总论》,法律出版社 1998 年版,第 140-142 页。
③ 季卫东:《法制秩序的建构》,中国政法大学出版社 1999 年版,第 19 页。
④ 贺日开:《司法终局性:我国司法的制度性缺失与完善》,《法学》2002 年第 12 期,第 11 页。
⑤ 邓小平:《改革的步子要加快》(1987 年 6 月 12 日),载《邓小平文选》第 3 卷,人民出版社 1993 年版,第 240 页。

的行使都是受人民委托。全国人大和地方各级人大是人民行使权力的机关，其他国家机关都由其选举产生，对其负责，受其监督。人民通过选出的人民代表，组成自己的权力机关，按照人民的共同意志行使立法、行政、审判、检察等诸项权力，并对这些权力享有最终的决定权。在具体的权力结构上，则采取了分工负责的原则，使各机关在权力分工基础上，既互相配合，又互相制约，实现国家机器正常运转，最终促进人民根本利益的更好实现。

其三，司法宗旨体现了司法制度的人民性。我国的司法制度从建立之始就具有方便人民群众的独特品格，把人民群众司法需求的满足放在重要位置，①以人民是否满意为审判、检察工作的出发点和落脚点，每年人民代表大会对法院、检察院工作报告的审查和表决被视为人民满意度的年度检验标准之一；而西方司法制度用终审制度等维护司法权威，强调公权和私权对司法权的绝对服从并形成了传统，法官一经任命，除到退休年龄和腐败原因外，终身任职，现任法官基本上不受立法机关和民意代表的监督。②

其四，人民群众的司法参与彰显了司法制度的人民性。从人民群众参与司法制度的角色来看，其表现有二：一是作为人民监督员；二是作为人民陪审员。人民监督员制度③是人民群众有序参与司法渠道，确保检察权依法独立公正行使的外部监督制约机制。党的十八届四中全会明确要求，要完善人民监督员制度，重点监督检察机关查办职务犯罪的立案、羁押、扣押冻结财务、起诉等环节的执法活动。为了贯彻落实四中全会精神，《规定》列举了11种监督情形，与2010年出台的《关于实行人民监督员制度的规定》（下称《2010年规定》）相比，新增了4种情形，即采取指定居所监视居住强制措施违法的，阻碍当事人及其辩护人、诉讼代理人依法行使诉讼权利，应当退还取保候审保证金而不退还的，犯罪嫌疑人不服逮捕决定的。④ 人民陪审员制度，是指国家审判机关审判案件时，通过吸收非职业法官作为陪审员，让陪审员与职业法官一起负责审判案件的一种司法制

---

① 公丕祥：《董必武司法思想述要》，《法制与社会发展》2006年第1期，第8页。
② 万鄂湘：《从中西方政治制度比较看我国司法制度的人民性》，《人民法院报》2008年9月16日理论版。
③ 人民监督员制度从2003年开始试点，2014年9月5日，最高人民检察院下发《人民监督监督范围和监督程序改革试点工作方案》，进一步探索健全和完善人民监督员制度。2014年9月10日，最高人民检察院、司法部印发《关于人民监督选任管理方式改革试点工作的意见》，从源头上保证制度的公信力和监督的实效。2015年2月27日，中央全面深化改革小组第十次会议审议通过的《深化人民监督员制度改革方案》，要求在人民监督选任方式、监督范围、监督程序、知情权保障等方面深化改革。张建升、卞建林、秦前红、孙灵珍、高一飞、金园园：《让检察权在人民监督下依法独立公正行使——专家学者纵论深化人民监督员制度改革》，《人民检察》，2015年第5期，第41页。
④ 《让人民监督员更有代表性、让监督案件程序更有刚性》，载凤凰网，http://news.ifeng.com/a/20160714/49351078_0.shtml，2017年7月1日。

度。第十二届全国人民代表大会常务委员会第十四次会议于 2015 年 4 月 24 日通过《全国人民代表大会常务委员会关于授权在部分地区开展人民陪审员制度改革试点工作的决定》。随后，最高人民法院会同司法部先后印发《人民陪审员制度改革试点方案》和《人民陪审员制度改革试点工作实施办法》。新的制度改革对人民陪审员作了如下考量，其一，学历问题；其二，选任实施主体问题；其三，任期问题；其四，队伍建设问题；其五，参审案件的职权问题。[①]上述两种由人民代表参与司法过程的工作机制，充分体现了司法制度的人民性，并且从最新的制度改革趋势来看，人民参与司法、监督司法的重要性地位正在日益上升。

四、民族本质

中国司法制度的民族本质集中体现为司法制度的本土性。这意味着，在建立科学的中国特色社会主义司法制度的过程中，除了要借鉴国外司法文明所积累的有益经验和总结党领导新民主主义与社会主义司法建设的成功经验外，还要保证其科学性，继承中华民族传统法律文化中的精华部分。党的十八届四中全会对此指出："推进法治理论创新，发展符合中国实际、具有中国特色、体现社会发展规律的社会主义法治理论，汲取中华法律文化精华。"[②]上述论述表明，要深化司法制度改革，需要对我国既往有益的司法经验和中华民族传统法律文化中的精华予以梳理总结，为构建科学合理的中国特色社会主义司法制度埋下伏笔。

例如，人民调解制度无疑成为中国司法制度中最具本土特色的典型性制度之一。人民调解制度是中国共产党在汲取中国传统调解制度精华的基础上，领导人民在革命根据地创建的依靠群众解决民间纠纷的，实行群众自治的一种自治制度。该制度是指在人民调解委员会主持下，以国家的法律、法规、规章、政策和社会公德为依据，对民间纠纷当事人进行说服教育、规劝疏导，促使纠纷各方当事人互谅互让，平等协商，自愿达成协议，消除纷争的一种群众自治活动。我国的《宪法》《民事诉讼法》《人民调解委员会组织条例》等法律、法规对人民调解工作都作出了明确的规定。而且我国现行的人民调解制度，是在党的领导下，继承和发扬我国民间调解的历史传统，经历了我国新民主主义革命、社会主义革命与建设的实践，不断完善和发展起来的一项具有中国特色的、社会主义民主法律制度。长

---

① 《人民陪审员制度改革的新思考》，载法制网，http://www.legaldaily.com.cn/fxjy/content/2017-01/20/content_6987791.htm，2017 年 7 月 1 日。

② 《中国共产党第十八届中央委员会第四次全体会议文件汇编》，人民出版社 2014 年版，第 25 页。

期以来，人民调解制度在维护社会稳定、实现群众自治、加强社会主义民主法制建设中作出了突出的贡献，在国际上享有"东方经验""东方一枝花"的美誉。目前，中国正在致力于司法体制改革，其意图在于通过改革，建立与完善具有本土特色的司法制度与理论，有效指导当下中国的司法实践。因此，要构建中国特色社会主义司法制度，就要学会重视中华民族传统法律文化，汲取中华民族传统法律文化之精华。

此外，中国司法改革中被长期忽视的理论问题还在于如何协调法律的理想性与现实性，在法律理想与社会现实的矛盾和统一中求得司法进步，而法律的理想性与现实性的矛盾和统一就是法律的本土性之困境。故而，理想性与现实性的矛盾使中国当代司法体制改革在法律方法论上，必须要将马克思主义法理学的方法、西方法理学方法与中国法律文化传统所提供的方法结合起来，以寻找到自己的法学方法论，从而在理论上达致自信。[1]

第二节　中国特色社会主义司法制度的特色

当代中国司法制度，经历了漫长且曲折的发展历程，其制度特色是在长期的司法实践与探索中逐步生长而形成。具体而言，中国特色社会主义司法制度之"特色"主要表现在司法政治、司法定位、司法架构、司法运行、司法功能、司法方式等六个方面。[2]其中司法政治之特色是中国特色社会主义司法制度中最为主要的特色，所以在下文中也将予以重点论述。

一、司法政治之特色

司法与政治的关系，是司法制度中具有根本性和方向性的问题，也往往是一个众说纷纭的问题。在西方国家，由于司法的专业性、技术性和程序性的特征，司法官员往往具有强烈的技术官僚的色彩。在这些国家中，司法往往被认为是超政治的、价值中立的。[3]我国历来强调政治对司法的导

---

[1] 马京平：《中国特色社会主义司法制度的本土性研究》，《文化学刊》2016年第3期，第136页。
[2] 沈德咏：《中国特色社会主义司法制度论纲》，人民法院出版社2009年版，第5页。
[3] 沈德咏认为，从形式上来看，西方各国的政党与司法之间并不存在过多的纠葛，司法是司法、政党是政党。但是进一步深入观察西方国家的政治实践和司法运作，也很容易发现政党与司法之间实际存在着相当程度的"隐性"关联。这种"隐性"的关联主要体现在三个方面：①在司法组织架构、司法规范依据上，政党对司法的影响和制约不可忽视；②在司法官的任命上，政党的影响不可忽视；③有的国家立法部门与行政部门行使司法职权的机构，也是政党影响司法的重要途径。沈德咏：《中国特色社会主义司法制度论纲》，人民法院出版社2009年版，第433-435页。

向作用。司法政治之特色,是中国特色社会主义司法制度区别于西方司法制度的重要特色之一。中华人民共和国成立以来,一贯强调司法政治之特色,其重要内容是坚持党对司法工作的绝对领导。[①]实现党对司法工作领导的主要途径和方法主要有以下五种方式:

其一,通过人民代表大会制定法律,为司法部门解决法律问题提供依据。并且通过立法机关按照立法程序将党的意志、政策和主张上升为法律时,党在治理党或国家时,则有法律依据可循。

其二,通过政法工作会议和党的决议的形式,根据当时的社会形势对司法战线的工作进行方针的指导。例如,《关于集中力量打击严重经济犯罪或严重刑事犯罪活动的决定》《关于加强党对政法工作的领导》《关于特别重大的案件的审判工作》等,作为党的决议,可以要求司法部门予以贯彻实行。

其三,通过司法部门领导人的任免程序,实现党的组织领导。例如,两高首长的人选,由党中央向全国人大提出建议名单,经审议后任命;地方各级人民法院院长、人民检察院检察长,也是由同级党委在参考上级司法机关的意见后向地方人大提出建议名单,并经地方人大审议后任命。正是通过以上这些组织上的安排,党实现了对司法工作组织上的领导。

其四,建立党的专门领导机构,直接领导司法机关的工作。改革开放后,中央、省、地、县四级与各铁路局(地级)均相应设置政法委员会,基层乡镇和其他部门一般不设此机构。在中共中央设有中央政法委员会,负责宏观指导全国政法机关工作。省部级以上党委政法委员会领导设书记、副书记、委员、秘书长、副秘书长。政法委书记一般由同级党委副书记或常委兼任,中央政法委书记一般由中央政治局常委或委员担任。根据1980年《关于成立中央政法委员会的通知》《关于进一步加强政法干部队伍建设的决定》等相关党内法规的规定:政法委员会是党委领导和管理政法工作的职能部门。其主要任务是宏观指导、协调、监督、检查人民检察院、法院、公安机关、司法行政、国家安全等部门开展工作,维护社会稳定。其主要职责包括以下八项:①贯彻执行党的路线、方针、政策以及党委的有关决策和部署,统一政法各部门的思想和行动。②组织政法工作中有关法律及重大政策的调查研究;指导政法工作改革,对依法治理工作提出意见、建议。③研究处理政法工作的重大问题并及时向同级党委提出建议;对一定时期的政法工作作出全局性部署并检查落实。④维护政法各部门依法独立行使职权;依法组织开展执法监督;指导、协调政法各部门的工作;组

---

① 沈德咏:《中国特色社会主义司法制度论纲》,人民法院出版社2009年版,第433页。

织研究和讨论有争议的重大、疑难案件。⑤组织调查、协助处理抗法的重大事件，确保政法各部门正常开展工作。协助同级党委组织部检查督促政法队伍的纪检、干部和人事工作。⑥组织、协调、指导本级维护社会稳定工作、社会治安综合治理工作、禁毒工作、防范与处理邪教问题工作等。调查掌握社会治安综合治理方面的新情况、新问题；制订并检查落实社会治安综合治理的重大措施。⑦研究和指导本级政法队伍建设；协助党委组织部考察、管理政法部门领导班子和干部队伍。⑧承办党委和上级政法委员会、维护稳定及社会治安综合治理委员会交办的其他事项。

其五，在各级司法机关中设立党组，负责贯彻执行党的方针和政策，负责贯彻落实政法委意见、建议，这是党的领导在司法机关的具体组织体现。另外各级司法机关均设有政治部，这也是我国司法政治特性在司法机关组织上的更加具体的表现。①

二、司法定位之特色

司法是国家权力体系的重要组成部分。司法定位主要研究的是司法在国家权力体系中的地位，解决的是司法权与立法权和行政权处于何种关系的问题。司法定位的特色，是中国特色社会主义司法制度的基础性特色。西方主要国家在资产阶级人民主权思想和三权分立理论的指导下，其司法一般与立法和行政相分离，并形成了相互制衡的关系。我国司法则在马克思主义人民主权思想和议行合一理论的指导下，形成了审判权与检察权由国家权力机关并列产生，且司法不享有违宪审查权的基本定位特色。②

三、司法架构之特色

架构亦称"结构""关系""配列"，是指事物之间的关系和事物的结构方式。司法架构是指司法机关之间的设置关系和结构样式。司法架构是司法制度的骨骼，是司法制度的重要组成部分。在我国，实行的是议行合一的人民代表大会制度，在人民代表大会制度下，采取"一府一委两院"的政权结构体系，行政机关、监察机关、审判机关和检察机关都是由人民代表大会并列产生，只对人民代表大会负责工作。司法架构之特色表现在三个方面：一是审判机关与检察机关分设、检察机关与司法行政机关分离的

---

① 沈德咏：《中国特色社会主义司法制度论纲》，人民法院出版社 2009 年版，第 438-440 页。
② 沈德咏：《中国特色社会主义司法制度论纲》，人民法院出版社 2009 年版，第 173 页。

设置体制；二是司法机关设置体系相对单一；三是实行四级两审终审的审级制度。①

四、司法运行之特色

我国司法运行所具有的特色主要表现在以下几个方面：①外部运行上，公安机关、检察机关、审判机关实行分工负责、互相配合、互相制约的运行机制，这是由我国宪法与法律明文规定的；②在内部运行上，实行民主集中制，比如合议庭制度、审判委员会制度、检察委员会制度，这种具有中国特色的司法民主形式能够很好地汇聚集体的智慧；③法院上下级运行上，建立必要的案件请示制度，在我国的法律框架下，上级法院对下级法院为审判监督与指导关系，自下而上方面较具特色的制度即为案件请示制度；④特别设有死刑核准制度，死刑复核在我国古代有着源远流长的历史，在党和国家"保留死刑，严格控制和慎重适用死刑"刑事政策的指引下，使得死刑核准制度不断完善；⑤在运行效果评价上，注重法律效果与社会效果、实质正义与程序正义的有机统一。②

五、司法功能之特色

中国特色社会主义司法制度及其运行，为社会主义的发展提供了坚强而有力的司法保障和全面的司法服务。司法制度能够保障和服务好经济社会的发展，与司法所具有的功能是分不开的。在司法功能中，司法解释功能、案例解释功能和法律教育功能、维护人民利益功能是我国较具特色的四项功能，在司法运行中发挥了举足轻重的作用：③①司法解释是最高司法机关根据立法机关的授权制定的，是指导我国司法工作、确保统一司法标准、维护司法公正的重要手段。在我国司法制度中，司法解释制度是一项具有中国特色的制度。不仅实行判例法的英美法系没有，即使是实行成文法的大陆法系也没有④。②为了针对我国幅员辽阔、各地经济社会发展不平衡、诉讼纠纷复杂多样、"同案不同判"等现象，中国特色的案例指导制度充分发挥了统一司法尺度和裁判标准、规范法官自由裁量权的重大意义，是一项具有中国特色的司法制度。③中国特色司法制度的功能不限于化解

---

① 沈德咏：《中国特色社会主义司法制度论纲》，人民法院出版社 2009 年版，第 196 页。
② 沈德咏：《中国特色社会主义司法制度论纲》，人民法院出版社 2009 年版，第 196 页。
③ 沈德咏：《中国特色社会主义司法制度论纲》，人民法院出版社 2009 年版，第 263 页。
④ 陈兴良：《司法解释功过之议》，《法学》2003 年第 8 期，第 51 页。

纠纷、惩罚犯罪本身，还具有法律教育功能。始终注重司法的法律教育功能，是我国司法制度的亮点所在[1]。④司法工作必须坚持群众路线，坚持专群结合的原则，坚持"公正司法，一心为民"的方针，时刻把人民群众的呼声作为加强和改进工作的信号，把人民群众的需要作为加强和改进工作的重点，把人民群众的满意度作为加强和改进工作的标准，努力维护人民利益。[2]

六、司法方式之特色

我国在司法实践中形成了宽严相济、调判结合、多元纠纷解决机制和综合治理的方式和方法，不仅是中国特色社会主义司法制度的重要组成部分，也已成为世界司法文明的重要成果。①宽严相济的刑事政策，是指根据不同的社会形势、犯罪态势与犯罪的具体情况，对刑事犯罪在区别对待的基础上，科学地、灵活地运用从宽和从严两种手段，打击和孤立极少数，教育、感化和挽救大多数，最大限度地减少社会对立面，实现法律效果和社会效果的有机统一。作为我们党和国家的一项重要刑事政策，宽严相济贯穿了刑事立法、司法、执行的各个方面。②调判结合的方法，不仅对公平处理矛盾纠纷发挥了很重要的作用，也对司法方便民众，节约司法资源发挥了不可替代的作用。调判结合的纠纷处理机制，具有鲜明的中国特色，即使特定条件下的产物，也是中国传统文化的积淀和传承。③多元纠纷解决机制包括人民调解制度、行政调解制度、仲裁制度、诉调衔接工作机制、仲裁与司法衔接制度等，是中国特色社会主义司法制度的有机组成。④社会治安工作治理，是指在各级党委、政府统一领导下，动员和组织全社会的力量，综合运用多种手段，从根本上减少和预防违法犯罪，最终实现社会长治久安的基本方针。[3]

---

[1] 人民法院组织法第3条第2款规定："人民法院用它的全部活动教育公民忠于社会主义祖国，自觉地遵守宪法和法律。"人民检察院组织法第4条第2款规定："人民检察院通过检察活动，教育公民忠于社会主义祖国，自觉地遵守宪法和法律，积极同违法行为作斗争。"
[2] 2014年1月，习近平总书记在中央政法工作会议上强调："要把维护社会大局稳定作为基本任务，把促进社会公平正义作为核心价值追求，把保障人民安居乐业作为根本目标，坚持严格执法公正司法，积极深化改革，加强和改进政法工作，维护人民群众切身利益。"这一重要论述，深刻阐明了我们党的宗旨、司法机关的本质，指明了检验司法工作的根本标准。
[3] 沈德咏：《中国特色社会主义司法制度论纲》，人民法院出版社2009年版，第349页。

第三节　中国特色社会主义司法制度的地位

中国特色社会主义司法制度作为中国特色社会主义制度的重要组成部分，占据着十分重要的地位，它是社会主义宪法制度、社会主义法治体系和现代国家治理体系的有机组成。

一、社会主义宪法制度的有机组成

司法制度作为政治制度的重要组成部分，是我国一项重要的宪法制度。现行《中华人民共和国宪法》在第三章中专门设有一节的内容来规定我国的司法制度，即第八节"人民法院和人民检察院"。值得注意的是，现行宪法关于司法制度的规定还有较大的拓展、完善与改革的空间。在完善我国司法制度时，需要从国家权力体系的层面进一步明确司法制度的宪法基础和司法改革的宪法界限。[①]

具体而言，根据我国宪法的规定，司法制度在宪法中的地位主要表现在以下四个方面：

其一，宪法明确了司法机关与权力机关之间的关系。中国特色社会主义司法制度乃人民代表大会制度框架内的制度设置，司法机关由人民代表大会产生、对人民代表大会负责、受人民代表大会监督。最为直接的表现是，各级人民法院、人民检察院和各级人民政府一样，均须向同级人民代表大会定期或专项报告工作，由人民代表大会进行审议；各级人民法院院长、人民检察院检察长均由与其同级的人民代表大会选举产生，其中下级人民检察院的检察长还要同时报请上级人民代表大会常务委员会批准任免；各级人民法院副院长、审判员、审判委员会委员，各级人民检察院副检察长、检察员、检察委员会委员，则由本院院长或检察长提请同级人民代表大会常务委员会任免。

上述表明，在我国宪法框架下，国家的一切权力属于人民。在国家权力的配置之下，设立国家行政机关、监察机关、审判机关和法律监督机关，即行政权、监察权、审判权、检察权均由国家权力而派生，并对国家权力负责，受其监督，以此确保国家权力最终归于人民行使。因此，在我国宪

[①] 陈卫东：《建设公正高效权威的社会主义司法制度研究》（第二卷），中国人民大学出版社 2013 年版，第 391 页。

法框架下，与立法权、行政权互为独立的司法权是不存在的。正是在这一点上，我国的国体和政体与西方资本主义国家意义上的"三权分立"，有着本质上的不同。①

其二，宪法明确了人民法院和人民检察院属于宪法规定中的国家机关。换言之，人民法院和人民检察院是由宪法而非法律所创设的国家机关。因此，即便是全国人民代表大会及其常务委员会也不能通过法律的方式废除人民法院和人民检察院，亦不能停止其行使职权，或者让其他机关代行其职权，使其名存实亡。

其三，宪法明确了人民法院的地位。《宪法》第128条规定："中华人民共和国人民法院是国家的审判机关。"该规定包含以下两个方面的含义：①人民法院是"国家"的审判机关，表明人民法院行使的审判权代表了国家权力。我国采用单一制的国家结构，其结构形式明显有别于联邦制的国家。人民法院是国家的法院，而非地方的法院，人民法院行使权力代表着国家的意志，而非任何地方、团体或个人的意志。②人民法院是国家的"审判机关"。人民法院是专司审判职能的国家机关，这既表明了人民法院在国家权力配置中职能的专门性，同时也显示了人民法院行使权力的方式，即通过审判活动解决纠纷、维护国家法制统一。

其四，宪法明确了人民检察院的地位。《宪法》第134条规定："中华人民共和国人民检察院是国家的法律监督机关。"该规定同样可以做以下两个方面的解读：①人民检察院是"国家"的法律监督机关。人民检察院代表国家行使权力，是以国家的名义进行法律监督。②人民检察院是国家的"法律监督机关"。它表明检察权的属性本质就是法律监督，人民检察院是专司法律监督职能的国家机关。人民检察院的监督是法律意义上的监督，而非对所有问题的监督；它的监督是针对具体案件的监督，而不是间接、宏观与抽象的监督。②

此外，宪法还对司法机关的职权配置、组织体系、运作机制等方面作了规定，表明中国特色社会主义司法制度是社会主义宪法制度的有机组成。

二、社会主义法治体系的有机组成

全面推进依法治国，总目标就是建设中国特色社会主义法治体系，建

---

① 虞政平：《中国特色社会主义司法制度的"特色"研究》，《中国法学》2010年第5期，第165页。
② 陈卫东：《建设公正高效权威的社会主义司法制度研究》（第二卷），中国人民大学出版社2013年版，第392-393页。

设社会主义法治国家。这就意味着,在中国共产党领导下,坚持中国特色社会主义制度,贯彻中国特色社会主义法治理论,形成完备的法律规范体系、高效的法治实施体系、严密的法治监督体系、有力的法治保障体系,形成完善的党内法规体系,坚持依法治国、依法执政、依法行政共同推进,坚持法治国家、法治政府、法治社会一体建设,实现科学立法、严格执法、公正司法、全民守法,促进国家治理体系和治理能力现代化。这表明中国特色社会主义司法制度作为法治监督体系和法治保障体系的重要环节,公正司法是社会主义法治体系的核心内容,在法治体系中占据着十分重要的地位。

就其一般规律而言,法治的发展一般遵循着由议会主导向司法主导的演变,[①]司法文明程度乃判断现代法治文明程度的核心指标。2011年全国人大常务委员会委员长吴邦国庄严宣告,一个立足中国国情和实际、适应改革开放和社会主义现代化建设需要、集中体现党和人民意志的,以宪法为统帅,以宪法相关法、民法商法等多个法律部门的法律为主干,由法律、行政法规、地方性法规等多个层次的法律规范构成的中国特色社会主义法律体系已经形成。在完备的法律规范体系已经形成的全景下,国家经济建设、政治建设、文化建设、社会建设以及生态文明建设的各个方面均能实现有法可依,并且未来法治体系的建设将不再以议会为主导,而是以司法为主导。在这样的历史背景下,中国特色社会主义司法制度构成社会主义法治体系的核心内容,并将继续占据越来越重要的法治地位。

三、现代国家治理体系的有机组成[②]

全面深化改革的总目标是发展和完善中国特色社会主义制度,推进国家治理体系和治理能力现代化。依法治国作为党领导人民治国理政的基本方略,在国家治理中扮演着十分重要的角色,这决定了司法制度是实现国家治理体系和治理能力现代化的重要基础。[③]具体而言,司法制度能够为国家治理体系现代化输送秩序、规范、程序、信用四种价值,因而构成了国家治理体系现代化的重要基础,成为现代国家治理体系的有机组成。

其一,司法制度能够为国家治理体系现代化输送秩序价值。稳定的社

---

① 江国华:《转型中国的司法价值观》,《法学研究》2014年第1期,第70页。
② 本部分引用了时任最高人民法院改革领导小组办公室主任贺小荣的署名文章。具体参见贺小荣:《让司法在实现国家治理体系现代化中发挥更大价值》,《人民法院报》2014年2月27日,第2版。
③ 张文显:《法治与国家治理现代化》,《中国法学》2014年第4期,第5页;程竹汝:《国家治理体系现代化进程中的司法治理》,《中共中央党校学报》2014年第3期,第15页;舒小庆:《试论司法在国家治理中的地位和作用》,《求实》2014年第12期,第76页。

会秩序是国家治理的前提条件。司法解纷的中立、终局和公正等内在价值是文明社会每一个社会成员服判息诉的重要基础，也是社会秩序形成的前提条件。因此，维稳首先要维权，只有通过司法程序充分保障当事人的诉权，使得写在纸上的法律能够变成一个个公正的具体裁判，国家治理才能够获得理想的秩序保障。

其二，司法制度能够为国家治理体系现代化输送规范价值。市场经济离不开平等保护和自由竞争，而严格的产权制度、充分的合同自由、平等的债权保护，都是让市场在资源配置中起决定性作用的核心内容。市场主体正是通过无数的司法判决来不断强化自己的规范意识，从而使自己在二次或再次进入市场时具有更加自觉的规则和秩序意识。司法的规范价值是保证市场主体公开公平公正参与市场竞争的必要条件，也是推动经济社会持续健康发展和国家治理现代化的重要保障。

其三，司法制度能够为国家治理体系现代化输送程序价值。现代国家治理必须恪守严格的程序性，而司法对行政程序正当性的审查是确保国家治理科学化的必然要求。当前，因征地拆迁、行政处罚、社会保障等引发的公民与政府之间的行政争议案件，离不开司法的审查救济功能。只有充分弘扬程序的意义和价值，才能不断完善行政执法程序，规范执法自由裁量权，才能最终形成科学有效的权力制约和协调机制。

其四，司法制度能够为国家治理体系现代化输送信用价值。信用是现代市场经济和社会治理的重要基础，而司法裁判是通过确认、识别、公示、惩罚等方式推进社会信用体系建设的重要力量。随着信息技术在司法实践中的广泛应用，司法公开的范围不断拓展，司法在推进信用体系建设中的教育引导和示范功能会不断增大。

第四章
中国特色社会主义司法制度的理论基础

中国特色社会主义司法制度是马克思主义法治观与中国司法实践的结晶，是中国特色社会主义法治理论在司法制度上的体现，是中国特色社会主义法治体系的重要组成部分。中国特色社会主义司法制度以马克思主义为理论本源，以十八届四中全会精神为思想指引，构筑了中国特色社会主义宪政之基。探索中国特色社会主义司法制度之理论基础，对深化司法体制改革，完善中国特色社会主义司法制度具有重要意义。

第一节 中国特色社会主义司法制度的理论渊源

自其初创以来，中国特色社会主义司法制度历经九十多年的演变，期间虽或遭遇波折，但却始终展示出强大的生命力。究其原因，正在于其植根于深厚的理论基础之上。以今日之立场观之，中国特色社会主义司法制度的理论渊源大致可以分解为中国传统文化优秀成分、马克思主义法学、中国特色社会主义法治理论、国家治理现代化理论以及西方有益的法治理论。

一、中国传统司法文化优秀成分

中国传统司法文化是一个包括司法思想与司法制度在内的文化系统,在这一系统内,司法思想是其深层结构,司法制度是其表层结构。在实现全面建成小康社会和中华民族伟大复兴的两个一百年目标下,我们在建设中国特色社会主义司法制度的过程中,就不能戴着有色眼镜对待中国传统司法文化,不能将其全盘否定,而是应该对其进行理性分析,汲取中国传统司法文化的优秀成分。[①]

例如,汉唐时期的"录囚"制度,它是一种由皇帝与中央或地方高官共同复审案件,用以纠正冤假错案的机制,但该制度在明清时期被"会审"所取代。显然,这样的制度在封建时代可谓善制。又如,封建时代的"直诉"制度是一种当事人可以直接上访、上诉或起诉于中央司法机构的司法制度,对于蒙冤受屈者能起到救济的作用。再如,古代的赦宥制度是一种对重刑犯赦免宽宥的制度,客观上起到了减少死刑适用、减轻刑罚的作用。另外如"宽留养亲"制度是一种对家无成丁奉养父母的罪犯进行宽宥的制度,该制度正是体察了传统中国人道、人伦的写照。还有死刑奏报制度(唐代有"三覆奏""五覆奏"之说)、死刑监候制度(清代有"斩监候""绞监候",体现了一种对死刑的慎重态度。再有如审判责任制度,清代就已确立该制度,秦律中有所谓"不直"(重罪轻判或轻罪重判)、"纵囚"(将有罪判成无罪)和"失刑"(因过失导致量刑不准)诸罪名,唐代有出入人罪等罪名,这在一定程度上抑制了司法不公行为。以上各种具体制度,在当时均有一定的合理性,对抑制封建司法制度的残酷性起到了一定的积极作用。[②]中国特色社会主义司法制度也吸收了我国传统司法制度的这些优秀成分,在再审制度、特赦制度、死缓制度等各种具体制度中均可以看到古代司法制度的影子。

在中国传统司法思想方面,仁道司法观、中道司法观、和谐司法观等都具有其现代价值,值得我们吸收借鉴。

其一,仁道司法观。所谓"仁道"是指仁爱、怜悯之道,即孔子所谓"仁者爱人"之道。仁道司法观要求以仁道的态度从事司法活动,它主要表现在"明德慎罚"说和"明刑弼教"说两个方面。"明德慎罚"是儒家推崇

---

① 崔永东:《中国传统司法思想史论》,人民出版社2012年版,第1页。
② 崔永东:《中国传统司法思想史论》,人民出版社2012年版,第1页。

的一种司法理念，它有三义：一是掌握司法之权的官员要注意修德，使自己具备光明的德行，包括宽厚之德与好生之德；二是司法官员要注意对民众进行德教；三是司法官要慎重对待刑罚，能不用则不用，能从轻则不从重。"明刑弼教"是指用"明刑"来辅助教化。"明刑"的本义是指一种耻辱刑，目的是使受刑者知耻后勇、悔过自新；另外也有"教育刑"的含义，即通过行刑而让犯罪者受到教育感化，从而改过自新。①

其二，中道司法观。"中道"是对"中庸之道"的简称，中庸之道是一种追求适中、反对极端、强调平衡的思想与方法论。在司法领域，它既指司法公正，也指司法衡平——通过衡平的方法使双方当事人得以妥协与和解，并实现和谐，在此意义上又称为"中和"（《礼记·中庸》）。因此，中庸之道是一种寻求公平与平衡的智慧，也是一种实现社会和谐的方法。②中道司法观对于我们建设公正的中国特色社会主义司法制度具有必要的借鉴意义。

其三，和谐司法观。"和谐司法观"要求以司法手段维护社会和谐并进而达到自然和谐之状态。在中国传统司法文化中，和谐是一种最高的司法价值观。许多思想家都主张通过一种宽和的司法手段来促进社会和谐，这一理念可以说是对酷法重刑思想的一种对抗和反拨，并在一定程度上有效抵制了后者影响司法实践的非人道程度。③古代天人合一、德主刑辅、以德配天、秋后处决等司法理念都是这种和谐司法观的体现。

二、马克思主义法学

作为中国特色社会主义司法制度之理论渊源，马克思主义法学对中国特色社会主义司法制度之阶级本质与政治特色起着决定性影响，并使之与西方具有较强技术色彩的司法体制区别开来。

早在中华人民共和国成立初期，党的第一代领导核心毛泽东同志就庄严宣布："指导我们思想的理论基础是马克思列宁主义。"这一科学论断一直指导着中国的革命、建设和改革，是建设中国特色社会主义法治国家所必须坚持和弘扬的根本方针。马克思主义法学是马克思主义理论的重要组成部分，是建设中国特色社会主义法治体系的指导思想，也是建设公正高效权威的社会主义司法制度的理论渊源。

---

① 崔永东：《中国传统司法思想史论》，人民出版社 2012 年版，第 2-11 页。
② 崔永东：《中国传统司法思想史论》，人民出版社 2012 年版，第 11-13 页。
③ 崔永东：《中国传统司法思想史论》，人民出版社 2012 年版，第 13-18 页。

（一）马克思主义法学的核心观点

马克思主义法学是由马克思和恩格斯共同创立的，是一个具有高度科学性和强大生命力的法学理论体系。马克思主义法学经历了一个曲折复杂的形成与发展过程。在《黑格尔法哲学批判》《德意志意识形态》《共产党宣言》等"三部曲"中，马克思主义法学经过反复论证与升华而宣告成立。紧接着在马克思主义经典作者的一系列论著中，如《资本论》第1卷与第2卷、《哥达纲领批判》《法兰西内战》《反杜林论》《家庭私有制和国家的起源》《论住宅问题》等，马克思主义法学从纤弱的"嫩芽"成长为一株参天大树，形成一种严整、系统的学说，标志着文明社会法学发展史的伟大革命，拓展了文明社会法学发展的崭新天地。

马克思主义法学博大精深、内容丰富。同以往法学相比，马克思主义法学主要有以下几个核心观点：

其一，马克思主义法学以辩证唯物主义和历史唯物主义为理论基础，认为经济决定法律。在各派剥削阶级法学中，有的认为法与经济无关，甚至说法是决定经济的；有的虽也承认法与经济有关，但否认经济对法的最终决定作用。马克思主义法学研究了社会的经济基础与上层建筑的关系，认为法是统治阶级意志的体现，但这种意志并不是凭空产生的，归根结底是由这一阶级的物质生活条件决定的，是由这一社会的经济基础决定并反过来为经济基础服务的。当然，法与经济以外的其他各种社会因素，例如政治、哲学、宗教等也相互起作用，但这只是一方面的现象，而追究到它的根本，正如马克思在评论其处女作《黑格尔法哲学批判》时所说："法的关系正像国家的形式一样，既不能从它们本身来理解，也不能从所谓人类精神的一般发展来理解，相反，它们根源于物质的生活关系。"[①]

其二，马克思主义法学始终坚持阶级分析法，认为所有社会类型的法律在本质上都具有阶级性。剥削阶级法学家尽管对法的本质有各种不同的解释，但一个共同点是在不同形式上否认法的阶级性，甚至认为法是超阶级的"全民意志"的体现。马克思主义法学认为，法并不是超阶级的，它是由社会上居于统治地位的阶级通过国家制定或认可的行为规则，是为统治阶级的利益服务的。马克思、恩格斯在《共产党宣言》中讲到无产阶级时指出：资本主义社会中的"法律、道德、宗教，在他们看来全都是掩盖资产阶级利益的资产阶级偏见"[②]。只有社会主义法制，才真正反映工人阶

[①] 《马克思恩格斯选集》（第2卷），人民出版社1995年版，第32页。
[②] 《马克思恩格斯选集》（第1卷），人民出版社1995年版，第262页。

级领导的广大人民的意志和利益。总之，法同国家一样，是阶级社会的产物，是阶级统治的工具，在阶级社会中，它总是有阶级性的。到阶级消灭时，具有阶级性的法也就不存在了。但马克思主义在肯定法的阶级性的同时，也承认法在历史发展上同其他社会文化一样，都可以批判地予以继承。马克思主义法学就是在总结生产斗争和阶级斗争实践的基础上，总结了人类历史上的法律文化遗产而创立和发展起来的。

其三，马克思主义法学认为法律与国家具有一致性，法律离不开国家，国家也离不开法律。马克思主义法学认为，法律与国家共同行使政治职能和社会职能这两种职能，并强调："政治统治到处都是以执行某种社会职能为基础，而且政治统治只有在它执行了它的这种社会职能时才能持续下去。"① 剥削阶级法学一般也承认实在法是国家制定的，但由于他们往往把国家说成是超阶级的，把国家制定的法律说成是社会公共意志的体现，从而模糊了国家和法的阶级本质，曲解了国家和法的关系，鼓吹所谓"法律至上论"，把法置于国家之上。马克思主义法学分析了社会阶级的关系，认为一定阶级的国家和法都是实现阶级统治的工具，国家是有阶级性的，它所制定的法也是有阶级性的。首先，取得政权、统治国家的阶级必须把它的胜利果实，用法律形式固定下来，使之成为神圣不可侵犯的制度。其次，法律由国家制定，还须由国家的强制力保证其实施。但国家既然制定了法律，就应当使之成为具有普遍约束力的社会规范。社会主义国家制定了法律，它自己也有必要在法律范围内进行活动，否则法律就不能发生预期的效果。

其四，马克思主义法学认为法律具有历史性。剥削阶级法学大都认为法是超历史的，永恒存在的。马克思主义则认为，法并不是超历史的，既不是永恒存在，也不是永久不变的。法是人类社会发展到一定阶段的产物，随着私有制、阶级和国家的出现而出现。当法存在的时代，它又随着社会的生产方式和政权性质的变迁而变迁。剥削阶级的法律都建立在生产资料私有制的基础上，可以相互模仿沿用，而无产阶级废除了剥削，建立了社会主义公有制，则必须创建自己的法制。到了共产主义社会，随着国家的消亡，法也将趋于消亡。那时当然还有调整人们共同生活的各种行为规范，但它已不是原来意义上的法了。

马克思主义法学以其科学性、严谨性闻名于世。它在革命和建设的实践中不断总结经验，始终体现时代的精神与要求。马克思主义法学是法学领域中的一场伟大革命，它以科学的世界观给人们认识法学和法律现象，

---

① 《马克思恩格斯选集》（第3卷），人民出版社1995年版，第523页。

以及建立社会主义法治国家提供了唯一正确的认识论工具，从而创立了真正科学的法律观，这种法律观应该是指导我国建设公正、高效、权威的社会主义司法制度必须遵循的基本原则。

（二）马克思主义法律哲学对司法实践的指导意义

马克思主义法律哲学是马克思主义的重要组成部分，是马克思主义在法律领域的重要体现，是马克思主义法学思想和法学理论的基石，是科学的法学世界观和方法论的有机结合，是指导我们做好社会转型期复杂形势下司法工作的有力武器。当前，我们正处于一个更加重视秩序、更加强调法治、更加尊重权利的时代，人民群众对司法的要求和期盼也越来越高。因此，如何学习和运用马克思主义法律哲学指导司法实践，适应新形势，完成新任务，是我们必须认真思考和解决的重大问题。

马克思主义法律哲学揭示了人类司法共同的本质属性。马克思深刻指出，任何的社会需要、法律等都应当从政治上考察，即从整个国家的观点、从该问题的社会意义上来考察；[1]"一切共同的规章都是以国家为中介的，都带有政治形式"[2]。按照马克思主义法律哲学的观点，司法制度是国家政治制度的重要组成部分，是上层建筑的重要内容，其反映的必然是统治阶级的意志，维护的必然是统治阶级的利益；一个国家实行什么样的司法制度，归根结底是由这个国家的经济、政治、历史、文化等诸多因素所综合决定的。

进而言之，司法制度的政治属性是必然存在的。西方著名法理学家、同时也是美国联邦法院法官的波斯纳在其《法官如何思考》一书中也毫不掩饰地指出，一国的法律反映了一国的政治共识或妥协，是回应特定社会具体问题的，因此司法是政治性的；甚至直截了当地说出，美国联邦最高法院不仅不是法条主义法院，它就是一个政治性的法院。当然，坚持司法为政治服务，并不代表两者可以合为一体、互相取代，法律毕竟是以自己稳定的规则的形式服务于经济和社会的发展。我国建立的是鲜明的政治性与彻底的人民性相统一的司法制度，人民法院确立"党的事业至上、人民利益至上、宪法法律至上"的指导思想，坚持"为大局服务、为人民司法"的工作主题。这既是我国经济社会发展的需要，同时也符合我国司法制度的发展方向。人民法院、人民法官讲政治、顾大局，其实就是在践行马

---

[1] 马克思：《黑格尔法哲学批判》，载《马克思恩格斯全集》（第1卷），人民出版社1956年版，第395页。

[2] 《马克思恩格斯全集》（第3卷），人民出版社1960年版，第70页。

思主义法律哲学,在运用其法律哲学去开展审判活动。那些反对法官角色政治化的意见或观点不仅不符合中国实践,而且在其理论上也无法作出解释。

最后,马克思主义法律哲学还揭示了人类司法内在的价值追求。马克思认为:"在民主制中,不是人为法律而存在,而是法律为人而存在。"①法律要以人为本,司法更不能例外。习近平总书记指出,政法工作在很大程度上就是解决矛盾纠纷、协调利益关系的工作。西方法学家基于他们的利益追求和价值观念也承认,法律是调和、协调、折中这些彼此相交和冲突的利益的努力,②"法律旨在创设一种正义的社会秩序"③。司法作为统治阶级组织起来的国家协调利益、化解矛盾的基本方法,无不追求符合本阶级利益的和谐。我们办理案件,公正司法,就是要以最广大人民群众的根本利益最大化为目标,去化解矛盾,实现安定,促进和谐。④

三、中国特色社会主义法治理论

实现建设公正、高效、权威的社会主义司法制度的总目标,需要坚持正确的理论基础与基本原则,需要提供强有力的学理支撑和有效的理论指引,即中国特色社会主义法治理论。中国特色社会主义法治理论的基本构成主要有四个部分:一是中国特色社会主义法治哲学,包括法治价值理论和法治话语体系;二是中国特色社会主义法治实践论,包括法治过程理论和法治方式理论;三是中国特色社会主义法治文化论,包括对西方法治文化的取舍和对中国法治实践智慧的化用;四是中国特色社会主义法治保障论,包括法治职业理论与法治教育理论。⑤

其一,中国特色社会主义法治哲学。法治哲学着重于法治观念层面。观念系统以其特有的知识形式反映着人类认识世界与改造世界的图式,是理论体系的思想根基。观念与时代相互诠释、相互创生,中国特色社会主义法治的观念系统能否指引实践及其现实化程度与中国特色社会主义法治实践的经验与精神能否自觉提升及其理念化程度密切相关。中国特色社会主义法治哲学包括法治价值理论与法治话语体系。①法治是社会主义核心

---

① 马克思:《黑格尔法哲学批判》,载《马克思恩格斯全集》(第1卷),人民出版社1956年版,第281页。
② [美]凯利:《西方法律思想简史》,江笑红译,法律出版社2002年版,第345页。
③ [美]博登海默:《法理学——法律哲学与法律方法》,邓正来译,中国政法大学出版社1999年版,第318页。
④ 张军:《用马克思主义法律哲学指导司法实践》,《人民司法》2011年第7期,第5页。
⑤ 付子堂、朱林方:《中国特色社会主义法治理论的基本构成》,《法制与社会发展》2015年第3期,第17页。

价值体系的一项基本要素，法治价值理论是中国特色社会主义法治理论体系的一个重要内容，是培育法治信仰、建设社会主义法治体系的必然要求。法治价值理论是一个内涵丰富的范畴，主要包括正义观、人权观、自由观、平等观、秩序观等。②法治话语包括法治概念、法治观念、法治命题、法治论断、法治论述、法治思想等。① 中国特色社会主义法治话语体系以中国特色社会主义法治道路为基础，法治话语体系实质上是要求建构我们对中国法治实践的自我理解，其关键点是用中国的法治理论和中国的法治话语解读中国法治实践、中国法治经验、中国法治道路，在学术上提出具有中国特色和风格的法治新概念、新范畴，自觉建构具有中国特色的社会主义法治话语体系，从而形成关于法治理解的多元性世界观。法治话语体系的形成是法治理论体系发展的高级阶段。②

其二，中国特色社会主义法治实践论。2011年3月，十一届全国人大四次会议宣布，以宪法为统帅，以法律为主干，以行政法规、地方性法规为重要组成部分，由宪法相关法、民法商法、行政法、经济法、社会法、刑法、诉讼与非诉讼程序法等多个法律部门组成的中国特色社会主义法律体系已经形成。中国特色社会主义法律体系形成后，中国法治建设的重心从法律制定向法治实施转移。法治实践论是中国特色社会主义法治理论的重要组成部分，包括法治过程理论和法治方式理论两个层面。①法治过程理论将法治看作一个动态的运行过程，即法律规则体系的创制、适用、执行和遵守的整个运行过程，法治过程理论包括立法理论、行政执法理论、司法理论和守法理论。法治运行的首要环节就是立法；法律内容的公正并不等于法律实施的公正，法治价值目的之实现在很大程度上依赖于执法；司法既是法治运行过程的重要环节，更是全面推进依法治国的重要保障；全民守法是法治的基础工程，是法治中国的基石。②法治方式理论是法治如何具体实现的方法论基础。法治方式要求将法治精神贯穿于认识、分析、处理问题的整个过程。从广义上讲，法治方式包含法治思维方式和法治行为方式。所谓法治思维方式，是指遵循法治理念，运用法律规范、法律原则、法律精神和法律逻辑，对事物进行分析、综合、判断、推理，并形成结论、决定的思想认识活动和过程。所谓法治行为方式就是运用法治思维处理和解决问题的行为方式。③

---

① 张文显：《全面推进法制改革，加快法治中国建设——十八届三中全会精神的法学解读》，《法制与社会发展》2014年第1期，第6页。
② 付子堂、朱林方：《中国特色社会主义法治理论的基本构成》，《法制与社会发展》2015年第3期，第23页。
③ 付子堂、朱林方：《中国特色社会主义法治理论的基本构成》，《法制与社会发展》2015年第3期，第26页。

其三，中国特色社会主义法治文化论。中国特色社会主义法治文化理论，即在汲取中华传统法律文化精华和借鉴国外法治有益经验基础上形成的文化系统。法治文化的培育既包括对西方法治文化的取舍，也包括对自己实践智慧的化用，如何以足够的主体性精神来建设性地转化西方法治文化原理、提炼中国传统法治文化中的优良要素、总结当代中国法治文化实践的经验，从而形成丰富的法治文化体系，是中国特色社会主义法治文化理论的核心内容和形成路径。①汲取中华传统法律文化精华。法治中国建设不可能脱离中国自身历史传统的影响，而且必须建设优秀原生法律文化传承体系。这是"法治中国"命题的历史时态规定性要求。发展中国特色社会主义法治理论，必然需要重视学习和总结历史，重视借鉴和运用历史经验。②借鉴国外优秀法治文化。法治发展的一般规律和国外法治理论的合理元素及法治建设的有益经验也值得我们认真研究和借鉴。现代法治源于西方，西方国家有着丰富的法治实践经验，并形成了成熟的法治思想理论，如维系国家主权和法治统一、保障公民权利和人权、分权与制衡等法治理论，是我们进行法治建设可供借鉴的重要资源。①

其四，中国特色社会主义法治保障论。法治的实现需要一系列的保障条件，高素质法治工作队伍是全面推进依法治国的组织和人才保障。法治保障理论是中国特色社会主义法治理论的重要组成部分，主要包括法治职业理论与法治教育理论。①法治职业理论。法治职业基本理论即与以律师、法官、检察官为代表的，受过专门法律专业训练、具有娴熟法律技能和法律伦理的法治专门人才相关的理论学说，体现他们所从事的职业特性、定位、结构与职业伦理，包括律师学、审判学、检察学等法学基础理论。②法治教育理论。全面推进依法治国，法治人才是保障，法治教育是基础。培养法治人才是法治教育的使命，创新法治人才培养机制、提高法治人才培养质量是法治教育的紧迫任务。因此，法治教育理论的核心内容是如何围绕法治人才培养创新法治教育机制。②

中国特色社会主义法治理论是关于法治的科学认知的集成，是党和国家法治建设的指导思想。坚持中国特色社会主义法治道路，建设公正高效权威的社会主义司法制度，必须贯彻中国特色社会主义法治理论。③

---

① 付子堂、朱林方：《中国特色社会主义法治理论的基本构成》，《法制与社会发展》2015年第3期，第28页。
② 付子堂、朱林方：《中国特色社会主义法治理论的基本构成》，《法制与社会发展》2015年第3期，第29页。
③ 王乐泉：《坚持和发展中国特色社会主义法治理论》，《中国法学》2015年第5期，第7页。

四、国家治理现代化理论

中国特色社会主义司法制度作为中国特色社会主义法治体系的重要一环，在国家治理体系和治理能力现代化中扮演着十分重要的角色。因此国家治理现代化理论也是中国特色社会主义司法制度的理论渊源。

《中共中央关于全面深化改革若干重大问题的决定》提出："全面深化改革的总目标是完善和发展中国特色社会主义制度，推进国家治理体系和治理能力现代化。"可见，国家治理现代化包括国家治理体系现代化和国家治理能力现代化。所谓国家治理体系，包括了经济治理、政治治理、社会治理、文化治理、生态治理、政党治理等多个领域以及基层、地方、全国乃至区域与全球治理中的国家参与等多个层次。其主体部分是党领导人民治国理政的制度体系，是经济、政治、文化、社会、生态文明和党的建设等各领域的体制、规则、机制、程序以及相关法律规范的总和。所谓国家治理能力，是运用国家制度治理国家和社会各方面事务的能力，包括改革发展稳定、内政外交国防、治党治国治军等各个方面的能力。国家治理体系和治理能力是一个有机整体，相辅相成。有了科学的国家治理体系才能孕育高水平的治理能力；不断提高国家治理能力才能充分发挥国家治理体系的效能。解决中国各种问题，实现各项既定目标，关键要靠国家治理体系和治理能力的现代化。[1]

所谓国家治理体系和治理能力的现代化，就是使国家治理体系制度化、科学化、规范化、程序化，使国家治理跟上时代步伐，创新治理方式，回应国民的现实需求，实现最佳的治理效果，为国家事业发展、为人民幸福安康、为社会和谐稳定、为国家长治久安提供一整套更完备、更稳定、更管用的制度体系，把中国特色社会主义各方面的制度优势转化为治理国家的效能。[2]

依法治国与国家治理是相互作用、相辅相成的关系。依法治国是推进国家治理现代化的重要内容和主要途径，而推进国家治理体系和治理能力现代化，核心是要推进国家治理法治化。坚持和实行依法治国，可以从宪法、法治、立法、依法执政等多方面推进国家治理现代化和法治化。为此，应当根据推进国家治理现代化的改革总目标，强化法治权威和良法善治，加强人民代表大会制度建设，完善法律体系，加强宪法和法律实施，推行

---

[1] 江必新：《国家治理现代化基本问题研究》，《中南大学学报（社会科学版）》2014年第3期，第139页。
[2] 江必新：《国家治理现代化基本问题研究》，《中南大学学报（社会科学版）》2014年第3期，第139页。

法治建设指标体系，在加快建设法治中国进程中推进国家治理现代化。[①]

中国国家治理现代化面临的基本问题是在一个行政权主导的社会中，逐步发育立法权和彰显司法权，最终形成行政权和立法权、司法权之间互补均衡的现代治理结构，而推进法治建设则是发育和成长立法权和司法权的战略抉择。在中国特定国家治理现代化逻辑中，法治化是国家治理体系现代化的主导原则，法治建设则是国家治理能力现代化的根本保障，构建法治秩序是中国国家治理现代化的必由之路。[②]法治与国家治理体系和治理能力有着内在的联系和外在的契合。法治是国家治理的基本方式。依法治国、依法执政、依法行政、严格执法和公正司法，决定了推进国家治理现代化本体上和路径上就是推进国家治理法治化。现代法治为国家治理注入良法的基本价值，提供善治的创新机制，法治对于国家治理现代化具有根本意义和决定作用；法治化是国家治理现代化的必由之路，治理体系法制化和治理能力法治化是国家治理法治化的两个基本面向；从法治国家转型升级为法治中国、从法律之治转型升级为良法善治、从法律大国转型升级为法治强国以及加快构建中国特色社会主义法治体系是法治现代化之路的主要内容。[③]

五、西方合理的法治理论

我们在建设中国特色社会主义司法制度的过程中，对于法治发展的一般规律和西方法治理论的合理元素及法治建设的有益经验，也要认真研究和借鉴。2014年9月24日，国家主席习近平在纪念孔子诞辰2565周年国际学术研讨会暨国际儒学联合会第五届会员大会开幕会上的讲话中指出："各国各民族都应该虚心学习、积极借鉴别国别民族思想文化的长处和精华，这是增强本国本民族思想文化自尊、自信、自立的重要条件。"2015年3月28日，习近平主席在博鳌亚洲论坛上发表题为《迈向命运共同体，开创亚洲新未来》的主旨演讲中强调："迈向命运共同体，必须坚持不同文明兼容并蓄、交流互鉴。……不同文明没有优劣之分，只有特色之别。要促进不同文明不同发展模式交流对话，在竞争比较中取长补短，在交流互鉴中共同发展。"

现代法治思想源于西方，且西方国家有着丰富的实践经验，并形成了成熟的法治思想理论。例如，国家主权和法治统一、保障公民权利和人权、

[①] 李林：《依法治国与推进国家治理现代化》，《法学研究》2014年第5期，第3页。
[②] 唐皇凤：《构建法治秩序：中国国家治理现代化的必由之路》，《新疆师范大学学报（哲学社会科学版）》2014年第4期，第19页。
[③] 张文显：《法治与国家治理现代化》，《中国法学》2014年第4期，第5页。

分权与制衡等法治理论,是我们建设公正、高效、权威的社会主义司法制度可供借鉴的重要资源。自清末修律以来,中国就不断地移植西方法律制度,中华民国时期更是仿效西方的大陆法系制定《六法全书》。中华人民共和国成立后的很长一段时期,我们拒绝使用法治、人权等词汇,造成我国法治发展的严重滞缓,甚至倒退。改革开放以后,中国以更加自信开放的态度面对西方,但凡有利于增强社会主义国家国力、有利于改善人民福祉、有利于提升党的执政能力的法律制度和法律思想,我们都可以借鉴和学习。①

当然,西方的法治理念和模式源自其特定历史条件与社会问题。②无视中国实际地照搬,只会使中国法治建设偏离中国社会的实际需要。③2014年9月5日,习近平总书记在庆祝全国人民代表大会成立60周年的讲话中指出:"在政治制度上,看到别的国家有而我们没有就简单认为是欠缺,要搬过来;或者,看到我们有而别的国家没有就简单认为是多余的,要去除掉。这两种观点都是简单化的、片面的,因而都是不正确的。"因此,借鉴西方的法治思想与经验,应当充分理解法治理论的多样性和法治模式的多元化,不能照搬照抄,更不能简单地用西方法治理论和法治模式来"矫正"当代中国的法治实践。④

第二节　当代中国特色社会主义司法制度的指导思想

以邓小平理论、"三个代表"重要思想、科学发展观和习近平新时代中国特色社会主义思想为核心内容的中国特色社会主义理论体系作为中国特色社会主义司法制度的指导思想,在司法制度建设与运行过程中发挥着举足轻重的作用。这些卓越的思想不断渗入司法体制的作用途径与方式,在司法领域的实现形式和表征形式对于司法改革的牵引与导航具有决定性的指导意义。

一、邓小平理论

邓小平法治思想是邓小平以马克思主义法学理论和毛泽东法治思想为

---

① 顾培东:《当代中国法治话语体系的构建》,《法学研究》2012年第3期,第3页。
② 王哲:《论西方法治理论的历史发展》,《中外法学》1997年第2期,第41页。
③ 顾培东:《也论中国法学向何处去》,《中国法学》2009年第1期,第5页。
④ 付子堂、朱林方:《中国特色社会主义法治理论的基本构成》,《法制与社会发展》2015年第3期,第28页。

指导，总结"文化大革命"和以往法治建设经验教训的基础上，结合中国法治建设的具体国情所形成的理论。它是马克思主义法学理论中国化的第二大理论成果，伴随着邓小平理论的产生而产生，是邓小平理论的重要组成部分。

马克思主义法学中国化继毛泽东之后的第二块里程碑的旗手是邓小平，法制建设的主将是彭真等老一辈的无产阶级革命家。其标志性成果是1982年宪法。主要司法制度思想及成就如下：

其一，邓小平在总结过去的经验教训的基础上，提出经济建设和法制建设两者并重的思想。现代化建设的核心和基础是经济建设，经济建设对于国民经济和社会生产力具有至关重要的作用，如果不进行经济建设，国民经济和社会生产力发展就会受阻甚至停滞不前。法制为经济建设顺利进行提供制度保障。法制能够保障经济建设朝着正确方向发展，法制能够为经济建设营造良好的社会氛围。正如邓小平所说："一心一意地搞四个现代化建设，必须一心一意地维护和发展安定团结、生动活泼的政治局面。"[1]党的十一届三中全会既是中国历史的伟大转折点，把党与国家工作的重点由以阶级斗争为纲，转移到以生产建设为中心上来；同时又开辟了"中国特色社会主义法治道路"。这一条道路是符合中国同情，合乎民意、深得人心的法治道路。近40年来，这条道路越走越宽广。

其二，在我国的法治建设过程中必须坚持中国共产党的领导。1956年社会主义改造完成以后，党内不断蔓延特权主义，个人崇拜主义和个人超越法律凌驾于法律之上的现象屡见不鲜。邓小平为此指出："官僚主义现象是我们党和国家政治生活中广泛存在的一个大问题。"[2]邓小平认为，由于没有正确处理好党的领导与法制的关系导致该现象的出现，要想消除这一消极现象，就必须正确处理好党的领导和法制的关系。邓小平同志明确提出了依法治国的基本思想。他在1978年召开的党的十一届三中全会上的报告《解放思想，实事求是，团结一致向前看》中，明确提出："为了保障人民民主，必须加强法制，必须使民主制度化、法律化，使这种制度与法律不因领导人的改变而改变，不因领导人的注意力与看法的改变而改变。"[3]据此，邓小平关于正确处理党的领导与法制关系的思想，为我们在未来的法治建设中正确处理好党的领导与法律法规的关系以及为中国法治建设指明了正确方向。

---

[1] 《邓小平文选》（第2卷），人民出版社1994年版，第404页。
[2] 《邓小平文选》（第2卷），人民出版社1994年版，第327页。
[3] 《邓小平文选》（第2卷），人民出版社1994年版，第146页。

其三，在1978年2月《解放思想，实事求是，团结一致向前看》一文中，邓小平第一次完整地提出了"有法可依，有法必依，执法必严，违法必究"①的十六字方针。有法可依是基本前提和基础，指法律法规要完善，做到解决问题能有法可循；有法必依是社会主义法制的中心环节，即指一切国家机关、党派团体、社会组织和任何个人都必须遵守法律，依法办事；执法必严是社会主义法制的关键，即指司法机关及工作人员，必须严格按法律的规定实施法律，坚决维护法律权威和尊严；违法必究是社会主义法制的保障，任何公民只要是违反了法律，必须受到追究，法律面前人人平等。这四个方面层层递进，环环紧扣，相互依存，缺一不可。事实上，这一法治思想的提出，并非首次公开。例如，董必武曾在党的八大会议上提出了"有法可依，有法必依"八字方针，然而由于受到各种因素的影响，这一方针在提出后并未得到贯彻执行。1975年，邓小平在吸收以往的经验教训和结合我国的实际情况的基础上，继承和发展了这一方针，认为法治工作不仅要做到"有法可依，有法必依"，更要做到"执法必严，违法必究"，从而使这一方针更为全面和系统。

其四，推进法治建设要加强法治教育，提高公民法治意识是邓小平法治思想的一个重要内容。在社会主义法治建设过程中，法治教育始终被邓小平摆放在重要位置。加强法治教育，提高公民法治意识，邓小平认为要做到以下几点：首先，要重点抓好全体党员干部的法治教育问题。全体党员干部是党代表人民依法对国家的各项事务进行管理的实际执行者，领导着社会主义现代化建设事业。如果他们不能做到有法可依，有法必依，执法必严，那么社会主义法治国家的目标就难以实现。邓小平曾多次重申，"全党和全体干部都要按照宪法、法律、法令办事"，党员"人人有依法规定的平等权利和义务，谁也不能占便宜，谁也不能犯法"②。因此，领导干部作为领头羊，要起到模范先锋作用，带头学法、用法，提高自己的法治意识。其次，要加强对执法人员的法治教育。法律由执法人员直接执行，其基本素质也直接影响到能否合法实施法律。在1980年，他曾经指出："要大力加强政法、公安部门的建设和工作，提高这些部门人员的政治素质和业务素质。除了必须通晓各项法律、政策、条例、程序、案例和有关的社会知识以外，特别要求大公无私、作风正派。"③所以，只有加强法治教育，

---

① 《邓小平文选》（第2卷），人民出版社1994年版，第254页。
② 《邓小平文选》（第2卷），人民出版社1994年版，第369页。
③ 《邓小平文选》（第2卷），人民出版社1994年版，第371页。

提高执法人员的素质，才能切实维护法律尊严，树立宪法法律的绝对权威。最后，要加强对青少年的法治教育。青少年是祖国未来的希望，是社会主义事业的接班人。在1986年，邓小平指出："法制观念与人们的文化素质有关。现在这么多青年人犯罪，无法无天，没有顾忌，一个原因是文化素质太低。"①所以，要从小加强对青少年的法治意识培养，使其树立正确的法治观念、提高自身的法律素质。

二、"三个代表"重要思想

江泽民同志提出的"三个代表"重要思想，作为新时期新阶段我国各项工作的思想指南和行动纲领，它的每一个方面都与我国的社会主义法治建设紧密相连，因此，明确"三个代表"重要思想的科学内涵，了解"三个代表"重要思想与社会主义法治建设的相互关系，对于我们探索新时期新阶段我国社会主义法治建设的发展道路，进一步加强我国社会主义法治建设具有极为重要的现实意义。②

其一，关于法治建设与中国先进生产力发展要求的问题。"三个代表"重要思想中的三个方面相互联系，相互促进，共同构成了完整的统一整体，但是代表中国先进生产力的发展要求处于最基础的地位。全面贯彻"三个代表"重要思想，必须首先要代表好中国先进生产力的发展要求，加快发展社会主义市场经济。社会主义市场经济是适应中国先进生产力发展要求的经济体制和经济制度。现代市场经济国家都必须是法治国家，世界上任何市场经济国家都有其相通的一面，社会主义市场经济也必须是"法治经济"。这是因为，市场经济在发挥市场机制配置资源，实现充分有效竞争，更好地适应生产力发展的同时，也有自身难以克服的无序性，需要法律予以调整并加以规范。因此，市场经济是一种以法律为边界的法治经济。依法治国是社会主义市场经济的重要保障，是适应中国先进生产力发展要求的基本法律制度。③

我国社会主义法治建设要始终代表中国先进生产力发展的要求，促进社会生产力的发展，应该努力做到以下几个方面：①必须改革不适合生产力发展的生产关系或其某些环节。物权关系、债权关系、劳动法关系等都

---

① 《邓小平文选》（第2卷），人民出版社1994年版，第163页。
② 黄仕红：《"三个代表"重要思想与我国法制建设述论》，《成都行政学院学报（哲学社会科学）》2004年第3期，第13页。
③ 黄仕红：《"三个代表"重要思想与我国法制建设述论》，《成都行政学院学报（哲学社会科学）》2004年第3期，第13页。

直接是生产关系的法律表现。从代表生产力发展要求的角度，调整这些法律制度中不适合先进生产力发展的部分，改革不适合先进生产力发展要求的权利义务配置，是我国法治建设的重要内容，实际上也是我国经济体制改革的重要内容。在这方面，我们无论在理论认识，还是制度创新方面，都已取得了重大进展。①我们通过宪法修正案和企业法、公司法等法律制度的完善，促进和保护社会主义多种所有制经济成分的发展；通过合同法、证券法、价格法、反不正当竞争法、反垄断法等法律制度的建立和完善，规范好社会主义市场经济的交易秩序，促进社会主义市场经济的健康发展。要根据中国已经加入了世界贸易组织（WTO）这一新的情况，通过外资法、外贸法等法律制度的建立和完善，实现国内市场与国际市场的接轨，促进外资经济与对外贸易的健康发展。②必须大力推进科学技术的发展及其向现实生产力的转化。由于工业化和现代化的不断发展，作为生产力之智能性要素的科学技术被誉为"第一生产力"。科学技术的发展给社会带来巨大变化和许多全新的问题，使其越来越成为迫切需要法律调整的对象，这表现在法律对科学技术发展的组织和管理、对科技成果的合理使用和推广的保证和促进、对国内外科技合作的保障和推动、对科技发展带来的消极后果的抵制和防范等方面。我国不仅制定了《中华人民共和国科学技术进步法》《中华人民共和国科学技术奖励条例》等法律、法规，而且特别注意知识产权的保护，十分注意对知识产权立法的适时修订，并十分重视通过司法保护知识产权。同时，法制对于自然资源的开发、生态环境的调节、促进人与自然的和谐、实现可持续发展，也大有用武之地。我国法治建设在宪法基础上，不断完善着土地规划、污染防治、自然保护、环境标准、环境管理等方面的法律、法规。显然，我国法治建设在这方面的任务也是大量的、日益繁重的。③最后，必须切实保护劳动者的正当权益。劳动者是生产力中最活跃的因素，是我们国家的主人。要代表中国先进生产力发展的要求就必须充分保护中国劳动者的正当权益，这也是中华人民共和国及其法律的本质所决定的。我国宪法规定了劳动者在国家政治生活中的主人翁地位和广泛的政治、经济、文化、社会的权利和自由。我国的各项法律、法规，特别是劳动法、保险法及各种社会保障条例都在致力于这些宪法权利的贯彻和落实。我国法制建设在这方面的工作，也亟待加强。②

其二，关于法治建设与中国先进文化前进方向的问题。全面建设小康社会，必须大力发展社会主义文化，建设社会主义精神文明。当今世界，

---

① 孙国华、许旭：《三个代表与我国法制建设》，《中国法学》2001年第1期，第53页。
② 孙国华、许旭：《三个代表与我国法制建设》，《中国法学》2001年第1期，第54页。

文化与经济和政治相互交融,在综合国力竞争中的地位和作用越来越突出。文化的力量,深深熔铸在民族的生命力、创造力和凝聚力之中。

为了要代表好我国先进文化的前进方向,建设社会主义的精神文明,必须加强社会主义法治建设,不断发展中国先进的法律制度文化,我国应该努力做到以下几个方面:①必须坚持马列主义、毛泽东思想和邓小平理论在意识形态领域的指导地位,用"三个代表"重要思想统领社会主义文化建设。邓小平同志指出:"对马克思主义的信仰,是中国革命胜利的一种精神动力。"如果动摇马克思主义指导地位,我们的事业包括社会主义法治建设就会因为没有正确的理论基础和思想灵魂而迷失方向,就会归于失败。我们必须坚持和巩固马克思主义在意识形态领域的指导地位,用马克思主义牢牢占领思想文化阵地,不断发展健康向上、丰富多彩的体现时代精神和创造精神的民族的科学的大众的社会主义文化。要通过宪法修正案和相关法律制度的建立,明确社会主义先进文化以及社会主义精神文明建设的指导思想,不断提升全社会的道德水准。[①] ②必须着力提高全民的思想道德素质和科学文化素质。一方面,立法、法律解释、法律推理等法的形成和运作过程本身就在不断组织、修复、强化着其认同、需要和旨在推进的道德基础和科技基础。我国民法通则规定"民事活动应当尊重社会公德";合同法以诚实信用为其基本原则之一,规定欺诈、恶意串通、损害社会公益等行为将影响合同效力;婚姻法将某些道德要求直接予以规定;刑法更是针对具有社会危害性的行为;我国三大诉讼法规定的证据制度,以及法制对法律责任年龄的规定等等,都以法制特有的方式促进着人们思想道德素质和科学文化素质的提高。许多法律法规的直接目的就是提高全民思想道德素质和科学文化素质。例如,我国宪法第19、22、23、24条对此有相应的表述;教师法、义务教育法,以及《国家通用语言文字法》等法律制定都直接有助于提高全民思想道德素质和科学文化素质。③必须正确处理文化多样性问题。我国宪法第4条规定,"国家根据各少数民族的特点和需要,帮助各少数民族地区加速经济和文化的发展";"各民族都有使用和发展自己的语言文字的自由,都有保持或者改革自己的风俗习惯的自由"。宪法第二章确认公民享有言论、出版、集会、结社、游行、示威的自由和宗教信仰自由,充分保障文化多样性之存在。此外,我国还通过《中华人民共和国文物保护法》等部门法保护名胜古迹、珍贵文物和其他重要历史文化遗产。值得注意的是,在注重保障文化多样性的同时,也必须防范有损

[①] 黄仕红:《"三个代表"重要思想与我国法制建设述论》,《成都行政学院学报(哲学社会科学)》2004年第3期,第14页。

社会主义文化建设的越轨行为。例如,《中华人民共和国治安管理处罚条例》《强制戒毒办法》《娱乐场所管理条例》等法规和规章也是促进社会主义精神文明建设、保障广大人民群众根本利益的防护墙。①

其三,关于法治建设与中国最广大人民根本利益的问题。发展先进生产力和先进的文化,归根结底代表着最广大人民的根本利益。正如江泽民同志在十六大报告中指出:"最大多数人的利益和全社会全民族的积极性创造性,对党和国家事业的发展始终是最具有决定性的因素。"在新时期新阶段,我国社会主义法制建设的最终目的即是维护好最广大人民的根本利益,换言之,维护人民群众的根本利益是法制建设的本质目的。

为了保障中国最广大人民的根本利益,我们应该努力做到以下几个方面:①必须切实保障广大人民群众的基本人权。人民切实享有基本人权是人民根本利益得到满足的条件。众所周知,联产承包责任制大大解放了生产力。在当时中国的生产力水平下,原有的"一大二公""三级所有,队为基础"的制度,不仅束缚了农民生活的自主权,也很难满足人民的利益需求。而包产到户使农民实现了"政治上民主、自由,经济上实惠"的新生活。社会主义民主法治保障人民切实享有基本人权是其代表人民根本利益最有力的证明。中国人民实现了人权发展的伟大的历史性飞跃,生存权、发展权和经济、社会、文化权利得到巨大改善,人权通过宪法、选举法、刑事诉讼法、行政诉讼法、国家赔偿法等法律获得了广泛确认,并在现实中得到了有效保障。②②必须充分发扬人民民主。发扬人民民主,引导人民更好地依法管理国家和社会事务,确保人民当家做主,是广大人民的根本利益所在。充分发扬人民民主,必须注重调查研究、广开言路、充分尊重专家的意见、关注决策的民主化和科学化,这是社会主义法治通向最广大人民根本利益的重要途径。是故,要着重加强社会主义民主政治制度建设,实现社会主义民主政治的制度化、规范化和程序化。我国的人民代表大会制度是实现人民当家做主的具体政权形式和根本政治制度。要通过进一步加强宪法及行政法律制度的建设,坚持和完善人民代表大会制度,保证人民群众的相关建议在国家立法过程中得到及时的回馈。同时,还要进一步完善民主的具体形式和制度,拓宽民主的渠道,从机制和程序上保证人民群众有更多的更直接的民主参政议政的渠道和机会,切实保障人民当家做主的权利。③③必须完善法律调整机制中的机动性阶段——法的适用

---

① 孙国华、许旭:《三个代表与我国法制建设》,《中国法学》2001年第1期,第55页。
② 孙国华、许旭:《三个代表与我国法制建设》,《中国法学》2001年第1期,第57页。
③ 黄仕红:《"三个代表"重要思想与我国法制建设述论》,《成都行政学院学报(哲学社会科学)》2004年第3期,第14页。

阶段。在当代，随着经济成分多样化、社会生活方式多样化、社会组织形式多样化、就业岗位和就业方式多样化，各种利益也必然呈现多元化样态。根据社会分层理论，社会对法的运作需求不断增多；一是行政执法量必然有绝对增长之势；二是尽管不至于出现"诉讼爆炸"，但司法机制的确被频繁启动。而且，执法者和司法者相对于普通公民而言，更能懂得如何在法律运行中调适多方利益关系。完善法的适用这一法律调整机制中的机动性阶段，做到公正、有效，就可以满足上述需要、保护个体的合法权益由此也就保障了人民的共同利益和根本利益。①

在全面建设小康社会的进程中，我国法治建设必须坚持"三个代表"的重要思想，在借鉴西方各国法治现代化经验的基础上，还要注重法治本土资源的运用，坚持走中国特色社会主义法治道路，以实事求是、勇于探索的态度全面地推进各项改革，并且通过经济体制、文化体制和政治体制的改革，不断地探索社会主义法治建设的自身规律，全面地推进社会主义的法治建设。②

三、科学发展观

马克思主义法学中国化第四块里程碑的旗手是胡锦涛，胡锦涛同志在新的历史条件下，进一步揭示了中国特色社会主义理论体系的科学内涵，提出和阐释了科学发展观的当代含义，在法治建设中不断取得新的成就。

胡锦涛继承和发展了毛泽东、邓小平、江泽民的法治思想，是马克思主义法学理论中国化的再一次创新和飞跃，同时也是中国共产党法治思想的重要组成部分。胡锦涛法治思想是伴随着全面建设小康社会伟大事业的迅速发展而产生的，它对全面建设小康社会这一伟大事业产生巨大的指导作用。

十八大报告中关于法治的论述，清晰地勾勒出未来中国法治的新愿景：依法治国基本方略全面落实，法治政府基本建成，司法公信力不断提高，人权得到切实尊重和保障。胡锦涛提出了"推进依法行政，弘扬社会主义法治精神""树立社会主义法治理念""扩大公民有序参与政治"、民主法治、尊重和保障人权等法治观。其中社会主义法治理念是我国一切立法活动的思想先导，是确保我国行政机关及其公职人员执法水平，实现法律效果和

---

① 孙国华、许旭：《三个代表与我国法制建设》，《中国法学》2001年第1期，第57页。
② 黄仕红：《"三个代表"重要思想与我国法制建设述论》，《成都行政学院学报（哲学社会科学）》2004年第3期，第14页。

社会效果相统一的思想基础,是主导我国司法改革方向,实现司法公正的思想保障。

中国特色社会主义法治理论的形成,标志着我们党对建设中国特色社会主义法治国家的规律、对中国共产党执政的规律、对以法治保障科学发展、构建和谐社会的规律有了更加深刻的认识和更加全面的把握。在科学发展观的指导思想下,具体提出了以下几点内容:

其一,提出并阐释了什么是"社会主义法治理念",即依法治国、执法为民、公平正义、服务大局、党的领导这五个方面。

其二,对依法治国,建设社会主义法治国家的基本原则,即"三者统一",作出了唯物史观的说明:①党的领导是人民当家做主与依法治国的根本保证;②人民当家做主是社会主义民主的本质要求;③依法治国是党领导人民的治国方略。

其三,提出并阐述了"人民民主是社会主义的生命"这一科学命题,他多次强调,"人民民主是我们党始终高扬的光辉旗帜",[1]发展社会主义人民民主政治是中国共产党始终不渝的目标。

其四,提出了"尊重与保障人权"的著名观点,并与"保护私有财产"一并写进了中国宪法,开启了我国人权研究的壮举。

四、习近平新时代中国特色社会主义思想

十八大以来,以习近平同志为主要代表的中国共产党人,顺应时代发展,从理论和实践结合上系统回答了新时代坚持和发展什么样的中国特色社会主义、怎样坚持和发展中国特色社会主义这个重大时代课题,创立了习近平新时代中国特色社会主义思想。习近平新时代中国特色社会主义思想是对马克思列宁主义、毛泽东思想、邓小平理论、"三个代表"重要思想、科学发展观的继承和发展,是马克思主义中国化的最新成果,是党和人民实践经验和集体智慧的结晶,是中国特色社会主义理论体系的重要组成部分,是全党全国人民为实现中华民族伟大复兴而奋斗的行动指南,必须长期坚持并不断发展。在习近平新时代中国特色社会主义思想指导下,中国共产党领导全国各族人民,统揽伟大斗争、伟大工程、伟大事业、伟大梦想,推动中国特色社会主义进入了新时代。

新时代中国特色社会主义思想,明确坚持和发展中国特色社会主义,总任务是实现社会主义现代化和中华民族伟大复兴,在全面建成小康社会

---

[1] 胡锦涛:《在中国共产党第十七次全国代表大会上的报告》,人民出版社 2007 年版,第 28 页。

的基础上,分两步走在本世纪中叶建成富强民主文明和谐美丽的社会主义现代化强国;明确新时代我国社会的主要矛盾是人民日益增长的美好生活需要和不平衡不充分的发展之间的矛盾,必须坚持以人民为中心的发展思想,不断促进人的全面发展、全体人民共同富裕;明确中国特色社会主义事业的总体布局是"五位一体"、战略布局是"四个全面",强调坚定道路自信、理论自信、制度自信、文化自信;明确全面深化改革总目标是完善和发展中国特色社会主义制度、推进国家治理体系和治理能力现代化;明确全面推进依法治国总目标是建设中国特色社会主义法治体系、建设社会主义法治国家;明确党在新时代的强军目标是建设一支听党指挥、能打胜仗、作风优良的人民军队,把人民军队建设成为世界一流军队;明确中国特色大国外交要推动构建新型国际关系,推动构建人类命运共同体;明确中国特色社会主义最本质的特征是中国共产党领导,中国特色社会主义制度的最大优势是中国共产党领导,党是最高政治领导力量,提出新时代党的建设总要求,突出政治建设在党的建设中的重要地位。

坚持全面依法治国,是习近平新时代中国特色社会主义思想的基本方略之一。全面依法治国是中国特色社会主义的本质要求和重要保障。必须把党的领导贯彻落实到依法治国全过程和各方面,坚定不移走中国特色社会主义法治道路,完善以宪法为核心的中国特色社会主义法律体系,建设中国特色社会主义法治体系,建设社会主义法治国家,发展中国特色社会主义法治理论,坚持依法治国、依法执政、依法行政共同推进,坚持法治国家、法治政府、法治社会一体建设,坚持依法治国和以德治国相结合,依法治国和依规治党有机统一,深化司法体制改革,提高全民族法治素养和道德素质。

党的十九大报告指出,十八大以来的五年,民主法治建设迈出重大步伐。积极发展社会主义民主政治,推进全面依法治国,党的领导、人民当家做主、依法治国有机统一的制度建设全面加强,党的领导体制机制不断完善,社会主义民主不断发展,党内民主更加广泛,社会主义协商民主全面展开,爱国统一战线巩固发展,民族宗教工作创新推进。科学立法、严格执法、公正司法、全民守法深入推进,法治国家、法治政府、法治社会建设相互促进,中国特色社会主义法治体系日益完善,全社会法治观念明显增强。国家监察体制改革试点取得实效,行政体制改革、司法体制改革、权力运行制约和监督体系建设有效实施。

党的十九大报告对今后五年的深化依法治国实践作出了部署。全面依法治国是国家治理的一场深刻革命,必须坚持厉行法治,推进科学立法、严格执法、公正司法、全民守法。成立中央全面依法治国领导小组,加强对法治中国建设的统一领导。加强宪法实施和监督,推进合宪性审查工作,维护宪法权威。推进科学立法、民主立法、依法立法,以良法促进发展、保障善治。建设法治政府,推进依法行政,严格规范公正文明执法。深化司法体制综合配套改革,全面落实司法责任制,努力让人民群众在每一个司法案件中感受到公平正义。加大全民普法力度,建设社会主义法治文化,树立宪法法律至上、法律面前人人平等的法治理念。各级党组织和全体党员要带头尊法学法守法用法,任何组织和个人都不得有超越宪法法律的特权,绝不允许以言代法、以权压法、逐利违法、徇私枉法。

第三节　中国特色社会主义司法制度的基本理念

理念是制度的灵魂。中国特色社会主义司法理念塑造了中国特色社会主义司法制度的独特品格和价值取向。2001年12月,时任最高人民法院院长肖扬同志提出要树立"中立、平等、透明、公正、高效、独立、文明"的社会主义司法理念,它的出现是我国社会主义司法工作实践的科学总结,是依据社会主义制度而形成的司法范畴的观念和认知。社会主义司法理念是指引着社会主义司法的功能、性质、目标方向、价值取向和实现路径的特定价值观,是社会主义司法实践的灵魂、核心和指导思想。社会主义司法理念的提出,给我国的司法改革提供了行动指南,是加快法治中国进程的必然要求。归纳而言,社会主义司法理念主要包括司法公正、司法为民、司法文明三方面的内容。

一、司法公正

公正,是人类社会永恒的话题,自从产生了人类社会,就有了对公正的不懈追求,公正的社会是人类向往的理想家园。作为一种矫正正义,司法公正是司法的灵魂和生命,是司法工作永恒的主题,也是建设社会主义法治国家的重要内容。维护公平正义是社会主义司法制度的首要价值追求,是维护社会稳定、实现社会和谐的前提和基础。在社会主义司法理念中,司法公正处于核心地位。中共十八届四中全会《中共中央关于全面推进依法治国若干重大问题的决定》指出:"公正是法治的生命线。司法公正对社会公正具有重要引领作用,司法不公对社会公正具有致命破坏作用。"

司法公正，分为实体公正和程序公正。实体公正，是指裁判在认定事实和适用法律方面都是正确的，对诉讼当事人的合法权益提供充分的保障。程序公正，指司法程序必须符合公正、公开、民主、中立、平等、独立，对当事人的诉讼权利的基本保护、切实保障法官的独立公正以及充分体现高效、独立的效率的原则。同时，司法机关要在审判活动中严格依照国家法律规定的程序，依法独立行使审判权。实体公正和程序公正是密切联系在一起的，体现了"中立、平等、透明、公正、高效、独立、文明"的社会主义司法理念。公正的程序正是实体公正实现的保障，我们要倡导"程序正义"的观念。因为公正的程序不仅体现公平、正义的价值，而且也反映了法律对效率的要求。具体而言，就是不仅要严格遵循程序法审理案件，同时更要体会公正效率等基本的精神，使裁判的实体结果成为一种"看得见正义"。迟来的正义等于非正义，正体现了审判的低效率和审理期限的过程迟延根本上违背了正义原则。

司法公正理念是指导司法制度设计和科学行使司法权的价值观和理论基础。任何法律都包含着理念和制度两个层面。制度的构建必须要有理念支撑。司法公正理念是社会主义司法制度设计和构建的灵魂，为社会主义司法制度的建构提供支撑、导引方向。2007年党的十七大报告提出："深化司法体制改革，优化司法职权配置，规范司法行为，建设公正高效权威的社会主义司法制度，保证审判机关、检察机关依法独立公正地行使审判权、检察权。加强政法队伍建设，做到严格、公正、文明执法。"2012年党的十八大报告提出，要"进一步深化司法体制改革，坚持和完善中国特色社会主义司法制度，确保审判机关、检察机关依法独立公正行使审判权、检察权"。2017年党的十九大报告提出："深化司法体制综合配套改革，全面落实司法责任制，努力让人民群众在每一个司法案件中感受到公平正义。"这表明，司法公正是建设公正高效权威的社会主义司法制度三大目标之首要目标，对于正确行使审判权和监督权具有重要的指导意义。

二、司法为民

建构有中国特色的社会主义司法理念，必须坚持司法为民。司法为民是最高人民法院在学习、贯彻、落实"三个代表"重要思想的基础上提出的一个重要命题。2003年8月24日，在北京召开的全国高级法院院长座谈会上，时任最高人民法院院长肖扬强调提出："'三个代表'重要思想的本质是'立党为公，执政为民'，贯彻于人民法院的实际工作，就是要牢固确立司法为民的思想。这是坚持以'三个代表'重要思想统领法院工作的核心问题，是人民司法指导思想与时俱进的新内容，是把'三个代表'重要思想本质特征落实于法院工作的具体表现。"这表明，司法为民是党的执政为民思想在司法领域的具体体现。中国共产党的执政是历史的选择，是人民的选择，共产党执政就要坚持执政为民，共产党领导的司法机关就要为了人民掌好用好司法权，切实做到司法为民。

人民司法工作是一项十分重要的工作。战争年代，它负有打击敌人、调处人民内部矛盾、巩固革命政权的重要职责，在全面建设中国特色社会主义的今天，它的立足点也没有变，只是肩负的时代使命更加繁复和艰巨。党的十八届三中全会指出："深化司法体制改革，加快建设公正高效权威的社会主义司法制度，维护人民权益，让人民群众在每一个司法案件中都感受到公平正义。"党的十八届四中全会进一步强调："坚持人民司法为人民，依靠人民推进公正司法，通过公正司法维护人民权益。"党的十九大报告提出："深化司法体制综合配套改革，全面落实司法责任制，努力让人民群众在每一个司法案件中感受到公平正义。"要践行党中央的精神，对人民法院来说，就是要坚持以人为本、司法为民。在具体的司法活动中，要把实现好、维护好、发展好人民群众的根本利益作为司法工作的出发点和落脚点，一切为了人民，一切依靠人民，一切服务人民。把维护人民群众的根本利益与公正司法统一起来，把办案的法律效果与社会效果统一起来，把坚持党的领导与坚持人民法院依法行使审判权统一起来。

2014年1月，在中央政法工作会议上，习近平总书记指出，政法工作做得怎么样，直接关系广大人民群众切身利益。政法工作搞得好不好，最终要看是否有利于人民安居乐业。要求政法机关和广大干警把人民群众的事当作自己的事，把人民群众的小事当作自己的大事，从让人民群众满意的事情做起，从人民群众不满意的问题改起，为人民群众安居乐业提供有力法律保障。这为人民司法践行司法为民宗旨提出了新的更高要求。司法为民是人民司法的优良传统，是贯彻落实党的群众路线、密切人民司法同人民群众血肉联系的基本要求。不管形势、条件、环境怎么变，人民司法践行司法为民的根本宗旨不能变，群众立场、群众路线、群众感情不能丢。让人民群众在司法机关享受到优质便捷的司法服务，是实现司法为民最基本的要求。

司法为民理念是在全社会实现公平和正义的基本要求，是社会主义司法制度的基本价值取向，是检验人民法院审判工作法律效果和社会效果的新尺度，是人民法院密切联系群众的要求，是人民司法优良传统的新发展，是对人民司法工作职责和任务的新概括,是解决人民群众反映强烈的焦点、热点问题的新实践。司法为民是人民法院在指导思想上新的历史性飞跃,是人民法院在新的时代条件下指导思想与时俱进的鲜明体现。

三、司法文明

司法文明是文明在人类司法活动领域的具体体现,是人类社会司法活动发展中所取得的积极成果和进步状态,即人类围绕司法权的分配、划分、行使在司法理念、司法机构、司法体制、司法制度、司法人员遴选、司法行为等诸领域中所取得的一系列积极成果和进步状态,是符合社会实际、促进社会发展、适应法治要求的。司法文明作为一个国家法律运作的状态和程序所体现的文明,是人们在具备一定社会条件的前提下,把司法作为治理国家、实现正义、调谐关系、保障民权所取得的成果和成就。司法文明,从范围上讲,是法治文明的重要组成部分;从内容上看,包括司法理念、司法理论、司法规范、司法制度、司法形式和司法行为等丰富内容。

司法文明是政治文明的重要组成部分,也是现代法治发展的基本标志。党的十八大,尤其是十八届三中、四中全会以来,随着全面依法治国、建设社会主义法治国家伟大实践的深入推进,人们对司法文明的问题日益关注。司法文明作为物质文明、政治文明、精神文明、社会文明在司法领域的综合表现,能够得到有力推进,不仅关系到司法公正与效率目标的实现,而且关涉中国特色社会主义司法制度的整体进程以及国家治理体系和治理能力的现代化。

司法文明建设作为政治文明建设的重要组成部分,是一项内容广泛的系统工程,需要全社会的关注、支持和参与。司法文明进步是我国社会主义司法制度优越性的重要标志,也是司法体制改革的重要价值取向。在建设公正高效权威的社会主义司法制度和全面深化司法体制改革的过程中,为了推进我国的司法文明建设,可以从以下四个方面着手:其一,进一步推进司法观念的转变,促进司法理念文明。其二,深入推进司法体制机制改革,促进司法制度文明。其三,加强规章制度规范化建设,推进司法管理文明。其四,强化司法人员的责任,促进司法行为的文明。[①]

[①] 董治良:《以司法文明建设为抓手》,载《特区法坛》2013年第5期,第13页。

第五章
中国特色社会主义司法制度的人民司法属性

人民司法是中国特色社会主义司法制度的本质属性，丰富和发展中国特色社会主义司法制度，必须不断丰富和发展人民司法的特色内涵。人民司法包含司法属于人民、司法服务人民、司法保障人民三方面的价值意涵。人民司法的哲学基础包括司法为民哲学、人本司法哲学和司法实效哲学。在我国长期的司法实践中，形成了以人民代表大会制度为基础、以人民陪审制度为中心、以司法救援制度和审判监督制度为补充的人民司法制度体系。

第一节 人民司法的价值意涵

人民司法是指以人民为主体，以人民的共同意志为基础，以实现和保障人民的根本利益为目的的社会主义司法制度。1949年9月，中国共产党在《中国人民政治协商会议共同纲领》中确立了我国司法制度的价值属性："废除国民党反动政府一切压迫人民的法律、法令和司法制度，制定保护人民的法律、法令，建立人民司法制度。"①此后，董必武对人民司法的意涵做了如下阐述："人民司法的基本精神，是要把马、恩、列、斯的观点和毛泽东思想贯彻到司法工作中去。……人民司法基本观点之一是群众观点，与群众联系，为人民服务，保障社会秩序，维护人民的正当权益。"②该阐述深入剖析了人民司法的理论来源，揭示了马克思主义和毛泽东思想是我国人民司法工作的理论基础，表明了人民司法的宗旨是为了实现人民的根本利益。归纳而言，人民司法的内容包含三个方面：司法属于人民、司法服务人民、司法保障人民。对于人民司法的价值意涵，老一辈无产阶级革命家董必武有着系统论述，在下文中我们将围绕他的思想来进行阐述。

一、司法属于人民

从权力来源的角度来看，司法属于人民亦即司法权源于人民。我国《宪法》明确规定"国家一切权力属于人民""人民依照法律规定，通过各种途径和形式，管理国家事务，管理经济和文化事业，管理社会事务"。人民代表大会制度是代表人民管理国家事务的政权组织方式，是我国的基本政治制度。因此，包括司法机关在内的其他国家机关都必须从属于人民代表大会。③司法权同其他国家权力一样来源于人民，从本质上说也是属于人民的，都是人民代表大会通过制定宪法和法律授予的。在《论新民主主义政权问题》（1948年10月16日）中，董必武指出，"人民代表大会是新民主主义的政权形式""这个代表大会，就是一切权力都要归它"④。1951年9月23日，他在华北第一次县长会议上讲道，"人民代表大会是由人民革命直接创造出来的，不是依靠从前任何法律规定而产生的""人民代表大会一经宣告成立，它就可以相应地制定各项制度和法律，而其他任何制度则必须经过人民代表大会批准，或由它所授权的机关批准，才能生效"⑤。之后，1956年9月19日，在党的八大上的发言中，董必武又进一步指出："我们的人民代表大会制度，是我们国家的根本政治制度。""这是既利于充分发扬民主，又利于更好集中的完全适合我国的制度。"⑥所以，包括司法制度在内的各项国

---

① 《中国人民政治协商会议共同纲领》，人民出版社1949年版，第4页。
② 董必武：《董必武法学文集》，法律出版社2001年版，第45页。
③ 董必武：《董必武法学文集》，法律出版社2001年版，第100-101页。
④ 董必武：《论新民主主义政权问题》（1948年10月16日），载《董必武选集》，人民出版社1985年版，第218页。
⑤ 董必武：《论加强人民代表会议的工作》（1951年9月23日），载《董必武选集》，人民出版社1985年版，第298页。
⑥ 董必武：《进一步加强人民民主法制，保障社会主义建设事业》（1956年9月19日），载《董必武选集》，人民出版社1985年版，第413页。

家制度的创设与发展，必须经由人民代表大会或由它所授权的机关批准；包括司法机关在内的各级国家机关，都要由人民代表大会产生，对人民代表大会负责，受人民代表大会监督。这就从权力来源上规定了人民司法工作的性质和方向。[1]

在具体的制度设计方面，宪法主要通过规定司法之民主性构造而使之体现人民司法的本质。宪法第3条创设了人民代表大会制度，规定全国人民代表大会和地方各级人民代表大会都由民主选举产生，对人民负责，受人民监督；国家行政机关、监察机关、审判机关、检察机关都由人民代表大会产生，对它负责，受它监督。作为权力机关之各级人民代表大会由人民选举产生和对人民负责、受人民监督，将可以保证权力机关的人民性；由权力机关产生审判机关和检察机关，并规定审判机关和检察机关向权力机关负责，受权力机关监督，一方面可以将权力机关之人民性通过"选举""监督"等渠道传递于审判机关和检察机关，使审判机关和检察机关之产生获得民意之认同，具有民主正统性；另一方面，人大体制更保证了审判机关和检察机关之于人民的可控制性，即人民可以通过人民代表大会选举产生审判机关和检察机关并监督此两者的工作，从而影响司法权之运行，使之符合民意的要求。而宪法第131条亦规定，人民法院依据法律的规定独立行使审判权；第136条规定，人民检察院依据法律的规定独立行使检察权。在我国，法律由人民选举产生的人民代表大会所制定，司法机关依宪法法律行使司法权。从这个角度而言，我国宪法主要通过规定司法权源于人民的属性而使之体现人民司法的本质。

二、司法服务人民

司法服务人民，亦即人民司法必须以为人民服务为宗旨，以便民司法为准则。司法服务人民是我们党全心全意为人民服务的根本宗旨，也是我们党执政为民的根本要求。董必武认为，按照马克思主义的国家与法的学说，法律与司法有一个为谁服务的问题，中华人民共和国的人民民主法制是表现人民意志，为人民服务的法制。因此"人民司法工作者必须站稳人民的立场，全心全意地来运用人民司法这个武器"。"实践以什么为标准？就是一切以广大人民的利益为标准，也就是一切以广大人民的最高利益为最高利益。""单是这样是不是就够了呢？不够！还一定要采取最便利人民

---

[1] 公丕祥：《董必武的人民司法思想及其时代启示》，《江苏社会科学》2016年第4期，第103页。

的方法解决人民要求解决的问题。"①否则,"人民就责备我们,反对我们,说我们的人民法院,不是共产党的法院,而是国民党的法院。"②

在马克思主义与中国具体实践相结合的过程中,董必武同志认为,为人民服务是一个司法工作人员应该坚持的真理:"总结我们三年以来的经验,就是确认人民司法是巩固人民民主专政的一种武器;人民司法工作必须站稳人民的立场,全心全意地运用人民司法这个武器,尽可能采取最便利人民的方法解决人民所要求我们解决的问题。"③因此,人民司法必须做到为人民服务,运用便利的方法解决人民需要解决的问题,保护广大人民的根本权益。换言之,人民司法的核心价值就是在实践中"为民"和"便民"。在"为民"和"便民"两个价值取向中,"为民"占据主导地位,"便民"是以"为民"为指导思想的延展性内涵。前者是在思想上和组织上保证为人民服务,从立法和制度上对人民权利加以充分保护;后者则是前者的具体实现和工作方式,要对人民所要求解决的问题尽可能采用最便利方式予以解决。

为了实现人民司法为人民服务的宗旨,董必武提出要建立便利于人民的司法制度。中华人民共和国成立之初开展的司法改革运动的基本目标之一,就是要切实加强和改进人民司法工作的思想建设,把人民司法工作的本质要求落实到司法审判工作的全过程和各个方面。针对"镇反""三反"运动中暴露出来的司法队伍中存在的严重问题,董必武尖锐地指出,一部分旧司法人员尽管思想作风已有些改造并有进步表现,但是为数并不多,在司法作风上严重脱离群众,"只会'坐堂问案',写些冗长陈腐的'判决'。而对人民群众的利益和党与政府的政策则根本不关心,相反还到处散布反动的旧法观点,起着很不好的影响"④。因此,必须通过司法改革运动切实改变这一状况。董必武强调,总结中华人民共和国成立以来人民司法工作的实践经验,其中重要的一条是要"尽可能采取最便利于人民的方法解决人民所要求我们解决的问题"⑤。在这里,董必武提出了"建立便于人民的审判制度"的具体途径,指出:"在司法改革运动中证实了过去我们主张的陪审制、巡回审判制以及在法院设问事处、接待室(好像医院的门诊部)等,都是人民所欢迎的。"⑥陪审制、巡回审判、诉讼服务等便民司法的工

---

① 董必武:《董必武政治法律文集》,法律出版社 1986 年版,第 274 页。
② 董必武:《董必武政治法律文集》,法律出版社 1986 年版,第 277 页。
③ 董必武:《董必武法学文集》,法律出版社 2001 年版,第 154-155 页。
④ 董必武:《关于改革司法机关及政法干部补充、训练诸问题》(1952 年 6 月 24 日),载《董必武法学文集》,法律出版社 2001 年版,第 120-121 页。
⑤ 董必武:《论加强人民司法工作》(1953 年 4 月 11 日),载《董必武法学文集》,法律出版社 2001 年版,第 154-155 页。
⑥ 董必武:《论加强人民司法工作》(1953 年 4 月 11 日),载《董必武法学文集》,法律出版社 2001 年版,第 157 页。

作举措在司法改革运动中都取得了新的宝贵经验,增添了丰富的内容。从司法实践来看,实行便民司法,也有利于化解司法积案。他要求法院应简化自己的办事手续,尽量从"便利于人民着想,尽量使手续简化,在农村和大城市不要强求一样"①。调解员会、诉讼接待处、巡回审判制度等都是比较便利人民的。"只要我们真正想办法解决,是可以减少一部分案子的。"所以今后要进一步深入研究,"把大家公认为可行的制度肯定下来,予以巩固和推广;把尚无把握的事项,谨慎地选择重点试行"②。经过长期坚持不懈的努力,具有鲜明中国特色的便民司法机制逐步形成和完善,日益成为展示人民司法为人民服务的亮丽"窗口"。③

三、司法保障人民

"人民司法"概念实质上包含人权司法保障的价值追求,其要求司法机关既要避免司法权侵害人民权利,又要求其为人民受到侵害的权利提供充足的救济。司法的基本价值就在于通过涉诉矛盾纠纷的有效化解,保障人民的合法权利,维护社会公平正义。

早在新民主主义革命法制的建立和发展过程中,董必武就十分注重运用法律与司法机制保障人民权利,他强调共产党领导的政权是人民的政权,人民政府应该"保障人民有民主权利,有集会、结社、言论、出版、信仰等自由""保障人民的人权和财权""保障人民有选举权和被选举权"④。董必武指出:"中国共产党在解放区保障了人权与财权。人权受到了政府的保障,非依法律、由合法机关依照合法手续不能任意逮捕,并且必须按照法律,以合法程序予以审判和处置。财权受到保障,人民的私有财产,完全受到法律的保护。"⑤人民应当享有广泛的权利,人民政府应以保障民众的人权为旨意。这种思想无论在当时还是在现在,都具有强烈的现实意义。

伴随着中华人民共和国的成立,人民成为国家和社会的主人,运用司法方式切实保障人民权利,便有着更加突出的意义。董必武指出:"在逐步完备起来的人民民主制度和人民民主法制之下,人民权利应该受到充分的保护。由于过去处在紧张的战争和大规模的社会改革运动中,由于法律还很不完备,司法制度特别是检察制度还不健全,有些公安、司法机关还有

---

① 董必武:《董必武法学文集》,法律出版社2001年版,第48页。
② 董必武:《论加强人民司法工作》(1953年4月11日),载《董必武法学文集》,法律出版社2001年版,第158—161页。
③ 公丕祥:《董必武的人民司法思想及其时代启示》,《江苏社会科学》2016年第4期,第108页。
④ 董必武:《董必武政治法律文集》,法律出版社1986年版,第14页。
⑤ 董必武:《中国共产党的基本政策》(1945年6月5日),载《董必武选集》,人民出版社1985年版,第111页。

粗枝大叶、组织不纯甚至使用肉刑的现象，以致有一些人错捕、错押或错判，人民权利受到侵犯。为克服这种现象，今后必须从立法方面，从健全人民司法、公安和检察制度方面，对人民权利给予充分保护。"① 董必武还批评了不少部门和地方存在的违法乱纪和侵犯人民权利的现象以及脱离人民群众的强迫命令的作风，并一再要求与这些不良现象作坚决的斗争。在董必武看来，在人民民主政权的新的历史条件下，人民享有广泛的自由和权利。而"我国人民应当享受的一切自由，通过人民民主法制获得了切实的保证"②。随着国家的主要任务由解放社会生产力转变为保护和发展社会生产力，"为了正常的社会生活和社会生产的利益，保护公民权利和公共财产有重大的意义"③。正是在依法保障人民权利的过程中，人民司法的以人为本的价值功能意义更加凸显起来。④

在我国，司法保障人权的理念早已转化为相应的政策和制度。比如，国务院于1991年发布的《中国的人权状况》（白皮书）即专列"中国司法中的人权保障"一章，从拘留和逮捕、搜查取证、起诉和审判、监狱工作和罪犯的权利等七个方面阐述司法对人权的尊重和保护。然而，人权司法保障从政策宣示走向改革纲领则得益于十八届三中全会《关于全面深化改革若干重大问题的决定》，该决定在"推进法治中国建设"一节中明确提出完善人权司法保障制度的构想。决定指出人权司法保障制度的完善是落实国家尊重和保障人权义务的需要，同时提出规范适用强制措施的程序、建立健全错案追究机制、严禁刑讯逼供、废止劳动教养制度、完善法律救助制度等改革举措。改革决定为"人权司法保障"从政策宣示走向改革纲领提供了契机。

第二节 人民司法的哲学基础

一、司法为民哲学

司法为民是人民司法的哲学基础之一，对此有着系统论述的当属董必武。董必武是中国特色社会主义司法事业发展的重要开拓者，他的人民司

---

① 董必武：《董必武政治法律文集》，法律出版社1986年版，第310页。
② 董必武：《进一步加强人民民主法制，保障社会主义建设事业》（1956年9月19日），载《董必武法学文集》，法律出版社2001年版，第343页。
③ 董必武：《正确区分两类矛盾，做好审判工作》（1957年7月2日），载《董必武法学文集》，法律出版社2001年版，第407页。
④ 公丕祥：《董必武的人民司法思想及其时代启示》，《江苏社会科学》2016年第4期，第106页。

法思想内涵丰富，论述深刻，见解精辟，有力地推动了马克思主义法治与司法思想的中国化进程。①董必武的一系列政治法律论述，折射出了"人民司法保障人民权利""人民司法为人民服务"的人民司法思想，其中人民主权论是人民司法思想的理论基石。②

董必武的人民主权思想与资产阶级思想家的人民主权论有着本质的区别。资产阶级思想家主张国家权力属于全体公民，掩盖政权的阶级性；董必武则毫不掩饰政权的阶级性。1948年10月，董必武在人民政权研究会上所作的《论新民主主义政权问题》的重要讲话中明确指出："政权是一部分人代表着特定的阶级，运用国家的权力，发号施令，叫人民做什么事情，或者禁止人民不得做什么事情"③。并由此指出，我们的政权是无产阶级领导的，以工农联盟为基础的，包括民族资产阶级和广大民主爱国人士共同组成的人民政权。他认为中国共产党应谋求政权的广泛性和人民性。

在"政权属于人民"的思想指引下，董必武非常详尽地论述了他的"人民司法"思想。《共同纲领》第17条规定：要"废除国民党反动政府一切压迫人民的法律、法令和司法制度，制定保护人民的法律、法令，建立人民司法制度"。这是中国共产党首次提出了"人民司法"的概念，即中华人民共和国的法制理念是人民司法。但在当时有许多人一时难以正确认识甚至误解"人民司法"的真实含义。董必武适时地指出："人民司法的基本精神，是要把马恩列斯的观点和毛泽东思想贯彻到司法工作中去""人民司法基本观点之一是群众观点，与群众联系，为人民服务，保障社会秩序，维护人民的正当利益"④。

研读董必武的相关政治法律文献，我们认为董必武的人民司法思想主要包括以下内容：

第一，建立人民司法的前提是思想建设。董必武认为，法律制度本身并没有什么阶级性，谁制定的法律制度，就维护谁的利益，因此"司法工作在初建之际，思想建设特别重要，必须把它视为司法工作建设的前提"⑤。"旧法制是旧中国占统治地位的少数人压榨广大劳动人民的一套很精巧的机器，必须破除""建立新的法律系统，对旧的法律系统就要给一个打击，也就是要对旧的做系统的批判。这是一个思想改造的工作"⑥。在建立人民司法之前必须进行文化观念的更新，使我们的政法工作坚持"直接来巩固

---

① 公丕祥：《董必武的人民司法思想及其时代启示》，《江苏社会科学》2016年第4期，第101页。
② 夏锦文：《董必武人民司法思想的理论体系》，《江苏社会科学》2006年第6期，第100页。
③ 董必武：《董必武政治法律文集》，法律出版社1986年版，第35页。
④ 董必武：《董必武政治法律文集》，法律出版社1986年版，第45页。
⑤ 董必武：《董必武政治法律文集》，法律出版社1986年版，第100页。
⑥ 董必武：《董必武政治法律文集》，法律出版社1986年版，第261页。

人民民主专政"的方向①，使人民享有真正的民主和自由。

第二，人民司法必须以保障人民的民主权利为中心。"在逐步完备起来的人民民主制度和人民民主法制之下，人民的民主权利应该受到充分的保护。由于过去处在紧张的战争和大规模的社会改革运动中，由于法律还很不完备，司法制度特别是检察制度还不健全，有些公安、司法机关还有粗枝大叶、组织不纯甚至使用肉刑的现象，以致有一些人错捕、错押或错判，人民的民主权利受到侵犯。为克服这种现象，今后必须从立法方面，从健全人民司法、公安和检察制度方面，对人民的民主权利给予充分保护。"②董必武还批评了不少部门和地方存在的违法乱纪和侵犯人民群众民主权利的现象以及脱离人民群众的强迫命令的作风，并一再要求与这些不良现象作坚决的斗争。

第三，人民司法必须以为人民服务为宗旨，便利人民群众。董必武认为，中华人民共和国的人民民主法制是表现人民意志的和为人民服务的法制。因此"人民司法工作者必须站稳人民的立场，全心全意地来运用人民司法这个武器"。"实践以什么为标准？就是一切以广大人民的利益为标准，也就是一切以广大人民的最高利益为最高利益。""单是这样是不是就够了呢？不够！还一定要采取最便利人民的方法解决人民要求解决的问题。"③否则，"人民就责备我们，反对我们，说我们的人民法院，不是共产党的法院，而是国民党的法院。"④为此，他提出要建立便利于人民的审判制度，建立健全陪审制、巡回审判制以及在法院设立问事处、接待室等人民群众所欢迎的司法制度，并以"便利人民"为指导思想组织和领导法院组织法与检察院组织法的编制工作。他在贯彻执行这两个组织法时格外强调："这两个组织法的基本精神都是便利人民。"⑤他强调评判司法工作的标准就是"看我们的审判工作是不是便利于老百姓，是不是有利于巩固人民民主专政，是不是对建设社会主义起保障和促进作用。"⑥因此他要求法院应简化自己的办事手续，尽量从"便利于人民着想，尽量使手续简化，在农村和大城市不要强求一样。"⑦

董必武人民司法思想的基本点之一，乃是强调把满足人民群众的司法需求作为人民司法工作的根本出发点和衡量标准。由此出发，董必武甚为

---

① 董必武：《董必武政治法律文集》，法律出版社1986年版，第169页。
② 董必武：《董必武政治法律文集》，法律出版社1986年版，第310页。
③ 董必武：《董必武政治法律文集》，法律出版社1986年版，第274页。
④ 董必武：《董必武政治法律文集》，法律出版社1986年版，第277页。
⑤ 董必武：《董必武政治法律文集》，法律出版社1986年版，第373页。
⑥ 董必武：《董必武法学文集》，法律出版社2000年版，第411页。
⑦ 董必武：《董必武法学文集》，法律出版社2000年版，第48页。

重视人民调解制度、陪审制度、巡回审判制度、公开审判制度和诉讼服务机制等司法制度与机制在实现为民司法价值目标中的基本功用。这些司法理念及其制度化、机制化的载体，为构建中国特色社会主义司法为民制度奠定了基础。在急剧变化的当代中国司法发展进程中，确证现代司法的人本价值属性，坚持司法为民的价值追求，对于努力让人民群众在每一个司法案件中都能感受到公平正义，显然有着重要的司法意义。习近平同志强调："要坚持司法为民，改进司法工作作风，通过热情服务，切实解决好老百姓打官司难问题。"[①]这就更加突出了坚持司法为民对于实现中国特色社会主义司法发展目标的基础性作用。[②]

二、人本司法哲学

人本司法亦是人民司法的哲学基础之一，人本司法观是人本法律观的下位概念。人本法律观是发展的马克思主义关于以人为本的科学发展观在政治法律领域的体现和运用，是马克思主义法律观中国化的生动体现[③]，"它解决了中国法理学所面临的困境，坚持并发展了马克思关于法的人本主义观念，因此是中国法学理论的重大创新"[④]。人本法律观要求将人视为法律的根源、主体和目的，其核心在于尊重和保障人权，把人看作万物的尺度。人本法律观的丰富内涵体现在以下几个方面：①在法律活动的立法、执法、司法、守法的各个环节，都必须以人的全面发展和人民的根本利益为出发点和落脚点，并贯穿于全过程；②强调法律同经济社会的协调、和谐、可持续发展；③强调国家机关和公务人员的活动，必须合乎人性、尊重人格、体恤人情、讲究人道、保障人权；④从理论与实践相结合的角度弘扬人文精神，树立法律权威，完善法律制度。[⑤]总之，人本法律观，就是以实现人的全面发展为目标，以尊重和保障人的合法权利为尺度，实现法律服务于整个社会和全体人民的理论体系。[⑥]

当人本法律观运用到司法领域，便产生了人本司法观，人本司法是现代司法权的本质特征。"人本司法"是人本法律观在司法领域的具体体现，以人为本的法律观是实现当代中国司法现代化的核心理念和必然要求。[⑦]

---

① 《习近平关于全面依法治国论述摘编》，中央文献出版社2015年版，第68页。
② 公丕祥：《董必武的人民司法思想及其时代启示》，《江苏社会科学》2016年第4期，第110页。
③ 王永杰：《从普适性到地方性：马克思主义法学中国化研究》，东方出版中心2011年版，第169页。
④ 司马俊莲：《论人本法律观对法学的理论的创新》，《湖北民族学院学报》（哲学社会科学版）2007年第2期，第121页。
⑤ 李龙：《人本法律观研究》，中国社会科学出版社2006年版，第17页。
⑥ 李龙：《人本法律观简论》，《社会科学战线》2004年第6期，第202页。
⑦ 詹建红、吴家峰等：《人本法律观下的检察职权配置及其实现》，法律出版社2014年版，第8页。

"人本司法"强调司法活动要始终坚持以人为本，注重对人的根本利益的维护，强调对人的合法权益的尊重和保障，突出司法人员的主体地位，通过充分调动司法主体的积极性、主动性和创造性，促进各项司法职能的全面履行，推动各项司法工作的科学发展。可以说，"人本司法"是与人本法律观一脉相承的。

"人本司法"强调司法不仅具有工具性价值，还具有自身的独立性价值，即"尊重人的价值、关注人的生存、维护人的权利、重视人的发展"。司法应当充分尊重人的主体地位，应当全面贯彻落实"以人为本"精神，体现对人的密切关怀和全面照顾；司法制度的设计应当充分保障人的基本权利和自由，应当以维护人的尊严为出发点；司法的具体运作应当顾及人的内心感受，体恤人性的弱点。具体而言，"人本司法"有下列要求：①保护人的精神利益。对人的精神利益的追求是人类永恒的主题，人格和人的尊严在一定程度上超过了其物质性存在意义。随着人类文明的不断进步和社会的发展，保护人的精神利益更能彰显现代司法"以人为本"的精神。②珍惜人的生命和自由。在现实的条件下，人是一切社会关系的总和。认识现实的存在，是物质性存在和精神性存在的统一。如果没有生命和健康这些物质性的存在，也就没有人的精神性存在；如果人被剥夺或限制了自由，则人的一切精神性存在和物质性存在将变得毫无意义。③保护人的财产。因为"生命的权利是所有权利的源泉，财产权是它们实现的唯一工具"①。人的自由而全面的发展必须以丰富的物质财富为基础，人如果没有了财产，便不能充分保障人的生命、健康和自由。②

人本法律观要求将"人本司法"作为当代中国司法的立场基点。2004年，"国家尊重和保障人权"载入宪法，这表明"以人为本"成为我国宪法的价值取向，为"人本司法"的构建奠定了宪法基础，为我国司法制度的现代化改革提出了新的时代要求。以"国家尊重和保障人权"为核心意蕴的"人本司法"理念，不仅赫然显示在庄严的宪法文本之中，更生动体现在十八大以来的顶层设计、政治战略和法治实践之中。2012年，党的十八大将"人权得到切实尊重和保障"作为全面建成小康社会的关键指标之一；2013年党的十八届三中全会做出了《中共中央关于全面深化改革若干重大问题的决定》，突出强调"完善人权司法保障制度"；2014年，党的十八届四中全会通过《中共中央关于全面推进依法治国若干重大问题的决定》，再次强调"加强人权司法保障"，并指出"必须坚持法治建设为了人民、依靠人民、

---

① [美]兰德：《新个体主义伦理观》，秦裕译，上海三联书店1993年版，第88页。
② 高新华：《论以人为本司法观的理论基础——从新宪法修正案谈起》，《安徽大学学报》2005年第3期，第62页。

造福人民、保护人民，以保障人民根本权益为出发点和落脚点，保证人民依法享有广泛的权利和自由、承担应尽的义务，维护社会公平正义，促进共同富裕"。这便是"坚持人民主体地位"这一全面推进依法治国基本原则的最佳阐释。正是基于这一价值原则，人权司法保障才具有牢固的正当性、合法性根基。这表明，"人本司法"已经成为全面推进司法体制改革和建设社会主义司法制度的根本指针。

三、司法实效哲学

司法实效哲学也是人民司法的哲学基础之一。司法效果是司法机关依法进行司法活动过程中，所获得的在法律和社会层面的评价和影响，主要包括法律效果和社会效果两方面。司法实效哲学所追求的是法律效果与社会效果的有机统一。在我国当前的司法实践中，司法工作始终注重充分考虑党和国家的维稳大局，充分考虑中国社会的社情民意。因为，司法活动不仅追求当事人之间"法结"的解开，还追求当事人"心结"的打开。

一般而言，法律效果是指通过司法活动使法律得到严格遵守和执行，从而发挥法律对社会生活的规范和调节作用。这是一种以司法过程和结果形式表现出来的，依据法律条文，侧重形式逻辑的推理方法，偏重于法的外在价值的实现，特别是规范价值的实现。[①]评价法律效果要从以下几个方面来看：①严格依法办事。也就是要以法律为准绳，以法律作为评定是非曲直的标准。司法机关在办理案件时应当严格依照法律的规定，不允许法外办案。不仅要遵守实体法规定，使做出的裁判符合法律要求，实现实体公正，还要遵守程序法，保障诉讼参与人的诉讼权利，实现程序公正。②法律面前人人平等。这是法律实施的基本原则。一切公民在法律面前享有平等地位，即平等地享有权利、履行义务，一切合法权益都受到平等对待和保护，不得享有法律以外的特权。依据该原则，司法机关在处理案件时要做力求做到同案同判，不得区别对待。③司法队伍素质高。司法机关要重视队伍建设，不断提高法律队伍素质，提升法律修养和职业水平，坚持依法公正裁判。

社会效果是指使司法裁判或结果获得社会的认可与接受，符合社会一般常识的公平正义之效果。这是一种以社会反映和反响形式表现出来的，依据于法律和政策，侧重于辩证逻辑的推理方法，偏向于法的内在价值的实现，特别是正义价值的实现。[②]评价社会效果要从以下几个方面来看：

---

① 沈德咏：《正确处理若干重大关系 促进人民法院科学发展》，《人民法院报》2009年2月17日。
② 沈德咏：《正确处理若干重大关系 促进人民法院科学发展》，《人民法院报》2009年2月17日。

①化解矛盾、案结事了。在一个国家里,司法机关必须要在坚持依法办事的前提下,努力做到化解矛盾、案结事了,只有这样才真正完成了司法的使命。只顾法律效果,不顾社会效果的机械司法,不是科学的司法活动。②社会认同度和司法公信力。司法只有让人民群众满意、计社会大众满意,才能得到发展,所以司法是否是"为民的司法",应是评价案件社会效果的重要依据。司法公信力是人民群众对司法机关、司法人员、司法行为、司法过程和司法结果的认同和尊重程度。公正系于形象,高效赢得认同,法威存乎民心。司法公信力反映了社会公众对司法活动的信任度,是真正的"民意"所在。司法公信力越强,人民对司法的认同、信任、尊重程度就越高。③服务和保障大局发展。当前,我国正处在重要战略机遇期,同时也面临着挑战。司法工作应当符合党和国家工作大局的要求。司法活动只有"顾大局、识大体",才能起到服务和保障党和国家工作大局的作用,才能实现社会公平正义、促进社会和谐。①

法律效果和社会效果并非相互对立,而是有机联系、互为依托。法律效果是检验司法活动是否依法实施和符合法治原则的尺度,社会效果则是检验司法活动是否符合社会发展和建立和谐社会要求的尺度。法律是社会行为规范的一种形式,在我国,法律是人民意志的体现,因此,坚持依法办案,本身就是落实依法治国方略的重要体现,其根本目的也是维护最广大人民群众的根本利益,因此,法律效果和社会效果两者追求的终极目标是一致的。

在任何社会,司法不仅要符合法律规定的要求,也要接受社会的价值评判,还要发挥对社会价值的引导作用。因此,司法过程必须关注社会对司法结果的认同与评价。司法活动的法律效果和社会效果是相统一的,司法活动的目的在于通过法律的实施为社会建立一种法律秩序,实现"社会福利",实现公平正义。"一般来讲,司法人员依照法律规定,把案件的是非曲直分清楚、搞明白,实现的是司法的法律效果。而把案件造成的伤害抚平,把案件引起的不满吸收掉,让社会各个方面都满意,实现的则是司法的社会效果。也就是说,司法活动的法律效果就是要让法律'满意',而司法活动的社会效果就是要让社会满意,法律效果和社会效果的统一就是两个'满意'都兼而有之。"②总体而言,我们国家近些年来的司法,一直在努力追求实现法律效果和社会效果的有机统一。③

---

① 沈德咏:《中国特色社会主义司法制度论纲》,人民法院出版社 2009 年版,第 257-259 页。
② 高遥生:《论司法审判的使命》,《法制资讯》2008 年第 10 期,第 1 页。
③ 沈德咏:《中国特色社会主义司法制度论纲》,人民法院出版社 2009 年版,第 261 页。

第三节　人民司法的制度保障

一、人民代表大会制度

人民代表大会制度是人民司法制度的基础，人民法院、人民检察院等司法机关由人民代表大会产生，对人民代表大会负责，受人民代表大会监督，这种制度安排充分体现了人民司法的"人民"特色。

依照我国宪法和法律的规定，人民代表大会为国家权力机关，人民法院、人民检察院分别为国家审判机关和法律监督机关，分别行使审判权和检察权；与各级国家行政机关一样，各级人民法院与人民检察院，均是由各级人民代表大会产生，对它负责，受它监督。最为具体的表现是，各级人民法院、人民检察院和各级人民政府一样，均需向同级人民代表大会定期或专项报告工作，由人民代表大会进行审议；各级人民法院院长、人民检察院检察长均由与其同级的人民代表大会选举产生，其中下级人民检察院的检察长还要同时报请上级人民人民代表大会常务委员会批准任免；各级人民法院副院长、审判员、审判委员会委员，各级人民检察院副检察长、检察员、检察委员会委员，则由本院院长或检察长提请同级人民代表大会常务委员会任免。

很明显，我国宪法并未就国家权力进行分割，国家权力统一由人民代表大会行使，全国人民代表大会行使最高国家权力，地方各级人民代表大会行使地方国家权力。在国家权力之下虽然设立国家行政机关、国家监察机关、国家审判机关和国家法律监督机关，但它们均不是与国家权力机关并行而权力平等的机构。审判权、检察权与行政权、监察权均由国家权力机关派生，并对国家权力机关负责，受其监督，以此确保所有国家权力最终归于人民行使。正是在这一点上，我国的国体和政体与西方资本主义国家意义上的"三权分立"有着本质的不同。在所谓三权分立制度下，司法并不向议会定期或专项报告工作，更不接受议会的审议或受议会之监督。而我国是统一国家权力体系下派生的"一府一委两院"制，国家权力本身不存在所谓立法权、行政权、司法权三权并行且相互制约的种类划分。从我国宪法来看，国家的一切权力属于人民，国家权力并不可分。因此在我国宪法意义下，单一行使而又与立法权、行政权互为独立的司法权是不存在的。

以上宪法内容说明，人民法院、人民检察院由人民代表大会产生，对它负责，受它监督，其地位低于人民代表大会。这种制度安排体现了人民民主专政的国体要求，是由人民代表大会制度的政体所决定的，是中国特色社会主义司法制度最基本的特色，其最能体现人民司法制度的"人民性"，因而构成人民司法制度的基础。

二、人民陪审制度

人民陪审制度，是指国家审判机关审判案件时吸收非职业法官作为陪审员，陪审员与职业法官或职业审判员一起审判案件的一种司法制度。萨托利认为："直接民主就是人民不间断地参与行使权力，而间接民主在很大程度上则是一种对权力的限制和监督体系。"①人民通过陪审、参审等方式直接参与到司法活动中去，直接行使司法权，是人民司法最有力的体现。

陪审制度发源于古代雅典和罗马时期，经过历史的发展和演变形成了以陪审制和参审制为主的基本模式，并成为现代法治国家司法民主的主要制度形式。陪审制主要适用于英美法系国家，其特征明显在于"一群法律的外行居于追诉人与被追诉人之间，作出对有关事件的常识性判断"②；参审制主要适用于大陆法系国家，其特征在于由非职业法官和法官共同组成混合审判庭，就案件的真实问题和法律问题进行审理并作出裁判。我国的人民陪审员制度自清末修律时开始引进，并在中华人民共和国成立之后成为一种正式、稳定和普遍的法律制度，其实质接近于参审制。

2004年8月28日，第十届全国人民代表大会常务委员会第十一次会议审议通过了《全国人大常委会关于完善人民陪审员制度的决定》（自2005年5月1日起施行）（以下简称《决定》），标志着我国有关陪审问题的单项立法诞生，标志着人民陪审员制度进入了一个新的发展时期。随后，最高人民法院、司法部共同出台《关于人民陪审员选任、培训、考核工作的实施意见》，以及最高人民法院单独制定《关于人民陪审员管理办法（试行）》，为做好人民陪审员的管理工作，保障人民陪审员制度的实施铺平道路。2009年11月23日，最高人民法院通过了《最高人民法院关于人民陪审员参加审判活动若干问题的规定》（以下简称《若干规定》），并针对审判过程中的一些具体事宜作了细化规定和补充规定。随后，2010年1月13日，最高人民

---

① [英] 萨托利：《民主新论》，冯克利等译，东方出版社1998年版，第315页。
② Wayne R LaFave, Jerold H. Israel, Nancy J King, *Crininal Procedure* (Fourth Edition), West Group, 2004, pp.1038-1039.

法院政治部针对部分高级人民法院在人民陪审员制度实施过程中的有关问题作出答复。2015年4月24日，第十二届全国人大常委会第十四次会议授权最高人民法院在北京、河北、黑龙江、江苏、福建、山东、河南、广西、重庆、陕西10个省（区、市），各选5个法院开展为期2年的人民陪审员制度改革试点工作。这些具体规定和改革完善措施标志着我国人民陪审制度未来发展的方向和前景。

三、司法救援制度

（一）法律援助制度

法律援助制度，是国家在司法制度运行的各个环节和各个层次上，对因经济困难或者其他因素而难以获得法律救济的社会弱者，采取减免收费，提供法律帮助的一项法律保障制度。它作为实现社会正义和司法公正、保障公民基本权利的国家行为，在国家的司法体系中占有十分重要的地位。[①] 建立法律援助制度的意义在于，法律援助制度体现了国家对公民基本权利的切实保障，有利于实现法律面前人人平等的宪法原则；法律援助制度为诉讼当事人提供平等的司法保障，有利于实现司法公正；法律援助制度有利于健全和完善律师法律制度；法律援助制度有利于健全和完善我国社会保障体系，保障社会稳定，促进经济发展和和谐社会建设。

法律援助制度起源于15世纪的英国，在西方国家已有500多年的历史，先后经历了慈善事业阶段（18世纪、19世纪）、个人权利阶段（20世纪前半段）和福利国家政策阶段（第二次世界大战以后）。自20世纪六七十年代以后，法律援助逐渐被一些发展中国家接受。我国虽然在1979年《刑事诉讼法》中就已经设置了指定辩护的规定，但严格意义上的法律援助制度，到20世纪90年代后才开始逐步建立。《律师法》第42条规定：律师、律师事务所应当按照国家规定履行法律援助义务，为受援人提供符合标准的法律服务，维护受援人的合法权益。此外，在《未成年人保护法》《老年人权益保障法》《妇女权益保障法》和《残疾人保障法》颁布后，司法部联合中央有关部门发出通知，即对弱势群体设置法律援助制度，进一步扩大我国法律援助制度的范围。国务院于2003年7月16日通过了《法律援助条例》，标志着我国法律援助制度正式建立。中国共产党第十八届中央委员会第四次全体会议后，法律援助制度更加受到重视，并采取措

[①] 陈光中：《刑事诉讼法》（第六版），北京大学出版社、高等教育出版社2016年版，第159页。

施进一步加以完善。①

1996年3月17日通过的新的《刑事诉讼法》第34条规定："公诉人出庭公诉的案件，被告人因经济困难或者其他原因没有委托辩护人的，人民法院可以指定承担法律援助义务的律师为其提供辩护。被告人是盲、聋、哑或者未成年人而没有委托辩护人的，人民法院应当指定承担法律援助义务的律师为其提供辩护。被告人可能被判处死刑而没有委托辩护人的，人民法院应当指定承担法律援助义务的律师为其提供辩护。"这是在我国立法史上，首次将"法律援助"明确写入部门法，是我国法律援助制度建设的一个重要里程碑。

1996年5月15日通过的《律师法》对法律援助的有关内容作了专章规定。《律师法》第六章规定："公民在赡养，工伤，刑事诉讼，请求国家赔偿和请求依法发给抚恤金等方面需要获得律师帮助，但是无力支付律师费用的，可以按照国家规定获得法律援助。律师必须按照国家规定承担法律援助义务，尽职尽责为受援人提供法律援助。法律援助的具体办法，由国务院司法行政部门制定，报国务院批准。"

1996年8月29日，全国人大常委通过的《老年人权益保障法》中第39条，明确规定了对老年人提供法律援助的内容。

1997年1月，司法部法律援助中心成立。随后，中国法律援助基金会经国务院批准成立。2003年7月16日，国务院公布了《法律援助条例》，自2003年9月1日起施行。《法律援助条例》对我国法律援助的性质、任务、组织机构、范围、程序、实施和法律责任等基本问题做出来全面、具体的规定。它的公布实施，标志着我国法律援助工作进入了法制化、规范化的新阶段，为进一步促进和规范法律援助工作提供了必要的法律法规保障，对保障困难公民获得必要的法律服务，促进社会公平正义和社会主义和谐社会建设，都具有重要作用。

（二）司法救助制度

司法救助，又称诉讼救助，是指人民法院在诉讼中，通过对当事人缓交、减交或免交诉讼费用的救济措施，减轻或者免除经济上确有困难的当事人的负担，保证其能够正常参加诉讼，依法维护其合法权益的法律制度。

国家司法救助是指国家向无法通过诉讼获得有效赔偿而生活面临困难的当事人、证人（限于自然人）等即时支付救助金。国务院《诉讼费用交

---
① 陈光中：《刑事诉讼法》（第六版），北京大学出版社、高等教育出版社2016年版，第159-160页。

纳办法》(2006年)中将诉讼费用缓交、减交和免交称为司法救助,有学者认为,应将此类救助称为诉讼费用救助。现行国家司法救助为辅助性救助,对同一案件的同一救助申请人只进行一次性国家司法救助。对于能够通过诉讼获得赔偿、补偿的,一般应通过诉讼途径解决。开展国家司法救助是我国司法制度的内在要求,是改善民生、健全社会保障体系的重要组成部分。[①]

国家司法救助的现行专门规范文件除《刑事诉讼法》《诉讼费用交纳办法》外,还有《关于建立完善国家司法救助制度的意见(试行)》(2015年)和《最高人民法院关于加强和规范人民法院国家司法救助工作的意见》(法发〔2016〕16号)。国家司法救助应当遵循如下基本原则:①公正救助。即遵行救助标准和条件,兼顾申请人实际情况和同类案件救助数额,做到公平、公正、合理救助。②及时救助。即对符合救助条件的申请人,办案机关应根据申请人申请或依据职权及时提供救助。

法院对符合救助条件的救助申请人,无论其户籍所在地是否属于受案法院辖区范围,均由案件管辖法院负责救助。在管辖地有重大影响且救助金额较大的国家司法救助案件,上下级法院可以进行联动救助。对于符合司法救助条件的当事人就人身伤害或财产损失提起民事诉讼的,法院应当依法减免相关诉讼费用,司法行政部门应当依法及时提供法律援助。对于未纳入国家司法救助范围或者实施国家司法救助后仍然面临生活困难的当事人,符合社会救助条件的,办案机关协调其户籍所在地有关部门,纳入社会救助范围。

在刑事诉讼中关于司法救助的规定。我国司法救助制度在刑事审判方面的研究比民事、行政审判方面的研究较早,因此,刑事司法救助体系的发展已经较为成熟。我国对于被告人因经济困难或者其他原因实行刑事司法救助的方式主要是通过人民法院指定辩护人为其提供辩护来实现,在《刑事诉讼法》和最高人民法院关于执行《刑事诉讼法》若干问题的司法解释中都作出了比较明确具体的规定。《刑事诉讼法》第34条规定了被告人因经济困难或者其他原因没有委托辩护人,人民法院应当为当事人指定辩护人的三种情况:①被告人是盲、聋、哑;②被告人是未成年人;③被告人可能被判处死刑的。最高人民法院关于执行《刑事诉讼法》若干问题的解释第37条对其进行了补充;第37条规定了人民法院可以为其指定辩护人的七种情况:①符合当地政府规定的经济困难标准的;②本人确无经济来源,其家庭经济状况无法查明的;③本人确无经济来源,其家属经多次劝说仍

---

① 江伟、邵明:《民事诉讼法》(第三版),复旦大学出版社2016年版,第135页。

不愿为其承担辩护律师费用的；④共同犯罪案件中，其他被告人已委托辩护人的；⑤具有外国国籍的；⑥案件有重大社会影响的；⑦人民法院认为起诉意见和移送的案件证据材料可能影响正确定罪量刑的。

在民事、行政诉讼中关于司法救助的规定。中华人民共和国成立后，人民法院就开始对经济困难的诉讼当事人进行司法救助，以便于他们通过法律程序获得司法救济，保护自己的民事权利。中华人民共和国成立至1984年，我国民事诉讼处于基本不收费阶段，只有少数地方收取诉讼费，如果当事人确有困难无力交纳，准予免缴。1982年颁布实施的《中华人民共和国民事诉讼法（试行）》确立了诉讼收费基本制度，对司法救助未作规定。1984年最高法院制定的《民事诉讼收费办法（试行）》第12条规定："自然人交纳诉讼费用确有困难，申请缓交、减交或免交的，由人民法院审查决定。"1989年最高法院制定的《人民法院诉讼收费办法》第27条也作了类似规定。1992年颁布的《中华人民共和国民事诉讼法》第107条规定："当事人交纳诉讼费用确有困难的，可向人民法院申请缓交、减交或免交。"这一规定标志着司法救助制度的正式确立。1999年最高人民法院制定的《〈人民法院诉讼收费办法〉补充规定》对原办法第27条进行修改，补充规定了可向人民法院申请司法救助的5种情形。2000年7月12日，最高人民法院专门出台《关于对经济确有困难的当事人予以司法救助的规定》（以下简称《规定》），正式以法律形式明确提出了"司法救助"这一概念，第一次明确规定了我国的司法救助制度。按照此规定第2条的定义：司法救助，是指人民法院对于民事、行政案件中有充分理由证明自己合法权益受到侵害但经济确有困难的当事人，实行诉讼费用的缓交、减交、免交。当事人具有下列情形之一的，可以向人民法院申请司法救助：①当事人追索赡养费、扶养费、抚育费、抚恤金的；②当事人追索养老金、社会保险金、劳动报酬而生活确实困难的；③当事人为交通事故、医疗事故、工伤事故或者其他人身伤害事故的受害人，追索医疗费用和物质赔偿，本人确实生活困难的；④当事人为生活困难的孤寡老人、孤儿或者农村"五保户"的；⑤当事人为没有固定生活来源的残疾人的；⑥当事人为国家规定的优抚对象，生活困难的；⑦当事人正在享受城市居民最低生活保障或者领取失业救济金，无其他收入，生活困难的；⑧当事人因自然灾害或者其他不可抗力造成生活困难，正在接受国家救济或者家庭生产经营难以为继的；⑨当事人起诉行政机关违法要求农民履行义务，生活困难的；⑩当事人正在接受有关部门法律援助的；⑪当事人为福利院、孤儿院、敬老院、优抚医院、精神病院、SOS儿童村等社会公共福利事业单位和民政部门主管的社会福利企业的。

2005年最高人民法院对这一《规定》进行了修订。该《规定》对司法救助的对象由原来的5种情形增加到14种情形，对申请司法救助的程序也作了规定。2006年12月8日国务院颁布《诉讼费用交纳办法》，是结合近年来人民法院开展司法救助的实践，对司法救助制度作了进一步的完善。此外，《中华人民共和国民事诉讼法》（以下简称《民事诉讼法》）中也有关于司法救助性质的规定：①民事诉讼法中关于先予执行的内容。《民事诉讼法》第97条规定了三种情况，人民法院可以裁定先予执行：追索赡养费、扶养费、抚育费、抚恤金、医疗费用的；追索劳动报酬的；因情况紧急需要先予执行的。但应当符合两个条件：当事人之间权利义务关系明确，不先予执行将严重影响申请人的生活或者生产经营的；被申请人有履行能力。②民事诉讼法中关于法院调查收集证据的规定。《民事诉讼法》第64条中规定：当事人及其诉讼代理人因客观原因不能自行收集的证据，或者人民法院认为审理案件需要的证据，人民法院应当调查收集。

人民法院在审理案件时，对司法救助的具体操作情况如下：立案法官对当事人提交的诉讼材料和证明材料进行审查，申报，经审批后，决定暂时缓交，经法院统一缓交诉讼费用的，缓交期限最长不得超过案件的审理期限。待案件结束后根据案件审理结果决定最终诉讼费用的负担：申请救助人若胜诉，则由被告人负担诉讼费用；若原被告各负担一部分诉讼费用或申请救助人败诉，诉讼费用视具体情况对申请救助人予以减免。诉讼费用的司法救助解决了相当一部分当事人由于经济困难不能提起诉讼的情况，取得了较好的社会效果。

四、审判监督制度

审判监督制度，又称再审制度，是指人民法院、人民检察院对已经发生法律效力的判决和裁定，发现在认定事实或适用法律上确有错误，依法提起并对案件进行重新审判的制度。审判监督程序的意义是通过启动再审程序，依法纠正已经发生法律效力的有错判决或裁定，维护国家法律权威，确保法律正确实施，准确有效地惩罚犯罪分子，充分贯彻实事求是、有错必纠的方针政策。

根据人民法院组织法的规定，审判监督制度具体包括以下内容：①提起审判监督程序的前提，是发现已经发生法律效力的判决和裁定，在认定事实或者适用法律上确有错误。②有权提起审判监督程序的人员和机构，是各级人民法院院长和审判委员会、上级人民法院、上级人民检察院、最高人民法院和最高人民检察院。③提起审判监督程序的方式，一是各级人民法院院长提交审判委员会决定是否再审；二是最高人民法院、上级人民法院提审或者指令再审；三是最高人民检察院、上级人民检察院按照审判监督程序提出抗诉。④人民法院按照审判监督程序重新审判的案件，应当另行组成合议庭进行。如果原来是第一审案件，应当依照第一审程序进行审判；如果原来是第二审案件，或者是上级人民法院提审的案件，应当依照第二审程序进行审判。

我国三大诉讼法对各自领域的审判监督制度作了许多具体的规定，从而进一步完善了审判监督制度。

刑事诉讼法规定，当事人及其法定代理人、近亲属对已经发生法律效力的判决、裁定，可以向人民法院或者人民检察院提出申诉，但是不能停止判决、裁定的执行。当事人及其法定代理人、近亲属的申诉符合下列情形之一的，人民法院应当重新审判：①有新的证据证明原判决、裁定认定的事实确有错误的；②据以定罪量刑的证据不确实、不充分或者证明案件事实的主要证据之间存在矛盾的；③原判决、裁定适用法律确有错误的；④审判人员在审理该案件的时候，有贪污受贿，徇私舞弊，枉法裁判行为的。人民法院按照审判监督程序重新审判的案件，应当在作出提审、再审决定之日起3个月以内审结，需要延长期限的，不得超过6个月。

民事诉讼法规定，当事人对已经发生法律效力的判决、裁定，认为有错误的，可以向原审人民法院或者上一级人民法院申请再审，但不停止判决、裁定的执行。当事人的申请符合下列情形之一的，人民法院应当再审：①有新的证据，足以推翻原判决、裁定的；②原判决、裁定认定事实的主要证据不足的；③原判决、裁定适用法律确有错误的；④人民法院违反法定程序，可能影响案件正确判决、裁定的；⑤审判人员在审理该案件时有贪污受贿、徇私舞弊、枉法裁判行为的。当事人申请再审，应当在判决、裁定发生法律效力后2年内提出。

行政诉讼法规定，当事人对已经发生法律效力的判决、裁定，认为确有错误的，可以向原审人民法院或者上一级人民法院提出申诉，但判决、裁定不停止执行。人民检察院对人民法院已经发生法律效力的判决、裁定，发现违反法律、法规规定的，有权按照审判监督程序提出抗诉。

第六章
中国特色社会主义司法制度的价值嬗变[①]

对应于两次历史性社会转型以及第二次转型的三个发展阶段，当代中国的司法价值观发生了四次历史性变迁，即从为阶级斗争冲锋陷阵的政治司法价值观转变到为经济建设保驾护航的经济司法价值观，而后再演变为为社会稳定排忧解难的社会司法价值观，并走向为法治文明注译导航的衡平司法价值观。鉴于前三种司法价值观本质上都是法律工具主义的产物，是人治的变种，故有必要对其做历史性反思。唯此，型塑以"公正、廉洁、为民"为基本内核的多元衡平司法价值观方为可能。

在一般意义上，所谓司法价值观有两重解读：一是指国家对司法的定位，即国家对于司法的总体认识和期待；二是指主流社会和司法职业群体对司法的意义、地位和重要性的总体评价或看法。它通常有两种表现形式：①司法评价的尺度和准则；②司法过程的价值取向、追求或者目标。就其一般规律而言，作为法律价值观的一种形态，司法价值观不仅深受传统政法思想、主流意识形态之影响，而且，就整个历史进程而言，经济形态之转型、社会结构之变迁、思想文化之演变都会对其产生影响。[②]正因如此，

[①] 本章内容曾以《转型中国的司法价值观》，发表至《法学研究》2014年第1期，特此说明。
[②] Joel B. Grossman, Social Backgrounds and Judicial Decisions: Notes for a Theory, The Journal of Politics Vol.29. No. 2（May. 1967）. pp.334-351。

中国的司法价值观伴随着社会转型及其发展的不同阶段而嬗变不断。

历史地看，自1949年以来，中国先后发生过两次大的社会转型。第一次转型以中华人民共和国的建立为标志，以政治制度的转型为核心内容。第二次转型以改革开放基本国策的确立为标志，以经济、社会、文化制度的转型为主要内容。其中，基于改革的侧重点之不同，第二次转型又可以划分为若干不同的历史阶段。七十多年来，对应于这两次大的社会转型以及第二次转型的不同发展阶段，国家对司法定位的侧重点有所不同，其司法价值观可做不同描述（如表6-1所示）。在第一次社会转型期（1949—1978），国家对司法的定位侧重于强调司法必须为阶级斗争服务，称之为政治司法价值观。在第二次社会转型的第一阶段（1978—2004），国家对司法的定位侧重于强调司法必须为经济建设保驾护航，[①]故称之为经济司法价值观；在第二阶段（2004—2010），国家对司法的定位侧重于强调司法必须为和谐社会建设服务，可称之为社会司法价值观；在第三阶段（2010至今），国家对司法的定位转向强调司法必须为法治文明注译导航，当称之为衡平司法价值观。

表6-1 中华人民共和国司法价值观的历史流变简表

第一次社会转型期		1949—1978	政治司法价值观	为阶级斗争冲锋陷阵
第二次社会转型期	第一阶段	（1978—2004）	经济司法价值观	为经济建设保驾护航
	第二阶段	（2004—2010）	社会司法价值观	为社会稳定排忧解难
	第三阶段	（2010至今）	衡平司法价值观	为法治文明注译导航

就其本质而言，不论是政治司法价值观，还是经济司法价值观，抑或社会司法价值观，都是司法工具论的产物。故此，有必要对这些司法价值观作历史性反思，唯此，塑造以"公正、廉洁、为民"为基本内核的多元衡平的司法价值观，才成为可能。事实上，进入第二次转型的第三个阶段之后，我们似乎已经意识到任何有关司法的定位都应当以尊重司法常识与规律为基本前提，在这个前提之下，司法价值观应当"循天道、因民情、随时变"[②]。所谓"循天道"即司法应当遵循天时、地利等客观规律的内在要求，"因民情"即司法应当尊重常理、顺应民心、保障民权，"随时变"即司法应当与时俱进，顺势而为。

[①] 卢荣荣、徐昕：《中国司法建设三十年：1978—2008》，《法治论坛》2010年第1期，第127页。
[②] 李刚：《法家法治思想与当今法治思想析论》，《学理论》2010年第35期，第181页。

第一节　政治司法价值观

1949年以后，伴随着剧烈的社会变革，中国的司法制度得以历史性的重构。①鉴于国家政权刚刚建立，百废待兴，此时的中国司法被要求为巩固政权等直接政治目的服务，并被定位为实行阶级统治即无产阶级专政的工具。②这一时期中国司法所尊奉的是名符其实的政治司法价值观。

一、解释性背景

中华人民共和国成立伊始，在摒弃国民党"六法全书"的同时，即颁布了一系列旨在巩固政权、维护社会秩序方面的法律法规。据统计，自1949年9月到1954年8月，由全国政协全体会议、中央人民政府委员会、政务院以及所属各部门先后颁布并在全国范围内施行的重要法律、法令等达506件。③这些法律、法令和法规的出台，一方面填补了废除国民党"六法全书"之后的法制真空，为社会运转提供了基本的法制保障，另一方面也揭开了新中国法制建设的序幕。后人称之为"中华人民共和国法制建设的首个黄金期"。④

其一，鉴于中华人民共和国刚刚成立，巩固新生的人民民主政权被认为是共和国在这一历史时期的核心任务，一切立法、行政与司法工作，均须围绕这个核心任务展开。比如1951年的《妨害国家货币治罪暂行条例》《中华人民共和国惩治反革命条例》等，1952年的《中华人民共和国惩治贪污条例》《管制反革命分子暂行办法》等，1954年的《逮捕拘留条例》《中华人民共和国劳动改造条例》等，均带有强烈的专政色彩。依逻辑，以适用专政性立法为职志的司法只能是专政性的。

其二，中华人民共和国成立初期，阶级斗争被置于一切工作的重中之重。⑤司法工作的主要任务被定格为"惩治反革命、地方土匪，恢复城市和

---

① 王圣诵、王成儒：《中国司法制度研究》，人民出版社2006年版，第379页。
② Lung Sheng Tao, Politics and Law Enforcement in China: 1949—1970, *The American Journal of Comparative Law*, Vol. 22. No. 4（Autumn, 1974）. pp.713-756.
③ 资金星：《论建国以来中国法价值取向的历史流变与发展趋势》，《中共成都市委党校学报》2009年第4期，第33页。
④ 卞建林：《现代司法理念研究》，中国人民公安大学出版社2012年版，第52页。
⑤ 王也扬：《"以阶级斗争为纲"理念考》，《近代史研究》2011年第1期，第121页。

农村地区的社会稳定",司法改革的重要任务之一"就是要在检察院和法院系统确立起政法部门就是阶级斗争工具、无产阶级专政的工具的观念"①。正是在这个意义上,时任最高法院院长的沈钧儒说:"我们人民司法工作必须积极地为政治服务,必须与当前的政治中心任务与群众运动相结合。"②

其三,"文革"爆发,伴随着法律虚无主义的政治狂热症,中华人民共和国成立初期这种阶级司法的定位被彻底地工具化。在这个过程中,司法被当作无产阶级专政的暴力工具,成为在阶级斗争中冲锋陷阵的忠勇斗士。

二、分析性促因

其一,巩固政治合法性是促成政治司法价值观的政治动因。中华人民共和国建立初期,执政者所面对的是一个百废待兴的社会,国家建设的压力艰巨。新生的人民民主政权被国内外反动派所包围,反颠覆、反侵略的斗争严峻。中国当时存在着两种基本矛盾:一是工人阶级和资产阶级的矛盾;二是中国和帝国主义国家的矛盾。③保卫新生的人民民主政权、维护政权的稳定和安全,被设定为顺利进行社会主义建设的前提条件,这意味着阶级斗争实际上摆在了国家建设任务之前。由此,调动包括司法机关在内的各种国家机器,围绕阶级斗争运转,便成为时势所必然。按照1955年9月19日罗瑞卿在全国21省公安厅局长会议上的讲话:"公安、检察、法院都是党的工具,是党保卫社会主义建设、镇压敌人的工具。"

其二,专制司法的文化心理是促成政治司法价值观的社会动因。在相当长的历史时期,中国司法基本上可以划归"专制司法"的范畴。在近代之前,司法被普遍地认为是帝王将相对臣民实行专政的手段。近代之后,整个民国时期,司法也多被认为是政府官僚控制平民百姓的工具。中华人民共和国成立后,司法被定位为无产阶级专政的"暴力机器"。同时,古往今来的中国社会对于司法最朴素的印象多与刑罚或惩戒有关,④并将司法涂染上某种程度的暴虐和血腥色彩。因此,中国民间一直都有将司法称之为"刀把子"的传统。⑤这一传统与阶级专政理论相互作用,成为孵化政治司

---

① 俞荣根:《毛泽东阶级论法学观的变化与价值重估》,《四川师范大学学报(社会科学版)》1995年第2期,第38页。
② 最高人民法院办公厅:《最高人民法院历任院长文选》,人民法院出版社2010年版,第21页。
③ 《毛泽东选集》(第4卷),人民出版社1991年版,第1433页。
④ 王贵秀、张显扬:《无产阶级专政的实质主要不在于暴力》,《东岳论丛》1980年第1期,第18页。
⑤ 刘风景:《"刀把子"的隐喻学阐释——分析人民法院性质与职能的新进路》,《清华法学》2008年第1期,第89页。

法价值观的文化酵素。

其三，以阶级斗争为基本内核的斗争法学是促成政治司法价值观的理论动因。中华人民共和国建立之初，全盘照搬苏联法学，以维辛斯基为代表的斗争法学理论成为占主导地位的法学意识形态。[1]在这种法学意识形态支配下，包括法院在内的"政法机关最重要、最根本的任务还是敌我矛盾，对人民的敌人实行专政"[2]，"是当权的阶级统治被他推翻了的阶级的工具"[3]。从这个意义上说，斗争法学实际上构成了政治司法价值观的理论根基。[4]

三、描述性表征

其一，政法合一体制。政法体制形成的一个基本标志是政法委的设立。1949年10月，中央人民政府政务院设立"指导各个政法部门工作"的政治法律委员会，其职责是"帮助行政首长解决政法部门的具体问题，它和政法部门是'指导与联系'的关系"[5]。该委员会是最高人民法院与最高人民检察署实际上的领导机关。[6]1954年宪法出台之后，政治法律委员会为国务院政法办公室所取代。1958年6月中共中央决定设立"直属中央政治局和书记处"的"政法领导小组"，协调公、检、法的关系，并逐渐形成重大案件由党委审批的惯例。1960年，中共中央根据中央政法小组提交的"关于中央政法机关精简机构和改变管理体制"的报告，决定最高人民法院、最高人民检察院和公安部合署办公，并由公安部统一领导。至此，与政治司法价值观相互映衬的政法体制渐成雏形。

其二，政治正确的司法原则。1950年1月4日，董必武在旧司法工作人员的改造问题会议上指出："人民司法的基本精神，是要把马、恩、列、斯的观点和毛泽东思想贯彻到司法工作中去。"[7] 1950年11月3日发布的《中央人民政府政务院关于加强人民司法工作的指示》提出，"人民的司法工作如同人民军队和人民警察一样，是人民政权的重要工具之一"，是镇压反动派保护人民的直接工具。1952年8月30日，中共中央发布《关于进行司法改革工作应注意的几个问题的指示》，启动了在全国范围内开展以反对旧司

---

[1] 张文显、于宁：《当代中国法哲学研究范式的转换——从阶级斗争范式到权利本位范式》，《中国法学》2001年第1期，第65页。
[2] 彭真：《论新中国的政法工作》，中央文献出版社1992年版，第132页。
[3] 谢觉哉：《谢觉哉文集》，人民出版社1989年版，第13页。
[4] 武树臣：《从"阶级本位·政策法"时代到"国、民本位·混合法"时代——中国法律文化六十年》，《法学杂志》2009年第9期，第2页。
[5] 侯猛：《"党与政法"关系的展开——以政法委员会为研究中心》，《法学家》2013年第2期，第2页。
[6] 董必武：《董必武政治法律文集》，法律出版社1986年版，第239页。
[7] 董必武：《董必武政治法律文集》，法律出版社1986年版，第117页。

法观点和改革整个司法机关为主要内容的司法改革运动。其主要内容，是有针对性地对全国的司法机关（重点是各级人民法院）进行思想上的改造和组织上的整顿，以解决司法机关存在的思想不纯、作风不纯、组织不纯及政治不纯等问题。[①]截至1953年，司法改革运动基本确立了马克思列宁主义、毛泽东思想关于国家和法律的理论在司法领域中的绝对权威，从而保证了司法机关政治上、思想上的纯洁性。[②]

其三，国家政策成为司法审判的依据。中共中央于1949年2月22日发出《关于废除国民党的六法全书与确定解放区的司法原则的指示》（通称"二月指示"），其中指出："目前在人民的法律还不完备的情况下，司法机关的办事原则应是：有纲领、法律、命令、条例、决议规定者，从纲领、法律、命令、条例、决议之规定；无纲领、法律、命令、条例、决议规定者，从新民主主义政策。"[③] 1956年3月31日，彭真在第三次全国检察工作会议上指出："我们办案时，只要站稳阶级立场，根据政策，按照阶级利益来办事就可以了。"1958年6月，最高人民法院党组向中央报送的《关于第四届全国司法工作会议的情况报告》中特别强调："人民法院必须绝对服从党的领导，成为党的驯服工具……法院工作服从党的领导……不仅要坚决服从党的方针、政策的领导，而且要坚决服从党对审判具体案件以及其他一切方面的指示和监督。"1958年8月24日毛泽东在北戴河发表谈话，提出："不能靠法律治多数人……我们基本上不靠那些，主要靠决议、开会，一年搞四次，不能靠民法、刑法来维持秩序。我们每次的决议都是法，开一个会也是一个法。"当时，刘少奇也有"法律只能做办事参考""党的决议就是法"等论述。其后，由彭真领导的中央政法小组在《关于人民公社化后政法工作一些问题向主席、中央的报告》中指出："刑法、民法、诉讼法根据我国实际情况看，已经没有必要制定了。"由此，依照政策办事的司法原则确立。

四、逻辑性反思

就其本质而言，为阶级斗争服务的政治司法价值观乃司法工具主义的一种表现形式，而司法工具主义又是法律虚无主义的变种。在司法工具主

[①] 侯松涛：《建国初期的司法改革运动：回顾与思考》，《中国特色社会主义研究》2008年第1期，第95页。
[②] 《董必武政治法律文集》，法律出版社1986年版，第234页。
[③] 韩延龙、常兆儒：《中国新民主主义革命时期根据地法制文献选编》（第1卷），中国社会科学出版社1981年版，第87页。

义价值观的指引下，人们所关注的往往是司法运作过程中的工具价值，却忽视了司法本身所具有的诸如秩序、正义、法治、人权等目的价值。长此以往，司法自身内在的目的价值被逐渐弱化，领导的个人意志、执政党政策乃至纪律取代法律的宿命在所难免。①

其一，既然司法是阶级专政的工具，就得服务于统治阶级的目的，即巩固人民民主专政。在这种逻辑之下，司法不是一种技术性活动，而是一项政治任务。②因此，司法人员的工作重点不在于技术性和专业性，而在于政治性和阶级性，政治正确成为司法工作人员的首要追求。其结果是，司法过程完全偏离居中、专业裁断的价值导向，并因此逐渐丧失其作为社会纠纷最终裁断者的权威性。经验表明，司法一旦偏离居中立场并丧失应有权威，其本身沦落为政治附庸之命运殊难改变，国家和社会也难免因此陷入"无法无天"的动荡险境。

其二，既然司法是阶级专政的工具，就必须完全服从党的领导。时任公安部长的罗瑞卿在1957年9月4日召开的中央法律委员会扩大会议上强调：政法机关这个专政的武器必须牢固地掌握在党的手里；党委应当领导政法机关的全部工作（包括所有案件），各级政法部门必须无条件地服从党委（包括中共中央和地方各级党委）的绝对领导，加强向党委的请示报告。既然人民法院必须绝对服从党的领导，成为党的驯服工具，那么一切主张审判独立的观点都是反对党的领导，是以法抗党，是资产阶级旧法观点借尸还魂。

其三，既然司法是党的驯服工具，党的意志便具有高于法律的权威。1955年时任全国人大常务委员会委员长的刘少奇先后两次明确指示："我们的法律不是为了约束自己，而是用来约束敌人，打击和消灭敌人的""我们的法律是要保护人民去同敌人斗争，而不能约束革命人民的手足。如果哪条法律束缚了我们自己的手足，就要考虑废除这条法律"。正是这种主张使得党凌驾于宪法和法律之上，党权无限膨胀，不受宪法和法律的限制，最终发生"反右斗争""无产阶级文化大革命"等各种政治运动，造成无数冤假错案。

第二节　经济司法价值观

中共十一届三中全会之后，党和国家"重新确立了马克思主义实事求

---

① 谢晖：《法律工具主义评析》，《中国法学》1994年第1期，第53页。
② 侯猛：《经济体制变迁中的最高人民法院（1949—1978年）》，《政法论坛》2005年第2期，第69页。

是的路线方针,果断地停止使用'以阶级斗争为纲'的口号,并作出了把工作重点转移到经济建设上来的战略决策"。①从此以后,中国司法被定位为"为经济建设服务",②为经济建设保驾护航成为该时期司法的重要甚至首要目标。③在这个意义上说,这一历史阶段的司法价值观可称其为经济司法价值观。

一、描述性背景

其一,中共十一届三中全会之后,国家逐渐迈向从"以阶级斗争为纲"到以经济建设为中心、从封闭半封闭到改革开放、从计划经济到市场经济的变革历程。从中共十二大到十六大,都将经济作为首要议题,并用大量篇幅阐述其经济建设的方针、原则和目标任务。

其二,中共十一届六中全会通过了《关于建国以来党的若干历史问题的决议》,首次明确指出:"在社会主义改造基本完成以后,我国所要解决的主要矛盾,是人民日益增长的物质文化需要同落后的社会生产之间的矛盾。"这一论断为"党和国家工作的重点必须转移到以经济建设为中心的社会主义现代化建设上来"提供了理论支撑。④具体而言,主要矛盾和主要任务是一致的,界定了国家的主要矛盾也就规定了国家的主要任务。国家任务由阶级斗争转向经济建设,正是立基于《决议》将国家主要矛盾由阶级矛盾转变为生产矛盾的历史性论断。就其本质而言,人民日益增长的物质文化需要同落后的社会生产之间的矛盾,是社会主义生产关系和生产力矛盾的具体表现,因而也是生产与需要矛盾的基本反映。为解决这个矛盾,根本途径是发展生产,集中力量搞建设。若将主要矛盾定基于无产阶级与资产阶级的矛盾,在逻辑上就不可能推导出集中力量搞建设的基本任务。⑤

其三,颁布新宪法,将以经济建设为基本内核的"现代化建设"作为国家根本任务写进宪法,并规定了多种经济成分共存的经济制度:①宪法序言第7段规定:"今后国家的根本任务是集中力量进行社会主义现代化建设。"其意旨有如1982年11月彭真在宪法修改草案报告中所指出的:拨乱

---

① 中共中央文献研究室:《三中全会以来重要文献选编》,人民出版社1982年版,第4页。
② 沈德咏:《中国特色社会主义司法制度论纲》,人民法院出版社2009年版,第119页。
③ 卢荣荣、徐昕:《中国司法建设三十年:1978—2008》,《法治论坛》2010年第1期,第127页。
④ 杨伯安:《经济建设是党和国家的中心任务——学习〈关于建国以来党的若干历史问题的决议〉》,《四川师院学报(社会科学版)》1981年第4期,第16页。
⑤ 李克清:《浅论社会主义社会的主要矛盾——学习〈关于建国以来党的若干历史问题的决议〉的体会》,《财经研究》1981年第3期,第2页。

反正的一项重大战略方针,就是把国家工作重点坚决转移到社会主义现代化经济建设上来,一切工作都要围绕这个重点,为这个重点服务。①②宪法明确规定了以公有制为主体的多种经济形式,即除规定了全民所有制、集体所有制外,还规定了个体经济等经济形式的法律地位和国家政策,从而否定了那种认为所有制越单一越好、越大越公越好的观点。宪法还规定中外合资、合作企业和外商独资企业可依法经营。这意味着以根本法的形式向全世界明确宣告了我国的对外开放政策。③宪法明确提出了实行承包责任制和其他各项经济体制改革的政策,提出了社会主义建设的根本任务,从而否定了以阶级斗争为纲和"吃大锅饭"的平均主义。此外,宪法还初步承认市场的作用,否定了单纯强调计划经济等做法,规定保护公共财产和私人合法财产所有权。上述规定表明,以经济建设为中心与实行改革开放成为一项基本的"宪法政策"。②

其四,中共十三大明确将国家发展阶段定位为社会主义初级阶段,并确立了"一个中心,两个基本点",即"以经济建设为中心,坚持四项基本原则,坚持改革开放"的路线方针。其要义有三:①社会主义初级阶段论为经济建设中心论提供了现实基础。"我国社会主义初级阶段,是逐步摆脱贫穷、摆脱落后的阶段;是由农业人口占多数的手工劳动为基础的农业国,逐步变为非农产业人口占多数的现代化的工业国的阶段;是由自然经济半自然经济占很大比重,变为商品经济高度发达的阶段;是通过改革和探索,建立和发展充满活力的社会主义经济、政治、文化体制的阶段;是全民奋起,艰苦创业,实现中华民族伟大复兴的阶段。"③②以经济建设为中心的基本国策,意指在社会主义现代化经济建设、民主建设和精神文明建设三项建设中,把经济建设作为中心任务,其他各项建设都要围绕这个中心,并为它服务。③坚持改革开放是发展生产力的必由之路。为了大力发展生产力,搞好经济建设,必须调整生产关系和上层建筑中某些不适应生产力发展的部分和环节,进行经济体制改革和政治体制改革。而坚持四项基本原则是发展生产力的根本前提。它规定了经济建设的社会主义性质和方向,规定了我们国家必须走社会主义道路,实行人民民主专政,必须坚持共产党的领导,必须以马列主义、毛泽东思想作为我们的根本指导思想。④

---

① 彭真:《关于中华人民共和国宪法修改草案的报告》(1982),载董云虎:《中国人权年鉴:1949—1999》,当代世界出版社 2000 年版,第 74 页。
② 肖蔚云:《宪法在经济建设和改革开放中的作用——纪念宪法颁布十周年》,《中外法学》1993 年第 1 期,第 4 页。
③ 中共中央文献研究室:《改革开放三十年重要文献选编》,中央文献出版社 2008 年版,第 476 页。
④ 李清泉:《正确把握一个中心两个基本点的关系》,《思想政治工作研究》1992 年第 2 期,第 39 页。

二、分析性促因

在"经济建设"被设定为国家根本任务的大背景之下,政治、社会和学术等都在不同层面对经济司法价值观的形成产生过推助作用。

其一,维护执政党绩效合法性是经济司法价值观形成的政治动因。所谓绩效合法性,即政治统治的有效性,是指通过发展经济,改善人民生活水平,满足人民基本需求而获得的政治认同;其最低限度是对现有政治秩序之默认态度。①以改革开放为标志的历史时期,中国共产党的执政基础主要建构于经济效果之上。②在这个意义上,邓小平一针见血地指出:"经济工作是当前最大的政治,经济问题是压倒一切的政治问题""政治工作要落实到经济上面,政治问题要从经济的角度来解决"。③因此,经济司法价值观名义上是为经济建设保驾护航,实质则在于为政治的合法性保驾护航。政治绩效对于一个在经济文化落后的国度里建立起来的社会主义政权来说,具有重要的意义,是其合法性最为有力的支持和证明。④

其二,以"猫论"⑤为标准的司法评价文化是促成经济司法价值观的社会动因。"文革"结束后,面对积贫积乱而濒临崩溃的国民经济,整个社会蕴藏着一股巨大的乱极求治、穷则思变的冲动,但僵化而强大的体制及其理论体系仍极具统治力。由此,求变急富的社会心理与僵而不死的思想体系形成尖锐对立,势同水火。在此背景下,"猫论"再度流行,并成为中国将社会工作重心转移到经济发展上的一个理论标志和各项工作的核心评价标准。对司法而言,"猫论"产生了两方面的影响:①在法院内部,改变了过去凡事都要先以意识形态考量、凡事都要先从政治着眼、凡事都要先问教条的工作模式,其基本理念逐渐由过去的为政治服务转向为经济服务。②在法院外部,人们对于司法的评价已经逐渐由理想主义向实用主义转变,"只有能够有效地解决人们实际问题的法院才是好法院"逐渐成为社会共识。在改革开放后的相当一段时间,压抑已久的社会在短时间内爆发出来的求变急富诉求,在摧毁旧的意识形态和僵化体制的同时,又为社会治理带来巨大压力。故此,法院将主要精力转向社会最迫切需要服务的经济领域可谓顺势而为。

---

① 何显明:《绩效合法性的困境及其超越》,《浙江社会科学》2004年第5期,第77页。
② 王孝鸣、黄卫平:《论新世纪中国共产党的执政基础》,《深圳大学学报(人文社会科学版)》2001年第5期,第17页。
③ 《邓小平文选》(第2卷),人民出版社1994年版,第194页。
④ 郝宇青:《合法性:苏联剧变的一种解读》,《华东师范大学学报(哲学社会科学版)》2002年第5期,第107页。
⑤ 《邓小平文选》(第1卷),人民出版社1994年版,第323页。

其三,"市场经济就是法治经济"的论断为经济司法价值观提供学理支撑。自1993年修宪之后,法学界就建立社会主义市场经济过程中法律应当怎样发展的问题作了大量研究,提出了"社会主义市场经济是法治经济"的命题。[①]其要义有三:①法律是市场经济的主要调整手段,是实现市场经济高速运转的主要保障。在这个意义上说,市场经济实质上就是法治经济,其发育程度标志着社会现代化(包括法治现代化)发展的状况。[②]②社会主义市场经济客观上要求制定适合于自身需要的法律体系,以法律的形式规范社会经济活动中各主体的行为(包括政府引导、干预、调整市场活动的行为),维护自由、公平的市场竞争秩序,[③]促进社会生产力的发展。③在市场经济运行过程中,司法不能缺位。因为,市场运行过程中供给与需求之间的矛盾,以及市场参与主体间的相互博弈都内在地要求司法制度为市场经济保驾护航。[④]市场主体独立、自主、平等的地位需要司法的确认,市场竞争中的规则以及市场交易活动和交易中的诚实信用需要司法来维系,开放统一的市场体系及其秩序需要司法来规范,国家对经济宏观调控也离不开司法的保障。[⑤]

三、解释性表征

其一,经济审判机构的设立。根据1979年通过的人民法院组织法的规定,最高人民法院、各高级人民法院以及部分市中级人民法院于1979年底以前相继建设了经济审判庭。1983年第六届人大常务委员会根据形势的发展,对人民法院组织法作了修改,决定全国各级人民法院应普遍设置经济审判庭,[⑥]据此,全国各基层法院也相继设立专门的经济审判庭。根据《最高人民法院经济审判庭关于人民法院经济审判庭受案范围的初步意见》(1980年)的规定,经济审判工作的任务,就是通过处理经济纠纷、经济犯罪和涉外经济案件,保障社会主义现代化建设事业的顺利进行,其受案范围包括经济纠纷案件、经济犯罪案件和涉外经济案件等。根据第二次全国经济审判工作会议报告,截至1991年5月,全国从事经济审判业务的队伍人数达到2.4万余人。至此,一套与刑事审判、民事审判并存的完整的经济

---

① 石泰峰:《市场经济与法律发展——一种法社会学思考》,《中外法学》1993年第5期,第18页。
② 林喆:《树立市场经济观念,推进法制现代化进程——"法律与社会发展"学术研讨会综述》,《政治与法律》1993年第1期,第59页。
③ 邓郁松:《规范市场秩序的国际经验及启示》,《中国工商管理研究》2004年第3期。
④ 石泰峰:《市场经济与法律发展——一种法社会学思考》,《中外法学》1993年第5期,第20页。
⑤ Pitman B. Potter, *Legal Reform in China: Institutions, Culture, and Selective Adaptation*, Law & Social Inquiry. Vol. 29, No. 2(Spring. 2004). pp.465-495.
⑥ 岳志强、强钧:《我国经济审判工作在开拓中前进》,《瞭望周刊》1986年第34期,第14页。

审判体系基本形成。

其二，法院审判重心由刑事审判向经济审判转移。1982年伊始，中共中央便提出开展打击经济领域中严重犯罪活动的斗争，并把它列为全国当年的中心任务之一。3月8日，第五届全国人大常委会第22次会议通过《关于严惩破坏经济的罪犯的决定》。3月15日最高人民法院通知要求，各级人民法院认真学习和坚决执行全国人大常委会该项《决定》，把审判经济犯罪案件作为头等重要任务抓紧抓好。在7月召开的全国高级人民法院和专门人民法院院长座谈会上，对打击经济领域中严重犯罪活动的问题，又作了研究部署。1982年12月6日时任最高人民法院院长的江华在第五届全国人民代表大会上所作的《最高人民法院工作报告》中，有关经济审判的篇幅超过60%。其后每年的最高法院工作报告中均有重要篇幅，就经济审判情况作专门报告，直至经济庭被撤销。同时，经济庭的受案率也在逐年走高。经济案件上升，意味着经济纠纷的解决方式实现了由行政解决向司法解决的转变（见表6-2）。①

其三，在自我角色定位上，人民法院逐渐从纯粹的政治角色向经济角色转变。这一点，可以从历届最高法院的工作报告中找到例证。

表6-2　1980—2004年若干年份《最高法院工作报告》中有关经济司法关键词句简表

时间	关键词句
1981	开展经济审判工作，是新的历史时期赋予人民法院的一项重要任务，也是人民法院的一项新课题
1986	人民法院必须把经济审判工作放到调节社会主义经济关系和经济活动的高度上来予以重视和加强
1991	经济审判是人民法院运用法律手段调节经济关系、直接为经济建设服务的
1996	进一步加强经济审判工作，依法调节经济关系，维护社会主义市场经济秩序，促进改革开放和经济发展
2004	为完善社会主义市场经济体制提供司法保障。依法保障国有企业股份制改造，促进社会主义市场经济体制的完善

四、逻辑性反思

从功能视角来看，经济司法价值观带有某种程度的司法实用主义意味，而1978年之后二十余年的经济改革之所以功效卓著，正是得益于这种带有实用主义意味的司法之保驾护航。但绩效不能改变本质，经济司法价值观所内嵌的工具司法之本质并不因其保驾护航之功效而改变。

其一，经济司法价值观有导致司法权角色错位之虞。在学理上，司法

---

① 沈关生：《经济纠纷案件何以上升》，《瞭望周刊》1986年第34期，第14页。

所扮演的角色应当是纠纷的裁断者,并以专业技能为依托,独立地处理社会纠纷,维护社会公平正义,修复受损的社会关系。因此,经济的发展固然是司法积极追求的社会效果,却不应当被拔高为司法的核心使命。但现实情况是,在经济司法价值观的支配下,司法机关在漫无边际的经济建设大潮中忘却了自身的应有使命。诚如学者所指出的那样,"经济建设"的内涵实在太广,且大部分需要主动而为,消极被动自然难以体现保驾护航的积极性与力度,这与司法的被动性难以兼容。[①]实践中,要求法院以积极主动的方式介入经济建设,实难避免司法角色的错位。

其二,经济司法价值观有导致司法权地方化之惑。在"司法为经济建设保驾护航"的口号下,地方党政部门心中的"经济"自然是"地方经济",本来属于全社会或属于国家的司法也就顺理成章地成了地方的司法,"地方司法为地方经济建设保驾护航"成了这个命题的实质内涵。[②]在这个意义上,目前中国司法领域中所存在的诸如封锁市场、垄断资源和生产服务、纵假护假等各种地方保护主义痼疾,均与"为经济建设保驾护航"的司法价值观存在或近或远的关联性。

其三,经济司法价值观有导致司法沦为党政官员保绩护官工具之嫌。在"以经济建设为中心"与"发展才是硬道理"的指挥棒下,经济发展成为各级党政的核心任务,经济指标成为官员加官晋爵的垫脚石。[③]在中国现有的政法体制之下,各级党政很难抑制要求司法护航的冲动:护住了"经济",就意味着护住了政绩;护住了政绩,就意味着护住了职务晋升的通道。同理,司法也很难拒绝这种护航要求:护住了"经济",就意味着护住了党政领导的"乌纱帽";护住了党政领导的"乌纱帽",就意味着护住了法院领导的位子,也护住了整个法院的福利。[④]

第三节 社会司法价值观

2004年3月14日第十届全国人民代表大会第二次会议通过对"八二宪法"的第四次修正草案。鉴于此次修宪的内容多涉及社会领域,可视为中

---

① 韦群林:《从"经济"到"秩序":论司法对市场经济秩序的保障作用》,《中国市场》2007年第40期,第46页。
② 韦群林:《从"经济"到"秩序":论司法对市场经济秩序的保障作用》,《中国市场》2007年第40期,第45页。
③ 刘剑雄:《中国的政治锦标赛竞争研究》,《公共管理学报》2008年第3期,第27页。
④ 贺卫方:《中国司法管理制度的两个问题》,《中国社会科学》1997年第6期,第122页。

国宪法由政治宪法向社会宪法转型的标志。①随后，中共中央于9月19日召开的第十六届四中全会上正式提出"构建社会主义和谐社会"的理念和"社会建设"的全新概念，②并将其设定为中国共产党今后执政的战略任务。在这个意义上，中国已经步入第二次社会转型的第二阶段。国家的注意力开始由经济领域向社会领域分流，社会建设成为这个历史阶段的基本议题。与此相对应，中国司法也被设定为"和谐社会的建设者"。

一、解释性背景

其一，2004年3月14日，第十届全国人大通过14条宪法修正案。其中的"三个代表"条款、"社会主义事业的建设者"条款、"国家尊重和保障人权"条款、"公民的合法的私有财产不受侵犯"条款以及"建立健全同经济发展水平相适应的社会保障制度"条款等，均关涉社会领域。比如，"三个代表"条款扩大了执政党的社会基础，有弥合因利益多元化所带来的社会分割或断裂之意图；"社会主义事业建设者"条款扩大了统一战线的社会基础，有强化社会团结之意味；"社会保障制度条款"则直接对政府课以"加快社会建设、强化公民社会权益保障"之责任，为国家重心向社会领域倾斜提供宪法依据。③基于上述因素，可以说中国宪法演变的步履已经从经济立宪阶段转向了社会立宪阶段，中国宪法也因此更为凸显社会宪法之意味。

其二，为落实中共十六大关于"推进司法体制改革"的战略部署，2003年4月中央政法委员会提出《关于进一步推进司法体制改革的建议》。5月，中共中央对司法体制改革的指导思想、原则、目标、重点及工作方法作了重要指示，并决定成立由中央政法委员会、全国人大内务司法委员会、政法各部门、国务院法制办及中央编制办的负责人组成的中央司法体制改革领导小组，全面领导司法体制改革工作。④中央司法体制改革领导小组于2004年年底形成了《关于司法体制和工作机制改革的初步意见》，提出了改革和完善诉讼制度，改革和完善诉讼收费制度等一系列改革任务。在该文件基础上，最高人民法院出台《人民法院第二个五年改革纲要》，对落实中央司法改革任务的具体措施和步骤作出安排部署。2004年8月28日第十届

---

① 陈瀚：《社会性：由2004年修宪论中国当代法律的本质》，《集美大学学报（哲学社会科学版）》2004年第4期，第28页。
② 《中共十六届四中全会在北京举行》，《人民日报》2004年9月20日，第1版。
③ 任喜荣：《"社会宪法"及其制度性保障功能》，《法学评论》2013年第1期，第4页。
④ 沈德咏：《中国特色社会主义司法制度论纲》，人民法院出版社2009年版，第136页。

全国人大常委会第十一次会议通过《关于完善人民陪审员制度的决定》，对我国人民陪审员制度进行重大改革，进一步完善该项制度。

其三，中国社会进入矛盾高发期，执政党提出建设社会主义和谐社会的战略决策。这意味着国家改革的重心逐渐由经济领域向社会领域转移，国家建设的总体布局，也由原来的经济建设、政治建设、文化建设的三位一体，演变为包括社会建设在内的四位一体的新格局。[①]基于此，司法资源向社会领域分流可谓大势所趋。

二、分析性促因

其一，"维稳政治"或可解释为促成社会司法价值观的政治动因。中共十六届四中全会以后，继续维持社会稳定成为中央各项工作的重中之重。至此，"维稳"已经上升为与"发展"并重的核心任务，因此也顺理成章地被设定为考核各级党政官员的核心指标。许多地方甚至出台"维稳一票否决制"，对发生影响稳定重大问题的地方，要坚决实行一票否决警示，直至一票否决。在这样的背景下，司法的定位从"为经济建设保驾护航"转向"为社会稳定排忧解难"也就理所当然，维护社会稳定理所当然地成为政法体制之下中国司法的基本政治使命。

其二，维权诉求或可解释为促成社会司法价值观的社会动因。进入21世纪之后，公民的维权诉求变得更为迫切，相应地，各种维权现象也较过往更为频发。据统计，我国群体性事件由1994年的1万起增长至2003年的6万起，至2005年更是上升为8.7万起，2006年超过9万起；同时，群体性事件的规模不断扩大，参与人数年均增长12%。[②]维权诉求一方面给包括法院在内的各公权机构制造了巨大压力，使得通过法律的社会控制面临越来越严峻的考验，迫使政府将注意力向社会领域分流，另一方面又暴露了社会迫切需要司法介入维权的大众心理。事实上，2004年之后，大量维权事件中多有法律人士的身影，他们或直接或间接地参与到维权事件之中，并将大量的维权议题直接转变为司法议题，逐步促使政治维权向司法维权转变。由此，司法在应对由总体性社会向分化性社会转变的历史境遇中，[③]也历史性地实现自身定位的转变。

其三，"和谐社会即宪政国家建设之基础"等学术论断或可解释为促

[①] 陆学艺：《关于社会建设的理论和实践》，《学理论》2008年第12期，第13—19页。
[②] 靳巍巍、鲍瑛茹：《从群体性事件看加强地方政府信息公开的意义》，《改革与开放》2009年第10期，第136页。
[③] 孙立平：《转型与断裂——改革以来中国社会结构的变迁》，清华大学出版社2004年版，第51页。

成社会司法价值观的学术动因。基于公民社会与宪政国家的二元关系，学者们或出于将和谐社会建设议题纳入宪政论域之考量，意欲挖掘和谐社会建设与宪政国家建设之内在关联性，提出和谐社会的宪政价值之命题，并论证和谐社会的建构有助于宪政国家所必需的社会基础和社会环境的形成等核心议题。①诸如此类的学术观点，本质上为社会司法价值观提供了合法性辩护：司法为和谐社会建设服务不是"不务正业"，而是"曲线建设宪政国家"。

三、解释性表征

其一，力塑"司法为民"之理念。2003年，最高人民法院申言司法为民主张，并出台10项制度和23项具体措施。据此，地方各级人民法院结合工作实际，也出台了一系列司法便民、利民、护民等具体措施，并逐项落实。比如，①建立涉诉信访摘报等制度，关注申诉来访中的热点问题；改善接访立案条件，为当事人提供良好的诉讼环境；改变审判作风，进一步克服"门难进、脸难看、事难办"的状况。②完善司法救助制度，保障经济确有困难的群众平等参与诉讼；根据实际情况，扩大司法救助范围，完善司法救助办法。③不断提高法官专业水平和审判质量，全面落实公开审判制度，方便人民群众旁听案件审判、查阅裁判文书等。④推广适用刑事普通程序，简化被告人认罪案件的审理程序，建立和完善民事案件繁简分流机制。⑤加强基础建设，把矛盾纠纷化解在基层；设立巡回法庭，采取就地立案、就地开庭等方式，及时解决普通民事纠纷；加强诉讼调解，充分发挥调解解决纠纷的职能作用；加强对人民调解组织的指导，不断提高人民调解工作水平等。②

其二，法院的自我定位向治理者角色演变。畸形的政绩观和片面的经济增长方式给中国社会带来诸多困境，这种困境向中国政府提出了由管理者向治理者转变的历史性课题。为适应这一转变，司法角色由机械的纠纷裁断者向能动的治理者转变实难避免。③以2005—2010年最高法院的工作报告为例，大致可以勾勒这种转向的轨迹。另外，社会之于司法的期望和评价，也逐渐从"经济标准"转向"社会标准"（见表6-3）。

---

① 江国华：《和谐社会的宪政价值》，《法学论坛》2005年第4期，第91页。
② 肖扬：《最高人民法院工作报告（2004年）》2004年3月10日在第十届全国人民代表大会第二次会议上》，《最高人民法院公报》2004年第4期，第203页。
③ 江必新：《能动司法：依据、空间和限度——关于能动司法的若干思考和体会》，《人民司法》2010年第1期，第6页。

表 6-3　2005—2010 年《最高法院工作报告》中有关社会司法关键词句简表

时间	关键词句
2005	依法严惩严重刑事犯罪，维护国家安全和社会安定
2006	发扬人民司法的优良传统……促进和谐社会建设
2007	为构建社会主义和谐社会……提供更加有力的司法保障
2008	发挥审判职能作用促进社会和谐稳定
2009	维护社会稳定、促进社会和谐
2010	加强审判工作，维护国家安全，保障社会和谐稳定

其三，强调审判的社会效果，提出"两个效果相统一"的司法政策。早在2002年召开的全国民商事审判工作会议上，时任最高人民法院副院长的李国光就首次提出"两个效果相统一"的原则："衡量人民法院审理民商事案件质量好坏的重要标准，就是看在办案中能否从党和国家大局出发始终坚持法律效果与社会效果的统一""审判的法律效果是通过严格适用法律来发挥依法审判的作用和效果；审判的社会效果则是通过审判活动来实现法律的秩序、公正、效益等基本价值的效果"[①]。2004年，时任最高人民法院院长的肖扬在耶鲁大学的演讲中提出："法律不可能成为解决所有纠纷的'灵丹妙药'，法律以外的因素如道德、情理也是司法过程中不可忽略的。判决不仅是单纯的法律责任的判断，更重要的，它是一个可能造成一系列社会影响的司法决策。为此，中国司法机构提出了审判的法律效果与社会效果的有机统一问题。"[②]至此，"法律效果和社会效果相统一"正式成为中国司法的一项基本政策。

四、逻辑性反思

在稳定压倒一切的思维框架里，为社会稳定排忧解难的社会司法价值观并未完全摆脱政治司法价值观的窠臼，但相对于经济司法价值观而言，社会司法价值观又是种历史性进步。就其功能而言，司法定位由狭隘的经济领域转向更为广阔的社会领域，其眼界和视域均得到拓展或广延，并让司法逐渐回缚于其所赖以存在和运行的社会。不过，社会司法价值观本质上仍是一种司法工具主义价值观。

其一，有庸俗的结果正义导向之嫌。庸俗的结果正义论是以"结果"为评判标准的逆向评价机理：由结果逆溯过程和目的，若结果正义，则意味着

[①] 李国光：《民商审判指导与参考》（第2卷），人民法院出版社2003年版，第23页。
[②] 肖扬：《中国司法：挑战与改革》，《人民司法》2005年第1期，第6页。

过程正义、手段正义、目的正义。在这种评价机理支配下,为了得到一个"正义的结果",可以不问手段,不问动机,不问过程。而判断结果是否正义的根本依据,从大的方面来说是人民满意,从小的方面来说是当事人满意;从抽象层面来说是社会和谐,从具体层面来说是当事人息诉或息访。

其二,有助长法律虚无主义之虞。受社会司法价值观的支配,司法的社会效果被过度放大,甚或被等同于社会稳定、等同于国家大局。由此,社会效果实际上被规定为判断司法政治正确的根本指标,进而异化为束缚法院和法官的"紧箍咒":法官不得不关注法律之外的价值目标,势必分散法官寻求法律价值目标的专注力。[1]不少法官为了避免当事人申诉上访,为了避免舆论批评,或者为了迎合个别领导"维稳政绩"之需要,打着社会效果的幌子,无端放弃司法原则、漠视公平正义,用或蒙或骗或收买等手段"摆平"当事人。其结果是司法公正裁判之职守被亵渎或懈怠,法律不再是其判案的唯一依据,有时甚至沦为一种摆设;当事人之于法律和司法之信任难免焉萎。在二者的双重作用下,社会返璞到"自力救济"的原始心理,于是信访不信法、"不怕事大,就怕不闹大"、"闹得越大,胜算越大"等各种怪异现象便见机滋长。

其三,有助长民粹主义之忧。在社会司法价值观主导下,所谓民意或者社会舆论对司法的影响力发挥到极致。民意或社会舆论固然是司法过程所必须考虑并尊重的因素,但若对民意不加分析地一味迁就,则有将司法引入民粹主义陷阱之危险。[2]过分迁就社会舆论的中国司法,将不可避免地陷入两重困境:一是骄纵舆论干预甚或绑架司法之恶习,二是很可能让法官患上舆论恐惧症。

第四节　走向衡平司法价值观

2010年3月10日,时任全国人大常委会委员长的吴邦国宣布中国特色社会主义法律体系已经形成。10月18日,中共中央通过《关于制定国民经济和社会发展第十二个五年规划的建议》,要求"以科学发展为主题,以加快转变经济发展方式为主线,深化改革开放,保障和改善民生"。以这两个事件为标志,中国社会已悄然迈向第二次转型的第三个阶段。其基本意

---

[1] 戴乾涨:《契合与冲突:社会效果司法标准之于司法公正——一个关于法律至上司法理念的话题》,《法律适用》2005年第5期,第34页。
[2] 许章润:《司法民粹主义举措背离了司法改革的大方向》,《司法改革评论》第11辑,厦门大学出版社2011年版,第39页。

味有二：①在国家法治建设上，意味着由立法主导转向司法主导；②在经济发展方式上，意味着从粗放式增长转向集约型增长，从投资推动型增长转向创新推动和消费投资协调型增长，从外向主导型转向内需主导型，实现更有效率、更有质量、更加环保的科学发展和包容性增长。由此，中国司法回归目的价值并实现多元衡平，即走向衡平司法价值观乃为时势所趋。

一、解释性背景

其一，中国特色社会主义法律体系的初步建成标志着中国法治进程已步入由"立法主导"向"司法主导"转变的历史时期。迄今为止的经验表明，一国法治发展的初期基本上都是由议会主导的，即立法主导，但在法律体系逐步成型之后，立法权便渐次隐居于法治建设的幕后。相应的，行政权乘势崛起，并将整个国家带入行政集权时代。但行政通常不是引领国家法治的适格主体，相反，现代国家法治通常是以行政的有效规控为条件。因此，主导法治进程的任务便历史性地由司法来承担。在这个意义上说，走向司法法治主义，乃现代法治发展之必然。①在司法主导法治的时代，国家治理依赖于司法的时代也随之而来。②如是，或有助于国家与社会正视司法的应然地位、目的价值和正义形象。

其二，深入落实科学发展观的举措，有助于走向尊重司法规律的时代。2010年4月6日，胡锦涛在《全党深入学习实践科学发展观活动总结大会上的重要讲话》中指出："全党同志要充分认识贯彻落实科学发展观的重要性和紧迫性，继续把学习实践科学发展观引向深入，切实把科学发展观贯彻落实到社会发展的各个方面。"③在逻辑上，科学发展观的落实，或为国家调整司法定位、尊重司法规律或司法科学提供一种前提：讲科学，首先必须讲规律；对于司法而言，落实科学发展观的要义就是尊重司法规律；尊重司法规律的要义即在于尊重司法工作的规范性和司法运行过程的自主性。

其三，司法伦理建设的展开有可能促使司法自身定位的调整。2010年8月，最高人民法院首次提出"公正、廉洁、为民"的司法核心价值观，随后又修订《法官职业道德基本准则》和《法官行为规范》，并制定《人民法院

---

① 江国华：《常识与理性（十）：司法技术与司法政治之法理及其兼容》，《河北法学》2011年第12期，第36页。
② 江国华：《通过审判的社会治理——法院性质再审视》，《中州学刊》2012年第1期，第64页。
③ 胡锦涛：《在全党深入学习实践科学发展观活动总结大会上的讲话》，《求是》2010年第8期，第5页。

文明用语基本规范》。至此，中国司法开始着力于自身伦理的建设。如果说司法方法旨在求真，司法伦理则旨在求善。求善的司法伦理"体现为裁判过程和判决结果与社会主流价值观的嵌合度，它是一个判决能够成为好的判决的重要条件；而司法判决的技术性则是指判决适用程序法与实体法的精确度，它是一个好的判决的基础保证"[①]。司法伦理建设的深入，有助于法院反省被给定的角色定位，并提升其对应然角色和职责的自觉程度。

二、分析性促因

其一，重塑司法公信力的需要或成催生衡平司法价值观的政治动因。在中国司法的信任危机达到前所未有的情势下，重塑司法公信力已然成为中国司法改革的当务之急。其中首要的是必须让司法回归"常识与理性"，中国司法必自觉地认同其自身的目的价值，回缚于司法本身的内在逻辑和规律。[②]如是，并主动回应社会公平正义之诉求，多元衡平价值。

其二，协调多元利益格局的需要或成催生衡平司法价值观的社会动因。中国社会转型所带来的一个必然产物就是利益关系和利益诉求的多元化，[③]由此决定了因"天然地具有盲目性和不法性"之利益所生发的矛盾和冲突也天然地具有多样性和对抗性。为应对利益分化及其多元所引发的纠纷叠加井喷的现实，司法必须审慎地调适自身，并能动地通过个案裁判，参与社会利益的再分配，参与新利益协调机制的建构。[④]如是，中国司法对于其自身职守之责任感及其回应社会多元价值诉求之自觉性必同时提升，多元衡平的司法价值观或在不经意间成为法官的一种自觉或者习惯。

其三，法治文明的理论探讨或为衡平司法价值观提供学理支撑。有学者指出，"法治文明是政治文明和法治两者相互融合的产物"。[⑤]其要义有三：①倡导公平、正义、民主、和谐等核心价值，着力推动多元社会主体之间的利益平衡，进而达到"良法善治"的目标；②内在地要求社会主体之间通过平等对话机制，达到社会利益的合理配置；③强调私益与公益之间的协调平衡，既反对私益的过度张扬，也力避公益的过度膨胀以至于排斥或挤压私益空间。在其学理意义上，这些观念或理念很可能成为衡平司法价值观的"助产士"——衡平司法价值观意在引导司法裁判者兼顾多元主体

[①] 许建兵、薛忠勋：《谈司法伦理在司法方法中的实现》，《人民法院报》2012年10月12日，第5版。
[②] 江国华：《常识与理性（八）：司法理性之逻辑与悖论》，《政法论丛》2012年第3期，第16页。
[③] 章志远：《信访潮与中国多元行政纠纷解决机制的重构》，《法治研究》2012年第9期，第11页。
[④] 崔永东：《司法价值论与司法平衡论》，《法学杂志》2012年第9期，第39页。
[⑤] 汪习根、彭真明：《论法治文明》，《社会主义研究》2004年第2期，第79页。

间的多元价值，以期达成多元价值的衡平效果。①

三、推断性表征

在实践中，2010年之后最高法院施行了一系列的改革举措，从这些改革中或可推断出中国司法走向衡平价值观的某些表征。

其一，最高法院推行完善法院审判制度的系列改革举措。①颁行《关于人民陪审员参加审判活动若干问题的规定》和《关于人民陪审员工作若干问题的答复》，人民陪审员制度得到进一步规范和完善；②颁行《关于进一步加强合议庭职责的若干规定》，明确了合议庭组成方式、职能分工、内部运作、考评机制和责任分配等；③颁行《关于规范上下级人民法院审判业务关系的若干意见》，规定上级法院指导下级法院审判工作的范围与方式等内容；④颁布《人民法院司法巡查工作暂行规定》，正式建立司法巡查制度等；⑤出台"证据规则"，确认证据裁判原则，规定了质证原则以及非法证据排除规则等。

其二，重申调解优先的司法政策。2010年最高法院颁布《关于进一步贯彻"调解优先、调判结合"工作原则的若干意见》，规定了法院调解工作各个环节。时任院长王胜俊强调："司法工作要积极参与社会管理创新工作……坚定不移地贯彻好调解优先、调判结合的工作原则。"②各级法院也相继规定了调解率要求，基层法院调解率要求达70%以上。③

其三，确立司法核心价值观。最高法院颁行《关于进一步加强人民法院文化建设的意见》，将弘扬"公正、廉洁、为民"的司法核心价值观作为法院文化建设的首要任务。按照沈德咏副院长的说法，"司法公正是司法核心价值观的灵魂之所在，是实现司法廉洁和司法为民的价值导向的前提条件，又是实现二者的重要保障。司法廉洁是司法核心价值观得以更好贯彻落实的根本保证，是实现司法公正和司法为民价值观的坚强后盾。司法为民是司法核心价值观的最终目标，是司法公正和司法廉洁的终极追求"④。

四、阐释性衔接

最高法院所提出的"公正、廉洁、为民"的核心司法价值观，一改过

---

① 崔永东：《司法价值论与司法平衡论》，《法学杂志》2012年第9期，第39页。
② 王斗斗：《王胜俊要求充分发挥人民法院职能作用》，《法制日报》2010年7月1日，第1版。
③ 徐昕等：《2010年中国司法改革年度报告》，《政法论坛》2011年第3期，第45页。
④ 沈德咏：《大力弘扬"公正、廉洁、为民"司法核心价值观》，《求是》2011年第11期，第42页。

往司法价值单一化的定位,展示其多元化的秉性,而且,"三核"价值中的任一单元均具有足够的包容性,可作多样性解读。正是这种多元化价值倾向及其构成单元本身的包容性,展示了中国司法走向衡平价值观的内在倾向。

其一,"三核"并存的多元价值定位契合了衡平司法价值观的内在规定性。就其本质而言,最高人民法院确立的"公正、廉洁、为民"的司法核心价值观,既是对社会价值观多元趋向的一种理性回应,也是对司法本身多元目的价值的自我认同。"公正、廉洁、为民"既可以解读为司法价值观的三个核心,也可以解读为司法的三重目的价值。这就意味着我们已经认识到,"多元价值并存"实际上构成了现代司法的一种客观场景。[①]在相互冲突的多元价值中作出抉择、协调与衡平,乃司法工作之常态。因此,通过个案衡平多元利益和价值是法官的一项基本职责和技术。正如亚里士多德所言:"裁判官者,则公平人之化身耳。裁判官即在持平。"[②]

其二,"三核"价值中的每一单元都具有足够包容性,可作多重解读。这意味着现代司法价值体系的包容性和开放性得到中国司法的认同。其中,"公正"包含了公开、公平、平等、正义等价值诉求;"廉洁"涵盖了清廉、清正、明洁、不偏、不私、不受等价值诉求;[③]"为民"则内含亲民、便民、利民等价值诉求。这种包容性和开放性不仅让"三核"价值观能够吸纳更多的价值元素,也为个案裁判中的多元衡平抉择提供更充足的正当性解释空间。

其三,在司法主导法治的时代,衡平司法价值观当承载为法治文明注译导航的使命。"三核"价值观可解释为衡平司法价值观在中国法治语境中的官方表述,"公正、廉洁、为民"也可以解读为中国法治文明的三重基本目标。[④]在这个意义上,受衡平司法价值观指导,通过对多元价值冲突的调适而达成动态平衡的司法过程,承载了法治文明的导引与注释功能。

上述研究表明,无论是为阶级斗争冲锋陷阵的政治司法价值观,还是为经济建设保驾护航的经济价值观,抑或为社会稳定排忧解难的社会司法价值观,都不过是中国工具司法价值观演变过程中的一种历史形态,它们在本质上都是工具性的,都是达成政治效果的一种手段。但"工具"的意义有不同,相对于为阶级斗争服务而言,为经济建设服务的司法工具主义更具实用主义价值;相对于为经济建设服务而言,为社会服务的司法工具

---

① 卞建林:《现代司法理念研究》,中国人民公安大学出版社 2012 年版,第 20 页。
② 崔永东:《西方司法理念与司法制度》,《中国刑事法杂志》2010 年第 11 期,第 6 页。
③ 江国华:《人民法官核心价值观之解读》,《人民法院报》2010 年 5 月 26 日,第 2 版。
④ 沈德咏:《大力弘扬"公正、廉洁、为民"司法核心价值观》,《求是》2011 年第 11 期,第 41 页。

主义所持视野和境界更为高远。

司法价值观受制于特定之社会，也受制于司法发展的历史阶段。国家对司法的定位，社会对司法的评价，都不能超越其所处的社会和时代。归根结底，司法价值观不过是社会价值观在司法领域中的反映而已。所以，中国司法要真正实现从工具价值向目的价值回归，最终走向多元衡平司法价值观，实属系统工程，须籍多方合力，循序渐进，非一蹴可就。

第七章
中国特色社会主义司法制度的历史必然性

中国特色社会主义司法制度先后经历了新民主主义革命年代、中华人民共和国成立初期、反右运动至"文革"期间、改革开放后至党的十五大期间、十五大至今五个重要发展阶段，经过漫长的岁月洗礼，真正意义的具有中国特色的社会主义司法制度基本形成。中国特色社会主义司法制度是在我国司法制度的历史发展过程中出现，在适应基本国情并积极吸收人类法治文明优秀成果的基础上建立起来的。它顺应了人类社会发展规律和社会主义社会建设规律，其产生是历史发展的必然。

第一节 历史选择理论与司法制度的本质特征

历史的选择是历史必然性和人们有目的的行动的统一。历史进程受内在的一般规律所支配，即由历史必然性决定；人们只有在认识和掌握历史必然的基础上，才能创造历史，才能选择历史道路；因此，凡不体现历史必然性的个体或群体选择，不能称之为历史的选择，而具备历史必然的中国特色社会主义司法制度从诞生起便一直具备着极强的生命力。

一、唯物主义的历史发展观

(一)马克思历史决定理论

马克思创立的历史唯物主义,承认社会规律的客观性和决定性,是一种决定论的理论。[1]马克思在《资本论》序言中说道:"社会经济形态的发展是一种自然历史过程。不管个人在主观上怎样超脱各种关系,他在社会意义上总是这些关系的产物。"[2]恩格斯也提及:"历史进程是受内在的一般规律支配的。即使在这一领域内,尽管各个人都有自觉期望的目的,在表面上,总的说来好像也是偶然性在支配着。……但是,在表面上是偶然性在起作用的地方,这种偶然性始终是受内部的隐蔽着的规律支配的,而问题只是在于发现这些规律。"[3]社会历史发展存在规律性和必然性是唯物主义历史发展观的基本内容和前提,一切社会运动都是服从于一定规律的自然历史过程。

伴随启蒙运动的发展和理性主义的推动,历史决定论在近代曾经备受推崇。然而从19世纪晚期开始,近代化任务的完成和自然科学中"测不准定律"的萌发,加之20世纪中期极权主义的弊端逐渐暴露,哲学家们开始将历史决定论送上批判的高台,将极权主义所带来的恶果盲目地归因于历史决定理论。[4]其中,英国科学哲学家卡尔·波普尔在《历史决定论的贫困》和《开放社会及其敌人》两部著作中对历史决定论进行了强烈批判。波普尔在《历史决定论的贫困》的序言部分就说道:"历史决定论是一种拙劣的方法——不能产生任何结果的方法。我已证明,由于纯粹的逻辑理由,我们不可能预测历史的未来进程。"[5]毫无疑问,波普尔的批判言论是片面的、错误的,他放大了历史现象中必然性和偶然性的对立,并把历史规律和历史发展趋势二者的内在联系和辩证关系进行了割裂。作为决定论的一种形态,历史决定论在近些年学界有着各种各样的定义,也被分为不同的类型。[6]马克思历史决定论与自然科学意义上的历史决定论、机械历史决定论相一致处在于,它们都承认事物发展的规律性、客观性、决定性和必

---

[1] 艾福成:《评波普对马克思历史决定论的诘难》,《吉林大学社会科学学报》1996年第4期,第12页。
[2] 《马克思恩格斯选集》第2卷,人民出版社1972年版,第208页。
[3] 《马克思恩格斯选集》第4卷,人民出版社1995年版,第247页。
[4] 顾乃忠:《为历史决定论辩护——主要以波普为批判对象》,《社会科学论坛》2015年第4期,第4页。
[5] [英]卡尔·波普尔:《历史决定论的贫困》,杜汝楫、邱仁宗译,上海人民出版社2015年版,第27页。
[6] 关于历史决定论概念的含义,主要有以下几种观点:其一,历史决定论是特指历史运动的客观规律性、因果性、必然性的哲学学说。其二,历史决定论有两种含义:一是指马克思主义产生以前的极端理性主义的历史决定论。它主张一切事物包括道德的选择都要由先前存在的理性观念所决定。二是指马克思的历史决定论。它是在历史发展的必然性、历史发展的自然性、主体实践的参与性等三个方面同时展开的。许宏武、谭扬芳:《探析波普尔对历史决定论的批判》,《四川大学学报(哲学社会科学版)》2004年第5期,第38页。

然性，其最主要的分歧点和根本性区别在于，马克思的历史决定论在承认必然性的同时，也承认偶然性的存在，二者是相辅相成的，从偶然性中窥见社会物质经济的一般性和可能性，又通过偶然性的形式来实现历史发展的必然性。由此可见，马克思历史决定论本身就包含有非决定性因素。

（二）马克思历史选择理论

历史选择理论，是指主体在历史发展中具有能动性、创造性、选择性的哲学理论。马克思历史决定论揭示了历史发展的必然性，规定了人们的活动受规律性制约的一面，但也同时肯定历史是由人自己创造的，其中包含的非决定性因素就表明，人的意识和意志的选择，对于历史进程产生着巨大影响。人类为了找到适合自己生存，促进自己发展的历史环境，就必须对社会生活、历史事件、历史变迁等作出自己的判断和选择，从而不断扬弃社会的过去，得到社会的现在和未来的历史。[1]

在人类发展进程中，所有历史发展过程都是人类的实践活动过程。实践的概念并不是马克思首先提出来的。古希腊哲学和德国的古典哲学都曾经提出过实践的概念，在中国的哲学史上传统哲学的知行观念也曾涉及过实践的一些思想。但是在马克思主义哲学出现之前的以往的哲学都没有揭示人和社会生活的本质，因此都没有科学地解释实践的概念。马克思主义哲学在吸收以往哲学关于实践观的合理成分的基础之上，正确并科学地揭示了实践的概念。马克思主义认为，实践是人类能动地改造世界的物质性的活动。马克思在《关于费尔巴哈的提纲》中指出，从前的一切唯物主义（包括费尔巴哈的唯物主义）的主要缺点是，对对象、现实、感性，只是从客体的或者直观的形式去理解，而不是把它们当作感性的人的活动、当作实践去理解，不是从主体方面去理解。实践是感性的、对象性的、物质性的活动。全部社会生活在本质上是实践的。凡是把理论引向神秘主义的神秘东西，都能在人的实践中以及对这个实践的理解中得到合理的解决。[2] 在这里，把实践看成是物质性的活动，使得实践具有了客观性。同时，把实践的概念引入了历史观，并且阐明了实践在人类社会生活中的根本地位，从而奠定了马克思主义历史观点的基础。历史只不过是人的实践活动在时间中的纵向的展开。历史的必然性只不过是一种体现人的活动的特殊性的、人的有目的的实践活动规律。总之，一方面，实践具有客观物质性，是客观的；另一方面，实践是人的能动性的活动，具有自觉能动性。既然把实

---

[1] 董凤荣：《"历史决定论"与"主体选择论"》，《南京政治学院学报》1995年第6期，第73页。
[2] 《马克思恩格斯选集》第1卷，人民出版社1995年版，第56页。

践的概念引入历史的进程之中,把历史的过程看成是实践的过程,那么解释历史就得从实践的角度出发,从而实践的特性就决定了社会历史的属性。

概言之,在历史前进的过程中,千千万万个人的实践活动抵消了每一个人的活动,形成了合力促进社会历史的前进,并且形成了不以任何个人的目的为转移的整个人类社会的合力运动。这种合力的运动从而使得社会沿着一定的趋势向前发展。社会规律既是绝对的,又是相对的。一方面,人总是在一定的条件下创造历史,人的创造活动不能违背自身条件的发展规律;另一方面,规律同时表现出历史活动的主体选择性、创造性和历史的超越性。

(三)历史发展决定性和选择性的辩证统一

马克思历史发展观不仅是唯物主义的,更是辩证统一的。马克思主义认为历史既具有自然的属性,又是人的有意识、有目的的活动,它是一个动态的过程,并且正是实践使得二者达到了统一,从而使得历史活动既具有自身的规律性,又具有作为主体的人的历史选择性。马克思的历史决定论,把社会规律看作是主体即人的实践活动的规律,把历史进程看作合规律性与合目的性相统一的过程,看作规律决定性与主体选择性相统一的过程。①历史发展决定性和选择性的辩证统一关系体现在以下两个方面:

其一,历史的最终选择取决于社会物质条件,主体的选择必须坚持历史决定论的方法论前提。人类做出的任何选择都不是一种随心所欲的选择,历史的最终选择不取决于主体的意识和意志,而是取决于社会物质的条件。在一定的历史条件下,人们创造历史的活动是在社会物质条件的基础上由个别的、具体不同的目的、动机驱动之下进行的"自由选择"。显然,这里的"自由",不是不受任何限制的绝对自由,而是在社会物质条件允许的范围内选择的自由。也就是说,在人类社会中,以社会物质为前提,以社会物质相互作用及其规律的反映为中介,构造出满足不同主体不同的价值需求的活动图式,形成历史活动的不同选择;不同选择的现实活动造成历史的合力,最终结果产生整个社会的必然的历史选择,即由整个社会物质力量所决定的历史选择。②

其二,社会发展的客观规律性存在于人的自觉活动和自觉选择之中,客观存在的历史规律若想真正发挥作用,离不开人的选择活动。历史唯物主义在承认必然性的同时,也承认偶然性的存在,二者是相辅相成的,历

---

① 艾福成:《评波普对马克思历史决定论的诘难》,《吉林大学社会科学学报》1996年第4期,第13页。
② 张海源:《历史发展的决定论和选择论》,《社会科学辑刊》1995年第5期,第23页。

史发展的必然性通过偶然性的形式才能彰显和实现。马克思、恩格斯认为人们是自己历史的创造者，各种社会力量发挥着历史创造作用。"人们通过每一个人追求他自己的、自觉期望的目的而创造自己的历史，却不管这种历史的结局如何，而这许多按不同方向活动的愿望及其对外部世界的各种各样影响所产生的结果，就是历史。"[①]这表明没有一个生产者阶级，社会就不能生存，决定历史结局的是人民群众。[②]在马克思主义看来，历史主体的选择包括两个方面：一方面，个人或群体对对象性活动的社会选择可以对社会生产力产生或大或小的影响。个人或群体活动的对象选择，必然形成许多单个相互冲突的意志、无数相互交错的力量，从而在社会整体上产生"合力"，这是一个作为整体的、不自觉地和不自主地起作用的力量，推动社会历史前进。另一方面，个人或群体对社会制度的不同评价和选择，表现为激烈的阶级矛盾和斗争，从而推动或阻碍社会历史的发展进程。[③]

因此，我们认为历史既具有自然的属性，又是人的有意识有目的的活动，因此历史发展是必然性和偶然性、统一性和多样性、决定性和选择性的辩证统一，它是一个动态的过程。不论历史的长河流淌至何处，我们都必须把握好历史必然性和历史选择性的辩证统一关系，既尊重、顺应历史发展的客观规律，又要充分发挥人类的主观能动性，如是方能促进人类社会的不断发展。

二、历史的制度选择功能

（一）历史选择之构成要素

在实践唯物主义看来，人既是历史的产物，又是创造历史的主体。人类的每一步行程都处于价值取向的困惑之中，人类总是通过实践面对未来的种种可能性，寻求更为有价值的出路。虽然在数年的人类历史的整体上表现出某种盲目性，但是每一时代的人们的活动都有自己明确的目的。所以，整个人类历史既是一个有规律的过程，也是一个历史主体为了自身的生存和发展而不断批判、选择、创新的过程。

所谓历史选择，是指历史主体根据自己的历史信念和历史责任，从历史发展的多种可能性空间中，选取一种能够变为历史现实的那种历史活动。从这一定义来看，历史选择包括选择的主体、选择的范围、选择的内容和

---

① 《马克思恩格斯选集》第 4 卷，第 248 页。
② 黎澍、蒋大椿：《马克思恩格斯论历史科学》，人民出版社 1988 年版，第 70 页。
③ 张海源：《历史发展的决定论和选择论》，《社会科学辑刊》1995 年第 5 期，第 25 页。

选择的目标等几个基本要素。历史选择过程是这些基本要素的内在统一。

其一，选择主体，包括从事历史活动的个人和群体。历史是由各种各样的个人的活动构成的。历史上的个人，对社会历史多少都起过一定的作用。离开个人的作用，便没有人类社会的历史。因此，历史选择首先是指个人的选择。普通个人，从每一个单个意志和单个行动去看，似乎对历史进程的影响是微不足道的。但是，当每个单个意志和单个行动沿着某一历史方向，在历史人物的牵动下汇集成一股"合力"时，就形成为群体意志和群体行动，即阶级、政党和社会集团的意志和行动。这时，个人（包括历史人物和普通个人）的历史选择就变成了阶级、政党和社会集团的历史选择。因此，从本质上说，历史选择是社会群体，即社会阶级、政党和社会集团对历史的选择。

其二，选择范围，是指历史发展的多种可能性空间。历史是在时空中存在和发展的。在历史演进过程中，在这个时空坐标系里存在着多种社会因素。由于各种社会因素错综复杂的交互作用，就使历史的发展呈现出多种可能性。例如，近代中国由于在半封建半殖民地社会内部存在着人民大众同帝国主义、封建主义和官僚资本主义错综复杂的矛盾，就使近代中国历史的发展存在着两种可能性，一种是在反动政府的统治下继续沦为半殖民地；另一种是在中国共产党的领导下，彻底赶跑帝国主义，推翻反动政府，走社会主义道路。近代中国的历史选择，只能在这两种可能性空间中进行选择。中国共产党选择了后一条道路，代表了历史前进的方向，是一种正确的选择。有些人希望在中国建立一个独立发展的资产阶级共和国，这种选择超越了近代中国历史发展的可能性空间，是不可能变为历史现实的。由此可见，历史选择只能在历史发展的可能性空间中进行，离开这种可能性空间，选择便带有盲目性，达不到目标。

其三，选择内容。历史选择的内容很广泛，从群体选择来说，包括对某种社会制度的选择，对社会经济的、政治的、军事的、文化建设和改革方略的选择等。从个体选择来说，除了以各种形式参与群体的选择外，还包括对人生的道路、理想、价值和目标的选择等。无论是群体还是个体，其选择的具体内容和方式虽然有所不同，但都是根据其对历史的信念和责任来进行的。由此便区分出正确的选择和错误的选择。正确的选择符合历史发展的必然性。错误的选择虽然也是历史的某种可能性，但不符合历史发展的必然趋势。在历史运动中，这两种选择犬牙交错，相互制约、相互影响，这样便形成了历史过程前进性和曲折性的统一。

其四，选择目标。为什么要进行这种选择或那种选择，无非是为了满足历史主体这种或那种需要。没有价值目标，就不会有历史的选择。上述历史选择的基本要素，既相互联系，又相互制约。它们是一个不可分割的整体，在历史主体自觉活动的基础上，实现它们内在的有机统一。

（二）中国特色社会主义司法制度是历史选择的结果

我们在谈到历史选择的范畴和价值功能这一命题时，自然离不开历史法学派的观点和研究方法。在萨维尼看来，历史永远是可尊敬的老师，要了解一个民族的特殊性，就必须研究这个民族的历史，因为只有历史才能保持这个民族现状与其原始状态之间的生动关系。他提倡向法学引进历史学的方法，追溯每种法律制度的根源，从而发现一种有机的原理。[①]唯物主义历史发展观认为，历史既具有自然的属性，又是人的有意识有目的的活动，因此历史发展是必然性和偶然性、统一性和多样性、决定性和选择性的辩证统一，它是一个动态的过程。同时，选择主体、选择范围、选择内容和选择目标共同构成了历史选择的四个要素。历史在不断的发展过程中，由一定的社会阶级、政党根据社会的物质经济条件选择某种政治、经济、社会、文化制度，以适应国家和民族的需求，从而历史生发了制度选择功能。

中国特色社会主义司法制度发轫于近代中国对于法治道路的探寻。"法治"是中国古已有之的概念。但是古代"法治"与近现代使用的对应英语 rule of law 的"法治"不完全相同。近代中国开始使用西方式法治的时间，大约是19世纪90年代。[②]1840年的鸦片战争，使中国开始沦为半殖民地半封建社会。同时，西方法文化以加速度的态势进入中国，对中国近代法律思想产生了深远的影响，自此，我国开始了探索法治的百年历程。面临着前所未有的内忧外患，出于摆脱危机、重振国威、收回法权以及规范社会、稳定秩序的需要，社会各界、朝野各方，基于各自的政治立场和切身利益的考虑，为建立一个有效、可行的法律体系，从不同的角度进行了不同程度的探索，形成了内容丰富的近代法律思想。从师夷制夷、中体西用，到改良维新和民主革命，可谓异彩纷呈，精华与糟粕互现。[③]

晚清，以康有为、梁启超为代表的维新派，主张建立君主立宪法治国。

---

① 徐爱国：《历史法学派简论》，《江苏社会科学》1992年第6期，第36页。
② 李贵连：《法治是什么——从贵族法治到民主法治》，广西师范大学出版社2013年版，第3页。关于法治，最有代表性的提法是黄遵宪在《日本刑法志序》中介绍西方国家的法治："余闻泰西人好论权限二字。今读西人法律诸书，见其反复推阐，亦不外所谓权限者。人无论尊卑，事无论大小，悉予之权以使之无抑，复立之限以使之无纵，胥全国上下同受治于法律之中，举所谓正名定分、息争弭患，一以法行之。余观欧美大小诸国，无论君主、君民共主，一言以蔽之曰：以法治国而已矣。"黄遵宪：《日本国志》卷二十七《刑法志一》，上海古籍出版社2001年版，第279页。
③ 梁凤荣：《中国法律思想史》（第二版），郑州大学出版社2010年版，第317页。

以康有为为代表的维新派认为唯一的办法，就是赶快实行变法。在维新派的推动下，光绪皇帝采纳了康有为的建议，于1898年6月11日发布《明定国是诏》，实行变法。①然而，新法很快遭到了慈禧太后为首的顽固派的强烈反对，维新运动从6月11日至9月21日，仅仅持续了103天。尽管如此，百日维新依旧拉开了中国政治当局谋求法治的开端。

光绪二十六年，八国联军入侵京城，慈禧太后以光绪皇帝的名义发布上谕："世有万古不易之常经，无一成不变之治法……盖不变者三纲五常，昭然如日星之照世，而可变者令甲令乙，不妨如琴瑟之改弦"，由此拉开了晚清变法修律，真正开始探索法治之道的帷幕。②清末修律在刑部侍郎沈家本和熟悉西方法律的出使美国的大臣伍廷芳的主持下，开始一系列的改革事宜。伍廷芳主持下的一系列变法修律，奉行的是一种"君主立宪"下的"法治"实践。他主张移植外国法，建构"宪政法治"法律制度；融合中西，推行审判独立；创建法律学堂，开展现代法学教育。③清末的这场法律改革，恰恰如梁启超关于中国近代化的分析框架，④走的是一条从器物到制度，再到文化的道路，也是一场自上而下的改革，其以修律为先导，体现出强烈的立法中心主义色彩。⑤

在清末法律改革如火如荼进行的同时，以孙中山为代表的革命派势力也逐渐壮大起来。改造古老的中国，把中世纪的中国建设成为现代化法治国家，是孙中山毕生追求并为之奋斗的事业。孙中山是当时最具现代意识的领袖和思想家，是现代民主法治的最早追求者。但是，在中华民国初年的特定环境中，他由这种法治的追求者变为党治的倡导者。他倡导的这种"党治"，也不是西方多党政治下的"党治"，而是苏俄式的党治。国民党掌控中央政权后，他的后继者将这种党治，诠释成"一切权力，皆由党集中，由党发施""党外无党，党内无派"的"一党专政"的集权党治。⑥

十月革命一声炮响，给中国送来了马克思主义，也给寻找光明的先进的中国人指明了方向。以毛泽东为代表的中国共产党把马列主义和中国的具体实际相结合，丰富和发展了马克思列宁主义，创造出有中国特色的革命道路，创建了有中国特色的法学理论，并指导了中国的法制建设。⑦ 中

---

① 郑淑芬：《近代中国人治、法治的冲突与嬗变》，2008年吉林大学博士论文，第53-54页。
② 李贵连：《沈家本传》，法律出版社2000年版，第198-200页。
③ 李贵连：《法治是什么——从贵族法治到民主法治》，广西师范大学出版社2013年版，第112-137页。
④ 梁启超：《五十年中国进化概论》，载李华兴、吴嘉勋编：《梁启超选集》，上海人民出版社1984年版，第833-834页。
⑤ 陈新宇、陈煜、江照信：《中国近代法律史讲义》，九州出版社2016年版，第3页。
⑥ 李贵连：《法治是什么——从贵族法治到民主法治》，广西师范大学出版社2013年版，第167页。
⑦ 梁凤荣：《中国法律思想史》（第二版），郑州大学出版社2010年版，第412页。

国特色社会主义司法制度也逐渐形成。

新旧社会制度的交替更迭必然伴随着阶级选择，而历史选择的最终结果，必然是新制度的胜利和旧制度的灭亡。不同的阶级主体作出完全不同的选择，是阶级本质所规定的，因而是必然的。同时，历史选择的革命阶级要面临新的选择问题：对于建构新的社会制度和发展模式应做怎样的选择。新的、更先进的社会制度的不同模式给主体带来一定的自由选择空间，但历史选择的最终结果，只能是更适合于自己的国情、自己的社会物质状况运动规律的社会制度模式。[①]各阶级政党对于法治的艰难探索，正是反映了中国近代历史的发展规律。从百日维新变法到最终中国共产党带领中国人民打碎了旧的国家机器和野蛮落后的法律制度，建立中华人民共和国，这是历史选择的必然结果。中华人民共和国成立之后，对于应当建立怎样性质的司法制度，是中国共产党面临的重大历史考验。最终，中国共产党能够顺应自己的国情和社会物质条件，确立独具中国特色的社会主义司法制度，这也是历史选择的必然结果。

三、司法本质的历史性

从人民司法的诞生、发展及其演变近 80 多年的历史来看，中国特色社会主义司法制度是中国人民在认识历史必然性的基础上所作出的一种历史性选择。近代以来中国发展的历史现实是社会意识和实践两方面发展趋势的共同基础。因此，中国特色社会主义司法制度是中国共产党人顺应历史潮流，坚持实事求是的精神，逐渐探索出的符合中国历史和现实实际的制度，其本质具有历史性。

（一）民族性是司法的固有性质

萨维尼指出，法律的存在与民族的存在以及民族的特征是有机联系在一起的。在人类的早期阶段，法就已经有了其固有的特征，就如同他们的语言、风俗和建筑有自己的特征一样。[②]法的民族性具有两层含义：一是指法具有维护某一民族利益，体现某一民族意志的功能，二是体现一定的民族精神。即法受民族因素的影响，反映特定民族的特点，有民族独特的概念和范畴的属性，它存在于法律文化中。一个民族的法律只有从这个民族的进化中才能了解，一个国家的法律即是统治阶级根本利益的反映，但同

---

① 张海源：《历史发展的决定论和选择论》，《社会科学辑刊》1995 年第 5 期，第 25 页。
② 何勤华：《历史法学派述评》，《法制与社会发展》1996 年第 2 期，第 8 页。

时在许多问题上反映了某个民族的利益。当法律既符合统治阶级利益,又符合被统治阶级利益时,它就具有民族性,反映民族利益,也是民族精神、民族意识的产物。[1]司法制度作为一国法律文化的重要组成部分,民族性自然成为司法的固有性质。

蕴含在民族精神和民族意识中的政治的、经济的、社会的、文化的等若干价值判断的独特性,使得司法属于这个"民族"而非"那个"民族。作为阶级社会特有的现象,司法的产生过程同阶级、国家的产生过程一致,是同时在一个民族国家内部发生和进行的。从原始人到原始人群,再进化到氏族和部落联盟,进而形成种族或民族。在这一过程中,人类交往方式相继突破了个体需求、血缘关系、狭小的地域和狭隘的语言限制,形成以统一的共同地域、共同语言、共同文化心理素质为基础的现代意义上的民族。[2]在民族形成的过程中,经由历史选择,司法作为一种化解纠纷的机制和社会控制的手段而生。中华民族经历了由强制的近代化到自主的现代化的艰难历程,最终历史选择了无产阶级政党带领中国人民完成救亡图存、实现民族解放的时代任务,这是一种历史必然性。而中国特色社会主义司法制度同样经历了西法东渐到自主探索的曲折发展,中国共产党顺应中国国情,借鉴古今,最终选择了人民司法制度,这也是一种蕴含了民族性的历史必然性。我国的人民司法制度,历尽时代变迁和重重磨难,实质上是一种去伪留真的过程,保留至今的必然与中华民族特有的精神、情感、亲族观念、风俗习惯、文化心理等息息相关。

(二)传统法律文化是司法的重要源泉

民族性是司法制度的本质属性,其中主要包括三点:一是特定民族国家的地理环境;二是该民族国家的生产方式;三是在该生产方式之下逐步形成的民族文化心理。其中,民族文化心理乃是民族国家法律生生不息的源泉和母体。法律本身的演进历史表明,任何民族国家的法律都是民族文化孕育的结果,是作为民族文化的重要组成部分生长和发展起来的。它包括民族国家的政治、宗教、情感、道德、风俗习惯等在内的社会意识。[3]

中国司法是古代法制建设的重要环节,无论是制度建构、程序设计、审断要求,都体现了强烈的中国特色。中国传统司法文化深受儒家文化的影响,经过中华民族的伟大创造和理论家的不懈探究,形成了诸如"德礼

---

[1] 朱龙娟:《法文化与法的民族性的关系》,《法制博览》2012年第11期,第83页。
[2] 周叶中、银新力:《论法律的民族性与世界性》,《法学评论》1995年第2期,第7页。
[3] 周叶中、银新力:《论法律的民族性与世界性》,《法学评论》1995年第2期,第7页。

为政教之本，刑罚为政教之用""情理法三者相统一""以人为本、恤刑慎刑""法致中和、宽猛相济""和谐司法""治吏援法"等司法价值观。中国特色社会主义司法制度从不是割裂历史脉络的，今日的诸多制度设计都深深烙上了传统司法文化的印记。例如，人本司法的理念，早在周初就已萌发，经孔子传承，创立了"仁者，爱人"的学说，充分肯定了人的价值和尊严，并以仁作为调整人际关系的基本准则，成为具有特殊历史意义的人本哲学和法文化的精髓。追求人际和谐、社会和谐的司法价值观，则是古代"法致中和、宽严相济"理念的体现。在儒家经典中，中和是最高的道德标准，达到"致中和"的境界就会产生"天地位焉，万物育焉"的神秘效果。《礼记·中庸》曰："喜怒哀乐之未发，谓之中，发而皆中节，谓之和，中也者，天下之大本也，和也者，天下之大道也，致中和，天地位焉，万物育焉。" 中和表现在司法上含有执法公平、准确、宽猛合于法度之意。另外，古代的"情理法相统一"对于今日的司法审判也具有深远的启示意义。汉唐以降的司法实践中多据法、准理、原情，此三者的统一，成为评判司法的重要价值取向。据法即以国家制定法为审判的基本依据；准理即准三纲伦常之道理，此理经过宋儒宣扬成为天理；原情即符合社会成员共同认同的价值观念，亦即世情。在司法中以理为导向，以情为立足点，可使法律义务与社会义务相统一，减少执行法律的阻力，实现明刑弼教的目标。[①]追求法律效果与社会效果相统一，在中国古代便是有迹可循。因此，传统司法文化经过不断的理论扬弃和实践检验，被保留下来的精华成分成为中国特色社会主义司法制度的重要源泉，具有重大的价值导向意义。

（三）历史主体影响司法的实现程度

前文我们已经论述历史发展的决定性和选择性的辩证统一关系，历史是由各种各样的个人的活动构成的，离开个人的作用，便没有人类社会的历史。因此，历史选择首先是指个人的选择。历史主体根据自己的历史信念和历史责任，从历史发展的多种可能性空间中，选取一种能够变为历史现实的那种历史活动。因此，在不同的社会，当法律由不同的社会群体控制时，必然呈现出不同的品格和特质，沿着不同的方向发展。[②]历史主体在很大程度上影响着一定时期司法的实现程度，这其中包括阶级政党、职业司法官群体以及整体的国民素质。

在中国古代，"明主治吏不治民"被封建皇帝奉为圭臬，官僚队伍成为

[①] 张晋藩：《中国古代国情背景下的司法制度》，《人民司法》2010年第5期，第107页。
[②] 黄文艺：《法律家与法治——对中国法治之路的一种思考》，《法学研究》2005年第1期，第60页。

君主控制国家和社会,并将其意志付诸实施的权力媒介。①尽管如此,由于封建专制制度导致高度的中央集权,行政和司法不分,封建社会并没有形成职业的司法官群体,司法运行和司法权威主要凭借统治者的德行,正如韦伯在论述权威时认为,权威的合法性主要有三个方面的来源:建立在理性基础上的法规和章程、神圣的传统以及个人的魅力素质。由此,韦伯区分了三种不同类型的权威:法理型权威、传统型权威和魅力型权威。正所谓"一正君而国定矣""君子者,法之原也",在人治论占位上风的社会,司法奉行的乃是圣王之道。

清朝末中华民国初年,随着司法体制改革和近现代司法理念的传播,中国开始出现一批职业的司法官群体,国民的法律意识亦逐渐觉醒。随着中华人民共和国的成立和改革开放的不断深化,中国人民的依法、普法和守法意识也随之加强,法律职业共同体也在不断完善。可以说,中国司法权威的不断提高与司法官群体以及民众的法律素养息息相关。一方面,民众对法律的认识在很大程度上是在与法律家打交道的过程中形成的。法律家——特别是法官的言行给人以什么印象,法律在人们的心目中就是什么形象。我们不可能设想有一个这样的社会,法律家名誉扫地而法律富有权威。相反,有一些社会通过提高法律家的威信,增强了法律的威严。②另一方面,法官对于司法判决的作出和司法权威的维护,也离不开民众的支持,因此加强普法教育,提高民众的法律维权意识成为现代国家的共识。

(四)中国特色社会主义司法制度的现实挑战

实践证明,被历史选择的事物必须随时接受历史的考验,即被选择的事物一定要在新的历史条件下保持和发展被选择时的条件,才能继续被选择;发轫于苏维埃时期的人民司法制度一直面临着历史的考验,实践证明,它经受住了历史的考验。中国特色社会主义司法制度自诞生以来,主要经历了两大历史考验:一是改革开放之前的反右运动和"文化大革命",使得我国司法遭受挫折;二是改革开放至今,西方新自由主义思潮给我国司法带来的新的挑战。

"反右"斗争和"文化大革命"使国家和人民遭受了中华人民共和国成立以来最严重的打击和挫折,人民司法制度遭受了空前劫难,受到严重破坏。林彪、"四人帮"出于篡党篡国的反革命罪恶目的的需要,把人民的公、检、法机关视为巨大障碍。从1968年开始,全国各级人民司法机关自上而

---

① 张晋藩:《中华民族的法律传统与史鉴价值》,《国家行政学院学报》2014年第5期,第12页。
② 黄文艺:《法律家与法治——对中国法治之路的一种思考》,《法学研究》2005年第1期,第63页。

下地被彻底砸烂。至1969年，连在名义上也正式撤销了各级人民检察院。1975年第四届全国人民代表大会通过的宪法肯定了检察机关被砸烂的事实，规定检察机关的职权由公安机关"代行"，实质上是完全取消了人民检察制度，至于其他的人民司法制度，不是早已名存实亡，就是遭到批判。[①]但是，从其实施状况来看，"七五宪法"几乎未及实施，就随着"四人帮"的倒台而被清除出历史。[②]"文化大革命"结束之后，人民法院各项工作恢复正常，检察机关、司法行政机关得到恢复建设，中国特色司法制度进入了迅速恢复与发展的大好时期。

而随着对外开放的不断加深，社会主义司法制度又面临着更加严峻的挑战。新自由主义，是一种资产阶级经济学理论（它不是或者主要不是政治层面的理论）。它是20世纪30年代那种特殊的经济社会背景[③]下资产阶级思想理论界滋生出的一个怪胎。新自由主义是当代资本主义的主流意识形态，当代资本主义的主流意识形态必然是统治阶级的意识形态，因此新自由主义代表的就是国际垄断资产阶级的利益，它通过意识形态的全球渗透，目的是为了称霸全球市场，维护资本主义生产方式和资本主义制度。

中国特色社会主义制度仍处在发展与成熟的过程中，中国特色社会主义司法制度也仍处在发展和成长的过程中，需要不断地丰富与发展。在对外开放和经济全球化背景下，学习借鉴域外先进法律文化和经验做法亦不可缺少，这不仅可以丰富我们的思想和制度设计，亦是加强司法对外交流不可缺少的内容。

需要我们保持警醒的是，某些人打着司法独立的旗号而反对我国司法制度乃至政治制度。在西方敌对势力刻意从事和平演变的伎俩下，与国家政治制度密切相关的司法制度当然成为他们攻击和发难的目标，而"司法独立"则是他们披着神圣法律外衣下的所谓极佳"制度产品"，甚至不用推销，便会有人懵懵懂懂拿来。须知源于西方三权分立政治体制的司法独立在我国没有相应的宪政基础，我国宪法所规定的司法机关独立行使职权，只是基于国家权力分工的一种制度安排，不可与西方的司法独立混淆对待，

[①] 熊先觉：《中国司法制度简史》，山西人民出版社1986年版，第150页。
[②] 林乾、赵晓华：《百年法律省思》，中国经济出版社2001年版，第300页。
[③] 一方面，20世纪20年代末、30年代初爆发的经济大危机席卷整个资本主义世界，彻底暴露了资产阶级古典经济学理论及其自由放任市场经济实践模式的弊端。在大萧条期间，多多少少从《资本论》汲取营养的凯恩斯发表了一系列关于就业、投资、货币等的论著，并于1936年出版代表作《就业、利息和货币通论》，开始了针对资产阶级古典经济学的"凯恩斯革命"；另一方面，苏联的以公有制为基础的、有计划按比例发展的社会主义经济蓬勃发展，显示出强大的生命力。这就从左、右两个方面对主张自由竞争、自由经营、自由贸易等为基本理念并主导自由竞争资本主义运行多年的资产阶级古典经济学形成夹击之势。何秉孟：《新自由主义：通向灾难之路——兼论新自由主义与自由主义的渊源和区别》，《马克思主义研究》2014年第11期，第130页。

故其司法独立主张，必然与我国社会主义国家的性质、与人民民主专政的国体、与人民代表大会制的政体、与"一府一委两院"的国家政权架构、与宪法确立的民主集中制原则以及与人民司法的精神格格不入，其发展的最终结果必然要损害到党的事业、国家和人民的根本利益，因而是不可取的。

我国三十多年的改革历程反复证明：每到改革关键时期，各种错误思潮便会冒了出来，企图干扰乃至误导改革进程。我们学习、贯彻、落实十八届三中全会、四中全会通过的一系列精神和政策，全面推进改革，既要警惕封闭僵化的"左"的倾向，更要抵制借口改革实则改旗易帜的"右"的干扰，当前，尤其需要继续批判和抵制新自由主义思潮。①丰富与发展中国特色社会主义司法制度，必须正确把握中国特色社会主义司法制度的改革方向。正在进行的司法改革，是中国特色社会主义司法制度的自我完善和发展。在推进司法改革的过程中，我们必须坚持中国特色社会主义道路和中国特色社会主义理论体系，否则改革将成为无源之水、无本之木；必须立足于中国国情和中国本土法律文化资源，否则改革则可能成为沙滩大厦、空中楼阁。②

第二节　国情塑造理论与司法制度的功能定位

国情是塑造制度的核心因素，正是不同的社会生活条件和社会结构形式塑造了不同的法律制度。任何一个国家的司法制度都是在该国特殊的国情环境下成长和发展起来的。国情背景是中国特色社会主义司法制度的前提条件和现实基础。一个国家的司法国情，主要是指那些制约着司法制度长远发展的历史渊源和现实环境，常常决定着该国司法制度发展的基本走向与大致轮廓。③国情是决定不同国家司法制度之差异的内在决定因素。国情是判断司法制度优劣之基本准则。因此，应从"国情塑造论"的基础上探讨中国特色社会主义司法制度的现实必要性，找寻历史必然性的起因。

---

① 何秉孟：《新自由主义：通向灾难之路——兼论新自由主义与自由主义的渊源和区别》，《马克思主义研究》2014 年第 11 期，第 125 页。
② 沈德咏：《坚持中国特色社会主义司法制度》，《人民司法》2009 年第 11 期，第 13 页。
③ 钟小凯：《中国特色社会主义司法制度国情、特点与完善》，《江西师范大学学报（哲学社会科学版）》2011 年第 1 期，第 55 页。

一、中国国情理论

（一）中国国情的内涵

马克思指出："理论在一个国家的实现程度，决定于理论满足这个国家的需要的程度。"[1]而国家需要的程度也就是我们常说的"国情"。自马克思主义中国化起始，中国共产党始终将适应"中国国情"作为道路选择和国家发展的首要前提条件。国情是以毛泽东为代表的中国共产党人最为关注的重要问题，因而国情理论也就成为毛泽东思想的重要内容。可以说，毛泽东思想是紧紧围绕着对国情的认识展开的，并在正确认识国情的基础上形成了一系列关于中国革命和建设的正确理论，指引着中国人民从胜利走向新的胜利。毛泽东说："中国社会的性质，亦即中国的特殊的国情，这是解决中国一切革命问题的最基本的依据。"[2]邓小平指出："我们建设的社会主义，是有中国特色的社会主义。我们主要是根据自己的实际情况和自己的条件。"[3]这里的实际情况和自己的条件指的就是"中国的国情"。

那么我们常说的"国情"到底是什么？应该赋予它怎样的内涵？"中国的国情"又有何特殊之处？关于"国情"的意涵，不同的学者曾给出过不同的结论。所谓国情应是一个综合的、客观的、复杂的、动态的概念，即它应包含相当广泛的内容，涉及政治、经济、文化、社会等各个领域，而且处于不断的发展变化之中。"简言之，国情，就是指一个国家在一定历史时期内存在的那些既定的、不依人们意志为转移的、而又不可摆脱的客观条件。"[4]任何一个国家在各自的发展历程中都有着自身特殊的国情存在，只有认清国情，把握其中的脉络内涵，才能选择出正确的发展道路，因此，对中国这样一个国土辽阔、民族众多的泱泱大国而言，更是如此。"中国的国情是由中国的特殊的生产方式、特殊的地理环境、特殊的人口因素、特殊的民族文化传统等因素所构成的社会有机整体。在这个整体中，各种因素相互联系、相互制约、相互作用。它们都不能游离于中国社会这个有机整体之外。反过来，这个社会有机整体如果失去其中任何一个要素，或者其中任何一个主要因素发生重大变化，它就随之或多或少地改变自己的结构和功能。"[5]

---

[1] 《马克思恩格斯全集》第 1 卷，人民出版社 1995 年版，第 12 页。
[2] 《毛泽东选集》第 2 卷，人民出版社 1991 年版，第 646 页。
[3] 《邓小平文选》第 3 卷，人民出版社 1993 年版，第 29 页。
[4] 王元年：《中国革命与建设的一条定律——从国情出发，走自己的路》，《北方工业大学学报》1994 年第 4 期，第 14 页。
[5] 韩振峰：《国情学》，中国国际广播出版社 1990 年版，第 2 页。

（二）两大国情理论之比较

习近平总书记指出："道路决定命运，找到一条正确道路是多么不容易。中国特色社会主义不是从天上掉下来的，是党和人民历尽千辛万苦、付出各种代价取得的根本成就。"①中国特色社会主义开创于改革开放新时期，建立在我们党90多年长期奋斗基础上，而其思想、理论和实践的源头，则可追溯到更远。习总书记明确地指出关于中国国情的论断并非一朝一夕的空洞见解，而是在长期奋斗的基础上总结出来的。我们对中国国情的认识根据不同的历史发展阶段大体可以分为两种理论，即新民主主义革命时期的半殖民地半封建社会的理论和社会主义现代化建设新时期的社会主义初级阶段的理论，两大国情理论在中国共产党人认知中国、改造中国、建设中国的探索和实践中，居于基石的地位。

第一，新民主主义革命时期的半殖民地半封建社会的理论。半殖民地半封建社会的理论，从其产生、发展到完善，大体分为三个阶段：第一阶段，从1921年中国共产党成立到1927年大革命失败，是这一理论萌芽和形成初步思想的阶段；第二阶段，从1927年大革命失败到1937年抗日战争开始，是这一理论基本形成时期；第三阶段，1937年到1940年初，是这一理论完全形成时期。中国自1840年以来，不断遭到来自西方的、东方的海上入侵，19世纪末、20世纪初帝国主义和中国封建势力相勾结，共同镇压和奴役中国人民。也正是从那时起，中国人民开始了争取民族独立和解放的不懈斗争，从地主阶级的自救运动到农民阶级的揭竿而起，以及从资产阶级中上层的维新运动到资产阶级中下层的民族民主革命，前后达80余年，但终究都未能成功。原因固然很多，如果从主观方面检讨，有一点，就是由于这些力量对当时中国国情的认识还缺乏应有的科学性、全面性和系统性，而导致其救国路线、纲领和理论难以发挥应有的指导作用。灾难深重的中华民族迫切要求新的革命力量、新的政党，在实践中对中国国情做出超越以往政治力量的新认识。中国共产党作为当时最先进的政治力量，正是因为对当时中国国情进行了全面、系统、科学的认识，才能创立出符合中国实际的新的革命理论，制定正确的革命战略和策略，指给中国人民新的解放道路。

第二，社会主义初级阶段的理论。这也是应中国社会主义建设的新的伟大实践的需要而产生的，这一阶段的国情理论也可以分为三个阶段：第一阶段，从1978年中共十一届三中全会到1987年中共十三大前，是这一理

---

① 《习近平总书记系列重要讲话读本》，人民出版社2016年版，第19页。

论的产生阶段；第二阶段，1987年党的十三大前后，是这一理论的形成阶段；第三阶段，1992年中共十四大到1997年中共十五大，是这一理论的发展和完善阶段。十年"文化大革命"结束后，中国社会百废待兴，任务十分艰巨。一方面中国共产党和全国人民要尽快从"文化大革命"造成的灾难中摆脱出来，突破原有的理论的框架，从"左"的教条主义束缚下解放出来，恢复并重新确立实事求是的思想路线；另一方面要总结和吸取历史的经验教训，从整个世界发展的高度着眼，把握住时代发展的脉搏和契机，重新思考什么是社会主义，怎样建设社会主义这一马克思主义经典作家没有完全解决的问题，找到一条符合中国实际的社会主义建设和发展的新道路，规划出未来中国社会新的发展蓝图。要想回答上述迫切而重大的理论和现实问题，就必须重新认识中国当时的社会性质和所处的社会发展阶段，以及经济政治文化等各方面的基本情况，对其有一个全面、客观、正确的判断和把握。①综合起来看，毛泽东思想中的"国情论"发展到今天，无论在广度上还是在深度上，都有了极大的丰富和创新。

总之，认清国情是解决革命和建设问题的最基本根据，是从事革命和建设事业，制定路线、方针和政策的最基本根据。中国革命和建设的全部实践，特别是中华人民共和国成立以来以来社会主义建设正反两方面的经验、教训，充分证明了认清国情对我国革命和建设事业的重要性。中国正在大步迈向发展的新时期，习近平总书记更是提出要实现中华民族伟大复兴的中国梦，他曾经这样诠释近代中国100多年的历史："中华民族的昨天，可以说是'雄关漫道真如铁'；中华民族的今天，可以说是'人间正道是沧桑'；中华民族的明天，可以说是'长风破浪会有时'。"②不论是昨天、今天还是明天，正确认识和把握基本国情都是确立并巩固中国共产党领导核心地位的关键所在，是全面推进社会主义现代化建设的应有之义，更是早日实现中华民族伟大复兴的制胜法宝。

二、国情塑造制度

从十八大、十八届三中全会、十八届四中全会到领导人的讲话，都能体现出对司法改革"遵循司法规律、符合中国国情"的基本要求。习近平指出在深化司法体制改革的过程中，必须要有问题导向意识，始终将遵循司法规律与符合中国国情结合起来。③我国的司法制度是具有中国特色的社

---

① 郭正秋：《中国共产党两大国情理论之比较》，《长白学刊》2004年第3期，第90页。
② 《习近平总书记系列重要讲话读本》，人民出版社2016年版，第6-7页。
③ 蒋安杰：《回归司法规律的司法改革》，《法制日报》2016年3月16日，第9版。

会主义司法制度，它不仅符合司法的一般规律，更是系于我国的具体国情，我国在经济基础、政权模式、法治文化和民情等各方面与西方国家有着明显的差异，因此我国的司法制度在汲取世界各国的有益经验的同时，更要经过我国国情的检测，由国情决定，司法制度适应于国情，唯有如此才能达到司法权力合理配置，保障本国司法改革顺利进行。

（一）独特国情决定论

萨维尼所言："一个民族的法律制度，像艺术和音乐一样，都是该民族文化的自然体现，不能从外部进行强加。在任何地方，法律都是内部力量推动的，而不是由立法者的专断意志推动的。"由于政治制度、文化传统和具体国情不同，我国社会主义法治模式和司法制度在本质上不同于西方资本主义国家：①我国特殊的政治国情决定了司法制度的政治取向。人民代表大会制度，体现了国家的一切权力属于人民，体现了中国共产党的领导地位和执政地位，体现了我国社会主义国家的性质。构建中国特色社会主义司法制度，必须坚持党的事业至上、人民利益至上、宪法法律至上，必须充分体现司法机关之间的配合、监督和制约关系。②我国特殊的经济国情决定司法制度的发展条件。我国与西方实行的经济制度在本质上、发展程度上都大有不同，人口众多、经济实力相对薄弱的经济国情使得我国在现阶段的司法制度设计上，绝不能照搬西方国家的司法理念、司法模式。③我国特殊的文化国情决定司法制度的文化内涵。追求和谐的价值观、无讼的法制观、谦让的人际观和正道的义利观，以上中华文明与传统，对于现代司法制度的程序设计和价值取向具有重要的参照意义。④我国特殊的社会国情决定司法制度的现实责任。改革开放以来积累起来的深层次矛盾日益凸现，各种社会矛盾处于高发多发阶段，随着城市化和企业制度改革的深化，必然产生许多社会热点和难点问题，其中不少问题要通过司法手段加以解决。在这种新形势下，司法工作必须克服法治固有的道德冷漠问题，追求社会效果和法律效果的真正统一。①

我们伟大的党深刻地认识到，即使是伟大的马克思主义理论也必须在充分把握具体国情的情况下进行中国化改造再移植，具体的司法制度更是如此。一个国家的司法制度，必然是其独特的国情所决定的。纵观历史、

---

① 李玉明：《中国特色社会主义司法制度的构建与完善——以司法传统与司法国情为视角》，《法律适用》2009 年第 1 期，第 15 页。

放眼世界，还不曾有任何两个国家拥有完全一样的司法制度，甚至社会制度的相同与否，也不能决定其司法制度的必然相似，差异毫无疑问是必然存在的。我国人口众多、地域辽阔、人治传统根深蒂固，经济、文化尚不发达，且处于并长期处于社会主义初级阶段。这样的独特国情决定了我国这几十年司法制度建设的成果和经验，还包括已经有十余年地方、基层依法治理的成果和经验都必须遵循具体国情。必须坚持在中国共产党的领导下，认真总结我国法治建设正反两方面的经验，全面规划，整体实施，将司法制度这一具有全局性、长期性和复杂性的建设全面推进。

（二）独特国情适应论

议行合一与三权分立作为国家权力的两种截然不同的分配体制，反映了中西方集体主义和个人自由的不同的价值追求，对政治体制两种截然不同的文化认知。西方三权分立理论的诞生、发展乃至实践，是基于西方文化对人性恶的强调、对政府不信任的心理和对自由的极度保障等认知为基础的。美国政治学家潘恩曾认为："政府即使在其最好的情况下，也不过是一件免不了的祸害，在其最坏的情况下，就成了不可容忍的祸害。"[1]政治学家汉密尔顿等认为："如果人都是天使，就不需要任何政府了，如果是天使统治人，就不需要对政府有任何外来的或内在的控制了。"[2]而在我国，传统文化中占主流的始终是人性善的认识，始终宣扬社会至上、集体至上的价值，对政府是一种信任的心态，所以三权分立所主张的通过权力分立来保障个人自由的基础自然就不存在。另外，近代中国的发展历程也告诉我们，西方三权分立的政治体制并不适合中国，[3]议行合一体制下的人民代表大会制度是我国人民的历史选择，是我国政治体制的政治优势所在。

我国的司法制度是社会主义性质的，是为维护广大人民群众的利益服务的。这是与我国的根本政治制度相契合的，更是与我国国情相适应的。董必武作为中华人民共和国法制建设的奠基人，曾经道出过人民司法制度的精髓："人民司法的基本精神是要把马恩列斯的观点和毛泽东思想贯彻到

---

[1] [美] 托马斯·潘恩：《潘恩选集》，商务印书馆1989年版，第22页。
[2] [美] 汉密尔顿、杰伊、麦迪逊：《联邦党人文集》，程逢如等译，商务印书馆1980年版，第252页。
[3] 谢觉哉认为，中国晚清以来，包括边区司法制度创建中之所以会出现这样那样的问题，最根本的原因就是脱离中国的国情，是主观上教条主义的反映和旧的官僚主义作风的影响，换言之，是对己有的各种法学理论以及其他国家司法实践的崇拜和对西方现代司法制度以及苏联司法制度简单抄袭的结果。侯欣一：《谢觉哉司法思想新论》，《北方法学》2009年第1期，第89页。

司法工作中去。人民司法基本观点之一是群众观点，与群众联系，为人民服务，保障社会秩序，维护人民的正当利益。要看我们的审判工作是不是便利于老百姓，是不是有利于巩固人民民主专政，是不是对建设社会主义起保障和促进作用。"[1]承担着中华人民共和国司法制度建设重任的谢觉哉也特别强调司法制度的构建应该从中国的国情出发，并指出创建新型的司法制度唯一科学的方法就是到实践中去寻找答案。他认为，创建新型司法制度，人类一切既有的经验和现有的"条文不是第一，第一是群众的实际；经验不是第一，第一是到实际中去获取新经验；形式（组织、手续、法等）不是第一，第一是能解决问题。……然而我们有的不是第一，而是第二的东西"[2]。此二人的司法理念恰如其分地说明了两个问题：第一，我国特色的社会主义司法制度是人民司法制度，是由我国的历史和国情决定的，是符合中国国情的；第二，历史和国情之所以选择了人民司法制度，是建立在认识、实践、再认识、再实践的基础之上的，是与人民民主专政和人民代表大会制度相契合的，是经得起实践检验的。

三、司法定位系于国情

马克思主义的最本质的东西，马克思主义的活的灵魂，就在于具体问题具体分析。中国应该实行什么样的司法制度，归根到底应该由中国的国情、性质、历史传统、民族特质等决定。中国司法制度只有立足于基本国情、民族传统和发展阶段，才能真正发挥作用。在政治层面，人民民主专政的国家性质决定了我国必然实行人民司法制度；在文化层面，以维护人民根本利益、坚持"两个效果"相统一为重要内容的人民司法制度极好地适应了中国民族生活习惯和心理状态，成为中国传统法律文化发展的必然结果；在法律层面，按照实践是检验真理的唯一标准的要求，司法制度优劣的判断标准只能是来源于本国的法治实践，来源于这个制度对本国国情的适应性。

（一）保证了审判权与检察权掌握在人民手中

广泛的人民性是中国特色社会主义司法制度的主要特征。司法的人民性，是指司法权源于人民、属于人民、服务人民、受人民监督的属性。它来源于当前中国民主政治制度的要求，是中国司法制度发展进步的经验总

---

[1] 董必武：《董必武法学文集》，法律出版社2001年版，第45-46页。
[2] 《谢觉哉日记》（上），人民出版社1984年版，第36页。

结。首先，司法权的性质是由国家的根本政治制度决定的。当前我国实行人民民主专政的国体和人民代表大会制度的政体，这就决定了我国司法制度的人民性。司法权来源于人民，都是人民代表大会通过制定宪法和法律授予的，都必须按照人民代表大会通过的宪法和法律运行，这就保证了当前中国司法制度能真正实现广泛的人民性。其次，司法的人民性是一种历史的选择。中国古代司法制度中就有民本思想，司法工作为民服务，具有深厚的历史文化底蕴。[1]董必武曾指出："一切为人民服务这是一个真理，我们应该坚持，司法工作也是为人民服务。"[2]中国共产党在革命根据地时期开始积极实践，将人民性确立为人民司法事业发展的政治根基，将司法和调解活动深入到了中国普通民众的最基层，成为广泛接触民众、沟通民心的重要方式之一。在中央苏区和陕甘宁边区，一切司法审判都要强调群众观念、坚持群众路线，并最终形成了依靠群众、调查研究、就地解决、调解为主的"马锡五审判方式"。历史经验表明，坚持司法的人民性，司法制度会有无限的生机活力。在我国，各级审判机关与检察机关由各级人民代表大会制度产生，审判机关与检察机关对人民代表大会负责，受其监督，向其报告。这表明，审判权与检察权通过人民代表大会制度掌握在全体人民手中，这种优势是西方三权分立制度无法比拟的。人民代表大会制度通过民主集中制原则，通过间接民主或直接民主，始终保证了国家权力掌握在全体人民之手中。

（二）议行合一政体下的司法权独立行使

西方的三权分立原则，过分强调分立和制衡，容易出现扯皮与效率不高的弊端，且在三权的分立中，司法权由于其权力特性，更容易受到行政权和立法权的挤压。在我国议行合一体制基础上的人民代表大会制度下，虽然不搞所谓的三权分立，但也并不否定国家权力之间可以进行科学的分工。首先，国家权力机关将最充分体现人民主权的立法权留给自己行使，同时将行政权、审判权和检察权分别赋予行政机关、人民法院和人民检察院。国家权力处于最高的地位，而行政权、审判权和检察权分别处于从属的地位，立法权可以监督制约行政权、审判权和检察权，而行政权、审判权和检察权都不能反向监督制约立法权。从而形成了既分立又统一的国家权力格局。其次，行政权与审判权和检察权并立，处于平等的地位，构成

---

[1] 钟小凯：《中国特色社会主义司法制度国情、特点与完善》，《江西师范大学学报（哲学社会科学版）》2011年第1期，第57页。
[2] 董必武：《董必武法学文集》，法律出版社2001年版，第43页。

行政权与审判权和检察权既分立又相互监督的关系，共同实现人民的主权。我国行政权与审判权和检察权的这种相互监督关系与西方国家的三权分立完全不同。西方国家的三权分立着眼于权力相互牵制，以求权力平衡，而我国的行政权、审判权和检察权的相互监督制约包括但不仅是简单的限制和约束，而且也是权力之间的相互配合。

（三）民主集中制下的司法运行更为可靠

合议庭制度、审判委员会制度和检察委员会制度集中体现了司法活动中的民主集中制。民主集中制，是我们党和国家的一项根本组织制度和领导制度，是发挥集体智慧和提高领导决策水平的重要保障。民主集中制是民主基础上的集中和集中指导下的民主相结合。"民主是集中的客观基础，集中是民主的必然要求。集中脱离了民主的基础，就会导致专制民主必须置于集中的制约和指导之下，不然，就会导致极端民主化和无政府主义。民主提供活力，集中提供稳定，它们之间存在着内在的一致性和制约性。"[1]客观来说，民主集中制作为司法运行机制在司法实践中发挥了极为重要的作用，同时也是建设中国特色社会主义司法制度所应遵循的基本原则之一，它符合我国传统法律文化的要求，符合我国现阶段国情和司法现状，有助于统一司法尺度，确保法制统一。

（四）"两个效果"统一的司法

由于中西方在社会结构、历史传统、文化理念、价值取向等方面不同，中西方法律文化之间也存在很大的差异。

我国传统文化有浓厚的伦理色彩，信奉"以和为贵""中庸之道"，法律也受其影响，"以礼入法，礼法不分"，法律规范和道德规范不分，"道德法律化，法律道德化"，法律维护"礼"和伦理道德。[2]同时，中国古代社会以家族为单位，法律以身份为核心，体现出"集团本位"的特征，[3]忽视个人的个体性。裁判者根据"礼""法""情"审理案件，重视案件的实质公道与正义，忽略法律的形式理性。直至今日，我国法律文化仍然体现出"集团本位"、"重实体而轻程序"、强调集体利益而忽视个人权利的倾向。

西方国家权利意识历史悠久，从最初的古典自然法到近代的理性自然

---

[1] 王国栋：《认真贯彻民主集中制原则 进一步加强和完善检察机关领导制度》，《检察理论研究》1995年第2期，第2页。
[2] 梁治平：《寻求自然秩序中的和谐》，中国政法大学出版社2002年版，第161-272页。
[3] 张中秋：《中西法律文化比较研究》，中国政法大学出版社2006年版，第40-81页。

法，都强调自然权利。启蒙运动的思想者和资产阶级革命者把"理性""自由""平等"上升为法律原则。随着生产力的发展，人与人间的社会关系实现了从"身份"到"契约"的转变，个人意识增强，更加注重对人权的保障，强调程序公正。从英国《自由大宪章》的"正当程序"到当今英美法系乃至大陆法系国家的法律中的众多程序规定，都体现了人权保障的程序公正和形式理性。

司法活动的法律效果和社会效果是相统一的，司法活动的目的在于通过法律的实施在全社会建立一种法律秩序，实现"社会福利"，实现公平正义。"一般来讲，司法人员依照法律规定，把案件的是非曲直分清楚，实现的是司法的法律效果。而把案件造成的伤害抚平，把案件引起的不满吸收掉，让社会各个方面都满意，实现的则是司法的社会效果。也就是说，司法活动的法律效果就是要让法律'满意'，而司法活动的社会效果就是要让社会满意，法律效果与社会效果的统一就是两个'满意'都兼而有之。"①总体而言，我们国家近些年来的司法，一直在努力追求实现法律效果和社会效果的有机统一。

尽管在我国法律中并无"法律效果与社会效果"有机统一的直接规定，但在司法政策或者人民法院、人民检察院工作报告等有关文献资料中是经常提及的，实践中我们的司法人员也的确是以这样的标准在工作，我们的司法办案也已习惯于努力做到法律效果与社会效果的统一。这是我国情理法相融、注重司法伦理性的传统法律文化精神的延续，与西方单纯的、甚至刻意追求法律效果的司法评价机制有着显著的区别，况且西方国家也正在谋求改变。

第三节 社会发展理论与司法制度的价值取向

实践证明，中国特色社会主义司法制度顺应了人类社会发展规律和社会主义建设规律，是中国历史上也是人类社会发展史上最为优越的司法制度，是最能保障中国特色社会主义事业发展的司法制度，因此坚持和完善中国特色社会主义司法制度，是顺应人类社会发展进步之方向的内在需要。在不同的社会发展阶段，司法制度的价值追求亦有所不同，社会发展程度决定了司法制度的价值追求。

---

① 高遥生：《论司法审判的使命》，《法制资讯》2008 年第 10 期，第 1 页。

一、社会发展理论

（一）马克思社会发展理论

"理论在一个国家实现的程度，总是决定于理论满足这个国家需要的程度。"[①]理念是行动的先导，一定的发展实践都是由一定的发展理念来引领的。发展理念是否对头，从根本上决定着发展成效乃至成败。[②] 马克思社会发展理论是人类智慧的宝贵遗产，是具有当代意义的科学的社会发展理论，具有重大的理论和实践价值。对于马克思社会发展理论的丰富内涵应当从社会发展动力论、社会发展主观论、社会发展规律论、社会发展价值论四个方面进行把握。

社会发展动力论。马克思认为，人类社会的发展表现为生产力与生产关系的矛盾运动过程。一切社会变迁的终极原因应当从生产方式和交换方式的变更中去寻找。人类社会发展的动力在于社会自身和生产方式自身的矛盾运动。当"社会的物质生产力发展到一定阶段，便同它们一直在其中运动的现存生产关系或财产关系（这只是生产关系的法律用语）发生矛盾。于是这些关系便由生产力的发展形式变成生产力的桎梏。那时社会革命的时代就到来了。随着经济基础的变更，全部庞大的上层建筑也或慢或快地发生变革"[③]。马克思吸取达尔文的生物进化论思想，积极回应实证社会学的学说，认为人类社会的发展是一个不断前进的过程，其中起根本作用的便是生产力与生产关系的矛盾运动，进而通过对人类社会实践的考察，确认了社会生产力的发展是社会基本矛盾的引发者和内在的动因，是社会发展的根本动力。[④]

社会发展主观论。马克思的发展观是一种以人为中心的发展观，人的自由而全面发展便成为马克思社会发展观的价值取向，也是社会发展的主题与实质。马克思认为，社会发展只有相对于人和人类社会才存在，真正意义上的社会发展属于人，是人的主体性创造，离开了人就无所谓社会和社会的发展。社会发展理论的实质是人意识到自身不同于自然物而试图改造自然、满足自身需求的一种人的生存理论。从这个角度上说，关注人的生存状态，揭露不合理的社会制度对人的发展的压抑和扭曲，为人的解放和自由发展指

[①] 《马克思恩格斯选集》第1卷，人民出版社1995年版，第11页。
[②] 《习近平总书记系列重要讲话读本》，人民出版社2016年版，第127页。
[③] 《马克思恩格斯选集》第2卷，人民出版社1995年版，第32-33页。
[④] 杨炯：《马克思社会发展理论的多元视阈及当代价值》，《中共云南省委党校学报》2010年7月第11卷第4期，第26页。

出一条现实的道路,就成为马克思社会发展理论的主旨。[①]

社会发展规律论。任何国家和社会的发展都必须遵循社会发展的一般规律,但也可以根据不同的条件实现不同层次的跨越发展。生产关系可以跨越,而生产力发展阶段既有可超越性又有不可超越性。社会发展的决定性使社会形态在更替中呈现出统一性,而社会发展主体的选择性使社会形态的更替呈现出多样性。统一性是就人类历史总体发展进程而言的,这种统一性表现为社会形态的更替是从低级到高级、由简单到复杂,依次更替的。多样性则是指不同的民族或者国家可以超越其中一种或者是几种社会形态,从而跳跃式地发展。例如,通过对美国社会的分析,马克思指出虽然美国没有经历封建社会,但却是资本主义社会最现代的存在形式。承认社会形态更替的多样性并不意味着否定人类社会发展进程的统一性,某一个国家能够跨越一定的历史发展阶段,从而进入更高级的发展阶段,但是它跨越的方向必然和人类总体历史进程保持一致。

社会发展价值论。历史上每一次重大发展、每一次深刻变革往往都会引起对原有理论的重新认识和审视。马克思社会发展理论之所以受到学界的高度关注,根本原因就是由当代社会发展实践引起的。站在时代发展新的起点上来重新审视马克思社会发展理论,已是社会发展的迫切要求,也是发展理论自身发展的需要。可以说,马克思社会发展理论在当代中国最大的价值就是对中国特色社会主义的指导意义。

(二)中国社会发展路径

第二次世界大战之后,西方学者对发展理论的探究经历了从经济视角到人文视角的转换过程,相应地提出了两种不同的发展观:第一种发展观是把发展等于工业化过程中的经济增长,第二种发展观是把发展看作以人为中心的综合发展过程。[②]中国作为一个极具社会主义特色的发展中国家,其本身的发展在遵循人类发展的基本规律、借鉴西方的有益发展经验的同时,也深受自身历史、文化、国情等因素的影响,有着独特的社会发展路径。

曲折性和前进性辩证统一的发展路径。邓小平曾经对社会发展问题作出过这样的论证:"封建社会代替奴隶社会,资本主义代替封建主义,社会主义经历一个长过程发展后必然代替资本主义。这是社会历史发展不可逆转的总趋势,但道路是曲折的。资本主义代替封建主义的几百年间,发生

---

① 陈士兵:《马克思的社会发展理论及其当代价值》,《山东省青年管理干部学院学报》2008年第5期,第10页。
② 何颖、李思然:《中国社会发展路径的哲学思考》,《中国行政管理》2013年第11期,第41页。

过多少次王朝复辟？所以，从一定意义上说，某种暂时复辟也是难以完全避免的规律性现象。一些国家出现严重曲折，社会主义好像被削弱了，但人民经受锻炼，从中吸取教训，将促使社会主义向着更加健康的方向发展。"[1]邓小平所表达的正是社会主义的发展是曲折性和前进性的辩证统一。百年中国历史雄辩地证明了中国社会发展的曲折和艰辛，中华民族经过重重磨难和沧桑洗礼，最终才在无产阶级的带领下走出社会主义这条康庄大道。中华人民共和国成立以来，社会主义更是经受住了一次又一次的考验，中国社会的发展在曲折中不断摸索，大步向前迈进。

顺应国情的社会发展理念。改革开放以来，我国社会发展一直遵循着实事求是、解放思想、与时俱进的理念。邓小平深刻地指出中国的社会发展道路既不同于西方社会的发展，又不同于其他发展中国家的发展。因此，我们不能遵循僵化的教条主义原则，而是要将马克思主义中国化，以国情为基础，不断地解放思想，与时俱进。改革开放初期，发展经济是硬道理，因此允许一部分人和一部分地区先富起来，实行非均衡的发展方式；而随着中国社会经济的不断提高，中国社会的发展又转向以人为中心的和谐、可持续的发展观；进入新时期，"五位一体"的新发展观被提出，以人为本、绿色发展、和谐发展。可以说，不同阶段的国情孕育了不同阶段的发展理念。

发展与稳定相统一的管理体制。在世界现代化的过程中，一些后发展国家在走西方的自由市场经济发展道路时，都遇到了社会两极分化和政治动乱的问题。我国的社会发展也同样出现了分配不公、贫富差距大、城乡区域发展不平衡的问题。如果我国在改革之初就走西方国家的大市场小政府的发展道路，当时市场与社会的成熟度低，那么社会底层的公正将无法得到保证。由于我国在经济改革过程中实行了强政府干预的管理体制，我们没有在由计划经济转向市场经济的同时削弱中央政府的权力，因此在扶贫扶弱、抢险救灾、义务教育、社会保障等方面保证了社会底层的生存和发展的基本条件，最大限度和有效地缓解了市场经济带来的公平与效率的矛盾，没有发生大的社会动荡，妥善地处理了发展与稳定的辩证关系，在经济崛起的同时保证了社会的和谐发展。[2]

二、司法制度的社会性

瞿同祖认为："法律与社会现象是不可分割的；法律是社会中的一种制

---

[1] 《邓小平文选》第3卷，人民出版社1993年版，第382-383页。
[2] 何颖、李思然：《中国社会发展路径的哲学思考》，《中国行政管理》2013年第11期，第43页。

度，不能离开社会。""法律与社会之间有密切的关系。不能像分析法学派那样把法律视为一种孤立的存在；法律是社会的产物，是社会制度之一，是社会规范之一；法律与风俗、习惯、制度、伦理道德和意识形态等的关系极为密切；任何社会的法律都是为了维护并巩固其社会制度和社会秩序而制定的；只有充分了解产生某一种法律的社会背景，才能了解这些法律的意义和作用。"①与之相适应，司法制度亦应随社会的发展、变迁而发展、变化，司法制度具有社会属性。司法与社会的关系，简而言之，即社会发展决定司法，司法应主动回应社会发展。

（一）社会发展决定司法

正如马克思所言："法律应该以社会为基础。法律应该是社会共同的、由一定物质生产方式所产生的利益和需要的表现，而不是单个人的恣意横行。"②也就是说，司法的发展受制于社会发展，它不能超越社会发展阶段。在《政治经济学批判序言》中，马克思深刻地阐述了生产力与生产关系、经济基础与上层建筑的矛盾运动及其一般规律。他指出："人们在自己生活的社会生产中发生一定的、必然的、不依他们的意志为转移的关系，即同他们的物质生产力的一定发展阶段相适应的生产关系。"③ "物质生活的生产方式制约着整个社会生活、政治生活和精神生活的过程。"④社会是由人聚合而成的群体组织，有社会才会有法。从法的发展史可以得知，法的主体、法的主人是社会上的人，法是为了解决人们之间的权利与义务的分配与争执而形成的。正是法的社会性衍生出司法的社会性，在这个意义上说，司法不能脱离于社会之外，它的审理、裁判活动，都应当与社会形势、社会需求结合起来，特别是应当与人类普适性的价值结合起来。⑤

物质生产实践是司法活动发展的动力。对司法活动来说，它应该怎样进行，具体内容怎样以及可以达到怎样的水平，并不是由其自身所能决定的，相反，归根到底，司法权的内容与活动范围等是与特定的历史条件、社会整体发展水平以及其他社会实践活动互动的产物。原始社会的"同态复仇"因缺乏合法暴力而不称其为司法。只有物质生产实践发展到一定阶段，催化出公共权力，司法才有可能产生。物质生产的发展，使可供人们占有和使用的

---

① 瞿同祖：《中国法律与中国社会》，商务印书馆 2010 年版，第 414-415 页。
② 马克思：《对民主主义者莱茵区域委员会的审判》，载《马克思恩格斯全集》第 6 卷，人民出版社 1961 年版，第 291 页。
③ 《马克思恩格斯选集》第 4 卷，人民出版社 1995 年版，第 532 页。
④ 《马克思恩格斯选集》第 2 卷，人民出版社 1995 年版，第 32 页。
⑤ 高其才、肖建国、胡玉鸿：《司法公正观念源流》，人民法院出版社 2003 年版，第 519 页。

资源日益丰富，这样就为权利、义务的争执提供了更多的社会空间。

司法的发展受物质生产实践发展的制约。从宏观上看，物质生产实践越发展，司法现代化程度越高。司法在某种意义上也可以说是一种奢侈品，它需要投入大量的人力、物力和财力。因而，一个明显的事实就是，缺乏物质条件的保障，司法权就很难有效的运作。同时，司法的成效也往往取决于科学技术的发展，无论物证的勘验还是证据的鉴别，都需要有一定的科学技术作为支撑。从这个意义上而言，社会发展程度越高，科学技术程度越高，司法的现代化程度也就越高。[①]

（二）司法应主动回应社会发展

司法由社会发展决定，因此，司法的内容部分由物质生产实践决定，部分受物质生产实践发展阶段影响。自然经济条件下，对法律有较少的需求，不需要法律发挥太大的作用，更不会发育出以权利为核心的法律体系和司法结构。有限的法律只要能满足最为基本的社会秩序和政治秩序的需要也就可以了，司法主要在狭义的社会领域起作用。自然经济盛行时期的法律主要表现为以义务为核心的刑事规范，而司法主要是应对这样的功能需求的。

而商品经济条件下，契约性的、平权型的社会关系带来了法律关系的巨大变革。首先，以主体间权利的流转关系、交换的存在以及承认对方主体的权利为前提的商品经济促进了个人权利观念的发展。其次，商品经济引发了权利规范的大规模发展，经济权利规范自不待言，更由于政府成为商品经济管理关系的一极，从而也促生了一系列政治权利规范的形成。再次，与自然经济条件下法律规范的义务本位不同，个人权利观念和权利规范的发展使法律规范转型为既强调权利又强调义务，强调权利义务的统一和整合。这一阶段的司法由自然经济下的以义务为核心的刑事规范领域转向更注重公民权利的民事规范及行政规范领域。可以说，社会发展的独特内容对司法内容、司法价值、司法功能、司法体制都有着根本性的影响。此时，司法扩展到了社会、经济、政治、文化等多方位领域。

由此我们可以得出这样一个结论：司法由物质生产发展实践阶段决定，但绝不意味着司法仅仅是社会发展的附属品和衍生品，法既是为社会而生成，自也应为社会的利益而发展。司法之于社会，不应被动地适应，而是要主动对社会的发展作出回应。从某种意义上而言，这也是司法能否树立权威，获得大众认同的关键。中国特色社会主义司法制度作为中国特色社

---

① 逄志龙：《论司法权的社会性》，苏州大学2004年硕士论文，第13-15页。

会主义制度的重要组成部分,是由我国的国情、性质、历史传统、民族特质等决定。中国司法制度也只有立足于现实的社会发展阶段,才能真正发挥作用。我国实行的司法制度正是对中国目前的社会发展形态的深刻反映。在政治层面,人民民主专政的国家性质决定了我国必然实行人民司法制度;在文化层面,以维护人民根本利益、坚持"两个效果"相统一为重要内容的人民司法制度极好地适应了中国民族生活习惯和心理状态,成为中国传统法律文化发展的必然结果;在法律层面,按照实践是检验真理的唯一标准的要求,司法制度优劣的判断标准只能是来源于本国的法治实践,来源于这个制度对本国国情和社会发展的适应性。

三、司法的发展价值取向

(一) 司法服务于社会发展

唯物史观是探索人类社会发展理论的灵魂和钥匙,而人类社会发展理论是唯物史观的基本内容。[1]发展是一种价值,马克思社会发展理论在当代中国最大的价值就是对中国特色社会主义的指导意义。历史上每一次重大发展、每一次深刻变革往往都会引起对原有理论的重新认识和审视。马克思社会发展理论之所以受到学界的高度关注,根本原因就是由当代社会发展实践引起的。站在时代发展新的起点上来重新审视马克思社会发展理论,已是社会发展的迫切要求,也是发展理论自身发展的需要。不同的社会发展阶段,所面临的经济社会发展机遇和挑战有所不同,因此,我们必须准确理解马克思社会发展理论,把握历史发展规律,明确不同社会发展的价值尺度,不断更新发展伦理观。而司法制度的社会属性,表明了司法必定服务于社会的发展。对于整个社会的发展,司法应积极发挥导向意义,与特定的社会发展形态相适应。

1906年清廷在中央设立法部,法部和大理院分掌司法行政和审判,在地方筹设独立于官府的各级审判厅,这意味着中国司法近代化正式展开。[2]历经清末司法体制改革、国民政府的党化司法,中国特色社会主义司法制度随着中华人民共和国的宣告成立,从无到有、从小到大,逐步产生、发展和建立起来。在社会主义的不同历史阶段,中国司法制度为社会经济的

---

[1] 赵明义:《社会发展历史进程中的中国特色社会主义》,《当代世界社会主义问题》2011年第3期,第91页。
[2] 李启成:《法律继受中的"制度器物化"批判——以近代中国司法制度设计思路为中心》,《法学研究》2016年第2期,第91页。

发展起到了保驾护航的作用。

中华人民共和国的司法制度是在彻底废除南京国民政府六法全书和伪法统基础上建立的。《中国人民政治协商会议共同纲领》明确规定："废除国民党反动政府一切压迫人民的法律、法令，建立人民司法制度。"1954年9月，第一届全国人大一次会议颁布了中华人民共和国第一部宪法，制定了人民法院组织法和人民检察院组织法。1954年宪法确立了人民代表大会制度下"一府两院"的政体结构，构建了中华人民共和国的司法制度，人民法院、人民检察院不再是同级人民政府的组成部分，检察机关改称为人民检察院，中国司法制度建设进入了一个新的发展时期。此时的中国百废待兴，新生的人民民主专政政权尚未得到巩固，镇压一切反革命、保护人民成为社会经济发展的首要前提，因此司法制度被要求为巩固政权等直接政治目的服务。

改革开放以来，我国探索出先经济后政治的渐进的发展方式。一方面，我们坚持了发展是硬道理，一切以经济建设为中心的发展路径，积极完善社会主义的市场经济体制。为经济建设保驾护航成为该时期司法的重要甚至首要目标。[①]在这一社会发展阶段，司法制度所追求的是经济价值。另一方面，在经济取得长足发展的同时，我国坚持渐进的政治改革的方式，积极转变政府职能，构建法治国家、法治政府、法治社会，政治改革和经济发展实现良性互动，谋求一条和谐的、衡平的、可持续的发展道路。在这一社会发展阶段，司法制度所追求的是多元价值。例如，司法更加强调审判的社会效果，提出"法律效果"与"社会效果"相统一的司法政策；随着经济增长方式从粗放式转向集约型，从投资推动型转向创新推动和消费投资协调型，公益诉讼、环境司法日益兴起，在法律领域为实现更有效率、更有质量、更加环保的科学发展保驾护航。

（二）回应型司法的当代价值

党的十八届五中全会提出，实现"十三五"时期发展目标，破解发展难题，厚植发展优势，必须牢固树立并切实贯彻创新、协调、绿色、开放、共享的发展理念。思想是行动的先导，理念是实践的指南，一定的发展实践都由一定的发展理念来引领。五大发展理念回答了在新的历史条件下，什么是发展、为什么发展、怎样发展，发展为了谁、发展依靠谁、发展成果由谁享有等一系列重大问题，为实现新常态下的新发展提供了科学指南，为人民法院司法审判工作如何把握重点，为经济社会发展做好服务和保障指明了方向。

[①] 卢荣荣、徐昕：《中国司法建设三十年：1978—2008》，《法治论坛》2010年第1期，第127页。

在新发展观的引领下，我国司法工作坚持法律效果与社会效果、政治效果的统一，属于回应型司法制度类型。这是我国司法工作的显著特征，也是中国特色社会主义法治一个重要方面。这既有历史与传统因素，更有适应我国基本国情的现实合理性。所谓回应型司法，即司法机关对社会诉求所作出的回答或响应，它以实现法治秩序为理念，以解决实践问题、社会问题为责任，是具有稳定、可靠、可持续发展的回应性和回应机制以及有效回应社会所需回应力的司法。以公共目的为导向的回应型司法，其实质是要"使法律不拘泥于形式主义和仪式性，主张通过理论和实践相结合进一步探究法律、政策中所蕴含的社会公认准则（价值），在扬弃和综合压制型法与自治型法的基础上，试图改变法学方法论上自然法与法实证主义二元对立的局面，赋予国家制度以自我修正的精神"。回应型司法的追求在于人的价值的实现，也即让人从法治的生活中感受到自身的存在价值和尊严，体现的是法治的"人学"立场。[①]

"好的法律可以使国家昌盛"[②]，司法在新发展观的指引下，肩负着引导国家和社会向未来正确发展的任务。江必新教授认为"创新、协调、绿色、开放、共享"五大发展理念为我国司法审判工作的开展指明了方向，现阶段我国司法的时代价值主要体现在以下六个方面：①强化司法解释功能，推动经济制度现代化；②强化商事审判功能，加快法治经济建设；③强化知识产权保护，保障创新内生动力；④强化环境资源审判，推进美丽中国建设；⑤强化行政审判功能，监督支持政府履职；⑥强化涉外商事海事审判，服务对外开放新局面。[③]此外，除司法审判职能外，司法行政工作在当代中国同样发挥着重要的作用：①可以为经济社会发展提供优质高效的法律服务；②可以加强对特殊人群的教育改造，最大限度地减少影响社会和谐稳定的因素；③可以通过人民调解工作，努力把各种社会矛盾化解在基层、解决在萌芽状态；④可以拓展和规范法律服务，全面推进公益法律服务体系建设；⑤可以加强普法工作，在社会营造浓厚的法治氛围。[④]以上种种表明了我国司法在尊重司法运行基本规律和基本国情的基础上，以实现法治秩序为理念，以解决实践问题、社会问题为责任，引导社会向未来正确发展的当代价值。

---

① 高志刚：《回应型司法制度的现实演进与理性构建——一个实践合理性的分析》，《法律科学》2013年第4期，第33页。
② 黑格尔：《法哲学原理》，张企泰译，商务印书馆1981年版，第237页。
③ 江必新：《司法审判保障"十三五"规划实现的重点、盲点与亮点——兼论人民法院司法审判工作如何为经济社会发展做好司法服务和法治保障》，《法律适用》2016年第5期，第9页。
④ 于泓源：《关于司法行政工作服务首都经济社会发展大局的探索和思考》，《中国司法》2011年第6期，第38页。

第八章
中国特色社会主义司法制度的现代化改革

2007年党的十七大正式为我国司法制度的现代化改革确立了目标，那就是要"建设公正高效权威的社会主义司法制度"，党的十八届三中全会重申了这一改革目标，并将这一目标又分解为司法公正、司法效率、司法权威三个子目标。这三个子目标有机联系、相辅相成、缺一不可。但是在实现这一改革目标的过程中，却存在着司法地方化、司法行政化、司法职权配置不合理、司法官素质良莠不齐四大现实困境。为突破这些现实困境，党的十八大、三中、四中全会作出了全面深化司法体制改革的顶层设计，中央全面深化改革领导小组、全国人民代表大会及其常务委员会、最高人民法院、最高人民检察院、公安部、司法部等相关单位相继出台改革配套文件，将司法体制改革措施落到实处。十九大报告进一步提出深化司法体制综合配套改革。建设公正高效权威的社会主义司法制度，对于建设中国特色社会主义法治国家，对于完善和发展中国特色社会主义制度，对于实现国家治理体系和治理能力现代化，对于实现两个一百年奋斗目标和中国梦都有着十分重大的意义。

第一节　改革之必要

近年来,司法公正、司法效率以及司法权威问题,引发了社会各界的广泛关注。从黄有松、奚晓明等一些高级司法官员先后因腐败而落马,到各地不断有相应级别的法官、检察官纷纷卷入司法腐败案件之中,再到湖北佘祥林案、云南杜培武案和河北聂树斌案,司法公信力一直成为被普遍质疑的社会公正问题。与此同时,司法效率的落实也往往不尽人意。一些冤假错案因为无法启动申诉再审而久拖不决。比如,聂树斌案的平反过程就因此而耗时,长达十一年之久。至于司法权威,则因为公正与效率问题,无法得到及时解决,也因此受到各种钳制与挑战。据此,公正、高效、权威是三者有机联系、不可分割、相互辩证的统一体。

经历近三十年的司法改革,我国的司法制度一直处在不断完善和发展中。但是距离实现公正高效权威的社会主义司法制度的改革目标,仍然有相当多的障碍需要正视和面对。本书认为影响我国建设公正高效权威的社会主义司法制度的根本原因是司法权的独立行使受到制约,这些制约在现实中表现为司法地方化、司法行政化、司法职权配置不合理、司法官素质良莠不齐四大因素。是故,只有对其进行现代化改革,才有望实现司法制度的改革目标。

一、司法地方化

关于司法权的性质,司法权的被动性、程序性、中立性、独立性、判断性、终极性六大属性已经成为法学界的共识,成为司法研究的逻辑起点,引领我国的司法改革。[1]此外,从司法权归属于地方还是中央的角度来看,司法权还有另外一种属性——中央性或称国家性。王利明教授认为:"从权力特征上来看,司法权是一种国家权力或称为公权力,是国家的一种职能的表现。国家通过建立专门的司法机构并赋予其司法权,从而实现其国家的职能。司法权从根本上说是由主权派生的。"因而"司法权是国家主权的主要象征和组成部分"。而司法权的本质也是"由国家机关代表国家对各类纠纷所进行的居中的裁判,此种裁判对争议的双方具有拘

---

[1] 陈瑞华:《司法权的性质——以刑事司法为范例的分析》,《法学研究》2000年第5期,第39-40页;
周永坤:《司法权的性质与司法改革战略》,《金陵法律评论》2003年第2期,第38页。

束力"。①刘作翔教授也认为，与立法权和行政权相比较，司法权不能转让或授权，它只能由国家行使，"司法权属于国家，是国家的一种专属权和专有权"。②与国家性类似的主张是中央性，王旭教授认为司法权是一种专属于中央而非地方的权力，司法权的中央化对于国家法制统一、保障司法独立和司法公正有着至关重要的意义。③由此可见，司法权作为一种国家权力，最能直接体现法律精神，其所具有的多重性质在国家治理中发挥着不可替代的重要作用。司法权本质上属于中央性或国家性权力的判断为中国统一开展司法改革提供了理论前提。④因此，我们要从司法权的国家性出发来构建完善的中国司法权，在各个层次上保障司法权的良性运行，更好地实现国家治理系统的功能，为中华民族的伟大腾飞奠定稳固的国家制度基础。⑤

　　司法权具有国家性，这是世界上大多数国家的惯例或普遍做法。司法机关作为适用法律、解决纠纷的国家机关，其根本职能就是维护国家法制的统一与尊严。而要达到这一目的，就必须使司法权力成为一种国家性的权力。为此，大多数国家对司法组织法和诉讼程序法的制定、司法机关的配置、司法官的任命、司法经费的保障等方面均有相关规定。这无论是在单一制国家还是在联邦制国家都不例外。例如，日本宪法和法律规定，一切司法权属于最高法院及由法律规定设置下的下级法院；最高法院院长由内阁提名，由天皇任命；最高法院法官由内阁任命，由天皇认证；高等法院、地方法官、家庭法院及简易法院的法官，由内阁按照最高法院提名的名单任命。美国宪法和法律规定，合众国的司法权，属于最高法院和国会按照规定设立的下级法院；联邦法院（包括联邦最高法院、联邦巡回上诉法院和联邦地区法院）的法官，均由总统提名，由参议院批准，由总统任命。加拿大《1876年宪法法案》规定，总督任命各省高等法院、地区法院和县法院的法官。《俄罗斯联邦宪法》规定，俄罗斯联邦的司法体系由《俄罗斯联邦宪法》和法律确立；法院的经费只能来自联邦预算，应能保障按照联邦法律充分而独立地进行审判；俄罗斯联邦宪法法院、俄罗斯联邦最高法院和俄罗斯联邦最高仲裁法院的法官由联邦委员会根据俄罗斯联邦总统的提名任命，其他联邦法院的法院由俄罗斯总统根据联邦法律所规定的

---

① 王利明：《司法改革研究》，法律出版社2001年版，第8页。
② 刘作翔：《中国司法地方保护主义之批判——兼论"司法权国家化"的司法改革思路》，《法学研究》2003年第1期，第94页。
③ 王旭：《论司法权的中央化》，《战略与管理》2001年第5期，第30页。
④ 杨清望：《司法权中央事权化：法理内涵与政法语境的混同》，《法制与社会发展》2015年第1期，第53页。
⑤ 沈德咏、曹士兵、施新州：《国家治理视野下的中国司法权构建》，《中国社会科学》2015年第3期，第57页。

程序任命。①

为了保障司法权的国家性，我国《宪法》规定，国家设立最高人民法院、地方各级人民法院和军事法院等专门人民法院，最高人民法院监督地方各级人民法院和专门法院的审判工作，上级人民法院监督下级人民法院的审判工作；设立最高人民检察院、地方各级人民检察院和军事检察院等专门人民检察院，最高人民检察院领导地方各级人民检察院和专门人民检察院的工作，上级人民检察院领导下级人民检察院的工作。《立法法》规定，人民法院和人民检察院的产生、组织与职权以及诉讼制度，只能制定法律。这表明，地方性法规中不得涉及人民法院和人民检察院的产生、组织与职权以及诉讼制度的事项。由此可见，我国《宪法》《立法法》《人民法院组织法》《人民检察院组织法》以及三大诉讼法在法律的应然层面保障着我国司法权力的中央性和国家性。但是，如果我们仔细检视具体的条文及其在司法实践中的实施情况，则会发现宪法和法律并不能保障司法权的国家性，存在着司法地方化的问题，并深刻地影响司法公正、司法高效与司法权威的实现。②司法地方化表现在以下三个方面：

其一，地方司法机关产生于地方各级人民代表大会，受其监督，对其负责。按照我国《宪法》《人民法院组织法》《人民检察院组织法》的相关规定，司法的管辖区域与行政区划相重叠，地方各级人民法院和检察院经由地方各级人民代表大会选举产生，对其负责，受其监督。司法机关对人大负责的具体表现就是人民法院院长和人民检察院检察长在每年度的人大会议上做年度工作报告，由人大代表进行审议并决定是否通过年度报告。虽说在人大历史上仅有2001年沈阳人大否决沈阳中院工作报告和2007年衡阳人大否决衡阳中院工作报告两个极其罕见的案例，但是两院为了能够通过工作报告，不得不与人大搞好关系。一些地方的法院和检察院在日常办理具体案件的时候，时常会受到人大及其常委会的不当干涉。由于在我国各级人大代表中，企业老板占据一定比例，所以两院在办理涉及人大代表企业的案件时会一定程度上受到干扰。由于，司法机关的权力从地方权力机关中派生，导致其受制于地方权力，影响其独立公正地行使职权。

其二，地方司法机关的人员和经费由地方党政权力决定，在司法资源的配置上来源于地方。①司法官的人事任免由地方党政机关决定。按照我国《宪法》《人民法院组织法》《法官法》《人民检察院组织法》《检察官法》等相关法律的规定，人民法院院长、副院长、审判委员会委员、庭长、副

---

① 谭世贵：《中国司法体制改革研究》，中国人民公安大学出版社 2013 年版，第 35-36 页。
② 谭世贵：《中国司法体制改革研究》，中国人民公安大学出版社 2013 年版，第 35-36 页。

庭长、审判员以及人民检察院的检察长、副检察长、检察委员会委员、检察院等相关司法官的人事任免都由地方人大或其常委会决定。而根据党管干部的原则，两院领导职务在经由人大或其常委会选举或任免之前都要经过地方党委的讨论。②司法机关的经费来源于本级政府财政部门。按照我国的财政体制，司法机关所需的各种经费（人员工资、津贴补助、办案经费、设备经费等）在编列之后，都需要交由本级政府财政部门汇总审核，并经本级人大审议通过。俗话说"吃人家的嘴短，拿人家的手软"，司法机关的人员和经费受制于地方党政，对地方党政产生依附性。要照顾地方利益，形成地方保护主义，便不能够公正地行使职权，也没有权威性，加剧了司法地方化。①在我国的行政诉讼中，原告的胜诉率一直很低，胜诉之后的判决执行率也很低，就是这种司法地方化恶果的体现。②

其三，地方司法机关受地方政法委的领导和管理，在司法权的行使上受到地方政法委的制约。政法委员会是党委领导和管理政法工作的职能部门，其主要任务是宏观指导、协调、监督、检查人民检察院、法院、公安机关、司法行政、国家安全等部门工作情况，维护社会稳定。但是在我国，不少地方却存在着政法委介入司法个案，指挥公检法联合办案，甚至出现未审先判的现象。这从根本上违背了《宪法》第140条的规定："人民法院、人民检察院和公安机关办理刑事案件，应当分工负责，互相配合，互相制约，以保证准确有效地执行法律。" 司法权的性质、法治的本质、司法权在现代国家治理体系中的地位以及司法机关在现代国家中的功能要求司法权独立行使；要正确处理党的领导与确保司法机关依法独立行使司法权的关系，必须坚持和改进党对司法工作的领导，党领导司法绝不意味着党直接行使司法权或者干预司法个案，而是主要表现为把握政治方向、建设司法职业队伍、对政法工作进行全局性协调等方式，并且应当尊重司法规律、依法领导等。③

上述司法地方化的三个方面导致"地方"司法机关变成了"地方的"司法机关，促使地方司法系统生长出"地方性"司法属性，形成了地方司法的属地化特征。由于各级地方法院和检察院受制于同级党政权力，案件管辖的范围也基本受制于行政区划的划分，这为党政机关和领导干部干预司法活动、插手具体案件提供了土壤，使得司法机关不能够依法独立行使

---

① 陈卫东：《司法机关依法独立行使职权研究》，《中国法学》2014年第2期，第43页。
② 周永坤：《司法的地方化、行政化、规范化——论司法改革的整体规范化路径》，《苏州大学学报（哲学社会科学版）》2014年第6期，第60页。
③ 刘红臻：《新一轮司法改革的难题与突破——"司法改革与司法文明"理论研讨会综述》，《法制与社会发展》2014年第6期，第58页。

司法权。司法的地方保护主义四处蔓延，不仅严重损害了司法机关的权威，也使得国家法律秩序碎片化。①为此我们必须正确处理司法机关同执政党、权力机关和行政机关的关系，破解司法地方化的难题。②由此看来，改革司法地方化的现行体制，建立司法权独立行使的体制，把司法体制从地方体制中隔离开来，让司法权回归到国家专有权和专属权的本来地位，是建立公正高效权威的社会主义司法制度的必由之路。有学者将这一改革思路概括为"以司法权国家化为主线的改革思路"。③

二、司法行政化

司法与行政均属国家运行不可或缺的基本职能，司法是司法机关在查明案件事实的基础上适用法律解决诉讼纠纷的行为，而行政则是行政机关组织、管理社会经济文化事务的活动。两种权力活动的不同任务、对象和职能决定了其在目的、结构、方法、构造、效果等方面存在着诸多区别：①目的不同，行政强调管理的效率，法律只是其行为框架而非主要目的；而司法的目的就是要适用法律解决诉讼纠纷，维护法律秩序。②结构不同，行政行为的典型结构是行政主体与行政相对人之间的单线结构，行政主体优位于行政相对人；而司法的结构则是诉讼纠纷当事人（两造）与裁判者（法官）形成的等腰三角形结构，法官居间中立，两边对抗辩论。③方法不同，行政管理是一个系统工程，需要综合运用统筹、协调、决策、执行等管理方法，行政行为要求行动迅速，不必亲历现场；而司法则是个案裁判，强调亲历性和裁判性，要求法官亲历审判场景，审查证据，听取辩论，判断是非。④构造不同，行政是一种体系化、组织化的活动，上下级之间形成科层制，强调上下级之间的命令与服从，行政机关内部是一种金字塔式的构造；而司法则是个案裁判，要求司法主体（法官、合议庭）具有独立性，依法公正作出裁判，"法官除了法律就没有别的上司"④，所以司法机关内部应当是一种平行式、协作式的构造。⑤效果不同，行政强调效率，要求快速及时地实行管理职能，解决问题，因而"容错率"较高；而司法强调公正，司法的终局性要求裁判者审慎地解决案件

---

① 季卫东：《司法体制改革的关键》，《东方法学》2014年第5期，第111页。
② 秦前红、苏绍龙：《深化司法体制改革需要正确处理的多重关系——以十八届四中全会〈决定〉为框架》，《法律科学》2015年第1期，第47页；陈光中、魏晓娜：《论我国司法体制的现代化改革》，《中国法学》2015年第1期，第110页。
③ 刘作翔：《中国司法地方保护主义之批判——兼论"司法权国家化"的司法改革思路》，《法学研究》2003年第1期，第94页。
④ 《马克思恩格斯选集》（第1卷），人民出版社1972年版，第76页。

纠纷，因而"容错率"较低。①

司法行政化，即以行政的目的、结构、方法、构造及效果取代司法自身的内容，形成以行政方式操作的司法。简言之，司法行政化就是司法违背了司法的本质属性，失去了司法的外在形式与基本内涵，司法蜕变为"行政"。②这里的司法主要是指法院的审判活动，法院体制的行政化是司法行政化的具体体现，"法院体制行政化是指法院在整个体制构成和运作方面与行政管理体制构成和运作有着基本相同的属性，是按照行政体制的结构和运作模式建构和运行的"③。早在21世纪初就有学者指出："司法行政化，一直是我国现行司法体制的重症顽疾。"④在我国，司法行政化现象还相当普遍地存在，其具体表现在以下四个方面：

其一，法院设置级别的行政化。我国法院与行政机关一样具有相应的行政级别，通常而言，司法机关（两院）与行政机关（一府）都由同级人大选举产生，但是司法机关的行政级别比行政机关的行政级别低半级。例如，最高人民法院是副国家级，国务院是国家级；高级人民法院是副省级，省级人民政府是省级；中级人民法院是副市级，市级人民政府是市级；基层人民法院是副县级，县级人民政府是县级。法院的司法管辖区域也与行政区划相重叠，县设基层人民法院，市设中级人民法院，省设高级人民法院。在法院名称前也冠以地域名作为前缀，似乎该法院是该地域的法院一样，法院的人财物也都由地方行政机关管理。在设置法院管辖区域和级别上的这种特点，使得从高级法院到基层法院都被行政化了，使法院依附于该地区的政府，产生了地方保护主义，不利于依法独立公正地行使审判权，权威性也低于同级政府。

其二，法院上下关系的行政化。我国《宪法》第132条第2款规定："最高人民法院监督地方各级人民法院和专门人民法院的审判工作，上级人民法院监督下级人民法院的审判工作。"《人民法院组织法》第16条第2款规定："下级人民法院的审判工作受上级人民法院监督。"根据这两个法律条款以及其他法律的规定，上下级法院之间是一种监督与被监督之间的关系，业务上的指导与被指导关系，而非上下级政府、检察院之间的领导与被领导的关系。上下级法院之间这种监督与被监督的关系，决定了法院作为司

---

① 龙宗智、袁坚：《深化改革背景下对司法行政化的遏制》，《法学研究》2014年第1期，第133页。
② 周永坤：《司法的地方化、行政化、规范化——论司法改革的整体规范化理路》，《苏州大学学报（哲学社会科学版）》2014年第6期，第60页。
③ 张卫平：《论我国法院体制的非行政化——法院体制改革的一种基本思路》，《法商研究》2000年第3期，第4页。
④ 谢佑平、万毅：《司法行政化与司法独立：悖论的司法改革——兼评法官等级制与院长辞职制》，《江苏社会科学》2003年第1期，第140页。

法机关在自己的审级上是依法独立公正行使裁判权的，上级法院是不能够对下级法院发布命令或者指示的；上级法院只能通过审理上诉案件实现对下级法院的监督和指导。但是在我国现行的司法体制下，上级法院通过各种正式或非正式的方式对下级法院提意见或发指示，干预下级法院的审判工作，形成实际存在的上下级法院之间的领导与被领导关系。比如，下级法院为了减少改判的概率，而通过请示汇报的方式向上级法院寻求意见；上级法院通过批复、业绩考评、片区会议、发布指导性案例、推荐下级法院领导等各种方式管控下级法院。法院上下关系的行政化使审级制度形同虚设、二审救济流于形式，影响法院审判的独立性，其审理案件的公正性便有所折扣。

其三，法院审案机制的行政化。我国法院在院长、副院长之下，按照审判案件性质的不同，通常下设民事审判庭、刑事审判庭、行政审判庭等相应行政级别业务审判庭。各审判庭的庭长、副庭长与院长、副院长一样类似于各种级别的行政首长，高于审理案件的普通审判员，他们在管理、参与审判业务时都有无形中的权威。此外，在法院内部还存在着审判委员会这个组织，它一般由法院正副院长和各业务审判庭的庭长组成，是法院内部对审判工作实行集体领导的组织形式，实施民主集中制，主要任务是总结审判经验，讨论重大的或者疑难的案件和其他有关审判工作的问题。审判委员会实际上是一个行政组织，是行政管理模式在司法活动中的集中体现。[1]按照我国《人民法院组织法》《法官法》等相关法律的规定，审判权应当由法官独立行使，但是在司法实务中，当审判员或合议庭在审理案件的时候，均习惯性地向分管领导请示汇报，合议庭的审判结果要提请院长、庭长审批，重大和复杂的案件还要经过审判委员会的讨论决定，而院长、庭长、审判委员会对案件的审判结果有着实质性的影响，这已成为法院审判案件的惯例。但是院长、庭长、审判委员会在讨论、审批案件的时候却没有全程亲身经历审判过程，造成"审者不判、判者不审"的现象。历尽多年的司法改革，中国法院始终没有摈弃这种通过行政审批进行司法决策的惯常做法，既造成审理权与裁判权的分离，也使得合议制度变得难以实施。[2]这种行政化的业务管理方式，从制度设置到实际运作都危害着审判独立，不利于实现司法公正和提高司法效率。

其四，法院人事管理的行政化。我国《法官法》第18条规定："法官的级别分为十二级。最高人民法院院长为首席大法官，二至十二级法官分

---

[1] 崔永东：《司法改革与司法管理机制的"去行政化"》，《政法论丛》2014年第6期，第20页。
[2] 陈瑞华：《司法裁判的行政决策模式——对中国法院"司法行政化"现象的重新考察》，《吉林大学社会科学学报》2008年第4期，第134页。

为大法官、高级法官、法官。"根据该条以及其他相关法律的规定，我国的法官在等级制度以及相应的福利待遇、考核奖惩上都应该是有别于行政机关的公务员的。但是在实际中，法院的人事管理对法官采取"类公务员"的管理方式，2005年制定的《公务员法》将法官纳入公务员的范畴。法官尤其是法院的领导成员都套用相应的行政级别，比如最高人民法院院长是首席大法官但行政级别为副国级，高级人民法院院长为二级大法官但行政级别为副省级，中级人民法院院长为一至三级高级法官但行政级别为副市级，基层人民法院院长为三至四级高级法官但行政级别为副县级，法院其他在编的法官乃至司法行政人员、司法辅助人员都有一套相应的行政级别，其奖惩考核也与行政机关的公务员相同，然后根据相应的行政级别确定工资福利待遇。"法官等级分层总是建立一种身份、地位的社会差异，一种决定性的等级关系"，被理解成法官素质的高低，造成法官之间的不平等性，影响司法权威。如果这种科层行政化的管理过分地强化法官的级别或服从意识，就容易导致法官过分关注本院领导和上级法院的好恶，影响法官的独立思考精神，最终破坏了依法独立公正行使审判权这一基本的司法理念。[①]套用相应行政级别所获的工资福利待遇往往很低，这与同为法律共同体的律师收入之间形成了巨大的差距，导致法院难以吸引和留住优秀的法律人才，这也是司法腐败产生的一个重要原因。

由此可见，司法行政化与法院的职能要求是相冲突的，将会异化诉讼的等腰三角模式，使法官和法院丧失独立审判的地位，形成地方保护主义，影响司法公正的实现和司法权威的树立。[②]司法去行政化与司法去地方化是司法体制改革的两大目标，在司法改革中应该双管齐下，避免顾此失彼。[③]有学者甚至认为"司法地方化"这一短语中的"地方"其实是"地方行政"，没有司法行政化就不可能有司法地方化，所以司法地方化的实质就是司法行政化，司法地方化只是司法行政化的弊端之一。[④]从司法行政化的负面影响及其与司法地方化的关系来看，司法去行政化是中国司法改革的必由之路，这肯定不是法院一家的事，在总体上必须从改造法院和法官的科层行政官僚体制及其审判权的运作体制入手，将法院和法官从科层行政官僚体制的束缚中解脱出来，在去除不必要的累赘之后，转向司法审判

[①] 王申：《科层行政化管理下的司法独立》，《法学》2012年第11期，第135页。
[②] 张明乃、陆福兴：《司法行政化对司法公正的危害》，《湖南农业大学学报（社会科学版）》2004年第6期，第88页。
[③] 张建伟：《超越地方主义和去行政化——司法体制改革的两大目标和实现途径》，《法学杂志》2014年第3期，第34页。
[④] 周永坤：《司法的地方化、行政化、规范化——论司法改革的整体规范化理路》，《苏州大学学报哲学社会科学版》2014年第6期，第62页。

的实际形态。①司法体系和司法能力现代化是国家治理体系和治理能力现代化的重要组成部分，而司法去行政化是司法体系和司法能力现代化的突破口，因此，司法去行政化必将成为国家治理体系和治理能力现代化的突破口。这个突破口政治风险小，最易被社会接受，能够实现政治利益、改革利益的最大化。②

三、司法职权配置不合理

司法地方化和司法行政化是建设公正高效权威的社会主义司法制度的两大主要的、深层次的障碍，这两大障碍导致司法职权的配置不合理，主要表现在以下四个方面：

其一，公检法职权配置错位，形成了"以侦查为中心"而非"以审判为中心"的诉讼格局。我国《宪法》第140条规定："人民法院、人民检察院和公安机关办理刑事案件，应当分工负责，互相配合，互相制约，以保证准确有效地执行法律。"《刑事诉讼法》第7条规定："人民法院、人民检察院和公安机关进行刑事诉讼，应当分工负责，互相配合，互相制约，以保证准确有效地执行法律。"这两条法律规定是指导和处理公安机关、检察机关、审判机关相互关系的基本原则，三大司法机关在司法权的运行机制上是分工负责、相互配合、相互制约的关系，由此确立了具有中国特色的刑事司法体制和办案机制。但是在实际的司法权运行过程中，三大司法机关的这种关系却遭到了破坏：①公安机关的侦查权过于膨胀，"一家独大"，事实上法检难以对其制约。我国刑诉法在刑事司法职权配置上，赋予公安机关广泛的权力，除了逮捕需要提请检察机关审查批准外，其他所有的强制性侦查行为均可由公安机关自行决定与执行，这种膨胀的权力容易被异化滥用，检察机关和审判机关难以对其进行制约。②检察机关身兼数职，角色冲突，影响法律监督职能的有效发挥。我国宪法、刑事诉讼法等相关法律明确规定，检察机关是我国的法律监督机关，其中刑事诉讼监督是法律监督的核心内容。但是在实践中检察机关"参与诉讼、配合诉讼、制约诉讼、监督诉讼，集多种职能于一身，角色之间存在矛盾，职能之间存在冲突"③，影响法律监督职能的有效发挥。③审判机关不中立，不独立，缺乏权威。由于司法地方化和司法行政化的存在，审判机关受制于地方党政

---

① 王申：《司法行政化管理与法官审判独立》，《法学》2010年第6期，第33页。
② 孙佑海：《司法审判去行政化是国家治理体系和治理能力现代化的重要突破口》，《法制与社会发展》2014年第6期，第42页。
③ 卞建林：《健全司法权分工配合制约机制的思考》，《河南社会科学》2015年第1期，第5页。

机关，在刑事诉讼中难以做到中立和独立，也缺乏权威，审判机关总体而言偏向于侦控机关。学界一般认为，我国不是法院在上、被告人和检察院在下的等腰三角形审判结构，而是被告人在下、法检在上的倒三角形结构，即法检两家在法庭上共同代表国家追诉犯罪，被告人被控诉罪行、接受审判。

公检法在司法职权配置上的错位导致三个机关之间不能严格按照法定分工开展诉讼活动，"重配合、轻制约"，甚至"只配合、不制约"。十八大以来，我国司法机关纠正了内蒙古呼格吉勒图案、浙江高氏叔侄案、河北聂树斌案等二十余起冤假错案，从这些刑事司法错误的情形来看，公检法三大司法机关之间模糊职权分工，片面重视相互配合，淡化相互制约。在这些冤假错案中，侦查机关违反程序、非法取证甚至搞刑讯逼供，检察机关对其制约不力，审判机关把关不严。有学者认为公检法三个机关本应是"魏、蜀、吴"相互制约、守关把口的关系，但却演变成了"刘、关、张"相互结盟、相互加持的关系。[1]时至今日，在我国的一些地方或者针对某些案件，出现公检法联合办案、大三长会议等现象，酿成了不少司法错误，比如重庆"打黑"期间所造成的诸多冤假错案。公检法在司法权配置的错位，形成了"以侦查为中心"而非"以审判为中心"的诉讼格局，坊间称之为"公安局是做饭的，检察院是端饭的，法院是吃饭的"，这种诉讼格局会导致审判不中立、不独立，影响司法公正和司法权威的实现。

其二，审判权与执行权不分离，存在执行难、执行乱、执行腐败等问题。执行权是指当审判机关作出生效的裁决后，国家执行机关根据法律授权机关的移送或申请执行人的申请，依照法定程序，运用国家强制力作出执行实施及执行裁决的行为，强制义务人履行义务以实现生效法律文书确定的权利的权力。执行权在本质上是一种强制权，而审判权本质上是一种判断权。两种权力在性质、价值取向、运行方式上的不同，决定了有必要将两种权力分离开来。[2]尽管存在着多种不同的学说，但审判权与执行权的适当分离已是大势所趋。[3]执行权包括但不限于民事执行权、行政执行权、刑事执行权，但当我们提到审执分离的时候，一般指的是学界分歧最大的民事执行权。[4]

尽管早在1999年最高人民法院在"一五纲要"中就提出"审执分立"的改革目标，也在法院内部实现了审判权与执行权在一定程度上的分离，

---

[1] 秦前红：《法治化反腐的基本要素及其面临的若干难题》，《中国法律评论》2014年第4期，第31页。
[2] 童心：《民事执行权与民事审判权关系探析》，《法律适用》2008年第1期，第31页。
[3] 肖建国、黄忠顺：《论司法职权配置中的分离与协作原则——以审判权和执行权相分离为中心》，《吉林大学社会科学学报》2015年第6期，第146页。
[4] 肖建国：《民事审判权与执行权的分离研究》，《法制与社会发展》2016年第2期，第39页。

但是这种分离却并不合理,存在着执行难、执行乱、执行腐败的问题。执行难问题不仅是法律问题,而且是社会问题。解决执行难问题是一项系统工程,需要系统治理、依法治理、综合治理、源头治理。执行乱和执行腐败的问题实质是民事执行权的滥用,而民事执行中之所以出现一些权力滥用和腐败现象,根源在于现行执行制度缺乏分权和制衡。执行机构内设于法院,法院自审自执、裁断性的权力与实施性的强制权力合一,不仅易于导致法官在审判和执行中进行权力寻租,而且当事人如想就法院执行中的违法行为、权力寻租提出质疑,只能向执行机构所在的法院提出,但是要法院自己纠正自己执行机构的违法行为,其难度可想而知。[1]

为了解决执行难、执行乱、执行腐败的问题,就必须对执行体制进行改革。目前关于执行体制改革的模式主要有三种观点:一是"彻底外分",就是将整个执行工作从法院分立出去,交给其他的司法或行政部门负责;二是"深化内分",认为推动审执分离的工作重点是在法院内部将审判和执行作进一步彻底的分离,如将执行裁决权和执行实施权分别由不同机构行使;三是"深化内分、适当外分",就是在深化内分的同时,将执行工作的一部分交由法院以外的其他部门来做。司法实务界一般倾向于采用第三种模式。[2]执行体制的改革效果,关系着法院生效裁判能否及时有效地执行,关系着司法管理体制的改革能否更好地保障法院职能的发挥,关系着能否提高司法公信力。[3]

其三,司法权与司法行政事务管理权混同,导致了司法机制僵化和司法能力不足。在这一段中我们对司法权的定义采取狭义说,即司法权指的是以审判权、检察权为内容的"二元"结构司法权体系。关于司法行政事务管理权的内涵,学者们比较一致的观点认为,司法行政事务管理权指保障司法权有序运行,管理与利用司法资源的一种辅助性行政职权。关于司法行政事务管理权的外延,有广义说与狭义说之分,本书赞同徐汉明教授的观点"司法行政事务管理权是指以辅助司法权为目的,与司法权相对应的涉及司法机关人事、财务、技术装备以及其他司法行政事务管理的权力,其外延包含人事管理权、财务管理权、技术装备管理权及其他行政事务管理权"[4]。司法权和司法行政事务管理权在权力性质、权力功能、权力内容等方面均存在着一定的差异,因此有必要将两种权力进行适度的分离。[5]

---

[1] 徐卉:《论审判权和执行权的分离》,《中国社会科学报》2016年12月14日,第5版。
[2] 江必新、刘贵祥:《审判权和执行权相分离的最优模式》,《法制日报》2016年2月3日,第12版;张坚:《审判权和执行权相分离改革的路径选择》,《法制日报》2015年7月1日,第9版。
[3] 王林清、张璇:《审判权与执行权分离模式之建构》,《华东政法大学学报》2016年第5期,第147页。
[4] 徐汉明:《论司法权和司法行政事务管理权的分离》,《中国法学》2015年第4期,第85页。
[5] 徐汉明:《论司法权和司法行政事务管理权的分离》,《中国法学》2015年第4期,第85-86页。

自改革开放以来,我国逐渐形成了司法权与司法行政事务管理权混同的局面,即法院和检察院除了拥有司法权外,还分享很大一部分的司法行政事务管理权。目前,我国司法权与司法行政事务管理权配置及运行模式可以概括为"一元控制下的分层交叉管理型"。这种模式的特征如下:①编制、机构、人员管理由相应层级党的组织系统、政府人事部门等控制管理;②计划、财务、医疗等保障则由政府的计划、财政、卫生等部门控制管理;③涉及司法资格考试、司法协助等外部司法事务则由司法行政机关管理;④司法权运行及司法官行为规范由党的纪检机关和司法机关内设的监察机构"双重分权控制"管理,司法机关仅承担与司法业务密切相关的司法事务管理。①

司法权与司法行政事务管理权的混同,与司法地方化、司法行政化相结合,造成"两权"运行时常常出现角色混同、岗位混同、考核评价混同、职级及工资福利待遇混同的现象,使得"两权"职能错位和职权异化,司法权异化为行政管理权,司法管理体制机制呈现出"内部层级封闭控制"的状态,导致司法机制僵化和司法能力不足,给司法权统一、独立、公正、高效、权威的行使带来了诸多掣肘。②

其四,职权主义诉讼模式的不合理,控审不分离,控辩不平等,辩方的地位和权利得不到有效保障。诉讼模式与一国的法制传统是分不开的。中华人民共和国建立后,我国照搬苏联的法制模式,是为社会主义法系,改革开放后受大陆法系传统的影响较多。在这两大法系以及中国传统封建法制的影响下,我国的诉讼模式形成了至今仍较为单纯的职权主义模式,或者称之为纠问式诉讼模式。③职权主义模式最大的特点是由法官而不是当事人掌控和主导整个诉讼过程,法官不仅有权组织诉讼活动,有权直接询问当事人,而且可以依职权进行案件事实的调查活动。职权主义的核心内涵也不是一成不变的,而是随着时代的发展不断丰富,当代职权主义可界定为:"诉讼以社会利益优先为导向、国家权力为主导、实质真实为目标,审前程序凸显侦检机关的优势调查权,审判程序凸显法官主导控制权的正当程序模型。"④在这种诉讼模式下,"任何法官都是检察官",法官集侦查、控诉、审判多项职权于一身,导致严重的控审不分。当审检分离后,检察机关行使控诉权,控审有所分离,但是被告人在下、法检在上的倒三角审

---

① 徐汉明:《论司法权和司法行政事务管理权的分离》,《中国法学》2015年第4期,第88页。
② 徐汉明:《论司法权和司法行政事务管理权的分离》,《中国法学》2015年第4期,第88页;徐汉明:《司法权与司法行政事务管理权分离制度设计》,《民主与法制时报》2015年7月23日,第8版。
③ 甘雯:《关于司法公正的几个基本问题》,《中国法学》1999年第5期,第29页。
④ 施鹏鹏:《为职权主义辩护》,《中国法学》2014年第2期,第275页。

判结构导致控辩不平等,被告人(辩方)与公诉人(控方)无法享有平等的诉讼地位,被告人和律师的辩护权利得不到有效保障。①此外,近年来在我国的民事司法实践中出现了限制当事人诉权和诉讼权利、回避审判责任的"新职权主义"现象。②

与职权主义诉讼模式相对的是当事人主义诉讼模式,或者称之为对抗辩论模式,英美法系国家一般采用这种模式。当事人主义诉讼模式的特点是诉讼的发起、继续和发展主要依赖于当事人,诉讼过程由当事人主导,法官仅处于消极的中立的裁判者地位;当事人要负责证据的调查、准备、提出和证据价值的陈述工作,法官不能在当事人指明的证据范围之外依职权主动收集证据。相较于职权主义诉讼模式,当事人主义诉讼模式所具有的优点是相对突出的:一方面,双方当事人处于平等的诉讼地位,可以充分保障诉讼权利,双方当事人是案件信息的掌握者,可以在高度充分的辩论中向法官提供丰富的案件信息,以利于法官公正裁判;另一方面,法官处于中立、消极的第三者地位,可以避免因主动收集证据而对案件产生先入为主的价值判断。正是由于当事人主义的这些优点,长期奉行职权主义诉讼模式的欧洲大陆国家近年来也不同程度地吸收了当事人主义的因素,重视双方当事人之间的辩论对抗。我国《刑事诉讼法》确立了职权主义诉讼模式,经过长期的发展已经较为定型,因而不能生搬硬套英美法系的当事人主义③,但是应当适度吸收当事人主义的合理因素以推进程序技术改革,保障辩方与控方享有平等的诉讼地位和相应的辩护权利,重视法庭辩论环节在庭审中的作用。④

四、司法官素质良莠不齐

法律是一门精深的经世致用的显学,法官作为争端终局裁决者,不仅要求其具有渊博的专业知识和技能,也需要宽广的知识底座,更需要崇高的法律职业伦理和良知。⑤正如英国大法官柯克所说:"法律乃是一门艺术,一个人只有经过长期的学习和实践,才能获得对它的认知。"⑥德沃金亦说:"法院是法律帝国的首都,法官是帝国的王侯。"⑦制度的改革与创新是由人

---

① 卞建林:《健全司法权分工配合制约机制的思考》,《河南社会科学》2015年第1期,第6页。
② 刘荣军:《民事诉讼中"新职权主义"的动向分析》,《中国法学》2006年第6期,第181页。
③ 左卫民:《职权主义:一种谱系性的"知识考古"》,《比较法研究》2009年第2期,第70页。
④ 翁晓斌:《职权探知主义转向辩论主义的思考》,《法学研究》2005年4期,第54页。
⑤ 丁德昌:《法官良知:司法公正的原动力》,《法学论坛》2015年第3期,第76页。
⑥ [美]爱德华·考文:《美国宪法的"高级法"背景》,强世功译,三联书店1996年版,第34-35页。
⑦ [美]德沃金:《法律帝国》,中国大百科全书出版社1996年版,第361页。

来完成的，忽视人的因素，再完美的制度设计也只是空中楼阁。①因此，建设公正高效权威的社会主义司法制度固然需要司法去地方化和司法去行政化，需要优化司法职权配置，但最终还是要落实到司法官身上，需要建设一支高素质的司法官队伍。司法官素质是一个比较宽泛的概念，包含思想品德素质、科学文化素质、业务技能素质、心理身体素质等，本段所涉及的司法官素质主要限定在思想品德素质和业务技能素质两方面。从我国的司法实际来看，司法官的思想品德素质和业务技能素质良莠不齐，存在着较大的差距，这主要是由以下四个方面的因素造成的：

其一，司法官遴选制度不合理。一方面，历史性因素导致司法官准入门槛较低，司法官素质参差不齐。改革开放之初我国司法官奇缺，在国家司法考试制度确立之前，我国司法官的准入和任用机制较为随意，存在低门槛现象。那时候司法官的主要来源不是法学院系培养的学生，也不是具有丰富办案经验的优秀律师或者教授学者等高层次法律人才，而是退伍转业的军人干部、党政机关调用干部、社会招考干部等，这在司法机关领导职务的人员中表现得比较明显。②尽管这些司法官通过成人在职教育等方式弥补司法专业知识，但是水分太多，造成司法官群体在知识结构上的不合理和理论水平上的参差不齐，有学者就曾经发文《复转军人进法院》质疑这种现象。③2002年我国司法考试推行后，进司法机关当司法官"逢进必考"，但由于推行的时间比较短，司法机关空缺职位少，所以通过司法考试而具备法律职业资格的司法官比例有限。由于这些历史遗留问题，加之一个优秀的司法官必须经过长期的专业训练，所以目前我国司法官的素质良莠不齐之现状则必然存在。因此，严格把控司法官准入制度，在入口处提高司法官的素质是提升司法官整体素质的基础性工作。

另一方面，不同层级法院法官的素质与审级不相匹配。我国各级法院对法官的任职经历与条件没有明显的区分，不同层级法院的法官在工资待遇和社会地位上也没有太大的差异，我国尚未形成上级法院从下级法院遴选优秀法官的制度。这就导致不同层级法院的法官在任职经历、业务经验、能力水平等方面与审级不相匹配，下级法院法官的素质可能高于上级法院法官的素质，这无疑在一定程度上削弱了上级法院的审级监督功能。④

其二，司法官职业化、专业化不足。司法权本身的性质和特征要求司

---

① 李汉昌：《司法制度改革背景下法官素质与法官教育之透视》，《中国法学》2000年第1期，第48页。
② 李汉昌：《司法制度改革背景下法官素质与法官教育之透视》，《中国法学》2000年第1期，第49页。
③ 贺卫方：《复转军人进法院》，《南方周末》1998年1月2日。
④ 顾培东：《当代中国司法公正问题研究》，《中国法律评论》2015年第2期，第91页。

法官必须职业化和专业化。①司法官职业化是由司法工作的性质决定的，职业化意味着精英化，意味着法官同质一体化。②我国《法官法》第18条规定法官分为首席大法官、大法官、高级法官、法官四等十二级，《检察官法》第21条规定检察官分为首席大检察官、大检察官、高级检察官、检察官四等十二级，是有别于有行政级别的行政机关公务员的。但是在实践中，我国对司法官采取"类公务员"的管理模式，司法官都对应一定的行政级别，在工资待遇、绩效考核、奖惩处罚等方面参照公务员。此外，我国的司法官与司法行政人员、司法辅助人员并没有明显的分类，拥有司法官资格的人却不从事一线司法业务工作，而是倾心于行政职务，人为造成"案多人少"的矛盾。③这种管理模式没有凸显司法官的职业性和专业性，不利于培养司法官的职业精神，而这是司法公正的灵魂和根基。④实行司法官单独职务序列，给予司法官相对优厚的工资待遇，走司法官精英化、职业化、专业化的道路是司法改革的方向。

其三，司法官职业保障不足，缺乏有效的激励机制。一方面，司法职业在社会地位、工作条件以及物质待遇等方面尚不具有明显的优势，对于优秀法律人才来说，公务员或律师或许是对他们更具诱惑力的职业选择，这就使得司法职业对优秀人才的吸引受到一定局限。近些年，法院系统曾有过从学者和律师中选拔法官的尝试，但是参选者寥寥无几，很少有优秀的学者和律师为之动心。更为残酷的现实是，司法官与律师之间的逆向流动现象越演越烈。另一方面，我国司法人员的职业激励明显偏弱，司法机关领导岗位极为有限，在"僧多粥少"的情况下，中基层司法官的职业上升空间十分有限。⑤总结起来就是，由于一方面工作繁、责任重、压力大，另一方面却地位低、待遇薄、升迁难，一些骨干法官要求调离法院，办案一线的司法官素质总体而言达不到要求，这直接影响司法的质量，导致司法公信力的下降。⑥在人、财、物等方面，加大司法资源投入并合理配置，加强对司法官的职业保障，运用有效的激励机制吸引和留住高素质的司法官人才，这是提高司法官素质的有效途径。

其四，司法责任制落实不到位，缺乏对司法官的有效约束。要提高司法官的素质，除了要严格准入制度、加强职业保障、走职业化道路外，还

---

① 谭兵、王志胜：《论法官现代化：专业化、职业化和同质化——兼谈中国法官队伍的现代化问题》，《中国法学》2001年第3期，第132页。
② 王晨光：《法官的职业化精英化及其局限》，《法学》2002年第6期，第3页。
③ 陈光中、魏晓娜：《论我国司法体制的现代化改革》，《中国法学》2015年第1期，第112页。
④ 李少平：《法官职业精神：司法公正的灵魂和根基》，《法律适用》2013年第1期，第3页。
⑤ 顾培东：《当代中国司法公正问题研究》，《中国法律评论》2015年第2期，第91页。
⑥ 陈光中、龙宗智：《关于深化司法改革若干问题的思考》，《中国法学》2013年第4期，第75页。

应该加强对司法官的监督和制约。目前对司法官的监督方式有人大监督、党的纪检监督、上级领导监督、审级监督、社会舆论监督等,加强对权力监督制约,具有法理的正当性,对于防止裁量权滥用,促进司法廉洁与公正,发挥了积极作用,既体现现实需要,也反映人民呼声。①但由于司法地方化、司法行政化以及司法职权配置上的错位等种种因素的制约,缺乏对司法官的有效约束,司法责任制落实不到位,导致"审者不判、判者不审",当出现司法错误时又相互推诿责任。司法责任制主要就是为了解决司法权、司法监督权、司法行政领导权不分的这种状况,落实审判权、检察权由人民法院、人民检察院独立行使的规定,其重心在于改变混沌的权力分享模式,建立谁行使权力谁负责的机制。②原中央政法委书记孟建柱同志高度重视司法责任制在司法改革中的作用,在2014年4月视察上海司法改革试点工作时指出:"司法责任制是司法体制改革的关键。要按照让审理者裁判、让裁判者负责的要求,完善主审法官责任制、合议庭办案责任制和检察官责任制。同时,要加强对司法权行使的监督制约,认真探索更具针对性的监督机制,确保司法权依法公正运行。"

司法责任制包含法官责任制和检察官责任制两方面的内容。①法官责任制是司法责任制的重要内容,以往的错案责任追究制仅包含法官责任追究这一维度③,司法责任语境下的法官责任制则被赋予了"独立""专业""保障"等更多内涵。完善法官责任制,应当以法官不当行为为核心标准、主观过错为辅助标准、错案结果为补充标准重构责任标准体系;在法官责任制度下构建法官责任豁免机制,完善法官职业保障制度;由法院系统内部行政化的法官责任追究程序改造为司法化的法官责任追究程序。④②检察官责任制要以检察官亲历性为基础、行使决定权为要义,通过明确检察官在办案中的主体地位、检察官的职责权限、检察官在办案中所负责任而形成一种权责明晰、权责统一、管理有序的司法权力运行机制。⑤检察官办案,时常采用"协同办案"乃至团队协作形式,但以单独办案制为基本,所以检察官责任制就是"承办责任制"。因此不应以主任检察官责任制代替

---

① 龙宗智:《加强司法责任制:新一轮司法改革及检察改革的重心》,《人民检察》2014年第12期,第28页。
② 傅郁林:《解读司法责任制不可断章取义》,《人民论坛》2016年第24期,第83页;傅郁林:《司法责任制的重心是职责界分》,《中国法律评论》2015年第4期,第173页。
③ 例如有学者就认为法官责任的性质应当是一种"办案责任",或者"司法过错责任",并认为法官问责制度的建构应当采取以下原则:错案责任追究严格化;信访责任追究退隐化;纪律责任追究实效化;法官问责规范统一化。此外,应当确立"二元双层"的法官问责基准,并采取宏观与微观相结合的方式建构法官责任豁免制度。
④ 王迎龙:《司法责任语境下法官责任制的完善》,《政法论坛》2016年第5期,第136页。
⑤ 孙应征、刘桃荣:《检察机关司法责任制的理论基础与功能定位》,《人民检察》2015年第20期,第11页。

检察官责任制,同时应当划清权限范围,保障承办责任制的有效运行。①构建和完善司法责任制,是司法公正的重要保障,是权责统一原则的必然要求,也是中西方司法文明共同的经验汇集。②

司法地方化、司法行政化、司法职权配置错位、司法官素质良莠不齐是我国建设公正高效权威的社会主义司法制度的四大主要现实困境,此外还应该在司法公开程度、拓宽人民参与司法渠道、加强人权司法保障力度、完善司法诉讼程序等方面进行革新或改良,力求实现司法现代化的改革目标。

第二节 改革之措施

党的十八大以来,党中央对司法体制改革高度重视,紧紧围绕建设中国特色社会主义法治体系、建设社会主义法治国家,紧紧围绕维护社会公平正义,从推进政治体制改革,实现国家治理体系和治理能力现代化的高度擘画司法体制改革宏伟蓝图,加快建设公正高效权威的社会主义司法制度,推动新一轮司法体制改革大潮涌起。这是一场气势恢弘的改革,这是一场影响深远的改革。回望改革历程,从顶层设计到基层试点,从健全司法权力运行机制到合理配置司法职权,从提高司法透明度到加大人权司法保障力度,一系列举措让人民群众在每一个司法案件中都感受到公平正义。③

党的十八大以来,党中央领导司法体制改革的总体思路是,先由中共十八大和十八届三中、四中全会提出各项司法体制改革任务,擘画司法体制改革的宏伟蓝图,而后由中共中央全面深化改革领导小组审议通过司法体制改革有关文件,最后由最高人民法院、最高人民检察院、公安部、司法部等单位细化司法体制改革部署,制定本系统具体改革方案,通过法定程序将改革落到实处。这样的改革思路、领导体制和工作机制,保证了司法体制改革取得扎扎实实的进展及成效,长期以来人民群众反映强烈的司法不公、司法腐败等问题得到有效遏制和明显改观。这为全面建成小康社会、实现中华民族伟大复兴中国梦提供了有力的司法环境和重要保证。④

党的十八大从发展社会主义民主政治、加快建设社会主义法治国家的高度,作出了进一步深化司法体制改革的重要战略部署。党的十八届三中

---

① 龙宗智:《检察官办案责任制相关问题研究》,《中国法学》2015年第1期,第84页。
② 陈光中、王迎龙:《司法责任制若干问题之探讨》,《中国政法大学学报》2016年第2期,第31页。
③ 王比学、徐隽:《让公平正义的阳光普照——十八大以来司法体制改革述评》,《人民日报》2016年2月24日,第1版。
④ 张金才:《中共十八大以来司法体制改革的进展及成效》,《当代中国史研究》2016年03期,第14页。

全会通过的《中共中央关于全面深化改革若干重大问题的决定》，确定了推进法治中国建设、深化司法体制改革的主要任务。党的十八届四中全会通过的《中共中央关于全面推进依法治国若干重大问题的决定》，将建设中国特色社会主义法治体系、建设社会主义法治国家作为全面推进依法治国的总目标，从科学立法、严格执法、公正司法、全民守法等方面提出了一系列重大改革举措。中央全面深化改革领导小组和全国人民代表大会及其常务委员会、最高人民法院、最高人民检察院、司法部、公安部等相关单位各司其职、分工负责、相互协作，根据十八大、十八届三中全会、十八届四中全会的精神，出台了相关具体改革方案，细化了司法体制改革部署，使改革政策落地。在下文中我们将以党和国家出台的各项司法改革文件为主线，梳理十八大以来，党和国家为建设公正高效权威的社会主义司法制度所采取的改革措施。

一、执政党的顶层设计

（一）十八大

2012年11月中国共产党召开第十八次全国代表大会，这是在我国进入全面建成小康社会决定性阶段召开的一次十分重要的大会。大会的主题是高举中国特色社会主义伟大旗帜，以邓小平理论、"三个代表"重要思想、科学发展观为指导，解放思想，改革开放，凝聚力量，攻坚克难，坚定不移沿着中国特色社会主义道路前进，为全面建成小康社会而奋斗。大会提出要坚持走中国特色社会主义政治发展道路和推进政治体制改革，为此必须要全面推进依法治国，加快建设社会主义法治国家，更加注重发挥法治在国家治理和社会管理中的重要作用，维护国家法制统一、尊严、权威，保证人民依法享有广泛权利和自由。

中国特色社会主义司法制度是在中国革命和建设实践中产生、在中国化马克思主义指导下不断完善和发展起来的社会主义司法制度，是中国特色社会主义政治制度的重要组成部分。[1]因此，建设公正高效权威的社会主义司法制度是建设中国特色社会主义法治国家，完善中国特色社会主义政治制度的必由之路。为此，党的十八大报告提出，要"进一步深化司法体制改革，坚持和完善中国特色社会主义司法制度，确保审判机关、检察机关依法独立公正行使审判权、检察权"。这是我们党从建设社会主义法治国

---

[1] 李林：《坚持和完善中国特色社会主义司法制度》，《学习与探索》2009年第5期，第144页。

家、发展社会主义民主政治的高度,作出的重要战略部署。

(二)十八届三中全会

2013年11月中国共产党召开第十八届中央委员会第三次全体会议,会议以"全面深化改革"为主题,审议通过了《中共中央关于全面深化改革若干重大问题的决定》(以下简称《决定》)。《决定》提出,全面深化改革的总目标是完善和发展中国特色社会主义制度,推进国家治理体系和治理能力现代化。必须更加注重改革的系统性、整体性、协同性,加快发展社会主义市场经济、民主政治、先进文化、和谐社会、生态文明。关于社会主义民主政治,《决定》提出,必须紧紧围绕坚持党的领导、人民当家做主、依法治国有机统一深化政治体制改革,加快推进社会主义民主政治制度化、规范化、程序化,建设社会主义法治国家,发展更加广泛、更加充分、更加健全的人民民主。

为了建设法治中国,必须坚持依法治国、依法执政、依法行政共同推进,坚持法治国家、法治政府、法治社会一体建设。深化司法体制改革,加快建设公正高效权威的社会主义司法制度,维护人民权益,让人民群众在每一个司法案件中都感受到公平正义。除了维护宪法法律权威、深化行政执法体制改革两方面的改革措施外,《决定》认为要建设法治中国,必须深化司法体制改革,为此提出了以下三个方面的改革措施,进一步明确了十八大报告关于深化司法体制改革的具体要求。

其一,确保依法独立公正行使审判权检察权。

1)改革司法管理体制,推动省以下地方法院、检察院人财物统一管理,探索建立与行政区划适当分离的司法管辖制度,保证国家法律统一正确实施。

2)建立符合职业特点的司法人员管理制度,健全法官、检察官、人民警察统一招录、有序交流、逐级遴选机制,完善司法人员分类管理制度,健全法官、检察官、人民警察职业保障制度。

其二,健全司法权力运行机制。

1)优化司法职权配置,健全司法权力分工负责、互相配合、互相制约机制,加强和规范对司法活动的法律监督和社会监督。

2)改革审判委员会制度,完善主审法官、合议庭办案责任制,让审理者裁判、由裁判者负责。明确各级法院职能定位,规范上下级法院审级监督关系。

3）推进审判公开、检务公开，录制并保留全程庭审资料。增强法律文书说理性，推动公开法院生效裁判文书。严格规范减刑、假释、保外就医程序，强化监督制度。广泛实行人民陪审员、人民监督员制度，拓宽人民群众有序参与司法渠道。

其三，完善人权司法保障制度。

1）国家尊重和保障人权。进一步规范查封、扣押、冻结、处理涉案财物的司法程序。健全错案防止、纠正、责任追究机制，严禁刑讯逼供、体罚虐待，严格实行非法证据排除规则。逐步减少适用死刑罪名。

2）废止劳动教养制度，完善对违法犯罪行为的惩治和矫正法律，健全社区矫正制度。

3）健全国家司法救助制度，完善法律援助制度。完善律师执业权利保障机制和违法违规执业惩戒制度，加强职业道德建设，发挥律师在依法维护公民和法人合法权益方面的重要作用。

十八届三中全会是在我国改革开放新的重要关头召开的一次重要会议。十八届三中全会研究部署的不是单方面的改革，而是包括政治体制、经济体制、文化体制、社会体制、生态文明体制、党的建设体制、国防和军队体制等所有领域、全面的改革，即"全面深化改革"。全会通过的《决定》是全面深化改革的顶层设计，描绘了全面深化改革的新蓝图、新愿景、新目标。政治体制改革是全面深化改革的重要组成部分，司法体制改革、加快建设公正高效权威的社会主义司法制度是政治体制改革的重要组成部分，因此《决定》是关于司法体制改革的顶层设计，研究部署司法体制改革的力度也是前所未有的，是指导当前和今后一个时期司法改革的行动纲领，对于建设公正高效权威的社会主义司法制度具有十分重大的指导意义。

此外这次全会决定中央成立全面深化改革领导小组，负责改革总体设计、统筹协调、整体推进、督促落实。深化司法体制改革，必须以更大的政治智慧和勇气推进改革，必须更加注重司法改革的统筹性、整体性和协调性，因此需要建立高层次、有权威的司法改革协调机制和工作机构，全面深化改革领导小组就是这样的一个协调机制和工作机构。日后根据十八大，以及十八届三中、四中全会的司法改革任务，制定司法改革的有关文件，形成司法改革具体领域的顶层设计，都是由全面深化改革领导小组来承担的，全面深化改革领导小组在深化司法体制改革中扮演着十分重要的角色。

（三）十八届四中全会

2014年10月中国共产党召开第十八届中央委员会第四次全体会议，会议以"依法治国"为主题，这在党的历史上尚属首次，全会审议通过了《中共中央关于全面推进依法治国若干重大问题的决定》（以下简称《决定》）。《决定》认为，为贯彻落实党的十八大作出的战略部署，加快建设社会主义法治国家，必须坚持走中国特色社会主义法治道路，建设中国特色社会主义法治体系。《决定》认为，依法治国，是坚持和发展中国特色社会主义的本质要求和重要保障，是实现国家治理体系和治理能力现代化的必然要求，事关我们党执政兴国，事关人民幸福安康，事关党和国家长治久安。

全面推进依法治国，总目标是建设中国特色社会主义法治体系，建设社会主义法治国家。这就是，在中国共产党领导下，坚持中国特色社会主义制度，贯彻中国特色社会主义法治理论，形成完备的法律规范体系、高效的法治实施体系、严密的法治监督体系、有力的法治保障体系，形成完善的党内法规体系，坚持依法治国、依法执政、依法行政共同推进，坚持法治国家、法治政府、法治社会一体建设，实现科学立法、严格执法、公正司法、全民守法，促进国家治理体系和治理能力现代化。实现这个总目标，必须坚持中国共产党的领导、坚持人民主体地位、坚持法律面前人人平等、坚持依法治国与以德治国相结合、坚持从中国实际出发。全面推进依法治国是一个系统工程，是国家治理领域一场广泛而深刻的革命，需要付出长期艰苦努力。

为了全面推进依法治国这一个系统工程，《决定》明确了六大重要任务：完善以宪法为核心的中国特色社会主义法律体系，加强宪法实施；深入推进依法行政，加快建设法治政府；保证公正司法，提高司法公信力；增强全民法治观念，推进法治社会建设；加强法治工作队伍建设；加强和改进党对全面推进依法治国的领导。

公正司法作为全面推进依法治国这一系统工程的六大重要任务之一，具有十分重要的意义。《决定》认为，公正是法治的生命线。司法公正对社会公正具有重要引领作用，司法不公对社会公正具有致命破坏作用。必须完善司法管理体制和司法权力运行机制，规范司法行为，加强对司法活动的监督，努力让人民群众在每一个司法案件中感受到公平正义。这包括以下六个方面的改革措施：

其一，完善确保依法独立公正行使审判权和检察权的制度。

1）各级党政机关和领导干部要支持法院、检察院依法独立公正行使职权。建立领导干部干预司法活动、插手具体案件处理的记录、通报和责任追究制度。任何党政机关和领导干部都不得让司法机关做违反法定职责、有碍司法公正的事情，任何司法机关都不得执行党政机关和领导干部违法干预司法活动的要求。对干预司法机关办案的，给予党纪政纪处分；造成冤假错案或者其他严重后果的，依法追究刑事责任。

2）健全行政机关依法出庭应诉、支持法院受理行政案件、尊重并执行法院生效裁判的制度。完善惩戒妨碍司法机关依法行使职权、拒不执行生效裁判和决定、藐视法庭权威等违法犯罪行为的法律规定。

3）建立健全司法人员履行法定职责保护机制。非因法定事由，非经法定程序，不得将法官、检察官调离、辞退或者作出免职、降级等处分。

其二，优化司法职权配置。

1）健全公安机关、检察机关、审判机关、司法行政机关各司其职，侦查权、检察权、审判权、执行权相互配合、相互制约的体制机制。

2）完善司法体制，推动实行审判权和执行权相分离的体制改革试点。完善刑罚执行制度，统一刑罚执行体制。改革司法机关人财物管理体制，探索实行法院、检察院司法行政事务管理权和审判权、检察权相分离。

3）最高人民法院设立巡回法庭，审理跨行政区域重大行政和民商事案件。探索设立跨行政区划的人民法院和人民检察院，办理跨地区案件。完善行政诉讼体制机制，合理调整行政诉讼案件管辖制度，切实解决行政诉讼立案难、审理难、执行难等突出问题。

4）改革法院案件受理制度，变立案审查制为立案登记制，对人民法院依法应该受理的案件，做到有案必立、有诉必理，保障当事人诉权。加大对虚假诉讼、恶意诉讼、无理缠诉行为的惩治力度。完善刑事诉讼中认罪认罚从宽制度。

5）完善审级制度，一审重在解决事实认定和法律适用，二审重在解决事实法律争议、实现二审终审，再审重在解决依法纠错、维护裁判权威。完善对涉及公民人身、财产权益的行政强制措施实行司法监督制度。检察机关在履行职责中发现行政机关违法行使职权或者不行使职权的行为，应该督促其纠正。探索建立检察机关提起公益诉讼制度。

6）明确司法机关内部各层级权限，健全内部监督制约机制。司法机关内部人员不得违反规定干预其他人员正在办理的案件，建立司法机关内部人员过问案件的记录制度和责任追究制度。完善主审法官、合议庭、主任检察官、主办侦查员办案责任制，落实谁办案谁负责。

7）加强职务犯罪线索管理，健全受理、分流、查办、信息反馈制度，明确纪检监察和刑事司法办案标准和程序衔接，依法严格查办职务犯罪案件。

其三，推进严格司法。

1）坚持以事实为根据、以法律为准绳，健全事实认定符合客观真相、办案结果符合实体公正、办案过程符合程序公正的法律制度。加强和规范司法解释和案例指导，统一法律适用标准。

2）推进以审判为中心的诉讼制度改革，确保侦查、审查起诉的案件事实证据经得起法律的检验。全面贯彻证据裁判规则，严格依法收集、固定、保存、审查、运用证据，完善证人、鉴定人出庭制度，保证庭审在查明事实、认定证据、保护诉权、公正裁判中发挥决定性作用。

3）明确各类司法人员工作职责、工作流程、工作标准，实行办案质量终身负责制和错案责任倒查问责制，确保案件处理经得起法律和历史检验。

其四，保障人民群众参与司法。

1）坚持人民司法为人民，依靠人民推进公正司法，通过公正司法维护人民权益。在司法调解、司法听证、涉诉信访等司法活动中保障人民群众参与。完善人民陪审员制度，保障公民陪审权利，扩大参审范围，完善随机抽选方式，提高人民陪审制度公信度。逐步实行人民陪审员不再审理法律适用问题，只参与审理事实认定问题。

2）构建开放、动态、透明、便民的阳光司法机制，推进审判公开、检务公开、警务公开、狱务公开，依法及时公开执法司法依据、程序、流程、结果和生效法律文书，杜绝暗箱操作。加强法律文书释法说理，建立生效法律文书统一上网和公开查询制度。

其五，加强人权司法保障。

1）强化诉讼过程中当事人和其他诉讼参与人的知情权、陈述权、辩护辩论权、申请权、申诉权的制度保障。健全落实罪刑法定、疑罪从无、非法证据排除等法律原则的法律制度。完善对限制人身自由司法措施和侦查手段的司法监督，加强对刑讯逼供和非法取证的源头预防，健全冤假错案有效防范、及时纠正机制。

2）切实解决执行难，制定强制执行法，规范查封、扣押、冻结、处理涉案财物的司法程序。加快建立失信被执行人信用监督、威慑和惩戒法律制度。依法保障胜诉当事人及时实现权益。

3）落实终审和诉讼终结制度，实行诉访分离，保障当事人依法行使申诉权利。对不服司法机关生效裁判、决定的申诉，逐步实行由律师代理制度。对聘不起律师的申诉人，纳入法律援助范围。

其六，加强对司法活动的监督。

1）完善检察机关行使监督权的法律制度，加强对刑事诉讼、民事诉讼、行政诉讼的法律监督。完善人民监督员制度，重点监督检察机关查办职务犯罪的立案、羁押、扣押冻结财物、起诉等环节的执法活动。司法机关要及时回应社会关切。规范媒体对案件的报道，防止舆论影响司法公正。

2）依法规范司法人员与当事人、律师、特殊关系人、中介组织的接触、交往行为。严禁司法人员私下接触当事人及律师、泄露或者为其打探案情、接受吃请或者收受其财物、为律师介绍代理和辩护业务等违法违纪行为，坚决惩治司法掮客行为，防止利益输送。

3）对因违法违纪被开除公职的司法人员、吊销执业证书的律师和公证员，终身禁止从事法律职业，构成犯罪的要依法追究刑事责任。

4）坚决破除各种潜规则，绝不允许法外开恩，绝不允许办关系案、人情案、金钱案。坚决反对和克服特权思想、衙门作风、霸道作风，坚决反对和惩治粗暴执法、野蛮执法行为。对司法领域的腐败零容忍，坚决清除害群之马。

制度的改革与创新是由人来完成的，忽视人的因素，再完美的制度设计也只是空中楼阁。[①]建设公正高效权威的社会主义司法制度，需要建设一支高素质的司法工作队伍，司法工作队伍与立法队伍、执法队伍、律师队伍、法律教育队伍等法治工作队伍一同构成了法律共同体，成为推动全面依法治国的重要力量。《决定》认为，全面推进依法治国，必须大力提高法治工作队伍思想政治素质、业务工作能力、职业道德水准，着力建设一支忠于党、忠于国家、忠于人民、忠于法律的社会主义法治工作队伍，为加快建设社会主义法治国家提供强有力的组织和人才保障。为此，《决定》提出了以下三个方面的改革措施：

其一，建设高素质法治专门队伍。

1）把思想政治建设摆在首位，加强理想信念教育，深入开展社会主义核心价值观和社会主义法治理念教育，坚持党的事业、人民利益、宪法法律至上，加强立法队伍、行政执法队伍、司法队伍建设。抓住立法、执法、司法机关各级领导班子建设这个关键，突出政治标准，把善于运用法治思维和法治方式推动工作的人选拔到领导岗位上来。畅通立法、执法、司法部门干部和人才相互之间以及与其他部门具备条件的干部和人才交流渠道。

2）推进法治专门队伍正规化、专业化、职业化，提高职业素养和专业水平。完善法律职业准入制度，健全国家统一法律职业资格考试制度，建立法律职业人员统一职前培训制度。建立从符合条件的律师、法学专家中

---

① 李汉昌：《司法制度改革背景下法官素质与法官教育之透视》，《中国法学》2000 年第 1 期，第 48 页。

招录立法工作者、法官、检察官制度，畅通具备条件的军队转业干部进入法治专门队伍的通道，健全从政法专业毕业生中招录人才的规范便捷机制。加强边疆地区、民族地区法治专门队伍建设。加快建立符合职业特点的法治工作人员管理制度，完善职业保障体系，建立法官、检察官、人民警察专业职务序列及工资制度。

3) 建立法官、检察官逐级遴选制度。初任法官、检察官由高级人民法院、省级人民检察院统一招录，一律在基层法院、检察院任职。上级人民法院、人民检察院的法官、检察官一般从下一级人民法院、人民检察院的优秀法官、检察官中遴选。

其二，加强法律服务队伍建设。

1) 加强律师队伍思想政治建设，把拥护中国共产党领导、拥护社会主义法治作为律师从业的基本要求，增强广大律师走中国特色社会主义法治道路的自觉性和坚定性。构建社会律师、公职律师、公司律师等优势互补、结构合理的律师队伍。提高律师队伍业务素质，完善执业保障机制。加强律师事务所管理，发挥律师协会自律作用，规范律师执业行为，监督律师严格遵守职业道德和职业操守，强化准入、退出管理，严格执行违法违规执业惩戒制度。加强律师行业党的建设，扩大党的工作覆盖面，切实发挥律师事务所党组织的政治核心作用。

2) 各级党政机关和人民团体普遍设立公职律师，企业可设立公司律师，参与决策论证，提供法律意见，促进依法办事，防范法律风险。明确公职律师、公司律师法律地位及权利义务，理顺公职律师、公司律师管理体制机制。

3) 发展公证员、基层法律服务工作者、人民调解员队伍。推动法律服务志愿者队伍建设。建立激励法律服务人才跨区域流动机制，逐步解决基层和欠发达地区法律服务资源不足和高端人才匮乏问题。

其三，创新法治人才培养机制。

1) 坚持用马克思主义法学思想和中国特色社会主义法治理论全方位占领高校、科研机构法学教育和法学研究阵地，加强法学基础理论研究，形成完善的中国特色社会主义法学理论体系、学科体系、课程体系，组织编写和全面采用国家统一的法律类专业核心教材，纳入司法考试必考范围。坚持立德树人、德育为先导向，推动中国特色社会主义法治理论进教材进课堂进头脑，培养造就熟悉和坚持中国特色社会主义法治体系的法治人才及后备力量。建设通晓国际法律规则、善于处理涉外法律事务的涉外法治人才队伍。

2）健全政法部门和法学院校、法学研究机构人员双向交流机制，实施高校和法治工作部门人员互聘计划，重点打造一支政治立场坚定、理论功底深厚、熟悉中国国情的高水平法学家和专家团队，建设高素质学术带头人、骨干教师、专兼职教师队伍。

中共历次四中全会多聚焦于党风建设，而十八届四中全会主题则落脚于依法治国，以此作为全会主题，这在中国共产党党史上尚属首次，选择这一主题反映出中国共产党在全面深化改革关键时期的重大政策考量。党的十八届四中全会通过的《决定》从全面推进依法治国的战略高度，提出"必须完善司法管理体制和司法权力运行机制，规范司法行为，加强对司法活动的监督，努力让人民群众在每一个司法案件中感受到公平正义"的改革要求。这是党中央在全面深化改革的新形势下，对深化司法体制改革提出的新的重大任务，是对十八大、十八届三中全会有关"深化司法体制改革"内容的具体部署，将为本轮司法体制改革提供强有力的支撑。所提出的司法改革措施都是针对司法中存在的现实问题，若将这些措施完全付诸实施，将对司法产生极大的推动作用。我国在司法体制改革的过程中，要认真学习领会《决定》精神，正确把握改革方向、目标和原则，加快建设公正高效权威的社会主义司法制度。

二、"中央深改组"的改革方案

根据十八大与十八届三中、四中全会的司法改革任务，中央全面深化改革领导小组（以下简称"中央深改组"）进一步审议出台了相关司法体制改革方案，形成每一项改革措施的顶层设计。截至2016年12月30日，在成立三周年之际，中央深改组已经召开31次全体会议，其中23次涉及司法改革议题，共通过38个与司法改革有关的文件。下文对历次全体会议通过的司改文件做了简单梳理，并从习近平总书记讲话和会议要求中，提炼出与司法改革密切相关的内容。

中央深改组第二次全体会议（2014年2月28日）审议通过《关于深化司法体制和社会体制改革的意见及贯彻实施分工方案》，明确了深化司法体制改革的目标、原则，制定了各项改革任务的路线图、时间表和具体分工。会议认为，凡属重大改革都要于法有据。在整个改革过程中，都要高度重视运用法治思维和法治方式，发挥法治的引领和推动作用，加强对相关立法工作的协调，确保在法治轨道上推进改革。这为司法体制改革的顺利进行提供了合法性指引。会议强调，深化司法体制和社会体制改革，要注重改革举措的配套衔接，注重分类推进，强化任务落实，保证严格规范公正文明执法，加快建设公正高效权威的社会主义司法制度，加快形成科学有效的社会治理体制，促进社会公平正义，保障人民安居乐业。

中央深改组第三次全体会议（2014年6月6日）审议通过《关于司法体制改革试点若干问题的框架意见》《上海市司法改革试点工作方案》《关于设立知识产权法院的方案》。会议认为，完善司法人员分类管理、完善司法责任制、健全司法人员职业保障、推动省以下地方法院检察院人财物统一管理、设立知识产权法院，都是司法体制改革的基础性、制度性措施。试点工作要在中央层面顶层设计和政策指导下进行，改革具体步骤和工作措施，鼓励试点地方积极探索、总结经验。

中央深改组第七次全体会议（2014年12月2日）审议通过《最高人民法院设立巡回法庭试点方案》《设立跨行政区划人民法院、人民检察院试点方案》。最高人民法院设立巡回法庭，设立跨行政区划人民法院、人民检察院，是党的十八届四中全会提出的重要改革举措。最高人民法院设立巡回法庭，审理跨行政区域重大行政和民商事案件，有利于审判机关重心下移、就地解决纠纷、方便当事人诉讼。探索设立跨行政区划的人民法院、人民检察院，有利于排除对审判工作和检察工作的干扰、保障法院和检察院依法独立公正行使审判权和检察权，有利于构建普通案件在行政区划法院审理、特殊案件在跨行政区划法院审理的诉讼格局。这两项改革试点涉及司法管理体制、司法权力运行机制等深层次问题。试点方案先在基础扎实、需求迫切的地方开展试点。这是新生事物，新开门面要站在高起点上，有整体性考虑和系统性设计，创造可复制、可推广的机制制度。

中央深改组第八次全体会议（2014年12月30日）审议通过《关于进一步规范刑事诉讼涉案财物处置工作的意见》。规范刑事诉讼涉案财物处置工作，是一件事关正确惩治犯罪、保障人权的大事，是一项促进司法公正、提高司法公信力的重要举措。这些年来，司法不公、贪赃枉法的一个突出问题就发生在刑事诉讼涉案财物处置的过程中。涉案财物处置涉及不同诉讼领域、不同执法司法环节，是一项跨部门、跨地方的复杂工作，政策性、操作性要求都很高，各地区各部门要牢固树立大局意识，加强协作配合，尽快探索建立涉案财物集中管理信息平台，完善涉案财物处置信息公开机制。各级党政部门要率先遵法守法，不得干预涉案财物处置过程。要加强境外追赃追逃工作，抓紧健全境外追赃追逃工作体制机制，运用法治思维和法治方式开展追赃追逃工作。有关部门要对涉案财物的定义、认定标准和范围等进行明确，增强各地和各司法机关执行政策的统一性。

中央深改组第九次全体会议（2015年1月30日）审议通过《关于贯彻落实党的十八届四中全会决定进一步深化司法体制和社会体制改革的实施方案》（以下简称《实施方案》），该《实施方案》是贯彻落实四中全会决定的部署，在协调衔接三中全会相关改革任务和四中全会改革举措的基础上，为进一步深化司法体制和社会体制改革绘就的路线图和时间表。《实施方案》提出了进一步深化司法体制和社会体制改革的目标任务：着眼于加快建设公正高效权威的社会主义司法制度，完善司法管理体制和司法权力运行机制，规范司法行为，加强对司法活动的监督，保证公正司法，依法维护人民群众权益，提高司法公信力；着眼于推进国家治理体系和治理能力现代化，加快形成科学有效的社会治理体系和公共法律服务体系，提高社会治理水平；着眼于建设高素质法治专门队伍，推进正规化、专业化、职业化，建设一支忠于党、忠于国家、忠于人民、忠于法律的社会主义法治工作队伍。四中全会提出的190项重大改革举措中，有关进一步深化司法体制和社会体制改革的有84项，《实施方案》对84项改革举措进行了任务分工，逐项明确了主要任务、牵头单位和参加单位、改革进度和工作成果要求等事项，为各项改革任务落实提供了基本依据。

中央深改组第十次全体会议（2015年2月27日）审议通过《关于领导干部干预司法活动、插手具体案件处理的记录、通报和责任追究规定》《深化人民监督员制度改革方案》。①建立领导干部干预司法活动、插手具体案件处理的记录、通报和责任追究制度，是党的十八届四中全会提出的一项重要改革举措，主要目的是通过创新制度、加强监管，制约领导干部违法违规干预司法活动、妨碍司法公正的行为，对促进司法公正、抑制司法腐败具有制度性意义。②深化人民监督员制度改革是党的十八届三中、四中全会提出的一项重要改革举措，目的是进一步拓宽人民群众有序参与司法渠道，健全确保检察权依法独立公正行使的外部监督制约机制，对保障人民群众对检察工作的知情权、参与权、表达权、监督权具有重要意义。

中央深改组第十一次全体会议（2015年4月1日）审议通过《人民陪审员制度改革试点方案》《关于人民法院推行立案登记制改革的意见》。①人民陪审员制度是社会主义民主政治的重要内容。要通过改革人民陪审员制度，推进司法民主，促进司法公正，提升人民陪审员制度公信度和司法公信力。要坚持党的领导、人民当家做主、依法治国有机统一，坚定不移走中国特色社会主义法治道路，围绕改革人民陪审员选任条件和选任程序、扩大人民陪审员参审范围、完善人民陪审员参审案件机制、探索人民陪审员参审案件职权改革、完善人民陪审员退出和惩戒机制、完善人民陪审员履职保障制度等重要环节开展试点，提高人民陪审员广泛性和代表性，发挥人民陪审员制度的作用。②改革人民法院案件受理制度，变立案审查制为立案登记制，目的是要通过改进工作机制、加强责任追究，切实解决人民群众反映强烈的"立案难"问题，保障当事人诉权。人民法院要明确登记立案范围、规范登记立案程序、健全配套机制、制裁违法滥诉、强化立案监督，逐步建立一套符合中国国情、符合司法规律的立案登记制度，坚决杜绝"有案不立、有诉不理、拖延立案、增设门槛"等现象。要强化法治意识，积极配合做好工作，坚决杜绝干预、阻挠人民法院依法立案现象发生。要加强诉讼诚信建设，加大对虚假诉讼、恶意诉讼、无理缠诉行为的惩治力度，依法维护正常立案秩序。

中央深改组第十二次全体会议（2015年5月5日）审议通过《检察机关提起公益诉讼改革试点方案》《关于完善法律援助制度的意见》。①党的十八届四中全会提出探索建立检察机关提起公益诉讼制度，目的是充分发挥检察机关法律监督职能作用，促进依法行政、严格执法，维护宪法法律权威，维护社会公平正义，维护国家和社会公共利益。要牢牢抓住公益这个核心，重点是对生态环境和资源保护、国有资产保护、国有土地使用权出让、食品药品安全等领域造成国家和社会公共利益受到侵害的案件提起民事或行政公益诉讼，更好维护国家利益和人民利益。②法律援助工作是一项重要的民生工程，要把维护人民群众合法权益作为出发点和落脚点，紧紧围绕人民群众实际需要，积极提供优质高效的法律援助服务，努力让人民群众在每一个案件中都感受到公平正义。要适应困难群众的民生需求，降低门槛，帮助困难群众运用法律手段解决基本生产生活方面的问题。要注重发挥法律援助在人权司法保障中的作用，加强刑事法律援助工作，保障当事人合法权益。要通过法律援助将涉及困难群体的矛盾纠纷纳入法治化轨道解决，有效化解社会矛盾，维护和谐稳定。

中央深改组第十三次全体会议（2015年6月5日）审议通过《关于完善国家统一法律职业资格制度的意见》《关于招录人民法院法官助理、人民检察院检察官助理的意见》《关于进一步规范司法人员与当事人、律师、特殊关系人、中介组织接触交往行为的若干规定》。①完善国家统一法律职业资格制度，目的是建设一支忠于党、忠于国家、忠于人民、忠于法律的高素质社会主义法治工作队伍，为全面依法治国提供人才保障。要按照法治队伍建设正规化、专业化、职业化标准，建立统一职前培训制度，加强对法律职业人员的管理，把好法律职业的入口关、考试关、培训关，提高法律职业人才选拔的科学性和公信力。②建立从政法专业毕业生中招录法官助理、检察官助理的规范机制,对推进人民法院、人民检察院队伍正规化、专业化、职业化建设,提高司法队伍整体职业素质和专业水平具有重要意义。要根据司法队伍的职业特点、职位性质、管理需要,遵循司法规律,建立符合审判、检察人员职业特点的招录机制,贯彻公开、平等、竞争、择优原则,坚持德才兼备、以德为先的标准,对艰苦边远地区实行政策倾斜,确保新录用的审判、检察人员具有良好的政治和专业素质。③依法规范司法人员与当事人、律师、特殊关系人、中介组织的接触交往行为,对全面推进依法治国、建设社会主义法治国家、确保司法机关公正廉洁司法十分重要。要坚持从严管理,完善预防措施,加大监督力度,不断完善司法行为规范,优化司法环境。广大司法人员要做公正司法的实践者和维护者,守住做人、处事、用权、交友的底线,管好自己的生活圈、交往圈,自觉维护法律尊严和权威。

中央深改组第十五次全体会议(2015年8月8日)审议通过《关于完善人民法院司法责任制的若干意见》《关于完善人民检察院司法责任制的若干意见》。①完善人民法院司法责任制,要以严格的审判责任制为核心,以科学的审判权力运行机制为前提,以明晰的审判组织权限和审判人员职责为基础,以有效的审判管理和监督制度为保障,让审理者裁判、由裁判者负责,确保人民法院依法独立公正行使审判权。要坚持问题导向,遵循司法权运行规律,着力改进审判组织形式、裁判文书签署机制、审判委员会制度。要落实法官在职责范围内对办案质量终身负责,严格依纪依法追究法官违法审判责任,同时建立健全法官履职保护机制。②完善人民检察院司法责任制,目标是构建公正高效的检察权运行机制和公平合理的司法责任认定、追究机制,做到谁办案谁负责、谁决定谁负责。要健全司法办案组织和运行机制、健全检察委员会运行机制、明晰各类检察人员职权、健全检察管理和监督机制、严格责任认定和追究等举措,形成对检察人员司法办案工作的全方位、全过程规范监督制约体系。检察人员应该对其履行检察职责的行为承担司法责任,在职责范围内对办案质量终身负责,依法履职受法律保护。

中央深改组第十六次全体会议(2015年9月15日)审议通过《关于深化律师制度改革的意见》《法官、检察官单独职务序列改革试点方案》《法官、检察官工资制度改革试点方案》。①要围绕全面推进依法治国,完善律师执业保障机制,加强律师队伍建设,建设一支拥护党的领导、拥护社会主义法治的高素质律师队伍,充分发挥律师在全面依法治国中的重要作用。要把法律规定的律师执业权利切实落实到位,建立健全配套的工作制度和救济机制，依法保障律师在辩护、代理中所享有的各项执业权利，确保侵犯律师执业权利的行为能够得到及时纠正。要加强律师执业管理，明晰律师执业行为边界，加强律师队伍思想政治建设。②开展法官、检察官单独职务序列和工资制度改革试点，是促进法官、检察官队伍专业化、职业化建设的重要举措。要突出法官、检察官职业特点，对法官、检察官队伍给予特殊政策，建立有别于其他公务员的单独职务序列。要注重向基层倾斜，重点加强市（地）级以下法院、检察院。要实行全国统一的法官、检察官工资制度，在统一制度的前提下，体现职业特点，建立与法官、检察官单独职务序列设置办法相衔接、有别于其他公务员的工资制度。要建立与工作职责、实绩和贡献紧密联系的工资分配机制，健全完善约束机制，鼓励办好案、多办案。要加大对一线办案人员的工资政策倾斜力度，鼓励优秀人员向一线办案岗位流动。

中央深改组第十七次全体会议（2015年10月13日）审议通过《关于加强和改进行政应诉工作的意见》《关于完善矛盾纠纷多元化解机制的意见》。①行政诉讼是解决行政争议，保护公民、法人和其他组织合法权益，监督行政机关依法行使职权的重要法律制度。做好行政应诉工作是行政机关的法定职责，既要解决掣肘行政审判工作开展、影响行政诉讼制度功能发挥的突出问题，也要考虑行政管理实际，严格要求行政机关依法履责。行政机关要支持人民法院受理和审理行政案件，保障公民、法人和其他组织的起诉权利，认真做好答辩举证工作，依法履行出庭应诉职责，配合人民法院做好开庭审理工作。要加强组织领导，支持推动行政部门做好应诉工作，加大对行政应诉工作监督考核力度，严格落实行政应诉责任追究。②完善矛盾纠纷多元化解机制，对于保障群众合法权益、促进社会公平正义具有重要意义。要坚持党委领导、政府主导、综治协调，充分发挥各部门职能作用，引导社会各方面力量积极参与矛盾纠纷化解；坚持源头治理、预防为主，将预防矛盾纠纷贯穿重大决策、行政执法、司法诉讼等全过程；坚持人民调解、行政调解、司法调解联动，鼓励通过先行调解等方式解决问题；坚持依法治理，运用法治思维和法治方式化解各类矛盾纠纷。要着力完善制度、健全机制、搭建平台、强化保障，推动各种矛盾纠纷化解方式的衔接配合，建立健全有机衔接、协调联动、高效便捷的矛盾纠纷多元化解机制。

中央深改组第十九次全体会议（2015年12月9日）审议通过《关于在全国各地推开司法体制改革试点的请示》《公安机关执法勤务警员职务序列改革试点方案》《公安机关警务技术职务序列改革试点方案》。①完善司法人员分类管理、完善司法责任制、健全司法人员职业保障、推动省以下地方法院检察院人财物统一管理，是司法体制改革的基础性措施。根据中央统一部署，2014年以来，18个省区市先后启动两批改革试点。试点地方改革取得明显成效，在全国推开司法体制改革试点的条件时机已经成熟。会议同意于2016年在北京、天津等13个省区市和新疆生产建设兵团适时推开司法体制改革试点。试点地方要加强组织领导，科学组织实施。中央有关部门要加强统筹指导。②开展公安机关执法勤务警员职务序列和警务技术职务序列改革试点，是推进人民警察管理制度改革的重要内容。要根据人民警察武装性、实战性、高强度、高风险等职业特点，以及公安队伍规模大、层级多、主要集中在基层一线等实际情况，完善执法勤务警员职务序列，建立警务技术职务序列，拓展执法勤务警员和警务技术人民警察职业发展空间，完善激励保障机制，激发队伍活力。要注重向基层一线倾斜，突出对实绩的考核。

中央深改组第二十次全体会议（2016年1月11日）审议通过《关于规范公安机关警务辅助人员管理工作的意见》。全面深化改革头3年是夯基垒台、立柱架梁的3年，2016年要力争把改革的主体框架搭建起来。要牢牢抓住全面深化改革各项目标，落实主体责任，理清责任链条，拧紧责任螺丝，提高履责效能，打通关节、疏通堵点、激活全盘，努力使各项改革都能落地生根。

中央深改组第二十一次全体会议（2016年2月24日）听取了社会体制改革专项小组关于司法体制改革推进落实情况汇报、公安部关于深化公安改革推进落实情况汇报等。全面深化改革是系统工程，头绪多，任务重，上来就必须有气势，先集中力量把主要改革举措推出来，然后集中力量一项一项抓好落实。党的十八届三中全会以来，改革举措出台的数量之多、力度之大前所未有，抓落实的任务之重、压力之大也前所未有。总的看，改革落实是好的，已经出台的改革举措大多已进入落实阶段，有些改革举措已经落了地、扎了根、开了花，有些在地方和部门形成了细化实化的制度安排，有些通过试点探索总结出了可复制可推广的经验。

中央深改组第二十二次全体会议（2016年3月22日）审议通过《关于建立法官检察官逐级遴选制度的意见》《关于从律师和法学专家中公开选拔立法工作者、法官、检察官的意见》《关于推行法律顾问制度和公职律师公司律师制度的意见》。建立法官检察官逐级遴选制度以及从律师和法学专家中公开选拔立法工作者、法官、检察官，是加强法治专门队伍正规化、专业化、职业化建设的重要举措。要遵循司法规律，坚持正确的选人用人导向，建立公开公平公正的遴选和公开选拔机制，规范遴选和公开选拔条件、标准和程序，真正把政治素质好、业务能力强、职业操守正的优秀法治人才培养好使用好。要坚持稳妥有序推进，注重制度衔接，确保队伍稳定。

中央深改组第二十三次全体会议（2016年4月19日）审议通过《保护司法人员依法履行法定职责的规定》。保护司法人员履行法定职责，是加强司法人员职业保障，确保依法独立公正行使审判权和检察权的重要举措。要严格保护措施，任何单位或者个人不得要求法官、检察官从事超出法定职责范围的事务，非因法定事由、非经法定程序，不得将法官、检察官调离、免职、辞退或者作出降级、撤职等处分。对干扰阻碍司法活动、暴力伤害司法人员及其近亲属的行为，要依法从严惩处。

中央深改组第二十四次全体会议（2016年5月20日）审议通过《关于深化公安执法规范化建设的意见》。深化公安执法规范化建设，要着眼于完善公安执法权力运行机制，构建完备的执法制度体系、规范的执法办案体系、系统的执法管理体系、实战的执法培训体系、有力的执法保障体系，实现执法队伍专业化、执法行为标准化、执法管理系统化、执法流程信息化，保障执法质量和执法公信力不断提高。要增强执法主体依法履职能力，树立执法为民理念，严格执法监督，解决执法突出问题，努力让人民群众在每一项执法活动、每一起案件办理中都能感受到社会公平正义。

中央深改组第二十五次全体会议（2016年6月27日）审议通过《关于推进以审判为中心的刑事诉讼制度改革的意见》《关于加快推进失信被执行人信用监督、警示和惩戒机制建设的意见》。①推进以审判为中心的诉讼制度改革，要立足我国国情和司法实际，发挥好审判特别是庭审在查明事实、认定证据、保护诉权、公正裁判中的重要作用，促使办案人员树立办案必须经得起法律检验的理念，通过法庭审判的程序公正实现案件裁判的实体公正，防范冤假错案发生，促进司法公正。要着眼于解决影响刑事司法公正的突出问题，把证据裁判要求贯彻到刑事诉讼各环节，健全非法证据排除制度，严格落实证人、鉴定人出庭作证，完善刑事法律援助，推进案件繁简分流，建立更加符合司法规律的刑事诉讼制度。②加快推进对失信被执行人信用监督、警示和惩戒建设，有利于促使被执行人自觉履行生效法律文书决定的义务，提升司法公信力，推进社会诚信体系建设。要建立健全跨部门协同监管和联合惩戒机制，明确限制项目内容，加强信息公开与共享，提高执行查控能力建设，完善失信被执行人名单制度，完善党政机关支持人民法院执行工作制度，构建"一处失信、处处受限"的信用惩戒大格局，让失信者寸步难行。

中央深改组第二十六次全体会议（2016年7月22日）审议通过《关于认罪认罚从宽制度改革试点方案》《关于建立法官、检察官惩戒制度的意见（试行）》。①完善刑事诉讼中认罪认罚从宽制度，涉及侦查、审查起诉、审判等各个诉讼环节，要明确法律依据、适用条件，明确撤案和不起诉程序，规范审前和庭审程序，完善法律援助制度。选择部分地区依法有序稳步推进试点工作。②建立法官、检察官惩戒制度，对落实法官、检察官办案责任制，促进法官、检察官依法行使职权，维护社会公平正义具有重要意义。要坚持党管干部原则，尊重司法规律，体现司法职业特点，坚持实事求是、客观公正，坚持责任和过错相结合，坚持惩戒和教育相结合，规范法官、检察官惩戒的范围、组织机构、工作程序、权利保障等，发挥惩戒委员会在审查认定方面的作用。

中央深改组第二十七次全体会议（2016年8月30日）审议通过《关于完善产权保护制度依法保护产权的意见》。产权制度是社会主义市场经济的基石。完善产权保护制度、依法保护产权，关键是要在事关产权保护的立法、执法、司法、守法等各领域体现法治理念，坚持平等保护、全面保护、依法保护。要在加强各种所有制经济产权保护，完善平等保护产权的法律制度，严格规范涉案财产处置的法律程序，完善政府守信践诺机制，完善财产征收征用制度，加大知识产权保护力度，健全增加城乡居民财产性收入的各项制度等方面，加大改革力度，不断取得工作实效。

中央深改组第二十八次全体会议（2016年10月11日）审议通过《关于进一步把社会主义核心价值观融入法治建设的指导意见》。把社会主义核心价值观融入法治建设，是坚持依法治国和以德治国相结合的必然要求。要将社会主义核心价值观融入法治国家、法治政府、法治社会建设全过程，融入科学立法、严格执法、公正司法、全民守法各环节，把社会主义核心价值观的要求体现到宪法法律、行政法规、部门规章和公共政策中，以法治体现道德理念、强化法律对道德建设的促进作用，推动社会主义核心价值观更加深入人心。

中央深改组第二十九次全体会议（2016年11月1日）审议通过《关于最高人民法院增设巡回法庭的请示》。同意最高人民法院在深圳市、沈阳市设立第一、第二巡回法庭的基础上，在重庆市、西安市、南京市、郑州市增设巡回法庭。会议强调，要注意把握好巡回法庭的定位，处理好巡回法庭同所在地、巡回区以及最高人民法院本部的关系，发挥跨行政区域审理重大行政和民商事案件的作用，更好满足群众司法需求，公正高效审理案件，提高司法公信力。

三、最高国家权力机关的批准

中国有着丰富的变法或者改革历史,党的十八大以后中国改革进程中法治的作用受到更进一步重视。中央全面深化改革领导小组第二次会议强调,凡属重大改革都要于法有据,在整个改革过程中,都要高度重视运用法治思维和法治方式,发挥法治的引领和推动作用,加强与相关立法工作的协调,确保在法治轨道上推进改革。新时期改革与法治的关系可概括为引领作用、规范作用和保障作用三个方面:①今后立法将对改革起引领作用,立法先行,不允许再有法治之外的试点;②法治通过法律正当程序对改革起规范作用,此种规范既可表现为法律规则,也可表现为法律原则;③利益关系的再调整需要法治,改革的成果需要法治固化。①

司法体制改革作为建设法治中国的重要组成部分,更加依赖于立法提供合法性支持。在作出重大司法体制改革的试点之前,全国人大及其常委会都会作出相应的授权决定,以发挥立法对司法改革的引领作用;在司法体制改革的过程中,全国人大及其常委会所制定、修改、废止的法律和作出的授权决定对司法改革起规范作用,使其不偏离法律尤其是宪法的轨道;当司法体制改革结束后,所取得的改革成果需要全国人大及其常委会通过修改或制定法律的形式加以固化;同时全国人大及其常委会通过听取审议两院年度工作报告或专项工作报告的形式,加强对司法体制改革的合宪性、合法性控制。截至2017年1月14日,根据全国人民代表大会官方网站的消息,本书按照时间顺序梳理了十八大以来全国人大及其常委会所作出的授权司法改革试点的有关决定,听取两院年度工作报告或专项工作报告以及制定、修改、解释、废止有关司法制度的活动。

2012年12月25日第十一届全国人民代表大会常务委员会第三十次会议听取审议了最高人民法院院长王胜俊(时任)关于知识产权审判工作情况的报告和最高人民检察院检察长曹建明关于民事行政检察工作情况的报告。

2013年3月10日第十二届全国人民代表大会第一次会议听取审议了最高人民法院院长王胜俊(时任)所做的最高人民法院工作报告和最高人民检察院检察长曹建明所做的最高人民检察院工作报告。17日,会议充分肯定最高人民法院、最高人民检察院过去五年的工作,同意报告提出的2013年工作安排,决定批准这两个报告。会议要求,最高人民法院、最高人民检察院要全面贯彻落实党的十八大精神,高举中国特色社会主义伟大旗帜,以邓小平理论、"三个代表"重要思想、科学发展观为指导,牢固树立社

---

① 杨小军、陈建科:《发挥法治对改革的引领和推动作用》,《前线》2014年第6期,第46页。

主义法治理念，忠实履行宪法和法律赋予的职责，依法独立公正行使审判权、检察权，深化司法改革，规范司法行为、执法行为，加强人民法院、人民检察院队伍建设，提升司法能力、执法能力，充分发挥审判机关、检察机关的职能作用，为维护社会公平正义、促进经济持续健康发展和社会和谐稳定提供有力的司法保障。

2013年10月22日第十二届全国人民代表大会常务委员会第五次会议听取审议了最高人民法院院长周强关于人民陪审员决定执行和人民陪审员工作情况的报告以及最高人民检察院检察长曹建明关于反贪污贿赂工作情况的报告。

2013年12月28日第十二届全国人民代表大会常务委员会第六次会议通过关于废止有关劳动教养法律规定的决定。第十二届全国人民代表大会常务委员会第六次会议作出以下决定：①废止1957年8月1日第一届全国人民代表大会常务委员会第七十八次会议通过的《全国人民代表大会常务委员会批准国务院关于劳动教养问题的决定的决议》及《国务院关于劳动教养问题的决定》。②废止1979年11月29日第五届全国人民代表大会常务委员会第十二次会议通过的《全国人民代表大会常务委员会批准国务院关于劳动教养的补充规定的决议》及《国务院关于劳动教养的补充规定》。③在劳动教养制度废止前，依法作出的劳动教养决定有效；劳动教养制度废止后，对正在被依法执行劳动教养的人员，解除劳动教养，剩余期限不再执行。

2014年3月10日第十二届全国人民代表大会第二次会议听取审议了最高人民法院院长周强所作的最高人民法院工作报告和最高人民检察院检察长曹建明所作的最高人民检察院工作报告。13日，会议充分肯定最高人民法院、最高人民检察院过去一年的工作，同意报告提出的2014年工作安排，决定批准这个报告。会议要求，最高人民法院、最高人民检察院要高举中国特色社会主义伟大旗帜，以邓小平理论、"三个代表"重要思想、科学发展观为指导，全面贯彻落实党的十八大和十八届二中、三中全会精神，认真学习贯彻习近平总书记系列重要讲话精神，忠实履行宪法和法律赋予的职责，依法独立公正行使审判权、检察权，坚持正确政治方向，深化司法体制改革，加强人民法院、人民检察院队伍建设，着力提升司法公信力，促进社会公平正义，维护社会大局稳定，保障人民安居乐业，为全面建成小康社会、实现中华民族伟大复兴的中国梦提供有力的司法保障。

2014年4月24日第十二届全国人民代表大会常务委员会第八次会议通过关于《中华人民共和国刑事诉讼法》第79条第3款的解释。全国人民代表大会常务委员会根据司法实践中遇到的情况，讨论了刑事诉讼法第79条第3款关于违反取保候审、监视居住规定情节严重可以逮捕的规定，是否适用于可能判处徒刑以下刑罚的犯罪嫌疑人、被告人的问题，解释如下：根据刑事诉讼法第79条第3款的规定，对于被取保候审、监视居住的可能判处徒刑以下刑罚的犯罪嫌疑人、被告人，违反取保候审、监视居住规定，严重影响诉讼活动正常进行的，可以予以逮捕。

2014年4月24日第十二届全国人民代表大会常务委员会第八次会议通过关于《中华人民共和国刑事诉讼法》第254条第5款、第257条第2款的解释。全国人民代表大会常务委员会根据司法实践中遇到的情况，讨论了刑事诉讼法第254条第5款、第257条第2款的含义及人民法院决定暂予监外执行的案件，由哪个机关负责组织病情诊断、妊娠检查和生活不能自理的鉴别和由哪个机关对予以收监执行的罪犯送交执行刑罚的问题，解释如下：①罪犯在被交付执行前，因有严重疾病、怀孕或者正在哺乳自己婴儿的妇女、生活不能自理的原因，依法提出暂予监外执行的申请的，有关病情诊断、妊娠检查和生活不能自理的鉴别，由人民法院负责组织进行。②根据刑事诉讼法第257条第2款的规定，对人民法院决定暂予监外执行的罪犯，有刑事诉讼法第257条第1款规定的情形，依法应当予以收监的，在人民法院作出决定后，由公安机关依照刑事诉讼法第253条第2款的规定送交执行刑罚。

2014年4月24日第十二届全国人民代表大会常务委员会第八次会议通过关于《中华人民共和国刑事诉讼法》第271条第2款的解释。全国人民代表大会常务委员会根据司法实践中遇到的情况，讨论了刑事诉讼法第271条第2款的含义及被害人对附条件不起诉的案件能否依照第176条的规定向人民法院起诉的问题，解释如下：人民检察院办理未成年人刑事案件，在作出附条件不起诉的决定以及考验期满作出不起诉的决定以前，应当听取被害人的意见。被害人对人民检察院对未成年犯罪嫌疑人作出的附条件不起诉的决定和不起诉的决定，可以向上一级人民检察院申诉，不适用刑事诉讼法第176条关于被害人可以向人民法院起诉的规定。

2014年4月24日第十二届全国人民代表大会常务委员会第八次会议通过关于《中华人民共和国刑法》第266条的解释。全国人民代表大会常务委员会根据司法实践中遇到的情况，讨论了刑法第266条的含义及骗取养老、医疗、工伤、失业、生育等社会保险金或者其他社会保障待遇的行为如何适用刑法有关规定的问题，解释如下：以欺诈、伪造证明材料或者其他手段骗取养老、医疗、工伤、失业、生育等社会保险金或者其他社会保障待遇的，属于刑法第266条规定的诈骗公私财物的行为。

2014年4月24日第十二届全国人民代表大会常务委员会第八次会议通过关于《中华人民共和国刑法》第341条、第312条的解释。全国人民代表大会常务委员会根据司法实践中遇到的情况，讨论了刑法第341条第1款规定的非法收购国家重点保护的珍贵、濒危野生动物及其制品的含义和刑法第341条第2款规定的非法狩猎的野生动物如何适用刑法有关规定的问题，解释如下：知道或者应当知道是国家重点保护的珍贵、濒危野生动物及其制品，为食用或者其他目的而非法购买的，属于刑法第341条第1款规定的非法收购国家重点保护的珍贵、濒危野生动物及其制品的行为。知道或者应当知道是刑法第341条第2款规定的非法狩猎的野生动物而购买的，属于刑法第312条第1款规定的明知是犯罪所得而收购的行为。

2014年4月24日第十二届全国人民代表大会常务委员会第八次会议通过关于《中华人民共和国刑法》第158条、第159条的解释。全国人民代表大会常务委员会讨论了公司法修改后刑法第158条、第159条对实行注册资本实缴登记制、认缴登记制的公司的适用范围问题，解释如下：刑法第158条、第159条的规定，只适用于依法实行注册资本实缴登记制的公司。

2014年4月24日第十二届全国人民代表大会常务委员会第八次会议通过关于《中华人民共和国刑法》第30条的解释。全国人民代表大会常务委员会根据司法实践中遇到的情况，讨论了刑法第30条的含义及公司、企业、事业单位、机关、团体等单位实施刑法规定的危害社会的行为，法律未规定追究单位的刑事责任的，如何适用刑法有关规定的问题，解释如下：公司、企业、事业单位、机关、团体等单位实施刑法规定的危害社会的行为，刑法分则和其他法律未规定追究单位的刑事责任的，对组织、策划、实施该危害社会行为的人依法追究刑事责任。

2014年6月27日第十二届全国人民代表大会常务委员会第九次会议通过关于授权最高人民法院、最高人民检察院在部分地区开展刑事案件速裁程序试点工作的决定。为进一步完善刑事诉讼程序，合理配置司法资源，提高审理刑事案件的质量与效率，维护当事人的合法权益，第十二届全国人民代表大会常务委员会第九次会议决定：授权最高人民法院、最高人民检察院在北京、天津、上海、重庆、沈阳、大连、南京、杭州、福州、厦门、济南、青岛、郑州、武汉、长沙、广州、深圳、西安开展刑事案件速裁程序试点工作。对事实清楚、证据充分，被告人自愿认罪，当事人对适用法律没有争议的危险驾驶、交通肇事、盗窃、诈骗、抢夺、伤害、寻衅滋事等情节较轻，依法可能判处一年以下有期徒刑、拘役、管制的案件，或者依法单处罚金的案件,进一步简化刑事诉讼法规定的相关诉讼程序。试点刑事案件速裁程序,应当遵循刑事诉讼法的基本原则,充分保障当事人的诉讼权利,确保司法公正。试点办法由最高人民法院、最高人民检察院制定,报全国人民代表大会常务委员会备案。试点期限为二年,自试点办法印发之日起算。最高人民法院、最高人民检察院应当加强对试点工作的组织指导和监督检查。试点进行中,最高人民法院、最高人民检察院应当就试点情况向全国人民代表大会常务委员会作出中期报告。试点期满后,对实践证明可行的,应当修改完善有关法律;对实践证明不宜调整的,恢复施行有关法律规定。

2014年8月31日第十二届全国人民代表大会常务委员会第十次会议通过关于在北京、上海、广州设立知识产权法院的决定。为推动实施国家创新驱动发展战略,进一步加强知识产权司法保护,切实依法保护权利人合法权益,维护社会公共利益,根据宪法和人民法院组织法,特作如下决定:①在北京、上海、广州设立知识产权法院。知识产权法院审判庭的设置,由最高人民法院根据知识产权案件的类型和数量确定。②知识产权法院管辖有关专利、植物新品种、集成电路布图设计、技术秘密等专业技术性较强的第一审知识产权民事和行政案件。不服国务院行政部门裁定或者决定而提起的第一审知识产权授权确权行政案件,由北京知识产权法院管辖。知识产权法院对第一款规定的案件实行跨区域管辖。在知识产权法院设立的三年内,可以先在所在省(直辖市)实行跨区域管辖。③知识产权法院所在市的基层人民法院第一审著作权、商标等知识产权民事和行政判决、裁定的上诉案件,由知识产权法院审理。④知识产权法院第一审判决、裁定的上诉案件,由知识产权法院所在地的高级人民法院审理。⑤知识产权法院审判工作受最高人民法院和所在地的高级人民法院监督。知识产权法院依法接受人民检察院法律监督。⑥知识产权法院院长由所在地的市人民代表大会常务委员会主任会议提请本级人民代表大会常务委员会任免。知识产权法院副院长、庭长、审判员和审判委员会委员,由知识产权法院院长提请所在地的市人民代表大会常务委员会任免。知识产权法院对所在地的市人民代表大会常务委员会负责并报告工作。⑦本决定施行满三年,最高人民法院应当向全国人民代表大会常务委员会报告本决定的实施情况。

2014年10月29日第十二届全国人民代表大会常务委员会第十一次会议听取审议了最高人民法院院长周强、最高人民检察院检察长曹建明关于人民法院、人民检察院规范司法行为工作情况的报告。

2014年11月1日第十二届全国人民代表大会常务委员会第十一次会议通过关于修改《中华人民共和国行政诉讼法》的决定。修改后的行政诉讼法，条文从原来的75条增加到103条。其中，没有修改的25条，修改了45条，增加了33条，删除了5条。主要修改内容包括如下八个方面：①扩大受案范围，加强权利。将原法中的"具体行政行为"修改为"行政行为"；将规章授权的组织作出的行政行为纳入受案范围；增加受理的具体列举事项，从原法的8项增加到12项；为解决规章以下的规范性文件违法的问题，还规定了人民法院对这类规范性文件可以进行附带性审查。②保障诉讼权利，解决立案难。明确人民法院应当依法受理行政案件，行政机关不得干预人民法院受理行政案件；明确原告资格；延长起诉期限，从3个月延长到6个月；细化立案程序，追究故意不立案的责任。③加强法院监督，实质解决争议。规定行政机关负责人出庭应诉制度，解决"告官不见官"问题；明确复议机关的被告资格；加强对行政行为审查的力度，实质解决行政争议；增加行政诉讼调解的内容，有效化解行政争议；完善民事争议和行政争议交叉的处理机制。④完善管辖制度，解决审理难。经最高人民法院批准，高级人民法院可以根据审判工作的实际情况，确定若干人民法院跨行政区域管辖行政案件；增加规定，中级人民法院管辖对县级以上地方人民政府所作的行政行为提起诉讼的案件和其他法律规定由中级人民法院管辖的案件；删去原法第23条中上级人民法院"也可以把自己管辖的第一审行政案件移交下级人民法院审判"的规定。⑤完善证据制度，促进公正审判。在新修改的行政诉讼法第33条证据种类中增加了"电子数据"；明确被告逾期不举证的后果；完善被告举证制度；增加了原告举证；完善了人民法院调取证据制度；明确了证据的适用规则。⑥完善诉讼程序，促进程序科学化。完善判决形式；延长审理期限；增加简易程序；明确上诉案件以开庭审理为原则。⑦完善审判监督，促进公正司法。明确了再审的条件；加强人民检察院对行政诉讼的监督。⑧完善执行制度，解决执行难。将原法处罚行政机关，修改为处罚行政机关负责人；将行政机关拒绝履行的情况予以公告；拒不履行判决、裁定、调解书，社会影响恶劣的，可以对该行政机关直接负责的主管人员和其他直接责任人员予以拘留，情节严重，构成犯罪的，依法追究刑事责任。此番行政诉讼法的修改，针对行政诉讼中饱受诟病的"立案难、审判难、执行难"问题，从加强公民权利保障、确保法院依法独立审判、推动法治政府建设等多方面进行了制度优化，是对我国行政诉讼制度的一次重要完善。新修改的行政诉讼法，既是全面回应社会关切的民主立法成果，也是对十八届四中全会精神的贯彻落实，其必将对依法及时准确审理行政诉讼案件，不断增强法治观念，提高依法行政、公正司法水平，引导公民、法人和其他组织通过法律途径和法治方式保护自己的权益，起到积极的促进作用。①

2015年3月8日在第十二届全国人民代表大会第三次会议上，全国人民代表大会常务委员会副委员长李建国作关于《中华人民共和国立法法修正案（草案）》的说明。关于对司法解释的规范和监督，他指出，司法解释对于司法机关依法正确行使职权是必要的。按照党的十八届四中全会精神，针对目前实践中司法解释存在的问题，根据各方面的意见，修正案草案增加下列规定：①最高人民法院、最高人民检察院对审判工作、检察工作中具体应用法律的解释，应当主要针对具体的法律条文，并符合立法的目的、原则和原意。②最高人民法院、最高人民检察院在行使职权中遇有立法法规定情况的，应当向全国人大常委会提出法律解释的要求或者提出制定、修改有关法律的议案。③最高人民法院、最高人民检察院作出具体应用法律的解释，应当报全国人大常委会备案。④除最高人民法院、最高人民检察院外，其他审判机关和检察机关，不得作出具体应用法律的解释（修正案草案第41条）。

2015年3月12日第十二届全国人民代表大会第三次会议听取审议了最高人民法院院长周强所作的最高人民法院工作报告和最高人民检察院检察长曹建明所作的最高人民检察院工作报告。15日，会议充分肯定最高人民法院、最高人民检察院过去一年的工作，同意报告提出的2015年工作安排，决定批准这个报告。会议要求，最高人民法院、最高人民检察院要全面贯彻党的十八大和十八届三中、四中全会精神，以邓小平理论、"三个代表"重要思想、科学发展观为指导，深入贯彻习近平总书记系列重要讲话精神，坚定不移走中国特色社会主义法治道路，忠实履行宪法法律赋予的职责，依法独立公正行使审判权、检察权，深化人民法院、人民检察院司法改革，深入推进平安中国、法治中国、过硬队伍建设，着力维护社会大局稳定、促进社会公平正义、保障人民安居乐业，在全面建成小康社会、全面深化改革、全面依法治国、全面从严治党中充分发挥审判机关、检察机关的职能作用，为实现"两个一百年"奋斗目标、实现中华民族伟大复兴的中国梦作出新贡献。

2015年3月15日第十二届全国人民代表大会第三次会议通过关于修改《中华人民共和国立法法》的决定。对《中华人民共和国立法法》作如下修改，增加一条，作为第104条："最高人民法院、最高人民检察院作出的属

---

① 李敏：《行政诉讼法修改的意义和主要内容》，《海南人大》2015年第3期，第50页。

于审判、检察工作中具体应用法律的解释，应当主要针对具体的法律条文，并符合立法的目的、原则和原意。遇有本法第45条第2款规定情况的，应当向全国人民代表大会常务委员会提出法律解释的要求或者提出制定、修改有关法律的议案。最高人民法院、最高人民检察院作出的属于审判、检察工作中具体应用法律的解释，应当自公布之日起三十日内报全国人民代表大会常务委员会备案。最高人民法院、最高人民检察院以外的审判机关和检察机关，不得作出具体应用法律的解释。"

2015年4月24日第十二届全国人民代表大会常务委员会第十四次会议通过关于授权在部分地区开展人民陪审员制度改革试点工作的决定。为进一步完善人民陪审员制度，推进司法民主，促进司法公正，第十二届全国人民代表大会常务委员会第十四次会议决定：授权最高人民法院在北京、河北、黑龙江、江苏、福建、山东、河南、广西、重庆、陕西十个省（区、市）各选择五个法院（含基层人民法院及中级人民法院）开展人民陪审员制度改革试点工作，对人民陪审员选任条件、选任程序、参审范围、参审机制、参审职权、退出和惩戒机制、履职保障制度等进行改革。试点地区，暂时调整适用《中华人民共和国人民法院组织法》第37条，《全国人民代表大会常务委员会关于完善人民陪审员制度的决定》第1条、第2条、第4条、第7条、第8条、第11条第1款、第14条第2款，《中华人民共和国刑事诉讼法》第178条第1款（但书内容除外）、第3款，《中华人民共和国民事诉讼法》第39条第3款的规定。试点工作应当遵循法律所规定的诉讼制度的基本原则，有利于推进司法民主，促进司法公正，保障人民群众有序参与司法，提升司法公信力，让人民群众在每一个司法案件中感受到公平正义。试点具体办法由最高人民法院会同有关部门研究制定，报全国人民代表大会常务委员会备案。试点期限为二年，自试点办法印发之日起算。最高人民法院应当加强对试点工作的组织指导和监督检查。试点进行中，最高人民法院应当就试点情况向全国人民代表大会常务委员会作出中期报告。试点期满后，对实践证明可行的，应当修改完善有关法律；对实践证明不宜调整的，恢复施行有关法律规定。

2015年7月1日第十二届全国人民代表大会常务委员会第十五次会议通过关于授权最高人民检察院在部分地区开展公益诉讼试点工作的决定。为加强对国家利益和社会公共利益的保护，第十二届全国人民代表大会常务委员会第十五次会议决定：授权最高人民检察院在生态环境和资源保护、国有资产保护、国有土地使用权出让、食品药品安全等领域开展提起公益诉讼试点。试点地区确定为北京、内蒙古、吉林、江苏、安徽、福建、山东、湖北、广东、贵州、云南、陕西、甘肃十三个省、自治区、直辖市。人民法院应当依法审理人民检察院提起的公益诉讼案件。试点工作必须坚持党的领导、人民当家做主和依法治国的有机统一,充分发挥法律监督、司法审判职能作用,促进依法行政、严格执法,维护宪法法律权威,维护社会公平正义,维护国家利益和社会公共利益。试点工作应当稳妥有序,遵循相关诉讼制度的原则。提起公益诉讼前,人民检察院应当依法督促行政机关纠正违法行政行为、履行法定职责,或者督促、支持法律规定的机关和有关组织提起公益诉讼。本决定的实施办法由最高人民法院、最高人民检察院制定,报全国人民代表大会常务委员会备案。试点期限为二年,自本决定公布之日起算。最高人民法院、最高人民检察院应当加强对试点工作的组织指导和监督检查。试点进行中,最高人民检察院应当就试点情况向全国人民代表大会常务委员会作出中期报告。试点期满后,对实践证明可行的,应当修改完善有关法律。

2015年8月29日第十二届全国人民代表大会常务委员会第十六次会议通过关于特赦部分服刑罪犯的决定。为纪念中国人民抗日战争暨世界反法西斯战争胜利70周年,体现依法治国理念和人道主义精神,根据宪法,决定对依据2015年1月1日前人民法院作出的生效判决正在服刑,释放后不具有现实社会危险性的下列罪犯实行特赦:①参加过中国人民抗日战争、中国人民解放战争的;②中华人民共和国成立以后,参加过保卫国家主权、安全和领土完整对外作战的,但犯贪污受贿犯罪,故意杀人、强奸、抢劫、绑架、放火、爆炸、投放危险物质或者有组织的暴力性犯罪,黑社会性质的组织犯罪,危害国家安全犯罪,恐怖活动犯罪的,有组织犯罪的主犯以及累犯除外;③年满七十五周岁、身体严重残疾且生活不能自理的;④犯罪的时候不满十八周岁,被判处三年以下有期徒刑或者剩余刑期在一年以下的,但犯故意杀人、强奸等严重暴力性犯罪,恐怖活动犯罪,贩卖毒品犯罪的除外。对本决定施行之日符合上述条件的服刑罪犯,经人民法院依法作出裁定后,予以释放。

2015年8月29日第十二届全国人民代表大会常务委员会第十六次会议通过中华人民共和国刑法修正案(九),自2015年11月1日施行。这次修改是在全面推进依法治国、全面深化改革的新形势下,针对近年来实践中出现的新情况、新问题,经有关部门反复沟通研究,广泛听取各方面意见的基础上形成的。修改的内容主要包含以下七个方面:

其一,减少9个适用死刑的罪名,取消后适用死刑的罪名还有46个。这9个减少的死刑罪名分别是走私武器弹药罪、走私核材料罪、走私假币罪、伪造货币罪、集资诈骗罪、组织卖淫罪、强迫卖淫罪、阻碍执行军事职务罪、战时造谣惑众罪等。

其二，严惩恐怖主义犯罪，恐怖组织犯罪增加规定财产刑，将多种行为规定为犯罪形式。①对组织、领导、参加恐怖组织罪增加规定财产刑；②增加规定资助恐怖活动组织、实施恐怖活动的个人的，或者资助恐怖活动培训的，以及为恐怖活动组织、实施恐怖活动或者恐怖活动培训招募、运送人员的构成犯罪；③将为实施恐怖活动而准备凶器或危险品，组织或者积极参加恐怖活动培训，与境外恐怖活动组织、人员联系，以及为实施恐怖活动进行策划或者其他准备等行为明确规定为犯罪；④增加规定以制作资料、散发资料、发布信息、当面讲授等方式或者通过音频视频、信息网络等宣扬恐怖主义、极端主义，或者煽动实施恐怖暴力活动的犯罪；⑤增加规定利用极端主义煽动、胁迫群众破坏国家法律确立的婚姻、司法、教育、社会管理等制度实施的犯罪；⑥增加规定持有宣扬恐怖主义、极端主义的物品、图书、音频视频资料的犯罪；⑦增加规定拒不提供恐怖、极端主义犯罪证据的是犯罪；⑧增加规定以暴力、胁迫等方式强制他人在公共场所穿着、佩戴宣扬恐怖主义、极端主义服饰、标志的是犯罪。

其三，加强人身权利保护，扩大强制猥亵妇女罪使用范围，收买妇女儿童一律作犯罪评价。①修改强制猥亵、侮辱妇女罪、猥亵儿童罪，扩大适用范围，同时加大对情节恶劣的惩处力度。具体规定为：以暴力、胁迫或者其他方法强制猥亵他人或者侮辱妇女的，处五年以下有期徒刑或者拘役。聚众或者在公共场所当众犯前科罪的，或者有其他恶劣情节的，处五年以上有期徒刑。猥亵儿童的，依照前两款的规定从重处罚。②修改收买被拐的妇女、儿童罪，对于收买被拐妇女、儿童的行为一律作出犯罪评价。收买被拐妇女、儿童的，对被收买儿童没有虐待行为、不阻碍对其进行解救的，可以从轻处罚。按照被收买妇女的意愿，不阻碍其返回原居住地的，可以从轻处罚或减轻处罚。删去原来规定的免罚。③增加规定对未成年人、老年人、患病的人、残疾人等负有监护、看护职责的人虐待被监护、看护的人，情节恶劣的，处三年以下有期徒刑或者拘役。

其四，维护信息网络安全，进一步加强公民个人信息保护，增加编造和传播虚假信息犯罪。①为进一步加强对公民个人信息的保护，修改出售、非法提供因履行职责或者提供服务而获得的公民个人信息犯罪的规定，扩大犯罪主体的范围，同时，增加规定出售或者非法提供公民个人信息是犯罪。②针对一些网络服务提供者不履行网络安全管理义务，造成严重后果的情况，增加如下规定：网络服务提供者不履行网络安全管理义务，经监管部门通知采取改正措施而拒绝执行，致使违法信息大量传播的，致使用户信息泄露，造成严重后果的，或者致使刑事犯罪证据灭失的，严重妨害司法机关追究犯罪的，追究刑事责任。③对实施诈骗、销售违禁品、管制物品等违法犯罪活动而设立网站、通信群组、发布信息的行为，进一步明确规定如何追究刑事责任；针对在网络空间传授犯罪方法、帮助他人犯罪的行为多发的情况，增加规定如下：明知他人利用信息网络实施犯罪，为其犯罪提供互联网接入、服务器托管、网络存储、通信传媒等技术支持，或者提供广告推广、支付结算等帮助，情节严重的，追究刑事责任。④针对开设"伪基站"等严重扰乱无线电秩序，侵犯公民权益的情况，修改扰乱无线电通信管理秩序罪相关条款，降低构成犯罪门槛，增强可操作性。⑤针对在信息网络或者其他媒体上恶意编造、传播虚假信息，严重扰乱社会秩序的情况，增加规定编造、传播虚假信息的是犯罪。⑥对单位实施侵入、破坏计算机信息系统犯罪规定了刑事责任。

其五，加大惩戒腐败力度，重大贪污犯罪规定"终身监禁"，严格规定行贿罪从宽处罚条件。①修改贪污受贿犯罪的定罪量刑标准，不再规定具体数额，原则规定数额较大，或者情节严重、数额巨大或者情节特别严重三种情况，相应规定三档刑罚，并对数额特别巨大，并使国家和人民利益遭受特别重大损失的，保留适用死刑。②加大对行贿罪的处罚力度。完善行贿犯罪财产刑的规定，使犯罪分子在受到人身处罚的同时，在经济上也得不到好处。进一步严格对行贿罪从宽处罚的条件。将"行贿人在被追诉前主动交代行贿行为的，可以减轻处罚或者免除处罚"的规定修改为"行贿人在被追诉前主动交代行贿行为的，可以从轻或者减轻处罚"。其中，犯罪较轻的，对侦破重大案件起到关键作用的，或者有重大立功表现的，可以减轻或者免除刑罚。③严格惩治行贿犯罪的法网，增加如下规定：利用国家工作人员的影响力谋取不正当利益，向其近亲属等关系密切人员行贿的是犯罪。具体规定如下：为谋取不正当利益，向国家工作人员的近亲属或者其他亲属以及其他与其关系密切的个人行贿的，处两年以下有期徒刑或者拘役，并处罚金；情节严重的，或者使国家利益遭受重大损失的，处两年以上五年以下有期徒刑，并处罚金；情节特别严重的，或者使国家利益遭受特别重大损失的，处五年以上十年以下有期徒刑，并处罚金。此外，完善了预防性措施规定：对因利用职业便利实施犯罪的，或者违背职业要求的特定义务的犯罪被判处刑罚的，人民法院可以根据犯罪情况和预防再犯罪的需要，禁止其自刑罚执行完毕之日或者假释之日起五年内从事相关职业。

其六，惩治失信背信行为，将组织考试作弊与虚假诉讼严重妨害司法的行为确定为犯罪。①修改伪造、变造居民身份证的犯罪规定，将证件的范围扩大到护照、社会保障卡、驾驶证等证件；同时将买卖居民身份证、护照等证件的行为以及使用伪造、变造的居民身份证、护照等证件的行为规定为犯罪。②将组织考试作弊的行为确定为犯罪。将在国家规定的考试中，组织考生作弊的，为他人提供作弊器材的，向他人非法出售或者提供试题、答案的，以及代替他人或者让他人代替自己参加考试等破坏考试秩序的行为规定为犯罪。③将虚假诉讼确定为犯罪。将为谋取不正当利益，以捏造事实提起民事诉讼，严重妨害司法秩序的行为确定为犯罪。

其七，切实加强社会治理，危险驾驶应追究刑责，危险物品肇事需严惩。①进一步完善惩治扰乱社会秩序犯罪的规定。修改有关危险驾驶罪的条款，增加危险驾驶应当追究刑责的情形：在道路上驾驶机动车，有下列情形之一的，处拘役，并处罚金：追逐竞驶，情节恶劣的；醉酒驾驶机动车的；从事校车业务或者旅客运输，严重超过额定乘员载客，或者严重超过规定驾驶速度的；违反危险化学品安全管理规定运输危险化学品，危及公共安全的。机动车所有人、管理人对前款第三项、第四项行为负有直接责任的，依照前款规定处罚。有前两款行为，同时构成犯罪的，依照处罚较重的规定定罪处罚。修改抢夺罪相关条款，将多次抢夺的行为规定为犯罪。将生产、销售窃听、窃照专用器材的行为规定为犯罪。将多次扰乱国家机关工作秩序，经处罚后仍不改正，造成严重后果的行为和多次组织、资助他人非法聚集，扰乱社会秩序，情节严重的行为规定为犯罪。对有关组织、利用会道门、邪教组织破坏法律实施罪的条款进一步修改和完善，加大对情节特别严重行为的惩治力度，同时对情节较轻的规定相应的刑罚。②保障人民法院依法独立公正行使审判权、完善刑法相关规定。将司法工作人员、辩护人、诉讼代理人或者其他诉讼参与人泄露依法不公开审理的案件中不应当公开的信息，造成信息公开传播或者其他严重后果的行为，规定为犯罪。修改扰乱法庭秩序罪相关条款，在原规定的聚众哄闹、冲击法庭、殴打司法工作人员等行为为犯罪的基础上，将殴打诉讼参与人以及侮辱、诽谤、威胁司法工作人员或诉讼参与人，不听法庭制止等严重扰乱法庭秩序的行为，规定为犯罪。进一步完善拒不执行判决、裁定罪的规定，增加一档刑罚，并增加单位犯罪的相关规定。③针对当前毒品犯罪形势严峻的实际情况和惩治犯罪的需要，对生产、运输易制毒化学品的行为作出规定。

2015年11月2日第十二届全国人民代表大会常务委员会第十七次会议

听取审议了最高人民法院院长周强关于行政审判工作情况的报告和最高人民检察院检察长曹建明关于刑罚执行监督工作情况的报告以及最高人民法院、最高人民检察院关于刑事案件速裁程序试点情况的中期报告。

2016年3月13日第十二届全国人民代表大会第四次会议听取审议了最高人民法院院长周强所做的最高人民法院工作报告和最高人民检察院检察长曹建明所作的最高人民检察院工作报告。16日，会议充分肯定最高人民法院、最高人民检察院过去一年的工作，同意报告提出的2016年工作安排，决定批准这个报告。会议要求，最高人民法院、最高人民检察院要全面贯彻党的十八大和十八届三中、四中、五中全会精神，以邓小平理论、"三个代表"重要思想、科学发展观为指导，深入贯彻习近平总书记系列重要讲话精神，紧紧围绕"五位一体"总体布局和"四个全面"战略布局，充分发挥审判机关、检察机关的职能作用，着力加强审判执行工作和对诉讼活动的法律监督，全面深化司法体制改革，不断加强人民法院、人民检察院队伍建设，切实提高司法公信力，履行好维护社会大局稳定、促进社会公平正义、保障人民安居乐业的职责使命，为实现"十三五"时期良好开局、夺取全面建成小康社会决胜阶段的伟大胜利提供有力司法保障。

2016年6月30日第十二届全国人民代表大会常务委员会第二十一次会议听取审议了最高人民法院院长周强关于人民陪审员制度改革试点情况的中期报告。

2016年9月3日第十二届全国人民代表大会常务委员会第二十二次会议通过关于授权最高人民法院、最高人民检察院在部分地区开展刑事案件认罪认罚从宽制度试点工作的决定。为进一步落实宽严相济刑事政策，完善刑事诉讼程序，合理配置司法资源，提高办理刑事案件的质量与效率，确保无罪的人不受刑事追究，有罪的人受到公正惩罚，维护当事人的合法权益，促进司法公正，第十二届全国人民代表大会常务委员会第二十二次会议决定：授权最高人民法院、最高人民检察院在北京、天津、上海、重庆、沈阳、大连、南京、杭州、福州、厦门、济南、青岛、郑州、武汉、长沙、广州、深圳、西安开展刑事案件认罪认罚从宽制度试点工作。对犯罪嫌疑人、刑事被告人自愿如实供述自己的罪行，对指控的犯罪事实没有异议，同意人民检察院量刑建议并签署具结书的案件，可以依法从宽处理。试点工作应当遵循刑法、刑事诉讼法的基本原则，保障犯罪嫌疑人、刑事被告人的辩护权和其他诉讼权利，保障被害人的合法权益，维护社会公共利益，完善诉讼权利告知程序，强化监督制约，严密防范并依法惩治滥用职权、徇私枉法行为，确保司法公正。最高人民法院、最高人民检察院会同有关部门根据本决定，遵循刑法、刑事诉讼法的基本原则，制定试点办法，对适用条件、从宽幅度、办理程序、证据标准、律师参与等作出具体规定，报全国人民代表大会常务委员会备案。试点期限为二年，自试点办法印发之日起算。2014年6月27日第十二届全国人民代表大会常务委员会第九次会议授权最高人民法院、最高人民检察院在上述地区开展的刑事案件速裁程序试点工作，按照新的试点办法继续试行。最高人民法院、最高人民检察院应当加强对试点工作的组织领导和监督检查，保证试点工作积极、稳妥、有序进行。试点进行中，最高人民法院、最高人民检察院应当就试点情况向全国人民代表大会常务委员会作出中期报告。试点期满后，对实践证明可行的，应当修改完善有关法律；对实践证明不宜调整的，恢复施行有关法律规定。

2016年11月5日第十二届全国人民代表大会常务委员会第二十四次会议听取审议了最高人民法院院长周强关于深化司法公开、促进司法公正情况的报告以及最高人民检察院检察长曹建明关于加强侦查监督、维护司法公正情况的报告和关于检察机关提起公益诉讼试点工作情况的中期报告。

四、司法部门的改革文件

当深化司法体制改革的有关方案获得全国人大及其常委会的授权之后，最高人民法院、最高人民检察院、公安部、司法部等相关部门便制定了本系统内的全面深化改革方案，并据此单独或联合出台司法改革配套文件，使改革措施落到实处。在这一部分中，重点解读这四个部门的全面深化改革方案，对于细化司法改革的配套文件不再做梳理。

（一）最高人民法院

为贯彻党的十八大和十八届三中、四中全会精神，进一步深化人民法院各项改革，最高人民法院制定了《关于全面深化人民法院改革的意见》，并将之作为《人民法院第四个五年改革纲要（2014—2018）》贯彻实施。

全面深化人民法院改革的总体思路是，紧紧围绕让人民群众在每一个司法案件中感受到公平正义的目标，始终坚持司法为民、公正司法工作主线，着力解决影响司法公正、制约司法能力的深层次问题，确保人民法院依法独立公正行使审判权，不断提高司法公信力，促进国家治理体系和治理能力现代化，到2018年初步建成具有中国特色的社会主义审判权力运行体系，使之成为中国特色社会主义法治体系的重要组成部分，为实现"两个一百年"奋斗目标、实现中华民族伟大复兴的中国梦提供强有力的司法保障。全面深化人民法院改革应当遵循以下基本原则：坚持党的领导，确保正确政治方向；尊重司法规律，体现司法权力属性；依法推动改革，确保改革稳妥有序；坚持整体推进，强调重点领域突破；加强顶层设计，鼓励地方探索实践。

全面深化人民法院改革包含以下7个方面、65项改革举措，是指导未来5年法院改革的重要纲领。

其一，建立与行政区划适当分离的司法管辖制度。①设立最高人民法院巡回法庭。②探索设立跨行政区划的法院。③推动设立知识产权法院。④改革行政案件管辖制度。⑤改革海事案件管辖制度。⑥改革环境资源案件管辖制度。⑦健全公益诉讼管辖制度。⑧继续推动法院管理体制改革。⑨改革军事司法体制机制。

建立中国特色社会主义审判权力运行体系，必须从维护国家法制统一、体现司法公正的要求出发，探索建立确保人民法院依法独立公正行使审判权的司法管辖制度。到2017年底，初步形成科学合理、衔接有序、确保公正的司法管辖制度。

其二，建立以审判为中心的诉讼制度。①全面贯彻证据裁判原则。②强化人权司法保障机制。③健全轻微刑事案件快速办理机制。④完善刑事诉讼中认罪认罚从宽制度。⑤完善民事诉讼证明规则。⑥建立庭审全程录音录像机制。⑦规范处理涉案财物的司法程序。

建立中国特色社会主义审判权力运行体系，必须尊重司法规律，确保庭审在保护诉权、认定证据、查明事实、公正裁判中发挥决定性作用，实现诉讼证据质证在法庭、案件事实查明在法庭、诉辩意见发表在法庭、裁判理由形成在法庭。到2016年底，推动建立以审判为中心的诉讼制度，促使侦查、审查起诉活动始终围绕审判程序进行。

其三，优化人民法院内部职权配置。①改革案件受理制度。②完善分案制度。③完善审级制度。④强化审级监督。⑤完善案件质量评估体系。⑥深化司法统计改革。⑦完善法律统一适用机制。⑧深化执行体制改革。⑨推动完善司法救助制度。⑩深化司法领域区际国际合作。

建立中国特色社会主义审判权力运行体系，必须优化人民法院内部职权配置，健全立案、审判、执行、审判监督各环节之间的相互制约和相互衔接机制，充分发挥一审、二审和再审的不同职能，确保审级独立。到2016年底，形成定位科学、职能明确、运行有效的法院职权配置模式。

其四，健全审判权力运行机制。①健全主审法官、合议庭办案机制。

②完善主审法官、合议庭办案责任制。③健全院、庭长审判管理机制。④健全院、庭长审判监督机制。⑤健全审判管理制度。⑥改革审判委员会工作机制。⑦推动人民陪审员制度改革。⑧推动裁判文书说理改革。⑨完善司法廉政监督机制。⑩改革涉诉信访制度。

建立中国特色社会主义审判权力运行体系，必须严格遵循司法规律，完善以审判权为核心、以审判监督权和审判管理权为保障的审判权力运行机制，落实审判责任制，做到让审理者裁判，由裁判者负责。到2015年底，健全完善权责明晰、权责统一、监督有序、配套齐全的审判权力运行机制。

其五，构建开放、动态、透明、便民的阳光司法机制。①完善庭审公开制度。②完善审判流程公开平台。③完善裁判文书公开平台。④完善执行信息公开平台。⑤完善减刑、假释、暂予监外执行公开制度。⑥建立司法公开督导制度。⑦完善诉讼服务中心制度。⑧完善人民法庭制度。⑨推动送达制度改革。⑩健全多元化纠纷解决机制。⑪推动实行普法责任制。

建立中国特色社会主义审判权力运行体系，必须依托现代信息技术，构建开放、动态、透明、便民的阳光司法机制，增进公众对司法的了解、信赖和监督。到2015年底，形成体系完备、信息齐全、使用便捷的人民法院审判流程公开、裁判文书公开和执行信息公开三大平台，建立覆盖全面、系统科学、便民利民的司法为民机制。

其六，推进法院人员的正规化、专业化、职业化建设。①推动法院人员分类管理制度改革。②建立法官员额制度。③改革法官选任制度。④完善法官业绩评价体系。⑤完善法官在职培训机制。⑥完善法官工资制度。

建立中国特色社会主义审判权力运行体系，必须坚持以审判为中心、以法官为重心，全面推进法院人员的正规化、专业化、职业化建设，努力提升职业素养和专业水平。到2017年底，初步建立分类科学、分工明确、结构合理和符合司法职业特点的法院人员管理制度。

其七，确保人民法院依法独立公正行使审判权。①推动省级以下法院人员统一管理改革。②建立防止干预司法活动的工作机制。③健全法官履行法定职责保护机制。④完善司法权威保障机制。⑤强化诉讼诚信保障机制。⑥优化行政审判外部环境。⑦完善法官宣誓制度。⑧完善司法荣誉制度。⑨理顺法院司法行政事务管理关系。⑩推动人民法院财物管理体制改革。⑪推动人民法院内设机构改革。⑫推动人民法院信息化建设。

建立中国特色社会主义审判权力运行体系，必须坚持在党的领导下，推动完善确保人民法院依法独立公正行使审判权的各项制度，优化司法环境，树立司法权威，强化职业保障，提高司法公信力。到2018年底，推动形成信赖司法、尊重司法、支持司法的制度环境和社会氛围。

（二）最高人民检察院

党的十八大提出，要进一步深化司法体制改革，坚持和完善中国特色社会主义司法制度。党的十八届三中、四中全会对深化司法体制改革进行了全面部署。最高人民检察院就贯彻落实中央部署，全面深化检察改革，制定了《关于深化检察改革的意见（2013—2017年工作规划）》。

深化检察改革的指导思想：全面贯彻党的十八大和十八届三中、四中全会、十九大精神，坚持以马克思列宁主义、毛泽东思想、邓小平理论、"三个代表"重要思想、科学发展观、习近平新时代中国特色社会主义思想为指导，围绕全面推进依法治国的总目标和建设公正高效权威的社会主义司法制度，进一步完善检察体制，优化检察职权配置，着力解决影响司法公正和制约司法能力的深层次问题，强化法律监督、强化自身监督、强化队伍建设，发展和完善中国特色社会主义检察制度，努力让人民群众在每一个司法案件中感受到公平正义，为实现中华民族伟大复兴的中国梦提供强有力的司法保障。

深化检察改革的总体目标：一是保障依法独立公正行使检察权的体制机制更加健全，党对检察工作的领导得到加强和改进，检察机关宪法地位进一步落实；二是检察机关与其他政法机关既相互配合又依法制约的体制机制更加健全，法律监督的范围、程序和措施更加完善，在权力运行制约和监督体系中的作用得到充分发挥；三是检察权运行机制和自身监督制约机制更加健全，法律监督的针对性、规范性和公正性、权威性进一步增强，司法公信力进一步提高；四是对人权的司法保障机制和执法为民的工作机制更加健全，人民群众的合法权益得到切实维护，检察工作的亲和力和人民群众对检察工作的满意度进一步提升；五是符合检察职业特点的检察人员管理制度更加健全，检察人员政治业务素质和公正执法水平明显提高，基层基础工作显著加强。

深化检察改革所要坚持的基本原则：坚持正确政治方向，坚持以宪法和法律为依据，坚持正确的检察工作发展理念和司法理念，坚持群众路线，坚持统筹谋划和顶层设计，坚持积极稳妥推进。

深化检察改革包含以下6个方面、42项改革举措。

其一，完善保障依法独立公正行使检察权的体制机制。①推动省以下地方检察院人员统一管理改革。②推动省以下地方检察院财物统一管理改革。③探索实行检察院司法行政事务管理权和检察权相分离。④建立健全检察人员履行法定职责保护机制。⑤探索设立跨行政区划的人民检察院。⑥将部门、企业管理的检察机关统一纳入国家检察管理体系。⑦完善防范外部干预司法的制度机制。

其二，建立符合职业特点的检察人员管理制度。①实行检察人员分类管理。②建立检察官专业职务序列及与其相配套的工资制度。③完善检察官职业准入和选任制度。④建立检察官宪法宣誓制度。⑤完善检察人员职业保障体系。⑥建立完善专业化的检察教育培训体系。

其三，健全检察权运行机制。①深化检察官办案责任制改革。②规范内设机构设置。③完善案件管理机制。

其四，健全反腐败法律监督机制，提高查办和预防职务犯罪的法治化水平。①推动反腐败法律制度建设。②加强查办职务犯罪规范化建设。③加强查办和预防职务犯罪能力建设。④建立健全工程建设领域腐败预防、监督机制。

其五，强化法律监督职能，完善检察机关行使监督权的法律制度，加强对刑事诉讼、民事诉讼、行政诉讼的法律监督。①完善侦查监督机制。②完善刑事审判监督机制。③适应以审判为中心的诉讼制度改革，全面贯彻证据裁判规则。④健全冤假错案防范、纠正、责任追究机制。⑤完善羁押、刑罚执行等刑事执行活动和强制医疗监督机制。⑥完善提高司法效率工作机制。⑦完善民事行政诉讼监督机制。⑧完善对涉及公民人身、财产权益的行政强制措施实行司法监督制度。⑨探索建立健全行政违法行为法律监督制度。⑩探索建立检察机关提起公益诉讼制度。⑪健全行政执法与刑事司法衔接机制。⑫改革涉法涉诉信访制度。⑬完善检察环节司法救助制度。⑭加强和规范司法解释和案例指导，统一法律适用标准。

其六，强化对检察权运行的监督制约。①健全内部监督制约机制和防止内部干预制度。②配合完善强制执行和涉案财物处置法律制度。③强化纪检监察、检务督察。④保障律师依法执业，形成检察机关与律师良性互动关系。⑤完善人民监督员制度。⑥构建开放、动态、透明、便民的阳光检察机制，进一步深化检务公开。⑦在对案件进行繁简分流的前提下，加强法律文书释法说理，增强法律文书的说服力。⑧完善意见收集机制，探索建立社会监督转化为内部监督的工作机制。

(三) 公安部

党中央、国务院对公安工作高度重视，对公安队伍建设十分关心。党的十八大以来，习近平总书记等中央领导同志多次听取公安工作汇报，并就深入推进公安改革、进一步加强和改进新形势下的公安工作和公安队伍建设作出重要指示。在中央全面深化改革领导小组的领导下，在中央司法体制改革领导小组的指导下，公安部成立全面深化改革领导小组，加强研究谋划、深入调研论证，在形成《关于全面深化公安改革若干重大问题的框架意见》及相关改革方案稿后，又广泛征求了各地、各有关部门和基层单位的意见，并根据各方意见反复修改完善。《意见》和方案先后经中央全面深化改革领导小组会议、中央政治局常委会议审议通过。

全面深化公安改革的总体目标：完善与推进国家治理体系和治理能力现代化、建设中国特色社会主义法治体系相适应的现代警务运行机制和执法权力运行机制，建立符合公安机关性质任务的公安机关管理体制，建立体现人民警察职业特点、有别于其他公务员的人民警察管理制度。到2020年，基本形成系统完备、科学规范、运行有效的公安工作和公安队伍管理制度体系，实现基础信息化、警务实战化、执法规范化、队伍正规化，进一步提升人民群众的安全感、满意度和公安机关的执法公信力。

全面深化公安改革共有七个方面的主要任务、100多项改革措施。一是健全维护国家安全工作机制，二是创新社会治安治理机制，三是深化公安行政管理改革，四是完善执法权力运行机制，五是完善公安机关管理体制，六是健全人民警察管理制度，七是规范警务辅助人员管理。

全面深化公安改革坚持以问题为导向，将改革的指向聚焦在三个方面：一是着力完善现代警务运行机制，提高社会治安防控水平和治安治理能力，提高人民群众的安全感。二是着力推进公安行政管理改革，提高管理效能和服务水平，从政策上、制度上推出更多惠民利民便民新举措，提高人民群众的满意度。三是着力建设法治公安，确保严格规范公正文明执法，提高公安机关执法水平和执法公信力，努力让人民群众在每一项执法活动、每一起案件办理中都能感受到社会公平正义。

在创新社会治安治理机制方面，这次改革从完善治安管理防控机制、创新惩防犯罪工作机制、完善国际警务合作机制、健全情报信息主导警务机制等方面，提出了创新治安治理方式、提高治安治理水平的若干措施。围绕创新立体化社会治安防控体系，建立健全更加注重源头预防、综合治理的社会治安治理模式。加快建立以公民身份号码为基础的公民统一社会信用代码制度，推动建立违法犯罪记录与信用、相关职业准入等挂钩制度。健全社会治安组织动员机制，推动社会治安社会化治理。健全涉众型经济犯罪、涉电信诈骗犯罪侦查工作机制。健全同有关部门密切协作、高效顺畅的海外追逃追赃、遣返引渡工作机制，等等。

在深化公安行政管理改革方面，这次改革从深化行政审批制度改革、扎实推进户籍制度改革、创新人口服务管理、健全完善外国人在中国永久居留制度和改革边防出入境、交通、消防监督管理制度等方面，提出了一系列服务改革开放、促进经济发展和便民利民的政策性措施、制度性安排。建立行政审批事项定期清理和行政审批权力清单制度。扎实推进户籍制度改革，取消暂住证制度，全面实施居住证制度，建立健全与居住年限等条件相挂钩的基本公共服务提供机制。落实无户口人员落户政策。建立户口迁移网上流转核验制度和居民身份证异地受理制度，方便异地办理户口和身份证。改革内地往来港澳边检查验模式，提高通关效率。向县级公安机关下放出入境证件受理审批权限。健全完善统一规范、灵活务实的外国人在中国永久居留制度。改革驾驶人培训考试，推行驾驶人自主预约考试、异地考试等制度。深化机动车检验改革，全面实施省内异地验车，逐步推行跨省异地验车。加快建立跨省异地处理交通违法和缴纳罚款制度。缩小建设工程消防审批范围。全面落实报警求助首接责任制、群众办事一次告知制、窗口单位弹性工作制，大力推行"预约服务""绿色通道"和"一站式"等服务模式。积极搭建综合性网络服务平台和新媒体移动终端，推行行政审批事项全程网上流转，方便群众咨询、办事和查询、监督，等等。

在完善执法权力运行机制方面，这次改革从完善执法办案制度、执法司法衔接机制、执法责任制、人权保障制度等方面，提出了规范执法权力运行、促进社会公平正义的一系列改革举措。探索实行受案立案分离和立案归口管理制度。健全行政裁量基准制度，细化量化裁量标准。深化执法公开，落实执法告知制度。围绕推进以审判为中心的诉讼制度改革，完善适应证据裁判规则要求的证据收集工作机制，完善严格实行非法证据排除规则和严禁刑讯逼供、体罚虐待违法犯罪嫌疑人的工作机制，建立健全讯问犯罪嫌疑人录音录像制度和对违法犯罪嫌疑人辩解、申诉、控告认真审查、及时处理机制，完善侦查阶段听取辩护律师意见的工作制度。规范查封、扣押、冻结、处理涉案财物程序，实行涉案财物集中管理。完善执法责任制，健全执法过错纠正和责任追究制度，建立冤假错案责任终身追究制。探索建立主办侦查员制度，落实办案质量终身负责制，等等。

全面深化公安改革还明确提出，根据人民警察的性质特点，建立有别于其他公务员的人民警察管理制度和保障机制。按照职位类别和职务序列，对人民警察实行分类管理。适应正规化、专业化、职业化建设要求，建立健全人民警察招录培养机制。贯彻落实人民警察生活待遇"高于地方、略低于军队"的原则，建立符合人民警察职业特点的工资待遇保障体系。完善人民警察抚恤优待制度，建立健全人身意外伤害保险等职业风险保障制度。依法维护人民警察执法权威。规范警务辅助人员管理，等等。

（四）司法部

司法行政制度是为国家司法活动和法制建设提供服务和保障的一项法律制度，是中国特色社会主义司法制度的重要组成部分。我国司法行政机关履行监狱执法、强制隔离戒毒管理、社区矫正、安置帮教、人民调解、法制宣传、律师服务、公证服务、基层法律服务、法律援助、司法考试、司法鉴定和司法协助外事等职能，在服务经济社会发展和法治中国建设中具有重要的地位和作用。司法体制改革是我国政治体制改革的重要组成部分，司法行政体制改革是司法体制改革的重要内容。中央有关部门贯彻实施党的十八届三中全会《关于全面深化改革若干重大问题的决定》，明确由司法部负责牵头6项重要改革举措，参与33项重要改革举措；中央有关部门贯彻实施党的十八届四中全会《关于全面推进依法治国若干重大问题的决定》，明确由司法部负责牵头30项重要改革举措，参与60项重要改革举措。

《中共中央关于全面深化改革若干重大问题的决定》将深化司法行政体制改革纳入全面深化改革的总体布局，提出废止劳动教养制度、健全社区矫正制度、完善法律援助制度、完善律师执业权利保障机制和违法违规职业惩戒制度等改革任务。司法部制定了《关于深化司法行政体制改革的意见》及分工方案，贯彻了四中全会《关于全国推进依法治国若干重大问题决定》的精神，对深化司法行政体制改革做出了顶层设计，明确了深化司法行政体制改革的主要任务、责任分工以及进度和工作成果要求。

深化司法行政体制改革具体实施意见，主要包括六个方面：一是健全完善狱务公开制度，进一步规范执法行为，不断提高监狱严格公正文明执法的能力和水平。二是积极推进社区矫正立法，健全完善社区矫正执行体系，为开展社区矫正提供有力保障。三是进一步完善律师制度，进一步健全律师执业保障机制和违法违规执业惩戒制度，加强职业道德建设，发挥律师服务公民和法人合法权益的作用。四是健全法律援助制度，增强法律援助的保障能力，使法律援助在社会公平正义的历史进程中发挥它积极的不可替代的作用。五是要完善人民调解工作，充分发挥人民调解在整个调解体系当中的基础性作用，与司法调解、行政调解形成互动关系，更好地构建我们大调整的格局，为我们创造和谐稳定的社会环境。六是要进一步完善健全社会普法教育机制，使这项造福于全民的社会普法工程能够始终保持旺盛的生命力，能够在推动我们中华民族法律素养方面打下坚实的基础。

司法部按照建设中国特色社会主义法治体系的要求，加快建设中国特色社会主义司法行政体系，健全完善执行矫治体系、法治宣传体系、法律服务体系、司法行政法律制度体系、司法行政保障体系，全面提升司法行政机关履职能力和水平。

截至2017年1月1日，司法部先后出台实施60多个司法行政改革文件，三中全会部署的司法行政改革任务基本完成，四中全会部署的司法行政改革任务按照中央规划顺利推进，全面深化司法行政改革的主体框架基本确立，中国特色社会主义司法行政制度进一步完善和发展。

五、设立监察委员会

2016年11月7日，中央纪委监察部网站发布消息，中共中央办公厅印发《关于在北京市、山西省、浙江省开展国家监察体制改革试点方案》（以下简称《方案》），部署在3个省市设立各级监察委员会，由省（市）人民代表大会产生省（市）监察委员会，作为行使国家监察职能的专责机关，从体制机制、制度建设上先行先试、探索实践，为在全国推开积累经验。《方案》指出，党中央决定，在北京市、山西省、浙江省开展国家监察体制改革试点工作。由省（市）人民代表大会产生省（市）监察委员会，作为行使国家监察职能的专责机关。党的纪律检查委员会、监察委员会合署办公，建立健全监察委员会组织架构，明确监察委员会职能职责，建立监察委员会与司法机关的协调衔接机制，强化对监察委员会自身的监督制约。《方案》强调，国家监察体制改革是事关全局的重大政治改革，是国家监察制度的顶层设计。深化国家监察体制改革的目标，是建立党统一领导下的国家反腐败工作机构，实施组织和制度创新，整合反腐败资源力量，扩大监察范围，丰富监察手段，实现对行使公权力的公职人员监察全面覆盖，建立集中统一、权威高效的监察体系，履行反腐败职责，深入推进党风廉政建设和反腐败斗争，构建不敢腐、不能腐、不想腐的有效机制。

2016年12月25日第十二届全国人民代表大会常务委员会第二十五次

会议通过关于在北京市、山西省、浙江省开展国家监察体制改革试点工作的决定。①在北京市、山西省、浙江省及所辖县、市、市辖区设立监察委员会，行使监察职权。将试点地区人民政府的监察厅（局）、预防腐败局及人民检察院查处贪污贿赂、失职渎职以及预防职务犯罪等部门的相关职能整合至监察委员会。试点地区监察委员会由本级人民代表大会产生。监察委员会主任由本级人民代表大会选举产生；监察委员会副主任、委员，由监察委员会主任提请本级人民代表大会常务委员会任免。监察委员会对本级人民代表大会及其常务委员会和上一级监察委员会负责，并接受监督。②试点地区监察委员会按照管理权限，对本地区所有行使公权力的公职人员依法实施监察；履行监督、调查、处置职责，监督检查公职人员依法履职、秉公用权、廉洁从政以及道德操守情况，调查涉嫌贪污贿赂、滥用职权、玩忽职守、权力寻租、利益输送、徇私舞弊以及浪费国家资财等职务违法和职务犯罪行为并作出处置决定，对涉嫌职务犯罪的，移送检察机关依法提起公诉。为履行上述职权，监察委员会可以采取谈话、讯问、询问、查询、冻结、调取、查封、扣押、搜查、勘验检查、鉴定、留置等措施。③在北京市、山西省、浙江省暂时调整或者暂时停止适用《中华人民共和国行政监察法》和《中华人民共和国刑事诉讼法》第3条、第18条、第148条以及第二编第二章第十一节关于检察机关对直接受理的案件进行侦查的有关规定，《中华人民共和国人民检察院组织法》第5条第2项，《中华人民共和国检察官法》第6条第3项，《中华人民共和国地方各级人民代表大会和地方各级人民政府组织法》第59条第5项关于县级以上的地方各级人民政府管理本行政区域内的监察工作的规定。其他法律中规定由行政监察机关行使的监察职责，一并调整由监察委员会行使。实行监察体制改革，设立监察委员会，建立集中统一、权威高效的监察体系，是事关全局的重大政治体制改革。试点地区要按照改革试点方案的要求，切实加强党的领导，认真组织实施，保证试点工作积极稳妥、依法有序推进。

　　国家监察体制改革是事关全局的重大政治改革，监察委员会将人民检察院查处贪污贿赂、失职渎职以及预防职务犯罪等部门的相关职能整合至监察委员会，必将对人民检察院产生冲击，涉及宪法、地方各级人民代表大会和地方各级人民政府组织法、检察院组织法、立法法、检察官法、刑法、刑事诉讼法等多部法律的修正，对我国司法制度产生重大影响。

第三节 改革之目标

党的十七大报告提出，中国司法改革的目标是"建设公正高效权威的社会主义司法制度"，十八届三中全会重申了这一改革目标。这意味着公正、高效、权威是中国特色社会主义司法制度的典型特征与价值追求，也是司法制度现代化改革的目标，正确把握司法公正、司法效率、司法权威的基本内涵是建设社会主义司法制度的前提。

一、司法公正

公正是人们所追求的崇高理想、价值和目标，也是法治的灵魂和核心，而司法公正是法治精神的内在要求，是法治的基本内容，是人民对法治的必然要求。[1]历史发展到今天，可以肯定地说，一个社会无论多么"公正"，如果不考虑司法公正，那就谈不上是真正的公正，即使有这种"公正"，也终将为社会和人民所不取。[2]中共十八届四中全会《中共中央关于全面推进依法治国若干重大问题的决定》指出："公正是法治的生命线。司法公正对社会公正具有重要引领作用，司法不公对社会公正具有致命破坏作用。"

（一）公正的含义

公正一词有着十分丰富的内涵，古今中外的学者对其下了无数种定义。

中国古代的思想家、政治家对公正的理解也十分丰富，往往与"公、正、中、直、平"甚至"义"相联系，与"私"相对立。中国古代较早讨论"公"的观念的是《礼记》，它指出"公"的含义是超越自我、没有自私自利之心。先秦的荀子提出"公生明、偏生暗"的观点，强调"公"与政治清明的密切关系，对后人的影响较大。在古人看来，公正表明不偏私、正直，最早似出自于汉朝班固的《白虎通论》："公之为言，公正无私也。"将"公"与"正"联系在一起，《淮南子》中有"公正无私，一言而万民齐"。中国古代社会强调司法官吏严格执法、大臣经义决狱、皇帝屈法伸情以实现司法公正。[3]

---

[1] 高其才、肖建国、胡玉鸿：《司法公正观念源流略论》，《清华大学学报（哲学社会科学版）》2003年第2期，第21页。
[2] 王晨：《司法公正的内涵及其实现路径选择》，《中国法学》2013年第3期，第19页。
[3] 高其才、肖建国、胡玉鸿：《司法公正观念源流略论》，《清华大学学报（哲学社会科学版）》2003年第2期，第21页。

公正,英文为"justice",也被译作正义,在西方不同时代、不同国家、不同学派,甚至不同的人都会对正义这个概念有不同的理解。正如美国法理学家博登海默说:"正义具有一张普罗透斯似的脸,变幻无常,随时可呈不同形状,并具有不相同的面貌。"[1]正义是一个历史的、相对的概念,西方思想家赋予了正义多种含义,如正义是个人得其所应得(乌尔比安、西塞罗、格老秀斯);正义即"和谐"(柏拉图、庞德);正义即"平等"(亚里士多德、德沃金);正义即"自由"(洛克、卢梭、杰斐逊、康德、斯宾塞);正义即"安全"(霍布斯);正义指"自由和平等"(罗尔斯);正义指法治或合法性(凯尔森);正义就是"共同幸福"(阿奎那)。这些含义有的强调正义与人的理性关系(如自然法学派),有的强调正义与法律规则的关系(如分析法学派),有的强调正义的主观性(如乌尔比安、西塞罗、凯尔森),有的强调正义的客观性(如洛克、卢梭、杰斐逊、霍布斯),有的强调实体正义(如乌尔比安、西塞罗、霍布斯),有的包含了程序正义的因素(如罗尔斯)。可见,正义具有多方面、多层次的规定性或含义。[2]当代正义理论集大成者罗尔斯对正义做了系统的分类,他认为正义可分为实质正义、形式正义和程序正义三类;实质正义是关于社会的实体目标和个人的实体性权利与义务的正义;形式正义又叫作"作为规则的正义"或法治,其基本含义是严格地一视同仁地依法办事;程序正义介于两者之间,要求规则在制定和使用过程中具有正当性。[3]

马克思主义经典作家认为公正是人们之间的正当社会关系,其基本内容是平等,并且公正与社会的物质条件密切相关,将"实质公正"作为司法公正的基本前提。[4]其一,公正是人们之间的正当社会关系。社会是由人组成的社会,社会关系是人与人之间联系的纽带,马克思主义认为社会性是人的本质属性。马克思认为:"我们越往前追溯历史,个人,从而也是进行生产的个人,就越表现为不独立,从属于一个较大的整体。人是最名副其实的政治动物,不仅是一种合群的动物,而且是只有在社会中才能独立的动物。"[5]在马克思主义者的革命纲领中,十分强调公正、正义的正当性和合理性,并将其作为协调个人关系乃至民族关系的基本准则,马克思强

---

[1] [美]博登海默:《法理学—法哲学及其方法》,邓正来等译,华夏出版社1987年版,第238页。
[2] 肖建国:《程序公正的理念及其实现》,《法学研究》1999年第3期,第3页。
[3] [美]罗尔斯:《正义论》,何怀宏等译,中国社会科学出版社1988年版,第80页。转引自肖建国:《程序公正的理念及其实现》,《法学研究》1999年第3期。
[4] 高其才、肖建国、胡玉鸿:《司法公正观念源流略论》,《清华大学学报(哲学社会科学版)》2003年第2期,第26页。
[5] 马克思:《〈政治经济学批判〉导言》,载《马克思恩格斯选集》(第2卷),人民出版社1995年第2版,第2页。

调:"加入协会的一切团体和个人,承认真理、正义和道德是他们彼此间和对一切人的关系的基础,而不分肤色、信仰和民族"[①];"努力做到是私人关系间应遵循的那种简单的道德和正义的准则,成为各民族之间的关系中的至高无上的准则"[②]。其二,公正的基本内容是平等。恩格斯认为:"平等是正义的表现,是完善的政治制度或社会制度的原则"[③]。其三,马克思将司法公正区分为形式公正和实质公正,并将"实质公正"作为司法公正的基本前提。马克思在关于"林木盗窃法"的辩论中,这样形象而生动地分析司法公正的两层含义及其相互关系:

> 如果认为在立法者偏私的情况下可以有公正的法官,那简直是愚蠢而不切实际的幻想!既然法律是自私自利的,那么大公无私的判决还有什么用处呢?法官只能一丝不苟地表达法律的自私自利,只能无所顾忌地运用它。在这种情况下,公正是判决的形式,但不是判决的内容。内容已被法律预先规定了。如果诉讼无非是一种毫无内容的形式,那么这种形式上的琐事就没有任何独立的价值了。在这种观点看来,只要把中国法套上法国诉讼程序的形式,它就变成法国法了。但是,实体法却具有本身特有的诉讼形式,正如中国法里面一定有笞杖,拷问作为诉讼形式一定是同严厉的刑罚法规的内容连在一起的一样,本质上公开的、受自由支配而不受私人利益支配的内容,一定属于公开的自由的诉讼的。诉讼和法二者之间的联系如此密切,就像植物外形和植物本身的联系,动物外形和动物血肉的联系一样。使诉讼和法律获得生命的应该是同一种精神,因为诉讼只不过是法律的生命形式,因而也是法律的内部生命的表现。[④]

总结古今中外学者的定义,我们发现公正是人类普遍追求的一种崇高价值,从其内涵上来说,与公平、公道、平等、正义、合理等词义相近,指的是人们在社会关系中,谋求公平地分配权利和义务,合理地处理各种利益关系,以及为维护社会全体成员的共同利益,协调成员间的社会关系所应遵循的伦理准则。[⑤]

[①] 马克思:《国际工人协会共同章程》,载《马克思恩格斯选集》(第2卷),人民出版社1995年第2版,第610页。
[②] 马克思:《国际工人协会共同章程》,载《马克思恩格斯选集》(第2卷),人民出版社1995年第2版,第607页。
[③] 恩格斯:《〈反杜林论〉的准备材料》,载《马克思恩格斯全集》(第20卷),人民出版社1971年第1版,第668页。
[④] 马克思:《第六届莱茵省议会的辩论(第三篇论文)》,载《马克思恩格斯全集》(第1卷),人民出版社1995年版,第287页。
[⑤] 张明:《司法公正及其实现途径》,《燕山大学学报(哲学社会科学版)》2004年第4期,第75页。

（二）司法公正的含义

司法公正，或曰公正司法，其基本内涵就是要在司法活动的过程和结果中坚持和体现公平与正义的原则。在这里，司法主要指法院的审判活动。[①]司法公正涵括了程序公正和实体公正两层涵义。程序公正指的是在整个司法过程中公正地对待作为当事人的冲突主体，保证冲突主体能足够和充分地表述自己的愿望、主张和请求的手段及其行为的空间。而实体公正则是指判决结果对案件真实情况的准确再现以及法律适用的正确无误。[②]司法公正是人类进入文明社会以来，为解决各类社会冲突而追求或者持有的一种法律思想和法律评价。[③]

程序公正，或曰程序正义，即司法过程公正，起源于英美法上的自然正义概念，这一概念包含两方面的基本内容：①任何人都不得在与自己有关的案件中担任法官；②应听取双方之词，任何一方之词未被听取不得对其裁判。关于程序公正的内容，西方比较有代表性的是戈尔丁、贝勒斯以及日本学者谷口安平。戈尔丁主张程序公正的标准有三个方面九项原则。其一，中立性方面：①与自身有关的人不应该是法官；②结果不应含纠纷解决这个人利益；③纠纷解决者不应有或反对某一方的偏见。其二，劝导性争端方面：①对各方当事人的公正都应给予公正的注意；②纠纷解决者应听取双方的辩论和证据；③纠纷解决者应在另一方在场的情况下听取一方意见；④各方当事人应得到公正的机会来对另一方提出的论据和证据做出反应。其三，解决争议方面：①解决的诸项条件应以理性推断为依据；②推断应涉及所提出的论证和证据。[④]贝勒斯认为程序正义应确定如下诸原则：其一，和平原则，程序应是和平的；其二，自愿原则，人们应能自愿地将他们的争执交由法院解决；其三，参与原则，当事人应富有影响地参与法院解决争执的活动；其四，公正原则，程序应当公平、平等地对待当事人；其五，可理解原则，程序应当为当事人所理解；其六，及时原则，程序应当提供及时判决；其七，止争原则，法院应作出解决争执的最终决定。[⑤]谷口安平认为程序公正最基本的内容或要求是确保与程序的结果有利害关系或者可能因该结果而蒙受不利影响的人都有权参加该程序，并得到提供有利

[①] 何家弘：《司法公正论》，《中国法学》1999年第2期，第11页。
[②] 谢佑平、万毅：《论司法改革与司法公正》，《中国法学》2002年第5期，第129页。
[③] 孙国华、唐仲青：《公正理念论》，载《依法治国与司法改革》，中国法制出版社1999年版，第271页。
[④] [美]戈尔丁：《法律哲学》，齐海滨译，三联出版社1987年版，第240-243页。
[⑤] [美]贝勒斯：《法律的原则——一个规范的分析》，高卫译，中国大百科全书出版社1996年版，第34-37页。

我国学者也对程序公正的内容做了如下六个方面的归纳：①程序的独立性。是指诉讼程序的开启和运作应当以实现法律目的为依归，免受其他法外程序的干扰和影响。法官在审判中，只服从法律，不受其他国家机构及其官员的干预。程序独立性是程序公正的首要保障，它使程序具备了自身的理性，从而可以对抗其他国家机构的法外干涉。②程序的民主性。它是程序公正的要义，包括以下要点：程序设置是否以大多数人利益为重，是否体现大多数人的意志；程序设置是否便利大多数人；程序能否体现和保障公民权益在实体上的实现；程序性义务是否给当事人带来不必要的负担，等等。③程序的控权性。程序的目的和功能之一是制约权力的运行。权力失控将导致不公正，因此，程序公正要求法官的行为不应当是反复无常或专横武断的。现代程序法与古代程序法的重要区别之一在于，前者可以通过法定时限、时序、原则和制度来制约权力行为，防止法官主观臆断和偏听偏信。④程序的平等性。古代程序法确认公开的程序特权，不同身份的人在诉讼程序中的地位是有别的。现代程序法坚持诉讼双方"无差别对待"的平等原则。程序的平等性主要指法官是中立者，与当事人或案件本身无利害关系；冲突和纠纷的双方有平等陈述意见的机会；双方所举的证据具有同等法律效力。⑤程序的公开性。指司法过程和结果对当事人和社会公开。程序公开与程序公正的关系在于，公开司法可以发挥当事人和社会舆论的监督作用，以防止偏私的可能变为现实和促进当事人以及社会对司法结果的信赖。⑥程序的科学性。指程序法中彻底废除了刑讯逼供、神明裁判等野蛮、落后的作风和习惯，现代社会的精神文明成果和要求在程序中得以体现。程序的设计应当符合法律行为的客观要求，充分体现和服务于其设置和存在的目的。科学的程序在注重实效的同时，应当有足够的防错和纠错功能。[②]

实体公正即司法结果公正，这是当事人将纠纷提交司法解决的根本目的所在，人们往往将诉讼结果的公平作为衡量司法是否公正的主要依据。实体公正主要表现在以下四个方面：①法律平等的对待同样的行为。博登海默认为："相同的人和相同的情形必须得到相同的或至少是相似的待遇，只要这些人和这些情形按照普遍正义的标准在事实上是相同的或相似的。"[③]

---

① [日]谷口安平：《程序的正义与诉讼》，王亚新、刘容军译，上海政法大学出版社1996年版，第12-18页。
② 谢佑平、万毅：《论司法改革与司法公正》，《中国法学》2002年第5期，第130页。
③ [美]博登海默：《法理学－法律哲学与法律方法》，邓正来译，中国政法大学出版社1999年版，第337-338页。

法律的普遍性和一般性原则要求法律平等的对待相同的行为，同等情况下同等对待，相同或类似的案件应该得到相近的判决结果。②所有案件在适用法律上平等。我国是社会主义国家，人与人之间的平等关系是社会主义的本质要求，我国宪法第33条规定："中华人民共和国公民在法律面前一律平等。"这就要求法官在对一切案件一切当事人适用实体法时遵循统一的标准。不允许任何享有特权的人存在。③法官想有适当的自由裁量权。一方面，由于社会的发展变迁，立法者循于时代的限制，所立的实体法必然存在着各种漏洞，与时代脱节。另一方面，实体法律的抽象性、原则性，使得实体法律存在着各种解释。这就要求法官在审理案件的时候发挥司法能动性，享有一定的适当的自由裁量权，以便公正地处理案件。④以事实为依据，以法律为准绳。实现司法公正的首要前提是要查明事实真相，查明事实真相是司法调查活动的目的，也是案件公正适用法律的前提条件，以法律为准绳对案件进行裁判是司法活动的关键一环。

关于程序公正与实体公正的关系，学界有两种截然相反的观点：实体公正优先论和程序公正优先论。实体公正优先论认为，司法结果公正是优先的、最终的公正，程序公正首先为实体公正服务。程序公正只是一种手段，实体公正才是最终目的。这种观念在我国根深蒂固。但随着司法改革的推进和司法理论研究的深入，这种观点在学界的影响日渐式微。程序公正优先论认为程序公正是司法公正的逻辑起点，司法公正就是程序公正，当程序公正与实体公正发生冲突时,应当坚持程序公正优先。这种观点于20世纪80年代末期我国司法改革时提出，目前在司法理论和司法实务中已经成为主流观点，甚至有人宣称"程序就是目的，法律就是程序"。这两种观点有各自的不足和缺陷，程序公正和实体公正的辩证统一才是我们应当追求的司法理念和我国司法改革的方向。①实体公正优先论将实体公正和程序公正比喻成马车与马的关系，陈光中认为这种比喻可能过于看重实体，两者的关系应该是车之两轮、鸟之两翼，相互依存，相互联系，不能有相互轻重之分，更不能搞程序本位主义。当然，实体和程序的并重不是静态的、机械的并重，而是动态的、辩证的平衡，即应当从实际出发对两者的价值取向有所调整。②我们既要反对"重实体轻程序"，又要警惕"重程序轻实体"；坚持实体公正与程序公正并重，既是诉讼规律的客观要求，也符合我国当前的国情。在诉讼中，坚持实体公正与程序公正并重，应尽力追求两者同时实现的理想状态，极力杜绝引发两者同时不公的情形发生，在两者

---

① 杨思斌、张钧：《司法公正是程序公正与实体公正辩证统一》，《法学杂志》2004年第3期，第48页。
② 陈光中：《坚持程序公正与实体公正并重之我见——以刑事司法为视角》，《国家检察官学院学报》2007年第2期，第3页。

发生冲突时须根据利益最大化原则作出科学权衡。①

二、司法效率

我国正处在三千年未有之大变局，各种矛盾随着社会的全面转型而错综复杂、层出不穷，而全面依法治国则要求在社会治理中高度重视法治思维，将社会矛盾的解决纳入法治轨道，这意味着通过司法手段解决纠纷的案件将会越来越多，法院受理案件数量大幅度增长，审判工作面临着前所未有的挑战。②从各级人民法院受理的案件的数量来看，1980年有79万件，1990年达到270万件，2008年达到了1000万件，2015年达到了1800万件，案件的增长远远超过同期法官人数和其他投入的增长。社会的司法需求与人民法院的司法能力之间存在着矛盾，这对司法效率提出新的要求。

2001年元旦，时任最高人民法院院长肖扬代表最高人民法院发表的新年贺辞《公正与效率：新世纪人民法院的主题》中指出："一个时代需要一个主题，人民法院在21世纪的主题就是公正与效率。要把确保司法公正、提高司法效率作为新世纪人民法院工作的出发点和落脚点，作为审判工作的灵魂和生命。毫无疑问，锲而不舍地追求司法的公正与效率应当成为新世纪人民法官最崇高最光荣的职责。"③这是进入新世纪以来，效率第一次与公正平起平坐，成为我国司法制度所追求的价值目标。2007年，党的十七大提出了建设公正、高效、权威的社会主义司法制度的目标。可见，高效已经成为我国司法工作追求的一大目标，并对推进司法公正、建立司法权威具有重要意义。合理配置司法资源，提高司法效率，为社会提供优质、高效的司法服务，是包括我国司法制度在内的世界各国司法制度的理想和共同追求。

（一）效率的含义

"效率"（efficiency）最初是一个物理学概念。在第一次工业革命时期，随着蒸汽机的大规模使用，"效率"一词广泛流传开来。它的原始定义有两种：第一种是有用功率对驱动功率的比值，第二种定义是输入瓦特数与输出瓦特数的比值。比值越接近1，表明蒸汽机的效率（或曰"功率"）越高。这两种定义后来被其他学科吸收融入，从而形成了具有不同学科风格的概

---

① 陈学权：《论刑事诉讼中实体公正与程序公正的并重》，《法学评论》2013年第4期，第105页。
② 程关松：《司法效率的逻辑基础与实现方式》，《江西社会科学》2015年第8期，第153页。
③ 肖扬：《公正与效率：新世纪人民法院的主题》，《人民司法》2001年第1期，第1页。

念，这其中影响最为广泛的是经济学中的"效率"概念。

"效率"是经济学的核心概念和基本范畴。西方经济学认为："经济学是研究生产资源的有效率的配置的一门学科。"[1]有学者认为："经济学的全部内容都是在效率这一主题下展开的，在资源存量有限的前提下，经济学的理论和实践都以有效地增加社会财富为其终极目的，无论各经济学流派对社会经济运行的见解如何，其出发点和归宿点都只能是效率。同样，经济学家对实在法律的褒贬，对于法律制度改善的构想与描绘，也都是以效率为本位或价值尺度的。在分析和评判法律制度时，不同的经济方法有不同的角度以及不同的经济主张和见解，但都无一例外地统一在效率这一基点上。"[2]美国经济学家奥肯认为："对经济学家来说，就像对工程师一样，效率，意味着从一个给定的投入量中获得最大的产出。"[3]著名经济学家萨缪尔森等人则是这样界定效率的："给定投入与技术的条件下，经济资源没有浪费，或对经济资源做了能带来最大可能地满足程度的利用。也是配置效率的一个简化表述。"[4]从经济学者的论述我们可以看出，经济学意义上的"效率"指的是在生产活动或商业交易中，以最小的成本投入或资源消耗获取最大的产出和收益。

"二战"后，经济学向其他学科领域扩张，经济学的概念和研究方法逐渐向其他学科渗透，形成了所谓的经济学帝国主义。20世纪70年代，经济学向法学渗透，两大学科相互融合，形成了以罗纳德、科斯和波斯纳为代表的法律经济学，该学派很快席卷了美国的法学界并成为主流学说，"以至于当年该学派的批判者德沃金和克隆曼也在不同的场合感叹，这几乎是当今美国唯一的法学流派了"[5]。法律经济学旗帜鲜明地提出了"效率"的目标，奠基人科斯提出的第二定理认为："一旦考虑到进行市场交易的成本……合法权利的初始界定会对经济制度运行的效率产生影响。"[6]科斯第二定理揭示的最基本而又最重要的含义是，在交易费用大于零的现实世界，产权的不同界定将对资源配置效率产生影响。[7]科斯的定律提供了根据效率原理理解法律制度的一把钥匙，也为朝着最大效益的方向改革法律制度提

---

[1] 宋承先：《现代西方经济学（微观经济学）》，复旦大学出版社1994年版，第11页。
[2] 万光侠：《效率与公平——法律价值的人性分析》，人民出版社2000年版，第107页。
[3] [美]阿瑟·奥肯：《平等与效率——重大的抉择》，王奔洲、叶南奇译，华夏出版社1987年版，第2页。
[4] [美]萨缪尔森、德诺豪斯：《经济学》（第十六版），萧琛等译，华夏出版社1999年版，第8页。
[5] [美]理查德·A.波斯纳：《正义/司法的经济学》，苏力译，中国政法大学出版社2002年版，第1页。
[6] [美]科斯：《社会成本问题》，载《财产权利与制度变迁》，上海三联书店1994年版，第20页。
[7] 袁庆明、熊衍飞：《科斯三定理的新表述与新证明》，《当代财经》2010年第7期，第13页。

供了理论依据。①而波斯纳则认为效率是正义的第二种含义,他这样论证:"正义的第二种含义——也许是最普通的含义——是效率。在其他许多例证中我们将看到,当人们将不审判而宣告某人有罪、没有合理补偿而取得财产、没有让有过失的汽车司机向其过失行为的受害者支付损害赔偿等情形描述为不公正时,这就意味着仅仅是一种浪费资源的行为。即使是不当得益的原则,也有可能来自于效率的概念。只要稍作反思,我们就会毫不惊奇地发现:在一个资源稀缺的世界里,浪费是一种不道德的行为。"②

因此,根据法律经济学的观点,我们完全并且有必要根据效率原则来研究如何进行法律制度设计,如何确立法律上的权利义务关系,从而通过权利的有效率配置来节省资源,促进财富的创造。此外,法律活动与经济活动类似,都需要一定社会资源的投入才能有一定的收益,而社会资源是有限的,所以法律活动一样需要讲求效率原则并进行"成本—收益"分析。③

(二)司法效率的含义

当法律经济学上的"效率"运用到司法领域后,便产生了"司法效率"的概念。钱弘道教授认为,司法效率是解决司法资源如何配置的问题,即司法效率的核心应当被理解为司法资源的节约或对司法资源有效利用的程度。④葛卫民教授认为,司法效率是指通过充分、合理运用司法资源,降低司法成本,以最小的司法成本获得最大的成果。⑤陈贵民教授亦认为,在司法中始终存在着是否快速有效的问题,存在着投入与产出、成本与收益之间的比例关系,这就是司法效率问题。⑥刘练军教授认为,司法效率就是对司法资源做最有效从而能带来最多判决案件数量的利用,司法效率产出的价值性可以用司法判决的公正性来衡量。⑦最高人民法院中国应用法学研究所认为,司法效率是指司法资源的投入与办结案件及质量之间的比例关系,司法效率追求的是以尽可能合理、节约的司法资源,取得最大限度地对社会公平和正义的保障和对社会成员合法权益的保护。⑧根据上述学者的观

---

① 王彪:《论法官与司法效率》,《重庆科技学院学报(社会科学版)》2008 年第 5 期,第 72 页。
② [美] 理查德·A. 波斯纳:《法律的经济分析》,蒋兆康译,中国大百科全书出版社 1997 年版,第 31-32 页。
③ 李家军:《司法的效率之维》,《法律适用》2009 年第 6 期,第 63 页。
④ 钱弘道:《论司法效率》,《中国法学》2002 年第 4 期,第 48 页。
⑤ 葛卫民:《论司法公正与司法效率》,《政法学刊》2005 年第 2 期,第 84 页。
⑥ 陈贵民:《论司法效率》,《法律科学》1999 年第 1 期,第 16 页。
⑦ 刘练军:《司法效率的性质》,《浙江社会科学》2011 年第 11 期,第 67 页。
⑧ 景汉朝:《司法成本与司法效率实证研究》,中国政法大学出版社 2010 年 10 月第 1 版,前言。

点,本书将司法效率定义如下:司法效率是指在合理配置司法资源的基础上,有效地利用司法资源,以最小的司法成本获得最大的司法收益,最小的司法成本不仅要求最少的司法人力、财力、物力的投入,更要求以最短的时间投入,换取最大的司法收益,即不仅要求案件判决数量的最大化,同时还要求案件判决的公正性。

从司法效率的定义出发,可以将司法效率分为司法的资源效率和司法的时间效率两方面内涵。司法的资源效率,是指以最少的人力、财力、物力投入司法活动中,取得最多的司法产出;司法的时间效率,是指以最短的时间投入司法活动中,取得最快的司法产出。

其一,司法的资源效率。资源的稀缺性假设是现代经济学理论的基础,根据资源稀缺的这一假设,人类社会对资源的需求是无限的,但是能够满足这种需求的资源却是十分有限的。因此,在需求的无限性和资源的有限性之间便产生了张力,这种张力要求尽可能地有效利用有限的资源,使之能够发挥最大的收益。由此经济学出现了"成本—收益"分析理论:资源的投入构成了人类活动的成本,人类活动的产出对于人类社会的满足形成了收益,而人类活动的直接目的就是使收益超过成本从而获得效益,并使效益最大化。在人类的司法活动中,司法效率意味着以最少的司法资源投入,比如人力、财力、物力的投入,获得最多的案件判决数量。在司法活动中,无论是国家政府抑或是参与司法活动的当事人,都需要投入一定的资源。例如国家需要配置法官、检察官、司法行政人员、司法辅助人员,需要为司法官支付工资、保险、退休金等薪资,需要建设办公场所、购买办公设备等。而当事人为了获得司法救济,也需要投入一定的财力(比如律师费、诉讼费、交通费、调查取证费,等等)和人力(出庭应诉、调查取证,等等)。但无论是国家还是当事人的司法资源投入都需要以获取一定的收益为目的:国家投入司法资源的目的在于恢复被破坏的法律秩序和扭曲的法律关系,维护社会公平正义,保障社会经济秩序的正常进行;而当事人投入司法资源的目的在于寻求司法救济,挽回因侵权而给自身造成的损失,保障自身权益。无论是国家还是当事人,都会基于效益最大化的原则,要求在司法活动中投入最少的资源,获得最大的收益。这种资源效益的最大化,便意味着司法的资源效率最高,也就更具有正义性。①

其二,司法的时间效率。莎士比亚说:"诉讼的折磨是人生最大的苦难之一。"司法的时间效率要求司法活动的各个当事人在法定的时限内用尽可能短的时间解决诉讼纠纷,减少当事人的讼累。在一般的含义中,效率指

---

① 姚莉:《司法效率:理论分析与制度构建》,《法商研究》2006年第3期,第96页。

的是单位时间里完成的工作量,所谓高效率指的就是在单位的时间里完成尽可能多的工作量,因而时间效率能够很直观地反映司法效率。①一般而言,司法活动之所以启动,就是因为权利受到侵害、正常的法律关系和法律秩序遭到破坏,社会公平正义处于失衡状态,这种失衡的状态对于个人、社会、国家都是十分有害的。而司法活动启动的目的,就是为了尽快结束这种失衡的状态,解决诉讼纠纷,救济当事人的权利,恢复正常的法律关系和法律秩序。②正如西方法律谚语所言:"迟到的正义非正义。"

三、司法权威

司法是法治国家最重要的运行机制之一,是国家维护宪法法律权威和法治秩序的根本性保障。党的十八届四中全会通过了全面推进依法治国的决定,更加强调"保证公正司法,提高司法公信力。"2015年3月24日,习近平总书记在深化司法体制改革第21次集体学习时强调,要坚持以提高司法公信力为根本尺度,坚定不移深化司法机制改革,不断促进社会公平正义。"法律必须被信仰,否则它将形同虚设",司法亦如是,权威的社会主义司法是实现司法公正高效的必要条件。司法权威是法治权威的重要体现,树立司法权威,建设公正高效权威的社会主义司法制度,对于充分发挥社会主义司法的职能作用,维护公平正义、促进社会和谐、保障和改善民生,具有重要意义。③

十八大以来,在以习近平总书记为核心的党中央的正确领导下,我国开始了新一轮的司法改革。司法改革不是一个孤立的制度创新过程,而是一个在现有的制度框架性条件下以现代司法为改革目标的权利与利益的再分配和再调整的过程。在这一过程中,既要保持足够的司法权威以实现国家对社会的司法控制职能,保持社会的稳定,为社会转型提供保障,又要更新司法权威的支撑条件,实现司法权威的合理化。因此,在司法改革过程中,我们不能不对司法权威给予特别的关注。④

（一）权威的含义

在古代汉语中,"权威"是由"权"和"威"两个字组成的。"权"的原始含义是一种树木的名称,后引申为"秤,秤锤"之意,如《论语·尧

---

① 潘威伟:《申请民事再审期间的司法效率分析》,《今日中国论坛》2013年第17期,第332页。
② 姚莉:《司法效率:理论分析与制度构建》,《法商研究》2006年第3期,第95页。
③ 杨雨:《论我国树立司法权威的现实意义》,《中国商界》2011年版第10期,第129页。
④ 严励:《司法权威初论》,《中国司法》2004年第6期,第24页。

曰》:"谨权量,审法度。"后来又引申为"权势,权力"。如《战国策·秦策》:"王侯之威,谋臣之权。"①"威"的含义有威力、威风,如《荀子·强国》:"威,强乎汤武";威严,如《论语·学而》:"君子不重则不威";威慑,如《史记·陈涉世家》:"此教我先威众也。"②现代汉语则从两个意义上界定权威:"使人信服的力量和威望""在某种范围里最有威望、地位的人或事物"。③

在中国现代法学界,学者们对权威的定义主要有以下几种:陈光中教授认为:"从词意上来说,权威既是一种权力,也是一种威望,是权力与威望的统一。在政治法律语意下的权威是建立在国家强制力和合法性基础之上的。"④乔克裕、高其才教授认为:"权威实际上系指人类社会实践过程中形成的具有威望、要求信从和起支配作用的力量与决定性影响。"⑤谭世贵教授认为:"所谓权威,简言之,就是特定主体所具有的令社会成员、团体普遍信服与遵从的威慑力量。"⑥

在西方学界,政治法律意义上的权威一词,来源于拉丁文auctoritas,意即威信和创始人,含有尊严、权力和力量的意思。权威在英文中为authority,根据《牛津高阶英汉双解词典》的解释,其有五层含义:①发出命令使他人服从的权力、权威;②职权、权限;③有权力发号施令的人或团体、当局、官方;④具有专门知识的人;⑤可提供可靠资料或证据的书籍。⑦纯粹法学的首创人凯尔森这样界定权威的含义:"'权威'往往被界说为发布强制性命令的权利或权力。强制别人做一定行为的实际力量并不足以构成一个权威。作为或具有权威的个人必须具有授权发布强制性命令的权利,从而其他人有义务服从。因而权威原先是一个规范性秩序的特征。"⑧

关于权威的类型,目前学界的主流观点采用的是德国著名社会学家马克斯·韦伯的分类。韦伯认为,任何一个社会都需要依靠一定的秩序来维持它的存在,而这种秩序必须依靠权威。韦伯将权威分为三类:①传统型权威,这种权威是基于历史传统、习惯法则而不是法律制度形成的,包括家长制、族长制、世袭官僚制与封建制,人们出于传统规则而"顺从"权威人士;②魅力型权威,或者称之为"卡里斯马"(Charismatic)式权威,

---

① 徐四海、辛锐:《实用古汉语字典》,东南大学出版社2004年版,第417页。
② 徐四海、辛锐:《实用古汉语字典》,东南大学出版社2004年版,第510页。
③ 中国社会科学院语言研究所词典编辑室:《现代汉语词典》,商务印书馆1996年版,第1048页。
④ 陈光中、肖沛权:《关于司法权威问题之探讨》,《政法论坛》2011年第1期,第3页。
⑤ 乔克裕、高其才:《法的权威性论纲——依法治国的基本观念依据》,《法商研究》1997年第2期。
⑥ 谭世贵:《论司法权威及其确立》,《刑事司法论坛》2009年第2辑,第21页。
⑦ 《牛津高阶英汉双解词典》,商务印书馆、牛津大学出版社1997年版,第81页。
⑧ [奥]凯尔森:《法与国家的一般理论》,沈宗灵译,中国大百科全书出版社1996年版,第419页。

这种权威来自于"相信领袖的超凡魅力,即把某人当作救世主、先知或英雄",人们出于内心的敬畏与崇拜而"跟从"领袖;③法理型权威,这种权威是建立在相信统治者的章程所制定的制度和指令权利的合法性和合理性之上,其核心就是对法律权威的信仰与遵从。①

总结古今中外关于权威的定义,我们发现权威的内核是合法的权力与令人信服的威信,合法的权力是产生权威的基础,而令人信服的威信是权威实现的保障。权威涉及正统性、合法性、正当性、服从性等因素,任何一个社会都需要权威来凝聚人心、维持秩序、组织动员,因而也需要国家和社会共同维持权威。这对我国的社会转型和现代化建设有着重要的启示。②

(二)司法权威的含义

关于司法权威的含义,我国法学界比较有影响力的解释有以下几种。许章润教授认为司法权威含指以下因素:"司法机关暨法官的司法独立权获得确切的制度性肯认;司法判决公正并获得有效执行;司法机关及法官享有广泛的公信力;公民大众对于司法公信力具有普遍认同。此处的司法机关专指行使审判权的法院。"③王利明教授认为:"司法权威,又称司法尊严(judicial dignity)是指司法机关应当享有的威信和公信力。威是指尊严,使人敬畏;信是指民众的依赖和认同。司法的权威性是司法能够有效运作,并能发挥其应有的作用的基础和前提,是司法改革的应有之义。"④卞建林教授认为:"司法权威是代表国家意志的司法机关行使权力与诉讼参与人及其他社会公众服从的统一,是司法的外在强制力以及人们内在的服从的有机统一。"⑤陈光中教授认为:"司法权威作为一种特殊的权威,是指司法在社会活动中所处的令人信从的地位和力量。"⑥孟祥沛、王海峰两位研究员认为:"司法权威是指司法在社会生活中所处的特殊地位和所具有的令社会成员普遍信服与遵从的威慑力量。"⑦孙发认为:"就司法权威本身概念而言,它指的是在社会系统内以司法权为依托,以解纷机制为核心的保障和监督

---

① [德]马克思·韦伯:《经济与社会》,林荣远译,商务印书馆1998年版,第241页。
② 季金华、王鹏珲:《价值与制度:司法权威的法律实现机制》,《江西社会科学》2001年第4期,第136页。
③ 许章润:《"司法权威":一种最低限度的现实主义进路》,《社会科学论坛》2005年第8期,第5页。
④ 王利明:《司法改革研究》,法律出版社2000年版,第132页。
⑤ 卞建林:《我国司法权威的缺失与树立》,《法学论坛》2010年第1期,第5页。
⑥ 陈光中、肖沛权:《关于司法权威问题之探讨》,《政法论坛》2011年第1期,第3页。
⑦ 孟祥沛、王海峰:《司法权威之影响因素及其构建:上海实证研究》,《政治与法律》2012年第3期,第19页。

国家法律实施的有关价值、制度、机构、角色等构成的一个系统在动态活动和静态昭示方面所具有的对当事人、社会公众的支配力，令人信服的威望和公信力。"①

在西方学界，一般没有单独论述司法权威，大都是通过论述法律权威来间接论证司法权威。晚年的柏拉图抛弃了哲学家治国的幻想，形成了法治的思想，树立了法律权威的观念，他认为："如果当一个国家的法律处于从属地位，没有任何权威，我敢说，这个国家一定要覆亡；然而，我们认为一个国家的法律如果在官吏之上，而这些官吏服从法律，这个国家就会获得诸神的保佑。"②亚里士多德亦强调了法律权威对于国家（城邦）的重要意义："凡是不能维持法律权威的城邦都不能说它已经建立了任何政体。法律应在任何方面受到尊重而保持无上的权威，执政人员和公民团体只应在法律所不及的'个别'事例上有所抉择，两者都不应该侵犯法律。"③澳大利亚法官马丁从反面阐明司法权威的含义："在一个秩序良好的社会中，司法部门应得到人民的信任和支持，从这个意义出发，公信力的丧失就意味着司法权的丧失。"④

在现代社会中，通过法律的手段解决纠纷主要是由国家的司法活动来完成的，由此，法律权威就直接体现为司法权威，进而集中体现为审判权威。相对于立法权威和行政权威而言，审判权威构成了司法权威的核心内容，判决权威是司法权威最直接的表现形式，法院权威和法官权威是司法权威的外在表现形式。⑤由此，本书认为：司法权威是指司法主体依据法律作出理性裁判，以国家强制力为后盾，以合理的程序架构与规范保障的裁判机制为支撑，有效运作司法权使其发挥应有的说服作用与裁判效果，信服于民，从而享有的威信和公信力。⑥

关于司法权威的产生来源。陈光中教授认为司法权威的产生源头有三个：其一，源于法律权威，即法律具有至高无上性。法律权威要求制定法得到普遍地遵循，任何违反法律的行为都将引起消极的法律后果，都将受到制裁。其二，源于司法公正，包括实体公正与程序公正。公正是司法与生俱来的品质，是司法的灵魂与生命线，是司法权威赖以建立的基础与源泉。其三，源于司法是解决社会纠纷的最后一道防线。司法裁判的终局性

---

① 孙发：《司法权威初步解读——概念、分类和特征》，《当代法学》2003年第9期，第2页。
② 西方法律思想史编写组：《西方法律思想史资料选编》，北京大学出版社1983年版，第25页。
③ 亚里士多德：《政治学》，吴寿彭译，商务印书馆1996年版，第191-192页。
④ 上海一中院研究室：《21世纪司法制度面临的基本课题》，《法学》1998年第12期，第40页。
⑤ 王国龙：《裁判理性与司法权威》，《华东政法大学学报》2013年第4期，第6页。
⑥ 董疆：《司法权威：认同与制度建构——从我国民事诉讼制度的角度》，厦门大学出版社2015年版，第5页。

是司法权威的重要来源。[①]贺日开教授认为，司法权威来源于判决公正和公正的判决得以执行。[②]

关于司法权威的影响因素。孟祥沛、王海峰认为包括司法公正、司法效率、司法队伍职业素养、司法效果、立法权威、公众的法律素质、司法宣传等诸多内容。[③]谭世贵教授认为包括司法人员的廉洁性、司法活动的合法性、司法裁判的稳定性、司法裁判的高执行率、社会公众和当事人对司法裁判的普遍认同等。[④]

关于司法权威的逻辑结构。卞建林教授认为，司法权威的逻辑结构指的是具有权威性的法律规范、司法主体、司法程序、司法场景、司法裁判等要素相互影响、相互作用所构成的不可分割的有机整体。司法权威通过法律规范的权威、司法主体的权威、司法程序和司法场景的权威、司法裁判的权威得以实现和延伸。[⑤]

公正、高效、权威是辩证统一的关系，三者有机联系、相辅相成、缺一不可，统一于社会主义司法制度中，统一于司法文明中。公正是社会主义司法制度的灵魂和目的，是产生司法效率和司法权威的前提和基础，是社会主义司法制度的第一价值取向，也是人类社会追求的最高价值目标；高效是司法公正的内在要求，是产生司法权威的必要条件，也是社会主义司法制度的基本要求；权威是促进司法活动得以良性运行、司法权得以正常行使的基本保证，是实现司法公正和司法高效的有力保障。公正、高效、权威是中国特色社会主义司法制度的三大重要特征、基本要求和改革目标，为此我们必须按照十八大的要求，"进一步深化司法体制改革，坚持和完善中国特色社会主义司法制度，确保审判机关、检察机关依法独立公正行使审判权、检察权"，以公正赢得权威，以高效体现公正，以权威保障公正和高效。[⑥]

第四节 改革之效果

十八大以来，中国司法体制改革积极、稳妥推进。目前，一些改革方案已经出台，一些重要改革举措已经全面推开，一些重大改革任务已经在

---

① 陈光中、肖沛权：《关于司法权威问题之探讨》，《政法论坛》2011年第1期，第5页。
② 贺日开：《论司法权威与司法改革》，《法学评论》1999年第5期，第1页。
③ 孟祥沛、王海峰：《司法权威之影响因素及其构建：上海实证研究》，《政治与法律》2012年第3期，第19页。
④ 谭世贵：《论司法权威及其确立》，《刑事司法论坛》2009年第2辑，第24-25页。
⑤ 卞建林：《我国司法权威的缺失与树立》，《法学论坛》2010年第1期，第5页。
⑥ 谭世贵：《论建设公正高效权威的社会主义司法制度》，《司法改革论评》2011年第11辑，第11页。

全国各地开展试点，司法体制改革取得了突破性进展和明显成效。党的十九大报告指出："十八大以来的五年，是党和国家发展进程中极不平凡的五年。……司法体制改革……有效实施"这是对十八大以来司法体制改革的权威性结论。

一、司法管理体制改革有序推进

司法管理体制是司法体制的重要组成部分，司法管理体制改革是司法体制改革的重要内容。中共十八大以来，党和国家在司法管理体制方面出台了一系列改革举措，为司法机关和司法人员依法独立、公正地行使职权提供了制度保障。①最高人民法院设立巡回法庭。2015年1月28日，最高人民法院第一巡回法庭在广东省深圳市挂牌，巡回区为广东、广西、海南三省区。1月31日，最高人民法院第二巡回法庭在辽宁省沈阳市揭牌成立，巡回区为辽宁、吉林、黑龙江三省。②设立跨行政区划人民法院、人民检察院。2014年12月28日，上海市第三中级人民法院正式挂牌，这是全国第一家跨行政区划法院。同日，上海市人民检察院第三分院正式成立，这是全国首个跨行政区划的人民检察院。12月30日，北京市第四中级人民法院、北京市人民检察院第四分院正式成立并开始履职，标志着我国在探索设立跨行政区划人民法院和人民检察院方面迈出了新的步伐。③设立知识产权法院。2014年11月6日、12月16日、12月28日，北京、广州、上海知识产权法院先后挂牌成立。④完善司法人员分类管理制度。2015年9月15日召开的中共中央全面深化改革领导小组第16次会议审议通过了《法官、检察官单独职务序列改革试点方案》。各试点省份根据方案，结合本地区实际制定了各自的工作方案。⑤健全防止人为干扰司法制度。2015年2月27日召开的中共中央全面深化改革领导小组第10次会议审议通过了《领导干部干预司法活动、插手具体案件处理的记录、通报和责任追究规定》。3月，中共中央办公厅、国务院办公厅和中共中央政法委员会（以下简称中央政法委）分别印发了《领导干部干预司法活动、插手具体案件处理的记录、通报和责任追究规定》、《司法机关内部人员过问案件的记录和责任追究规定》（以下简称"两个规定"），为司法机关依法独立、公正行使职权提供了制度保障。

二、司法权运行机制改革逐步推开

中共十八大以来，司法权运行机制改革逐步推开并取得了明显成效，对于优化司法职权配置,健全司法权力分工负责、互相配合、互相制约机制,拓宽人民群众有序参与司法渠道具有重要意义。①完善人民法院、人民检察院司法责任制。2015年8月召开的中共中央全面深化改革领导小组第15次会议审议通过了《关于完善人民法院司法责任制的若干意见》和《关于完善人民检察院司法责任制的若干意见》。②积极推进司法公开。在最高人民法院的推动下,全国各级法院重点建设了审判流程、裁判文书、执行信息三大公开平台。一是推进审判流程公开,2014年11月,中国审判流程信息公开网正式开通。二是推进裁判文书公开,2013年11月,最高人民法院开通中国裁判文书网,建立了全国统一的裁判文书公开平台。三是推进执行信息公开。中国执行信息网提供被执行人信息、全国法院失信被执行人名单、执行案件流程信息、执行裁判文书信息公开服务。③完善人民陪审员、人民监督员制度。2015年2月27日召开的中共中央全面深化改革领导小组第10次会议审议通过了《深化人民监督员制度改革方案》;4月1日召开的中共中央全面深化改革领导小组第11次会议审议通过了《人民陪审员制度改革试点方案》。④检察机关开展公益诉讼改革试点。2015年5月5日召开的中共中央全面深化改革领导小组第12次会议审议通过了《检察机关提起公益诉讼改革试点方案》。7月1日,十二届全国人大常委会第15次会议做出《关于授权最高人民检察院在部分地区开展公益诉讼试点工作的决定》。2日,最高人民检察院印发《检察机关提起公益诉讼改革试点方案》。

三、人权司法保障机制建设取得积极成果

"人权得到切实尊重和保障"是中共十八大确立的全面建成小康社会和深化改革开放的重要目标之一,也是司法体制改革的重要任务之一。已经出台的改革举措及取得的积极成果,除全面废止劳动教养制度外主要有以下几项:①健全错案防止、纠正、责任追究机制。在2013年出台的《关于切实防止冤假错案的规定》基础上,中共中央政法单位进一步制定配套措施,建立冤假错案有效防范、及时纠正机制,严格落实罪刑法定、疑罪从无、证据裁判等法律原则和制度。②依法保障律师执业权利。2015年9月15日召开的中共中央全面深化改革领导小组第16次会议审议通过了《关于深化律师制度改革的意见》。会后,最高人民法院、最高人民检察院、公安部、国家安全部、司法部联合出台了《关于依法保障律师执业权利的规定》。③逐步减少适用死刑罪名。十二届全国人大常委会第16次会议于2015年8月29日高票表决通过了《中华人民共和国刑法修正案(九)》,取消了走私武器

弹药罪、走私核材料罪、走私假币罪、伪造货币罪、集资诈骗罪、组织卖淫罪、强迫卖淫罪、阻碍执行军事职务罪、战时造谣惑众罪9个非致命性暴力犯罪的死刑罪名，并进一步提高了对死缓罪犯执行死刑的条件。④规范涉案财物处置司法程序。2014年12月30日召开的中共中央全面深化改革领导小组第8次会议审议通过了《关于进一步规范刑事诉讼涉案财物处置工作的意见》。

四、司法便民利民举措陆续出台

为贯彻司法为民原则，维护人民群众合法权益，中共十八大以来，针对公众普遍关注的问题，全国各级人民法院和司法行政部门陆续出台了一系列便民利民举措，让人民群众实实在在享受到了司法体制改革的红利。①推行立案登记制改革。2015年4月1日召开的中共中央全面深化改革领导小组第11次会议审议通过了《关于人民法院推行立案登记制改革的意见》。4月15日，最高人民法院发布该意见，自5月1日起施行。②完善法律援助制度。2015年5月5日召开的中共中央全面深化改革领导小组第12次会议审议通过了《关于完善法律援助制度的意见》。③健全国家司法救助制度。2014年1月，中央政法委、财政部、最高人民法院、最高人民检察院、公安部、司法部六部委联合印发了《关于建立完善国家司法救助制度的意见（试行）》，为各地开展国家司法救助工作提供了政策指导。

中共十八大以来，党中央领导司法体制改革的总体思路是先由中共十八大和十八届三中、四中全会提出各项司法体制改革任务，擘画司法体制改革的宏伟蓝图，尔后由中共中央全面深化改革领导小组审议通过司法体制改革有关文件，最后由最高人民法院、最高人民检察院、公安部、司法部等单位细化司法体制改革部署，制定本系统具体改革方案，通过法定程序将改革落到实处。这样的改革思路、领导体制和工作机制，保证了司法体制改革取得扎扎实实的进展及成效，长期以来人民群众反映强烈的司法不公、司法腐败等问题得到有效遏制和明显改观。这为全面建成小康社会、实现中华民族伟大复兴中国梦提供了有力的司法环境和重要保证。①

---

① 张金才：《中共十八大以来司法体制改革的进展及成效》，《当代中国史研究》2016年第3期，第14页。

参考文献

一、中文著作

卞建林：《现代司法理念研究》，中国人民公安大学出版社2012年版。

陈光中：《刑事诉讼法》第2版，北京大学出版社、高等教育出版社2005年版。

陈卫东：《建设公正高效权威的社会主义司法制度》（第一卷），中国人民大学出版社2013年版。

陈卫东：《建设公正高效权威的社会主义司法制度研究》（第二卷），中国人民大学出版社2013年版。

崔永东：《中国传统司法思想史论》，人民出版社2012年版。

董疆：《司法权威：认同与制度建构——从我国民事诉讼制度的角度》，厦门大学出版社2015年版。

郭东斌：《格言大辞典》，辽宁人民出版社2000年版。

韩延龙、常兆儒：《中国新民主主义革命时期根据地法制文献选编》（第1卷），中国社会科学出版社1981年版。

何青洲：《"人民司法"在中国的实践路线——政治正义的司法实现》，中国政法大学出版社2016年版。

贺日开：《司法权威的宪政分析》，人民法院出版社2004年版。

侯欣一：《从司法为民到人民司法——陕甘宁边区大众化司法制度研究》，中国政法大学出版社2007年版。

胡锦涛：《在中国共产党第十七次全国代表大会上的报告》，人民出版社2007年版。

季卫东：《法治秩序的建构》，中国政法大学出版社2000年版。

江国华：《宪法与公民教育：公民教育与中国宪政的未来》，武汉大学出版社2010年版。

江华：《江华司法文集》，人民法院出版社1989年版。

景汉朝等：《审判方式改革实论》，人民法院出版社 1997 年版。

景汉朝等：《司法成本与司法效率实证研究》，中国政法大学出版社 2010 年版。

李国光：《民商审判指导与参考》第 2 卷，人民法院出版社 2003 年版。

李义冠：《美国刑事审判制度》，法律出版社 1999 年版。

梁治平：《寻求自然秩序中的和谐》，中国政法大学出版社 2002 年版。

林乾、赵晓华：《百年法律省思》，中国经济出版社 2001 年版。

彭真：《论新中国的政法工作》，中央文献出版社 1992 年版。

沈德咏：《中国特色社会主义司法制度论纲》，人民法院出版社 2009 年版。

宋冰：《程序、正义与现代化——外国法学家在华演讲录》，中国政法大学出版社 1998 年版。

宋承先：《现代西方经济学（微观经济学）》，复旦大学出版社 1994 年版。

宋英辉：《刑事诉讼原理》，法律出版社 2003 年版。

孙国华、唐仲青：《公正理念论》，载《依法治国与司法改革》，中国法制出版社 1999 年版。

孙立平：《转型与断裂——改革以来中国社会结构的变迁》，清华大学出版社 2004 年版。

谭世贵：《中国司法体制改革研究》，中国人民公安大学出版社 2013 年版。

万光侠：《效率与公平——法律价值的人性分析》，人民出版社 2000 年版。

王邦佐：《中国政党制度的社会生态分析》，上海人民出版社 2000 年版。

王利明：《司法改革研究》，法律出版社 2000 年版。

王申：《中国法制史》，浙江大学出版社 2007 年版。

王圣诵、王成儒：《中国司法制度研究》，人民出版社 2006 年版。

吴磊：《中国司法制度》（第 2 版），中国人民大学出版社 1997 年版。

吴磊：《中国司法制度》，中国人民大学出版社 1988 年版。

熊先觉：《中国司法制度简史》，山西人民出版社 1986 年版。

徐四海、辛锐：《实用古汉语字典》，东南大学出版社 2004 年版。

俞宣孟：《本体论研究》，上海人民出版社 1999 年版。

张柏峰：《审判方式改革通论》，人民法院出版社 1999 年版。

张耕：《法律援助制度比较研究》，法律出版社 1997 年版。

张耕：《中国法律援助制度诞生的前前后后》，中国方正出版社 1998 年版。

张晋藩：《中国法制史》，群众出版社 1991 年版。

张晋藩：《中国法制史》，中国政法大学出版社 2014 年版。

张晋藩：《中国司法制度史》，人民法院出版社 2004 年版。

张晋藩：《中华法制文明史》（近、当代卷），法律出版社 2012 年版。

张培华、张华：《近现代中国审判检察制度的演变》，中国政法大学出版社 2004 年版。

张文显：《法理学》，高等教育出版社 2003 年版。

张文显：《法哲学通论》，辽宁人民出版社 2009 年版。

张希坡、韩延龙主编：《中国革命法制史》，中国社会科学出版社 2007 年版。

张希坡：《革命根据地法制史》，法律出版社 1994 年版。

张希坡：《中国法制通史（第十卷 新民主主义政权）》，法律出版社 1999 年版。

张永和、于嘉川等：《武侯陪审》，法律出版社 2009 年版。

张中秋：《中西法律文化比较研究》，中国政法大学出版社 2006 年版。

中共中央文献研究室：《改革开放三十年重要文献选编》，中央文献出版社 2008 年版。

中共中央文献研究室：《三中全会以来重要文献选编》，人民出版社 1982 年版。

中国社会科学院法学研究所：《人民调解资料选编》，群众出版社 1980 年版。

中国社会科学院语言研究所词典编辑室：《现代汉语词典》，商务印书馆 1996 年版。

周欣：《欧美日本刑事诉讼》，中国人民公安大学出版社 2002 年版。

周永年：《人民监督员制度概论》，中国检察出版社 2008 年版。

周泽民、公丕祥：《司法人民性的生动实践——陈燕萍工作法研究与探讨》，法律出版社 2010 年版。

最高人民法院办公厅编：《最高人民法院历任院长文选》，人民法院出版社 2010 年版。

左卫民：《中国司法制度》，中国政法大学出版社 2002 年版。

《邓小平文选》（第 1 卷），人民出版社 1994 年版。

《邓小平文选》（第 2 卷），人民出版社 1994 年版。

《邓小平文选》（第 3 卷），人民出版社 1993 年版。

《董必武法学文集》，法律出版社 2001 年版。

《董必武政治法律文集》，法律出版社 1986 版。

《马克思恩格斯全集》（第 17 卷），人民出版社 1963 年版。

《马克思恩格斯全集》（第 19 卷），人民出版社 1963 年版。

《马克思恩格斯全集》（第 1 卷），人民出版社 1995 年版。

《马克思恩格斯全集》（第 20 卷），人民出版社 1971 年版。

《马克思恩格斯全集》（第 3 卷），人民出版社 2002 年版。

《马克思恩格斯选集》（第 2 卷），人民出版社 1995 年版。

《马克思恩格斯选集》（第 3 卷），人民出版社 1995 年版。

《马克思恩格斯选集》（第 1 卷），人民出版社 1972 年版。

《毛泽东选集》（第 4 卷），人民出版社 1991 年版。

《沈钧儒文集》，人民出版社 1994 年版。

《谢觉哉文集》，人民出版社 1989 年版。

二、译著

[德] 马克思·韦伯：《经济与社会》，林荣远译，商务印书馆 1998 年版。

[古希腊] 亚里士多德：《政治学》，吴寿彭译，商务印书馆 1996 年版。

[美]《杰斐逊集》（下），刘祚昌、邓红风等译，三联书店 1993 年版。

[美] 爱德华·考文：《美国宪法的"高级法"背景》，强世功译，三联书店 1996 年版。

[美] 奥肯：《平等与效率——重大的抉择》，王奔洲、叶南奇译，华夏出版社 1987 年版。

[美] 贝卡利亚：《论犯罪与刑罚》，黄风译，中国大百科全书出版社 1993 年版。

[美] 贝勒斯：《法律的原则——一个规范的分析》，高卫译，中国大百科全书出版社 1996 年版。

[美] 波斯纳：《法律的经济分析》，蒋兆康译、林毅夫校，中国大百科全书出版社 1997 年版。

[美] 波斯纳：《正义／司法的经济学》，苏力译，中国政法大学出版社 2002 年版。

[美] 博登海默：《法理学－法律哲学与法律方法》，邓正来译，中国政法大学出版社 1999 年版。

[美] 德沃金：《法律帝国》，中国大百科全书出版社 1996 年版。

[美] 杜威：《民本主义与教育》，邹恩润译，商务印书馆 1929 年版。

[美] 戈尔丁：《法律哲学》，齐海滨译，三联出版社 1987 年版。

[美] 汉密尔顿、杰伊、麦迪逊著：《联邦党人文集》，程逢如等译，商务印书馆 1980 年版。

[美] 凯尔森：《法与国家的一般理论》，沈宗灵译，中国大百科全书出版社 1996 年版。

[美] 科斯：《社会成本问题》，载《财产权利与制度变迁》，三联书店 1994 年版。

[美] 罗尔斯：《正义论》，何怀宏等译，中国社会科学出版社 1988 年版。

[美] 潘恩著：《潘恩选集》，商务印书馆 1989 年版。

[美] 萨缪尔森、德诺豪斯：《经济学》第十六版，萧琛等译，华夏出版社 1999 年版。

[日] 谷口安平：《程序的正义与诉讼》，王亚新、刘荣军译，中国政法大学出版社 1996 年版。

[意] 莫诺·卡佩莱蒂等：《当事人基本程序保障权与未来的民事诉讼》，徐昕译，法律出版社 2000 年版。

[英] 肯·宾默尔：《自然正义》，李晋译，上海财经大学出版社 2010 年版。

[英] 萨托利：《民主新论》，冯克利等译，东方出版社 1998 年版。

三、期刊

卞建林：《健全司法权分工配合制约机制的思考》，《河南社会科学》2015 年第 1 期。

卞建林：《我国司法权威的缺失与树立》，《法学论坛》2010 年第 1 期。

陈光中：《坚持程序公正与实体公正并重之我见——以刑事司法为视角》，《国家检察官学院学报》2007 年第 2 期。

陈光中、龙宗智：《关于深化司法改革若干问题的思考》，《中国法学》2013 年第 4 期。

陈光中、王迎龙：《司法责任制若干问题之探讨》，《中国政法大学学报》2016 年第 2 期。

陈光中、魏晓娜：《论我国司法体制的现代化改革》，《中国法学》2015 年第 1 期。

陈光中、肖沛权：《关于司法权威问题之探讨》，《政法论坛》2011 年第 1 期。

陈贵民：《论司法效率》，《法律科学》1999 年第 1 期。

陈瀚：《社会性：由 2004 年修宪论中国当代法律的本质》，《集美大学学报（哲学社会科学版）》 2004 年第 4 期。

陈金钊：《"能动司法"及法治论者的焦虑》，《清华法学》2011 年第 3 期。

陈瑞华：《司法裁判的行政决策模式——对中国法院"司法行政化"现象的重新考察》，《吉林大学社会科学学报》2008 年第 4 期。

陈瑞华：《司法权的性质——以刑事司法为范例的分析》，《法学研究》2000 年第 5 期。

陈卫东：《司法机关依法独立行使职权研究》，《中国法学》2014 年第 2 期。

陈兴良：《司法解释功过之议》，《法学》2003 年第 8 期。

陈学权：《论刑事诉讼中实体公正与程序公正的并重》，《法学评论》2013 年第 4 期。

程关松：《司法效率的逻辑基础与实现方式》，《江西社会科学》2015 年第 8 期。

程味秋、周士敏：《论审判公开》，《中国法学》1998 年第 3 期。

程竹汝：《国家治理体系现代化进程中的司法治理》，《中共中央党校学报》2014 年第 3 期。

褚红军、刁海峰、朱嵘：《推动实行审判权与执行权相分离体制改革试点的思考》，《法律适用》2015 年第 6 期。

崔永东：《司法改革与司法管理机制的"去行政化"》，《政法论丛》2014 年第 6 期。

崔永东：《司法价值论与司法平衡论》，《法学杂志》2012 年第 9 期。

崔永东：《西方司法理念与司法制度》，《中国刑事法杂志》2010 年第 11 期。

戴乾涨：《契合与冲突：社会效果司法标准之于司法公正——一个关于法律至上司法理念的话题》，《法律适用》2005 年第 5 期。

邓郁松：《规范市场秩序的国际经验及启示》，《中国工商管理研究》2004 年第 3 期。

丁德昌：《法官良知：司法公正的原动力》，《法学论坛》2015 年第 3 期。

范进学：《认真对待"社会主义法治理念"》，《山东社会科学》2011 年第 2 期。

付子堂、朱林方：《中国特色社会主义法治理论的基本构成》，《法制与社会发展》2015年第3期。

傅郁林：《解读司法责任制不可断章取义》，《人民论坛》2016年第24期。

傅郁林：《司法责任制的重心是职责界分》，《中国法律评论》2015年第4期。

甘雯：《关于司法公正的几个基本问题》，《中国法学》1999年第5期。

高其才、肖建国、胡玉鸿：《司法公正观念源流略论》，《清华大学学报（哲学社会科学版）》2003年第2期。

高一飞：《检务公开的比较研究》，《中共中央党校学报》2010年第2期。

葛卫民：《论司法公正与司法效率》，《政法学刊》2005年第2期。

公丕祥：《董必武的司法权威观》，《法律科学》2006年第1期。

公丕祥：《董必武司法思想述要》，《法制与社会发展》，2006年第1期。

顾培东：《当代中国法治话语体系的构建》，《法学研究》2012年第3期。

顾培东：《当代中国司法公正问题研究》，《中国法律评论》2015年第2期。

顾培东：《能动司法若干问题研究》，《中国检察官》2010年第19期。

顾培东：《也论中国法学向何处去》，《中国法学》2009年第1期。

韩春晖：《人治与法治的历史碰撞与时代抉择》，《国家行政学院学报》2015年第3期。

郝宇青：《合法性：苏联剧变的一种解读》，《华东师范大学学报（哲学社会科学版）》2002年第5期。

何家弘：《司法公正论》，《中国法学》1999年第2期。

何显明：《绩效合法性的困境及其超越》，《浙江社会科学》2004年第5期。

贺存勋：《论审判公开的完善》，《湘潭大学学报》2000年第2期。

贺日开：《论司法权威与司法改革》，《法学评论》1999年第5期。

贺卫方：《中国司法管理制度的两个问题》，《中国社会科学》1997年第6期。

侯猛：《"党与政法"关系的展开——以政法委员会为研究中心》，《法学家》2013年第2期。

侯猛：《当代中国政法体制的形成及意义》，《法学研究》2016年第6期。

侯猛：《经济体制变迁中的最高人民法院（1949—1978年）》，《政法论坛》2005年第2期。

侯松涛：《建国初期的司法改革运动：回顾与思考》，《中国特色社会主义研究》2008年第1期。

侯欣一：《陕甘宁边区高等法院司法制度改革研究》，《法学研究》2004年第5期。

侯欣一：《陕甘宁边区司法制度、理念及技术的形成与确立》，《法学家》2005年第4期。

胡锦涛：《在全党深入学习实践科学发展观活动总结大会上的讲话》，《求是》2010年第8期。

胡晏诚：《中华苏维埃共和国最高法院刍议》，《党史文苑》2007年第6期。

黄仕红：《"三个代表"重要思想与我国法制建设述论》，《成都行政学院学报（哲学社会科学）》2004年第3期。

季金华、王鹏晖：《价值与制度：司法权威的法律实现机制》，《江西社会科学》2001年第4期。

季卫东：《司法体制改革的关键》，《东方法学》2014年第5期。

江必新：《国家治理现代化基本问题研究》，《中南大学学报（社会科学版）》2014年第3期。

江必新：《能动司法：依据、空间和限度——关于能动司法的若干思考和体会》，《人民司法》2010年第1期。

江国华、余健：《人民陪审制度的发展和完善：以河南"人民陪审团"改革为线索》，《河南省政法管理干部学院学报》2010年第6期。

江国华：《常识与理性（八）：司法理性之逻辑与悖论》，《政法论丛》2012年第3期。

江国华：《常识与理性（十）：司法技术与司法政治之法理及其兼容》，《河北法学》2011年第12期。

江国华：《和谐社会的宪政价值》，《法学论坛》2005年第4期。

江国华：《通过审判的社会治理——法院性质再审视》，《中州学刊》2012年第1期。

靳巍巍、鲍瑛茹：《从群体性事件看加强地方政府信息公开的意义》，《改革与开放》2009年第10期。

李刚：《法家法治思想与当今法治思想析论》，《学理论》2010年第35期。

李汉昌：《司法制度改革背景下法官素质与法官教育之透视》，《中国法学》2000年第1期。

李家军：《司法的效率之维》，《法律适用》2009年第6期。

李江：《坚持和完善中国特色社会主义司法制度》，《新湘评论》2008年第11期。

李克清：《浅论社会主义社会的主要矛盾——学习〈关于建国以来党的若干历史问题的决议〉的体会》，《财经研究》1981年第3期。

李林：《坚持和完善中国特色社会主义司法制度》，《学习与探索》2009年第5期。

李林：《习近平法治观八大要义》，《人民论坛》2014年第33期。

李林：《依法治国与推进国家治理现代化》，《法学研究》2014年第5期。

李敏：《行政诉讼法修改的意义和主要内容》，《海南人大》2015年第3期。

李清泉：《正确把握一个中心两个基本点的关系》，《思想政治工作研究》1992年第2期。

李少平：《法官职业精神：司法公正的灵魂和根基》，《法律适用》2013年第1期。

李宜霞、杨昂：《梁柏台与中华苏维埃共和国司法制度之建设》，《中共中央党校学报》2004年第3期。

林喆：《树立市场经济观念，推进法制现代化进程——"法律与社会发展"学术研讨会综述》,《政治与法律》1993 年第 1 期。

刘风景:《"刀把子"的隐喻学阐释——分析人民法院性质与职能的新进路》,《清华法学》2008 年第 1 期。

刘红臻:《新一轮司法改革的难题与突破——"司法改革与司法文明"理论研讨会综述》,《法制与社会发展》2014 年第 6 期。

刘剑雄:《中国的政治锦标赛竞争研究》,《公共管理学报》2008 年第 3 期。

刘练军:《司法效率的性质》,《浙江社会科学》2011 年第 11 期。

刘梅湘:《刑事诉讼中的告知规则研究——以犯罪嫌疑人为视角》,《广西民族学院学报》(哲学社会科学版) 2006 年第 1 期。

刘晴辉:《对人民陪审制运行过程的考察》,《北大法律评论》2007 年第 1 辑。

刘荣军:《民事诉讼中"新职权主义"的动向分析》,《中国法学》2006 年第 6 期。

刘旺洪:《当前形势下贯彻党的群众路线的路径与方法》,《群众》2013 年第 9 期。

刘作翔:《中国司法地方保护主义之批判——兼论"司法权国家化"的司法改革思路》,《法学研究》2003 年第 1 期。

龙婧婧:《〈最高人民检察院关于实行人民监督员制度的规定〉评析》,《江苏警官学院学报》2012 年第 2 期。

龙宗智、袁坚:《深化改革背景下对司法行政化的遏制》,《法学研究》2014 年第 1 期。

龙宗智:《加强司法责任制:新一轮司法改革及检察改革的重心》,《人民检察》2014 年第 12 期。

龙宗智:《检察官办案责任制相关问题研究》,《中国法学》2015 年第 1 期。

卢荣荣、徐昕:《中国司法建设三十年:1978—2008》,《法治论坛》2010 年第 2 期。

马京平:《中国特色社会主义司法制度的本土性研究》,《文化学刊》2016 年第 3 期。

马骏驹、聂德宗:《当前我国司法制度存在的问题与改进对策》,《法学评论》1998 年第 6 期。

梅萍:《论公民的主体意识与现代公民教育机制》,《中南民族大学学报(人文社会科学版)》2005 年第 4 期。

孟祥沛、王海峰:《司法权威之影响因素及其构建:上海实证研究》,《政治与法律》2012 年第 3 期。

穆红玉:《检务公开制度的建立、发展和完善》,《国家检察官学院学报》2005 年第 5 期。

潘威伟:《申请民事再审期间的司法效率分析》,《今日中国论坛》2013 年第 17 期。

蒲皆诂:《对经济欠发达地区法律援助律师资源配置问题的认识与对策》,《中国法律援助》2010 年第 1 期。

钱弘道:《论司法效率》,《中国法学》2002 年第 4 期。

乔克裕、高其才:《法的权威性论纲——依法治国的基本观念依据》,《法商研究》1997

年第 2 期。

秦前红、苏绍龙：《深化司法体制改革需要正确处理的多重关系——以十八届四中全会〈决定〉为框架》，《法律科学》2015 年第 1 期。

秦前红：《法治化反腐的基本要素及其面临的若干难题》，《中国法律评论》2014 年第 4 期。

任喜荣：《"社会宪法"及其制度性保障功能》，《法学评论》2013 年第 1 期。

沈德咏、曹士兵、施新州：《国家治理视野下的中国司法权构建》，《中国社会科学》2015 年第 3 期。

沈德咏：《大力弘扬"公正、廉洁、为民"司法核心价值观》，《求是》2011 年第 11 期。

沈德咏：《坚持中国特色社会主义司法制度》，《人民司法》2009 年第 11 期。

沈关生：《经济纠纷案件何以上升》，《瞭望周刊》1986 年第 34 期。

施鹏鹏：《为职权主义辩护》，《中国法学》2014 年第 2 期。

石泰峰：《市场经济与法律发展——一种法社会学思考》，《中外法学》1993 年第 5 期。

舒小庆：《试论司法在国家治理中的地位和作用》，《求实》2014 年度第 12 期。

四川省成都市中级人民法院课题组：《呈现的实然与回归的路径——成都地区人民陪审制度运行情况实证调查分析》，《人民司法》2006 年第 7 期。

孙发：《司法权威初步解读——概念、分类和特征》，《当代法学》2003 年第 9 期。

孙国华、许旭：《三个代表与我国法制建设》，《中国法学》2001 年第 1 期。

孙应征、刘桃荣：《检察机关司法责任制的理论基础与功能定位》，《人民检察》2015 年第 20 期。

孙佑海：《司法审判去行政化是国家治理体系和治理能力现代化的重要突破口》，《法制与社会发展》2014 年第 6 期。

谭兵、王志胜：《论法官现代化：专业化、职业化和同质化——兼谈中国法官队伍的现代化问题》，《中国法学》2001 年第 3 期。

谭世贵：《论建设公正高效权威的社会主义司法制度》，《司法改革论评》2011 年第 11 辑。

谭世贵：《论司法独立与媒体监督》，《中国法学》1999 年第 4 期。

谭世贵：《论司法权威及其确立》，《刑事司法论坛》2009 年第 2 辑。

唐皇凤：《构建法治秩序：中国国家治理现代化的必由之路》，《新疆师范大学学报（哲学社会科学版）》2014 年第 4 期。

童心：《民事执行权与民事审判权关系探析》，《法律适用》2008 年第 1 期。

童之伟：《关于社会主义法治理念之内容构成》，《法学》2011 年第 1 期。

汪建成：《非驴非马的"河南陪审团"改革当慎行》，《法学》2009 年第 5 期。

汪习根、彭真明：《论法治文明》，《社会主义研究》2004 年第 2 期。

王彪：《论法官与司法效率》，《重庆科技学院学报（社会科学版）》2008 年第 5 期。

王晨：《司法公正的内涵及其实现路径选择》，《中国法学》2013年第3期。

王晨光：《法官的职业化精英化及其局限》，《法学》2002年第6期。

王贵秀、张显扬：《无产阶级专政的实质主要不在于暴力》，《东岳论丛》1980年第1期。

王国栋：《认真贯彻民主集中制原则　进一步加强和完善检察机关领导制度》，《检察理论研究》1995年第2期，第2页。

王国龙：《裁判理性与司法权威》，《华东政法大学学报》2013年第4期。

王乐泉：《坚持和发展中国特色社会主义法治理论》，《中国法学》2015年第5期。

王林清、张璇：《审判权与执行权分离模式之建构》，《华东政法大学学报》2016年第5期。

王申：《科层行政化管理下的司法独立》，《法学》2012年第11期。

王申：《理念、法的理念——论司法理念的普遍性》，《法学评论》2005年第4期。

王申：《司法行政化管理与法官审判独立》，《法学》2010年第6期。

王孝鸣、黄卫平：《论新世纪中国共产党的执政基础》，《深圳大学学报（人文社会科学版）》2001年第5期。

王旭：《论司法权的中央化》，《战略与管理》2001年第5期。

王学成：《试论司法的一般规律及中国独具的司法规律》，《政法学刊》2009年第4期。

王也扬：《"以阶级斗争为纲"理论考》，《近代史研究》2011年第1期。

王迎龙：《司法责任语境下法官责任制的完善》，《政法论坛》2016年第5期。

王哲：《论西方法治理论的历史发展》，《中外法学》1997年第2期。

韦群林：《从"经济"到"秩序"：论司法对市场经济秩序的保障作用》，《中国市场》2007年第40期。

魏春明、柯华：《中华苏维埃共和国的诉讼制度及其评析》，《中国井冈山干部学院学报》2010年第6期。

魏建文：《缺失与构建：对"检务公开"制度的反思》，《中国刑事法杂志》2009年第9期。

翁晓斌：《职权探知主义转向辩论主义的思考》，《法学研究》2005年4期。

夏菁：《完善陪审制度，实现司法民主》，《法学家》2005年第4期。

夏勇：《法治是什么——渊源、规诫与价值》，《中国社会科学》1999年第4期。

肖建国、黄忠顺：《论司法职权配置中的分离与协作原则——以审判权和执行权相分离为中心》，《吉林大学社会科学学报》2015年第6期。

肖建国：《程序公正的理念及其实现》，《法学研究》1999年第3期。

肖建国：《民事审判权与执行权的分离研究》，《法制与社会发展》2016年第2期。

肖蔚云：《宪法在经济建设和改革开放中的作用——纪念宪法颁布十周年》，《中外法学》1993年第1期。

肖扬：《当代司法制度的理论和实践》，《中国司法评论》2001 年第 15 期。

肖扬：《公正与效率：新世纪人民法院的主题》，《人民司法》2001 年第 1 期。

肖扬：《中国司法：挑战与改革》，《人民司法》2005 年第 1 期。

谢晖：《法律工具主义评析》，《中国法学》1994 年第 1 期。

谢鹏程：《论社会主义法治理念》，《中国社会科学》2007 年第 1 期。

谢佑平、万毅：《论司法改革与司法公正》，《中国法学》2002 年第 5 期。

谢佑平、万毅：《司法行政化与司法独立：悖论的司法改革——兼评法官等级制与院长辞职制》，《江苏社会科学》2003 年第 1 期。

徐汉明：《论司法权和司法行政事务管理权的分离》，《中国法学》2015 年第 4 期。

徐显明：《司法改革二十题》，《法学》1999 年第 9 期。

徐昕等：《2010 年中国司法改革年度报告》，《政法论坛》2011 年第 3 期。

许章润：《"司法权威"：一种最低限度的现实主义进路》，《社会科学论坛》2005 年第 8 期。

许章润：《司法民粹主义举措背离了司法改革的大方向》，《司法改革论评》第 11 辑，第 39 页。

严励：《建构社会主义司法理念初论》，《法学》2006 年第 7 期。

严励：《司法权威初论》，《中国司法》2004 年第 6 期。

杨木生：《论苏区的司法制度》，《求实》2001 年第 1 期。

杨木生：《中央苏区法制建设的经验与教训——纪念中华苏维埃共和国临时中央政府成立暨中央革命根据地创建七十周年》，《江西社会科学》2001 年第 12 期。

杨清望：《司法权中央事权化：法理内涵与政法语境的混同》，《法制与社会发展》2015 年第 1 期。

杨思斌、张钧：《司法公正是程序公正与实体公正辩证统一》，《法学杂志》，2004 年第 3 期。

杨小军、陈建科：《发挥法治对改革的引领和推动作用》，《前线》2014 年第 6 期。

杨雨：《论我国树立司法权威的现实意义》，《中国商界》2011 年版，第 129 页。

姚莉：《司法效率：理论分析与制度构建》，《法商研究》2006 年第 3 期。

姚强、梅屹松：《人民监督员制度争议问题探讨》，《法学》2005 年第 3 期。

叶青、张栋、刘冠男：《刑事审判公开问题实证调研报告》，《法学》2011 年第 7 期。

易清：《加强我国法律援助制度建设的思考》，《湖南行政学院学报》2010 年第 3 期。

易志斌：《检务公开的法理思考》，《湖南社会科学》2009 年第 5 期。

于会堂：《公开审判之价值取向与实现》，《新疆社科论坛》2005 年第 6 期，第 38 页。

俞荣根：《毛泽东阶级论法学观的变化与价值重估》，《四川师范大学学报（社会科学版）》1995 年第 2 期。

虞政平：《中国特色社会主义司法制度的"特色"研究》，《中国法学》2010 年第 5 期。

袁庆明、熊衍飞：《科斯三定理的新表述与新证明》，《当代财经》2010 年第 7 期。

岳志强、强钧：《我国经济审判工作在开拓中前进》，《瞭望周刊》1986 年第 34 期。

曾祥全、严帆：《试论中华苏维埃共和国审判机关的司法为民思想》，《党史文苑》2004 年第 4 期。

张建伟：《超越地方主义和去行政化——司法体制改革的两大目标和实现途径》，《法学杂志》2014 年第 3 期。

张金才：《中共十八大以来司法体制改革的进展及成效》，《当代中国史研究》 2016 年 03 期。

张明乃、陆福兴：《司法行政化对司法公正的危害》，《湖南农业大学学报（社会科学版）》2004 年第 6 期。

张卫平：《论我国法院体制的非行政化——法院体制改革的一种基本思路》，《法商研究》2000 年第 3 期。

张文显、孙妍：《中国特色社会主义司法理论体系初论》，《法制与社会发展》2012 年第 6 期。

张文显、于宁：《当代中国法哲学研究范式的转换——从阶级斗争范式到权利本位范式》，《中国法学》2001 年第 1 期。

张文显：《法治与国家治理现代化》，《中国法学》2014 年第 4 期。

张文显：《全面推进法制改革，加快法治中国建设——十八届三中全会精神的法学解读》，《法制与社会发展》2014 年第 1 期。

张文显：《社会主义法治理念导言》，《法学家》2006 年第 5 期。

张友南、罗志坚：《独具特色的中华苏维埃共和国司法机关》，《党史文苑》2010 年第 18 期。

张志铭：《社会主义法治理念与司法改革》，《法学家》2006 年第 5 期。

章志远：《信访潮与中国多元行政纠纷解决机制的重构》，《法治研究》2012 年第 9 期。

周士敏：《人民监督员制度的性质和功能》，《国家检察官学院学报》2004 年第 4 期。

周叶中、祝捷：《论中国特色社会主义法治文化》，《武汉大学学报（哲学社会科学版）》2008 年第 4 期。

周永坤：《人民陪审员不宜精英化》，《法学》2005 年第 10 期。

周永坤：《司法的地方化、行政化、规范化——论司法改革的整体规范化理路》，《苏州大学学报（哲学社会科学版）》2014 年第 6 期。

周永坤：《司法权的性质与司法改革战略》，《金陵法律评论》2003 年第 2 期。

周长军：《司法责任制改革中的法官问责——兼评〈关于完善人民法院司法责任制的若干意见〉》，《法学家》2016 年第 3 期。

资金星：《论建国以来中国法价值取向的历史流变与发展趋势》，《中共成都市委党校学报》2009年第4期。

左卫民：《职权主义：一种谱系性的"知识考古"》，《比较法研究》2009年第2期。

四、报纸

范愉：《现代司法理念的建构》，《检察日报》2001年7月17日。

贺小荣：《让司法在实现国家治理体系现代化中发挥更大价值》，《人民法院报》2014年2月27日。

胡云腾：《关于社会主义法治理念及司法理念的几个认识问题》，《人民法院报》2012年1月11日。

江必新、刘贵祥：《审判权和执行权相分离的最优模式》，《法制日报》2016年2月3日。

江国华：《人民法官核心价值观之解读》，《人民法院报》2010年5月26日。

李林：《努力培养社会主义司法理念》，《学习时报》2006年8月14日。

万鄂湘：《从中西方政治制度比较看我国司法制度的人民性》，《人民法院报》，2008年9月16日。

王比学、徐隽：《让公平正义的阳光普照》，《人民日报》2016年2月24日。

王国青：《人民陪审的职能延展张力》，《人民法院报》2009年10月18日。

徐卉：《论审判权和执行权的分离》，《中国社会科学报》2016年12月14日。

许建兵、薛忠勋：《谈司法伦理在司法方法中的实现》，《人民法院报》2012年10月12日。

张坚：《审判权和执行权相分离改革的路径选择》，《法制日报》2015年7月1日。

张文显：《全面深化司法体制改革》，《法制日报》2015年6月24日。

赵晓耕、沈玮玮：《革命时期党对法院工作的指导及影响》，《人民法院报》2016年7月1日。

五、学位论文

迟日大：《新中国司法制度的历史演变与司法改革》，博士学位论文，东北师范大学，2003年。

林永虎：《马克思主义法学中国化与中国特色社会主义法律体系互动关系研究》，博士学位论文，浙江大学，2014年。

后　　记

　　这套书是 2009 年度国家哲学社会科学基金重大招标项目"中国特色社会主义司法制度研究"（项目批准号：09&ZD062）最终成果。事实上，这套书的原稿就是约 80 万字的结项材料，从项目开始到最终成稿，历经十年的打磨、沉淀和"折腾"，虽呕心沥血，但仍觉勉为其难，在出版社的反复催促下，本书终归还是要出版面世。对于其中的不足之处，也只能留待日后去完善。

　　十八大以来，中国司法体制的改革进入了全面深化改革的历史时期。在变革的时代，司法学的研究难以再固守以往的理论，而必须着眼实践，不断地吸收改革之后的新经验与新理念。当然，对本书的写作而言，这样的"变数"也为我们增添了不少"负担"，在数次"大修"和日积月累之下，最终付梓的稿件也变得冗长而庞杂。

　　感谢课题组成员的精诚合作。特别是感谢课题组实务专家龚嘉禾先生（湖南省检察院前检察长）、董皞教授（广州大学前副校长）。记得 2009 年招标答辩之时，龚嘉禾先生正在中央党校学习，答辩前夜，龚先生就课题所涉及的实践议题和答辩应注意事项作了颇具针对性的指导。董皞教授则背个双肩包从广州飞到北京后，直奔答辩现场，与我一起参加答辩。各位老师的大力支持，国华在此深表感谢。

课题组成员吴健雄教授（湖南省检察院研究室前主任）承担了子课题"中国司法制度双核模式研究"，该研究成果被吸收到其博士论文之中，为本书所吸收。课题组成员吴展博士（上海海关学院副教授）承担了子课题"中国司法的规约体系研究"。该研究成果吸收到其博士论文之中，也为本书所吸收。在此谨表谢忱。

武汉大学2010级和2011级政法干警班的同学和武汉大学宪法行政法2014级和2015级的硕士研究生，参与了实证调研工作，并整理了100多本调研原始资料（现收藏于武汉大学法学院图书馆）。我的学生何盼盼、周海源、郭文涛、杨程、罗航、苏怡等同学，在书稿整理和校对过程中做了大量的工作。在此一并表示感谢。

本套丛书出版还得到了国家"2011计划"司法文明协同创新中心的支持与资助，在此，要对中心联席主任张文显教授、张保生教授、王树义教授表示衷心的感谢。对中心诸位老师，特别是陈光中先生、卞建林教授、柳经纬教授、肖永平教授、占善刚教授、林莉红教授、罗吉教授等也深表谢忱。感谢你们的教诲、鼓励和支持。

感谢科学出版社的领导，感谢刘英红编辑和编辑部其他老师的辛勤工作。

江国华

2018年5月20日

于武汉珞珈山